《十三庄二十四户史话》编纂委员会部分成员合影（一）

《十三庄二十四户史话》编纂委员会部分成员合影（二）

1

十三庄二十四户蒙古族族源史研讨会于 2019 年 3 月 18 日在安乐庄召开

十三庄二十四户蒙古族族源史研讨会参会全体人员合影

王德柱、潘永斌等人正在对乾隆四十七年（1782年）立于龙王庙的石碑进行碑文拓片

《十三庄二十四户史话》编纂委员会成员在姜家营村调研

赵庄赵氏家谱肇修汇报会

土默特左旗白庙子镇潘氏家族代表修谱会后留影

土默特左旗白庙子镇东王庄王氏家族历史报告会合影

2020 年 7 月 6 日与二道凹、小阿哥营、柳树铺的村民研讨合影

汇报史料征集报告及工作指导研讨交流留影

研究会部分领导与上级领导交流工作留影

者勒蔑第二十六代后裔乌成荫与速不台第二十四代后裔王德柱就兀良哈部史进行交流研讨

研究会与中国社会科学院研究员邱源媛，云南大学副教授田宓研讨十三庄二十四户蒙古族族源史、蒙古族历史文化后合影（前排左起第二位邱源媛，第六位田宓）

呼和浩特市土默特左旗十三庄蒙古文化研究会第一届筹备会议合影

研究会成员同呼和浩特市民委领导会后合影

土默特左旗十三庄蒙古文化研究会挂牌剪彩仪式合影

研究会剪彩仪式会议正在进行中

土默特左旗十三庄蒙古文化研究会会员合影

土默特左旗十三庄蒙古文化研究会部分会员合影留念

西十庄及二十四户代表族源史汇报交流会现场

土默特左旗十三庄蒙古文化研究会成员与呼和浩特市部分专家学者对十三庄及二十四户蒙古文化进行研讨交流活动期间留影

土默特左旗十三庄蒙古文化研究会召开工作会议现场

土默特左旗十三庄蒙古文化研究会部分成员与土默特历史文化研究会成员对接会议后留影

土默特左旗十三庄蒙古文化研究会会长王德柱与名誉会长鸿玲及参与土默特历史文化和十三庄蒙古文化研究的教授田宓留影

王德明先生给十三庄蒙古文化研究会捐赠全套60本《清实录》仪式

王德明先生给十三庄蒙古文化研究会捐赠全套60本《清实录》活动期间留影

名誉会长鸿玲带领宁氏家族代表与研究会领导交流宁氏家族史

名誉会长鸿玲带领宁氏家族代表到土默特左旗十三庄蒙古文化研究会研讨交流《十三庄二十四户史话》后留影

土默特左旗十三庄祭火活动期间留影

参加祭火节活动的土默特左旗十三庄蒙古文化研究会部分代表合影

2021年12月1日，内蒙古红太阳食品有限公司常务副总裁、红太阳公益基金会理事长于秀林及总裁助理苏国栋一行，赴十三庄蒙古文化研究会办公室进行调研，研究会部分成员参加了本次调研活动，并合影留念。

2022年8月6日，在土默特左旗十三庄蒙古文化研究会，田宓教授与土默特左旗十三庄蒙古文化研究会部分成员交流土默川区域社会史、十三庄二十四户史现场。

2022年8月15日，在土默特左旗十三庄蒙古文化研究会举行学术研讨交流会，此为部分参会人员合影。财经大学教授乌仁其其格（前排左一）、武川作协主席胡国栋（后排左一）、德高望重的于忠贤老人（前排左四）参加了研讨。

作者简介

王德柱，男，蒙古族，中共党员，1941年出生于土默特左旗白庙子镇四间房子村。东王庄王氏家族第二十四世孙即兀良哈氏速不台第24世孙。

1948年至1953年在本村设立的私塾学堂读书。

1962年任村会计。

1962年9月在白庙子信用社工作，历任信用社副主任、主任，信用社党支部书记。1999年退休。

1960年冬，王德柱与大伯父王步温开始整理埋藏地下多年的王氏宗族谱。王氏宗族谱初为麻纸，后因受潮发黄破损，由王德柱将其誊抄在牛皮纸上。王氏宗族谱历经几代人五次整理更新。王氏宗族谱记有八百多年来东王庄王氏家族的历史以及十三庄二十四户各个家族的部分历史。

1983年，王德柱从大伯父手中接过王氏宗族谱，开始梳理王氏家族的口传家族谱和研究、整理、续写王氏宗族谱。1999年退休后，便开始潜心研究十三庄二十四户蒙古族历史和文化。现已将王氏宗族谱献给十三庄蒙古文化研究会。编写了《十三庄二十四户蒙古族的风情习俗》，与研究会全体成员合作，编修了《十三庄二十四户史话》，为主编之一。

序 二

即将出版的《十三庄二十四户史话》（一下简称《史话》）是土默特左旗十三庄蒙古文化研究会与土默特历史文化研究会组织成立专门编纂委员会完成的一部巨作。该《史话》在可靠的史料基础上，以史为线，勾勒出了兀良哈部十三庄二十四户，其祖先速不台大将以及元朝到至今的历史，尤其重点描述了康熙三十四年（1695年）到现在的真实故事。

康熙亲政后，噶尔丹的准格尔部日益强盛起来。噶尔丹在沙俄的怂恿和支持下，于1688年进袭漠北喀尔喀三部，借追击喀尔喀部之机，率兵沿大兴安岭西麓南下，兵锋直指北京。为了维护国家领土的完整和边疆的安定，反对民族分裂，康熙帝调集十万"禁旅八旗"御驾亲征。能征善战的十三庄二十四户的先祖们，依"正黄旗蒙古八旗铁骑兵"被编入十万"禁旅八旗"中，于1690年参加了这次"乌兰布通战役"，但这次战役未能彻底消灭噶尔丹的主力部队。为了彻底剿灭噶尔丹部队的主力，清政府特设"御屯"，即"归化城南浑津、黑河十三皇庄"，其作为供应归化城驻军粮食基地之一，归化城成为剿灭噶尔丹部队的前沿阵地。此时的十三庄二十四户承载着双重任务，一方面戍边，另一方面通过内务府委派从山西调来在种植方面具有丰富经验的汉族同胞开垦土地发展农业生产。闲时种植，战时出征。

新设的"御屯"，即归化城南浑津、黑河十三皇庄与大清内务府所设上千个庄有异同点。共同点是皆属内务府所辖，主要是皇庄，但所辖的都有土地的经营权，不包括各类王庄。不同点：

其一、所设时间不同。其他皇庄所设时间如下：

畿辅皇庄奏设于顺治元年（1644年），盛京皇庄奏设于顺治入关前和入关后，锦州皇庄奏设于顺治二年（1645年），热河皇庄奏设于康熙九年（1670年），驻马口外皇庄奏设于康熙四十七年（1708年），归化城南十三皇庄内务府奏设于康熙三十四年（1695年）。

其二、土地来源不同。

畿辅皇庄有五种不同来源的土地，分别是：入关后三次圈占的无主荒地和民人的土地；民人带地投充的土地；官拨的所谓"存、退、余、绝"地；官吏因犯罪抄没的入官地和少量的拓荒地。盛京皇庄和锦州皇庄地，多由圈荒而来，还有旗地清查时丈量出的多余地，垦殖余地和投充地以及官地。热河皇庄的土地来自官拨古北口、喜峰口一带的开垦荒地。驻马口外皇庄的土地来自为解决右卫驻兵吃饭问题，而划拨的驻马口外的粮庄地。归化城南十三皇庄的土地来自十三庄二十四户的祖先，奉旨自选归化城南大黑河一带的黑土地。是康熙帝念其祖先有功赏赐的以土地补赏蒙古臣僚们的功勋地。

总之各皇庄人多地少而十三皇庄人少地多。

其三、各皇庄大部分是原有的或挑选出来的庄头（庄主），有的是汉族庄头，有的是满族庄头，而归化城南的皇庄是来自热河八沟的喀喇沁蒙古人，来自原十三位清政府的蒙古族臣僚，来自一支兀良哈部后裔组成的蒙古铁骑军，为蒙古族庄主。他们是受内务府奉旨直接任命，并持有上方宝剑——朱批诏书、"虎头牌"、"九节黑油钢鞭"。

其四、各皇庄设置的用途和作用不同。如：有的是纳粮庄、纳银庄，有的是绵靛庄、盐碱庄、苇庄、养马庄或瓜果菜园、山场、渔户、蜜户、猎户、皮户等等，其主要作用是为宫廷提供各种生活所需，是宫廷的主要生活来源之地。

负责归化城南十三皇庄的主要是一支刚刚参加完第一次西征噶尔丹战争退下来的蒙古铁骑军。他们起到固定驻防长期戍边的作用，至少在绥远城未建成未驻防八旗兵之前是如此。他们为了保障本部人马的生存、生活、设圈种粮，设草牧场养畜放牧。直到乾隆中期，十三庄大规模实行租佃制。佃户们进入十三庄地种地纳粮，十三庄才给绥远粮饷厅按额定数缴纳税赋折色银，具体数据在《绥远志》卷五等经典著作中均有详细记载。

《史话》曾经以《十三庄二十四户历史沿革——兀良哈部后裔》的书名，内部使用。从蒙古学角度看，该《史话》具有难得的史料价值，书中各家自修自存的家族宗族谱尤为珍贵。其中，破例编入有突出贡献的女性代表，也值得称赞。

《十三庄二十四户史话》的出版，望有助于土默特十三庄二十四户同胞们了解自己历史文化、传递正能量，有助于土默特地区各民族之间相互了解、相互学习、相互团结，有助于土默特地区历史文化研究与社会各项事业的蓬勃发展。

哈森其其格　于北京
2024年5月8日

前 言

兀良哈部的后裔从朵颜山游牧于喀喇沁牧场后加入了喀喇沁部落。喀喇沁牧场地面宽阔、草木茂盛。蒙古族牧民身着蒙古族服装，在蓝天白云下策马扬鞭，放声高歌，驰骋在这片广袤无垠的草原上。

康熙三十四年（1695年），清廷特设"浑津、黑河十三庄"。驻扎在热河八沟（现平泉）这支兀良哈部速不台后裔正黄旗的蒙古八旗军（现十三庄二十四户的先人）在同年的三月十八日，奔赴于归化城的南部和西南部，在大黑河沿岸五十余华里一线驻扎下来。其时，这支正黄旗蒙古族八旗子弟直属清廷内务府所辖，他们带着特殊的历史使命而来，其职责为戍边、种粮（类似现在新疆的建设兵团）。

自清康熙三十四年（1695年）以来，朴实善良、勤劳智慧的十三庄二十四户蒙古人与土默特地区的各民族相互交往、交流、交融，牢固地树立了与各族人民休戚与共、荣辱与共、生死与共、命运与共的共同体理念，在土默川大地上携手开垦土地、发展农业生产，为振兴土默特地区经济、文化的繁荣做出了非凡的成就，在《十三庄二十四户史话》中写下了崭新的一页。

中华民族有着光辉灿烂的历史，我们一代代祖先为中华民族的崛起、祖国的繁荣富强做出了显著的贡献。而今，致力于为中华民族伟大复兴的十三庄二十四户蒙古族同胞不忘初心，牢记为民族的事业、祖国的繁荣富强而奋发进取的历史使命，特编写了《十三庄二十四户史话》，目的就是为了弘扬民族文化，传承民族精神，进一步增强民族的自信自强、守正创新、踔厉奋发、勇毅前行的决心。

时代在发展，社会在进步，让我们紧跟新时代发展的脚步，坚定不移地在以习近平总书记为核心的中国共产党的正确领导下，在各级党委、政府的深切关怀和支持下，以铸牢中华民族共同体意识为出发点，不折不扣地履行自己的工作职责，完成历史赋予我们的为实现中华民族伟大复兴的中国梦而努力奋斗的历史使命！

这部五十余万字的巨著，追溯了从元朝到现在兀良哈部速不台后裔十三庄二十四户八百多年的历史，书中除了翔实的史料外，还附有十三庄二十四户三十七家家族族谱。本书通过速不台第二十四世孙王德柱先生家谱的真实记载，通过王德明先生提供的《清实录》记载史料、中国第一历史档案馆资料及石碑碑文等资料的真实记载，经内查外调、反复调研、多方考证，方完成本书的写作。这部书的出版，就是让十三庄二十四户蒙古族同胞了解自己，了解自己的先人在每个朝代、每个不同的时期所经历的事情、所做出的贡献，使人们更清晰地看到真实的历史。

土默特历史文化是草原文化的重要组成部分，而十三庄二十四户是土默特历史文化不可分割的一部分，土默特左旗十三庄蒙古文化研究会编写的《十三庄二十四户史话》，望进一步揭开十三庄二十四户族别的谜团，对进一步填补土默特蒙古族历史的空白，对推动土默特蒙古族历史文化发展研究，起到一定的促进作用。

土默特左旗十三庄蒙古文化研究会
2023 年 12 月

目 录

第一章　十三庄二十四户的历史渊源……………………………………………………1

第一节　兀良哈部落至三河源头不尔罕山一带游牧生活与活动概述……………4
一、兀良哈部落及兀良氏速不台的祖先追溯……………………………………4
二、兀良哈部落首领速不台从兵士到将军的经历………………………………5
三、大蒙古国的千户分封制与速不台千户的组成………………………………7
四、速不台千户中各大家族牧户的游牧生活及其护卫队………………………10
五、速不台祖孙三代统领的兀良哈蒙古军与蒙元战争…………………………11

第二节　大游牧迁徙到黑龙江境的大兴安岭东朵颜山……………………………13
一、兀鲁思分封制与先祖们被封至朵颜山兀良哈封地…………………………13
二、先祖们长途大迁徙至朵颜山的经过…………………………………………15

第三节　先祖们南迁至宣府、独石口、古北口、喜峰口，后北返喀喇沁八沟…17
一、先祖们编入兀良哈朵颜卫………………………………………………………17
二、先祖们再次长途迁徙至边墙游牧………………………………………………20
三、朵颜兀良哈人与明朝的通贡互市………………………………………………22
四、先祖们融入喀喇沁部……………………………………………………………24
五、成立兀良哈安达部………………………………………………………………27
六、先祖们固定在喀喇沁八沟居住游牧……………………………………………30
七、安达部铁骑军参加明清战争……………………………………………………33
八、先祖们成为驻京正黄旗蒙古八旗军和护军营披甲武士………………………35
九、先祖们随征噶尔丹，再立新功…………………………………………………39

第四节　赐地归化城南垦殖放牧生存…………………………………………………41

- 一、新设"御屯"的背景 ································· 41
- 二、新设"御屯"的提出、设立与作用 ····················· 42
- 三、走进安乐庄的先祖们 ······························· 45
- 四、十三家第一任庄主的来历 ··························· 46
- 五、圈地、划界、立庄 ································· 47
- 六、随庄随场而居的二十四户戍边披甲武士 ··············· 49
- 七、康熙皇帝巡视新设"御屯" ··························· 54
- 八、庄主的职责与庄丁的分工 ··························· 56
- 九、十三皇庄和其他皇庄的异同 ························· 57
- 十、十三庄的管理体制 ································· 59
- 十一、十三圈地面积位置的变化 ························· 60
- 十二、雍正年间二十四户的家庙 ························· 61
- 十三、乾隆年间十三庄二十四户搬迁进口案 ··············· 63
- 十四、乾隆年间龙王庙的修缮 ··························· 67
- 十五、乾隆年间二十四户解除戍边任务，由"兵"转"民" ···· 69
- 十六、两皇帝处理蒙古庄头案，庄头蒙古惟敬喇嘛俗 ······· 71
- 十七、光绪年间庄主的更换与庄主的世袭制 ··············· 72
- 十八、民国时期圈地上的"安插地" ······················· 73
- 十九、十三庄划归土默特旗管辖 ························· 74
- 二十、十三庄二十四户蒙古族的风情习俗 ················· 74
- 二十一、圈地蒙古族的摇篮潘庄民族学校 ················· 88
- 二十二、投身革命与建设，为中华民族伟大复兴做出贡献 ··· 93

第二章 十三庄二十四户名人传记 ························· 99

第三章 十三庄二十四户三十七家族谱 ····················· 114
- 一、东王庄王氏族谱 ··································· 114
- 二、潘庄潘氏族谱 ····································· 144
- 三、西王庄王氏族谱 ··································· 164
- 四、赵庄赵氏族谱 ····································· 176

五、张庄张氏族谱····································189

六、杜庄、四德堡杜氏族谱····························195

七、西刘庄刘氏族谱··································205

八、刘庄刘氏族谱····································208

九、吴庄吴氏族谱····································213

十、宋庄宋氏族谱····································216

十一、丁庄丁氏族谱··································217

十二、胡庄胡氏族谱··································229

十三、李庄李氏族谱··································235

十四、高庙子村二十四户王氏族谱······················243

十五、姜家营二十四户姜氏族谱························253

十六、杨家营二十四户杨氏族谱························264

十七、杨家营二十四户王氏族谱························272

十八、小阿哥营二十四户杨氏族谱······················275

十九、刘家营二十四户吴氏族谱························277

二十、刘家营二十四户刘氏族谱························285

二十一、三贤庄二十四户李氏族谱······················288

二十二、大黑河新营子二十四户宁氏族谱················290

二十三、大黑河新营子二十四户王氏族谱················300

二十四、大黑河新营子二十四户李氏族谱················302

二十五、前朱堡二十四户王氏族谱······················303

二十六、东本滩、新营子二十四户张氏族谱··············307

二十七、班定营二十四户陈氏、尹氏、刘氏、尚氏族谱····311

二十八、田家营二十四户田氏、徐（许）氏族谱··········311

二十九、姚府二十四户姚氏族谱························311

三十、二道凹二十四户闫氏、冯氏族谱··················312

附　录··313

　　中国共产党中央蒙绥分局统一战线工作部文件（手抄本摘录）····313

　　近四十年来内蒙古土默特地区蒙汉家族的系谱编修与族际交往····314

浑津、黑河圈内十三庄二十四户述考 ··· 328

大事记 ·· 334

参考资料 ·· 338
　　一、历史档案 ··· 338
　　二、典籍 ·· 338
　　三、族谱、文物、碑记、契约 ·· 339
　　四、论著 ·· 339

后　记 ·· 341

第一章　十三庄二十四户的历史渊源

十三庄二十四户蒙古族有着悠久的历史，历经几百多年一代一代的游牧生活，一代一代地长途迁徙，几经起落，最终落脚于十三圈地上。十三庄居住的分布状况：庄主王居忠居东王庄，后王居忠及其家族迁居四间房；庄主方文正居方庄，后更换潘氏家族为庄主，改为潘庄；庄主王有功居西王庄，部分后人迁居鞍鞯营、南营子（广昌铺）；赵庄主居赵庄，部分后人迁居白皮营、

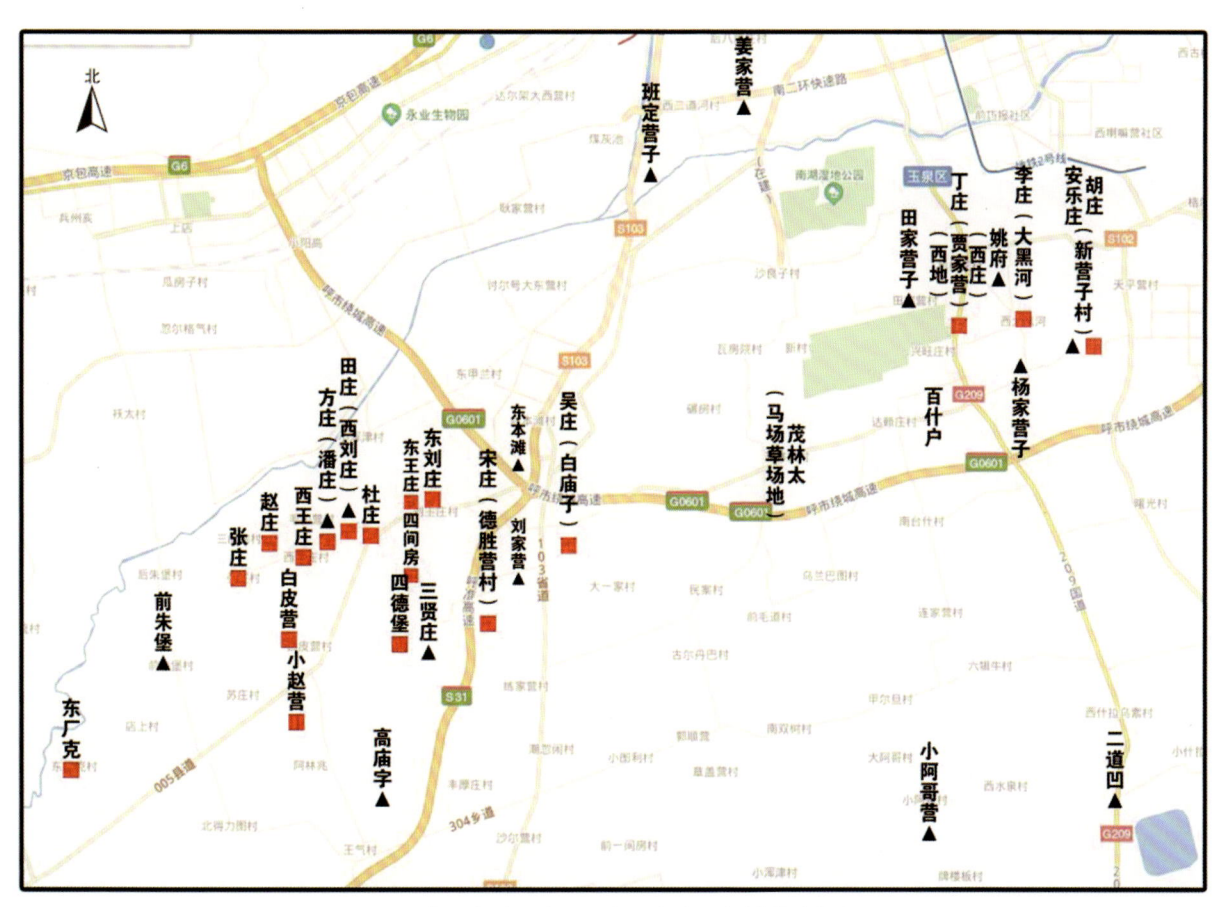

十三庄（■）、二十四户（▲）村落分布图
《十三庄二十四户史话》编委会根据实际居住位置绘制

小赵营、东厂克；庄主张谋居张庄；庄主六十四居杜庄，后六十四及其家族迁居四德堡；庄主田达凯居田庄，后更换刘氏家族为庄主，改为西刘庄；庄主刘来居东刘庄，后人迁居前营子（也称德胜营）；庄主吴良粥居吴庄，后改小白庙子；庄主宋师洛居宋庄，后迁居刘家营，再后来迁回德胜营；庄主丁茂盛居丁庄（也称西庄），部分后人迁居贾家营、西地。庄主胡玺居胡庄，后改西黑河；庄主李之良居李庄（也称东庄），后改西黑河；二十四户随十三庄主来到圈地上。其居住生活的分布状况：潘义隆居丁庄，后接管方庄改住潘庄；王德魁居东王庄，后迁居高庙子村，李承业居东王庄，后迁居三贤庄；刘万林居西刘庄；宁德臣居安乐庄（现新营子村），王成魁居安乐庄（现新营子村），李文裕居安乐庄（现新营子村）；张如琛居安乐庄，后迁居东本滩；姚纯哲居姚府；田高峰（无后）居田家营，徐建业居田家营；杨宏旺居杨家营，部分后人迁居百什户村；王万魁居杨家营，李培林居杨家营，后迁居安乐庄（现新营子）、鞍鞴营等地；姜胜富居姜家营、后部分迁四子王旗大黑河乡；尹如臣居班定营，陈永茂居班定营，刘培璧居班定营，尚永富居赵庄，后迁居班定营；冯培哲居二道凹，闫玺臣居二道凹、柳树铺等地；杨红义居二道凹，后迁居小阿哥营；刘文智居东刘庄，后迁居刘家营；王连魁居张庄，后部分迁居前朱堡、刘家营、兵州亥村；吴永胜居安乐庄，后迁居刘家营。

十三庄二十四户蒙古族来自热河八沟（今承德平泉县）。康熙朝时，十三庄二十四户先祖们是驻京八旗蒙古军。被封"新设御屯"时，十三庄二十四户先祖们是蒙古庄头。雍正皇帝赐予的归化城大南街二十四户家庙内碑文称"蒙古二十四户家庙"。到乾隆十九年（1754年），庄头们移修龙王庙时，《移修龙王庙始末原由碑志》说：我等庄头十三家，初来之时"入则唯家人父子共守，出则皆蒙古胡人"。表明当年整个十三圈地包括周围地区生活的人们都是蒙古人。到乾隆四十七年（1782年）十三圈地庄头们重修龙王庙时，绥远城将军授立过碑刻。现潘庄村委会保存的此碑碑文称"特授归化城蒙古庄头"。再到嘉庆、道光两位皇帝处理十三圈地庄头事件时下旨称"归化城土默特旗蒙古庄头"。《呼和浩特市地名志》记载："有蒙古族二十四户……迁来此地定居。"还有速不台后裔东王庄庄头蒙古王喜恩保存的老祖宗遗物——《五部陀罗密经》，以及十三家庄头人"俱遵喇嘛文化，惟敬喇嘛俗"。白皮营的卜音山（在席力图召）和潘庄图蒙（在巧儿齐召）当喇嘛。潘庄潘玉贵的祖先潘广云不仅蒙古语说得很好，还会用蒙古文写文章。姜家营姜环锁的父亲蒙古语说得也很好。这些情况都说明十三庄二十四户人是蒙古族。1953年，内蒙古党委统战部（中国共产党中央蒙绥分局统一战线工作部），经多方调查，写成《浑津十三圈初步调查报告》。报告称：绥远省（1954年撤销绥远省建制）归绥县第三区黑河南岸浑津十三圈（含二十四户），住有庄头蒙共约681户3301人（中共中央蒙绥分局统战部五三年在十三圈二十四户村庄人口调查统计表，略），他们的风俗习惯、宗教信仰、服装、通婚等证明是蒙古族，应承认其蒙古族比较妥当（详见附录3）。后报请中央人民政府审批后，正式认定十三庄二十四户是蒙古族。那么，十三庄二十四户蒙古族的先祖是源于哪支蒙古部落呢？据《速不台后裔（东王庄）王家宗族谱》的记载，经编委会人员多方考证，十三庄二十四户的祖先来自兀良哈部落，是兀良哈部人。这就明确了一个事实，十三庄二十四户的族源、渊源，源于兀良哈部落，十三庄二十四户是兀良哈部落人的后裔。本部《十三庄二十四户史话》，以追溯十三庄二十四户历史、梳理蒙古族文化脉络为主要内容，将依据《速不台后裔（东王庄）王家宗族谱》（以下称《王庄宗族谱》）记载的兀良哈部落人即十三庄二十四户的先祖们及其后裔，从元、明、清朝代大游牧迁徙所经路线、地域和所发生的事件为主轴线，结合口传历史，参考档案、家谱、碑文、契约等展开叙写。

《王庄宗族谱》所记载的十三庄二十四户的先祖们，从元、明、清几代逐水草游牧迁徙所经路线、地域（见迁徙路线图）如下：

圈地十三庄二十四户祖先元、明、清时代迁徙路线图
《十三庄二十四户史话》编委会绘制

（一）（贝加尔湖）巴尔古真滩森林狩猎；（二）不儿罕山下斡难河草原游牧；（三）元赐兀良哈部人的牧场克鲁伦河草原游牧；（四）迁至黑龙江境鄂嫩河、兴安岭东朵颜山；（五）又返回克鲁伦河草原；（六）南至长城的宣府、独石口、古北口、喜峰口，北返喀喇沁八沟；（七）归化城南草原赐地一千五百六十顷放牧生存。

第一节　兀良哈部落至三河源头不尔罕山一带游牧生活与活动概述

一、兀良哈部落及兀良氏速不台的祖先追溯

据波斯史学家拉施特 14 世纪主编的《史集》记载，早期的兀良哈部落活动在西伯利亚南部的贝加尔湖巴尔古真滩一带的森林地区。《史集》将他们记为两种兀良哈部落，即"森林兀良哈惕（复数）部落"和"蒙古兀良哈惕（复数）部落"。不过又据《蒙古秘史》《辽史·太祖本纪》的记载，"森林兀良哈惕"和"蒙古兀良哈惕"本就是一个部落。约 9、10 世纪时，整个兀良哈部落人走出森林。其中一支兀良哈部落人相随本部落速不台和者勒蔑的祖先，在同一时期走出巴尔古真滩森林。南迁于土剌河、斡难河、克鲁伦河两岸和三河流域的源头不儿罕山（今蒙古国乌兰巴托东南部的肯特山）一带，过着逐水草而生的群居打猎游牧生活（见三河源头图）。这标志着这一支兀良哈部落人，已由森林狩猎文化过渡到草原游牧文化。与迁徙在斡难河游牧生活的成吉思汗先祖的蒙古部落毗邻而牧，并在那里逐渐成为蒙古部落的一个属部，即为迭尔列斤蒙古之一。经一百多年的繁衍生息，兀良哈部落已融入蒙古游牧民族共同体。9、10 世纪以来，蒙古高原生活着众多的大大小小蒙古族部落，他们占据了蒙古高原的中心地带，蒙古族人成为这个区域

三河源头图（选自人民教育出版社出版的教学挂图）

的天然主人，这里成为了蒙古民族兴起、形成、发展之地，因此，游牧经济在这里得到迅速的发展。后来，成吉思汗在这里建立了蒙古汗国的首都——哈剌和林。由此可知，蒙古高原广袤的大草原中心地带即三河之源不儿罕山一带，确是兀良哈部落人十三庄二十四户先祖们曾经生存生活过的地方。

蒙古兀良哈部落人扎尔赤兀歹与成吉思汗的父亲也速该巴秃儿是挚友。铁木真（成吉思汗）幼年时，扎尔赤兀歹老人由不儿罕山把自己与铁木真年龄相仿的儿子者勒蔑送来服侍铁木真，为铁木真"出门时备马鞍，进门时掀门帘"。（巴雅尔标音：《蒙古秘史》，内蒙古人民出版社出版发行，1980年版第222页）。

蒙古兀良哈部落人捏里必，收录于《秋涧集》卷五十，元朝翰林学士王恽撰写的《大元光禄大夫同平章政事兀良氏先庙碑铭》，以下简称《兀良氏先庙碑》记载说，是速不台的远祖。兀良氏速不台"其先世出蒙古兀良哈部。远祖捏里必，生字忽都拔都（巴图—勇士）。其三世孙合赤温拔都，生二子曰哈班，曰哈不里。哈班生二子，长子忽鲁浑，次子速不台。捏里必游牧于斡难河上时，遇成吉思汗的祖辈敦必乃合罕，因相结为安答，至速不台这一代，已有五代人亲密交往。太祖（成吉思汗）皇帝在班术纳（班朱尼）时，哈班赶着群羊献给铁木真，中途遇盗被捉住。忽鲁浑、速不台相继而至，以枪刺盗杀之，余党逃亡，遂脱父难，群羊献达于上"。以上的史料记载告诉我们，正因为速不台、者勒蔑族兄弟俩所在兀良哈部落与铁木真（成吉思汗）所在蒙古部落世代友好交往，速不台与者勒蔑兄弟二人年少时才能同在铁木真身边侍奉铁木真。

二、兀良哈部落首领速不台从兵士到将军的经历

速不台（1176—1248年），"他名有三称，为速不台、雪不台、速别额台"，是十三庄之东王庄王姓家族的"一世始徙祖"，是"十三庄二十四户元代的先祖们所在的这一支兀良哈部落的首领"，"是成吉思汗手下杰出的将领"。那么，兀良哈部落首领速不台，又有怎样的经历呢？《兀良氏先庙碑》记载："速不台初以质子事太祖"，这是速不台来到铁木真身边时间较早的记载。所谓"质子"，是铁木真信任的千百户们的子弟，这些子弟来到铁木真身边，组编成军曰质子军，又曰秃鲁华军。轮值守卫大汗的宫中帐前，随扈大汗出行出征。这就告诉我们，速不台当时在铁木真那里应该就是一个值守大帐门户的质子兵。当年，札儿赤兀歹老人领着儿子者勒蔑、速不台兄弟二人，送给铁木真做"伴当"。这位速不台的兄长，在速不台效力铁木真期间，可以做到随时呵护与关照，促成速不台很快成长起来。另外在兄长者勒蔑参与下，速不台还有机会聆听铁木真召集将领们的有关战事商讨会，接受到良好的军事方面的教育，从中获得了不少的军事知识。还可

速不台（1176–1248 年）

以受到蒙古军官像蒙古士兵一样骑马、射箭方面的训练，逐渐学会掌握了骑马、射箭等多种技能。长期与铁木真的蒙古部落共同生活，也熟悉了蒙古部落的生活习惯。大约从 14 岁时，一个成为勇士的蒙古男孩速不台正式加入到铁木真的军队中。当然在这一时期速不台还是个普通士兵，但他在铁木真统一蒙古各部的一系列的战争中，体验了战争，学会了如何打仗和更多的战术攻防，战略指挥。后来他成为百户长，也就是《兀良氏先庙碑》所说的"先为百户长"。1197 年铁木真发动了针对蔑儿乞人的战争，铁木真召集所有军官开会，商议攻打蔑儿乞人一事。当时年仅 21 岁的速不台，以一位低级别军官的身份参加了这次军事会议。铁木真问到"谁愿意打头阵？"速不台自告奋勇要求参战，铁木真同意了他的请战。对此，《王庄宗族谱》记载说，主动请战之后，速不台"扮装"进到蔑儿乞人的营地，佯装不再效忠铁木真，蔑儿乞人相信了速不台的话，也没有做足战前准备。当蒙古大军从天而降抵达色楞格河蔑儿乞人营地时，蔑儿乞人惊恐万分，他们的两员大将被俘。这一仗展示了速不台有勇有谋的军事才能，草原上的人们都赞他为"巴都鲁第一勇士"，因此深受成吉思汗的青睐和重用。1201 年铁木真与札木合之战，1202 年铁木真对塔塔儿部的战役，速不台都曾参加。1203 年速不台等十九人与铁木真在"班朱尼河盟誓，誓死效忠铁木真"。1204

年速不台、者勒蔑、者别、忽必来等战将，随铁木真一举征服了乃蛮部。直到1205年铁木真命速不台率铁车军，灭了蔑儿乞惕部的残余。(《蒙古秘史》卷七第189页、卷八第197页)。至此，铁木真统一了蒙古各部，结束了蒙古高原部族林立、动荡不安的时代。可以这样说，速不台已经拥有了统兵权，可以独立指挥军队了。由一名普通士兵成长为一名统率军队的将军，军事指挥官。

三、大蒙古国的千户分封制与速不台千户的组成

1206年，铁木真在斡难河源头召开忽里勒台（蒙古语聚会）大会，即蒙古大汗位，尊号成吉思汗。在这次忽里勒台大会上，成吉思汗对共同建国有功者降旨说："我以千户为单位，一一委付你们为千户长。"（见成吉思汗封千户长图）封授开国功臣，兀良哈部落人速不台为第五十一位千户长，为世袭千户。兀良哈部落人者勒蔑、察兀儿罕为第九位、第五十八位千户长，也为世袭千户（《蒙古秘史》卷八第210页）。这标志着速不台、者勒蔑、察兀尔罕三弟兄所部，由部落人"转"为大蒙古汗国的"百姓子民"。

成吉思汗于1206年建立了蒙古汗国后，如何巩固刚建立的蒙古汗国？成吉思汗的第一个主要的做法就是把最早运用在军队的千户编组进一步完善，创立和推行了军政合一的千户制，并将千户制确立为大蒙古汗国体制的一项基本制度。

千户制或称领户分封制。千户作为最基本的军事单位，以十进制的编制原则组成十户、百户、千户，并委派了各级诺颜为军事首领。千户以上设有万户，成吉思汗任命木华黎为左翼万户长，管辖东边儿直到哈喇温只敦（今大兴安岭）周围的诸千户军队。万户长、千户长领有的军队，由君主施令调动。这样就确立了自上而下的军事领导指挥系统，在战争中发挥了巨大的威力。千

成吉思汗封千户长图（选自《蒙古历史长卷的油画》）

户作为地方行政、社会单位，是成吉思汗把原有蒙古部落或保留、或打乱、或拆分，将包括奴隶、平民百姓、贵族，和统一过程中征服的其他各部落的部众，重新编组在十户、百户、千户之中，依次有十户长、百户长、千户长统领。不经允许，任何人不得离开其所属的千户、百户。千户长在各自的管辖范围内拥有分配牧场、征收赋税、差派徭役、统领军队等权力。隶属于各百户、千户的游牧民也称领户，有权取得千户领主分配其世袭领地上土地（牧场）的使用权，在赐分的土地上居住和游牧，有义务向领主纳贡服役。

　　元代的千户，一部分千户是由同族组合而成的，只占少数，多数千户是以不同部族人员混编而成。对这些千户《史集》做了特别的说明，篾乞儿、泰赤乌、塔塔儿克烈、乃蛮等昔日蒙古高原强部，被铁木真逐次灭亡后，其所属部众等都被分予了众伴当。很多伴当将领在战争中，也收集了不少的游牧民。大蒙古汗国建立后，成吉思汗准许他们以所得游牧民组成千户，或准许他们收集无户籍的游牧民百姓组成千户，或命令从各诺颜所属部众中征调一部分，合组为千户。这样蒙古草原的全体游牧民就都被编入了千户组织。牧地也全部分配给了游牧民，都被纳入千户诺颜们的管辖之下。作为蒙古国家基本军事单位和地方行政社会单位的千户，最终取代了部落氏族的组织形式，在蒙古汗国千户制大背景下，兀良哈部落内的兀良哈部落人，包括分得来的收得来的游牧民等，都被编组为三个千户，即速不台千户，者勒蔑千户，察兀尔罕千户。那么，其中的速不台千户又是怎么形成的呢？速不台辅佐铁木真统一草原蒙古诸部时，统领本部落牧户兵马并不多，牧户几百户，兵马百十来人。随着一大部分氏族部落被铁木真逐次灭亡后，这些较大的氏族部落，包括一些被征服的较小的氏族部落，其所属部众都被分予了众伴当。这里所说的众伴当，是铁木真的亲信、那可儿（也称伴当或伙伴），有木华黎、博尔术、博尔忽、赤老温、忽必来、者勒蔑、哲别、速不台、畏答儿和术赤台（合称十投下）。《蒙古秘史》卷七第166页、卷八第197页载，这些氏族部落被征服后，其部众"分配给众亲信（众伴当）"，任何人也不缺少。还有的"一个不留地分给了众手下"，使大家都分得足够。得到分予的同时，速不台通过参加大大小小的战争，收集到了一部分游牧民。或者按照大汗的命令从别地那可儿所统领的部属中，调拨来了一部分部众。显然，这些分得到的收集来的不是一个氏族部落成员，而是来源于多个氏族部落。到成吉思汗继大汗位后，就在忽里勒台大会上降旨说"者别、速不额台二人将自己所收集的百姓整编成千户来执掌"。（《蒙古秘史》卷九第237页）。速不台承汗命，很快成功完成了千户的组建。新组建的速不台千户，以各大家族的形式居住游牧，以十户、百户、千户军事形式出征打仗，二者兼备。当然，千户也不是整齐划一的户数，其规模大小不一。有的实际户数多达数千，有的不足一千，百户也有类似的情况。

　　从上述速不台千户形成过程来看，速不台千户实际上是一个多部落成员混编组合而成的千户。其组成人员仍以原兀良哈部落人为主，增加了后来收集纳入进来的其他部族的人员。据《王庄宗族谱》记载，速不台千户以十多个大家族头领和二十多个部落护卫武士及其家族成员共同组成。1246年速不台在秃剌河营地休养期间，将本兀良哈千户中各家族头领（有的应该是百户长）及本部的家族护卫的两个代表头领和与自己同为成吉思汗那可儿的三位好友记载留名。分别为：速不台、者勒蔑、只尔豁阿歹、忽必来、图孟巴根、圪力木图、吉勒嘎德、塔格少布、赛吉雅夫、图贴木尔、图孟巴雅尔、迪木巴图、嘎拉木图。还有部落护卫家族头领腾日格鲁、那木色楞二人（他们是十三庄二十四户在元代的祖先）。这些留名人物先烙记在去毛的羊皮上，后传记在麻纸上，最后被速不台直系家族后人整理记入《王庄宗族谱》中。部护卫武士及十几位家族头领的兄弟叔伯们，都属部护卫主将领腾日格勒、副将那木色楞管辖，名字有两位将领记册留存，此册因保存不当遗失。那么，速不台及其主副将领留名的元代十三庄二十四户祖先，是虚构还是实有其人？研究认为，《蒙古秘史》《兀良氏先庙碑》等史籍旁证了留名的元代祖先确有其人。因为，史籍证实了在元代的祖先，毕竟有着一个真实的历史背景，那就是大蒙古汗国的千户分封制度。也就是说速不台千户一定是由如家族头领、家族成员、部众等这些当年活生生存在的人员组成。既然史证千户成员真实存在，就有理由相信留名祖先实有其人。

　　《王庄宗族谱》记载的上述每个家族户中包括的"兄弟叔伯"户和通过战争分得到收集来不同部落的部众，共同组成一个个大家族牧户。这样一个大家族牧户基本够一个百户单位，十多个百户就可以组成一个千户。由于速不台千户中有外部落人员加入，所以这个千户是以不同部落的部众混编而成的融合型千户。多少代人以后，这些来自其他部落的牧民们逐渐融入兀良哈部落，成为兀良哈部落中的一部分，成为了兀良哈氏人。

　　另外，者勒蔑、只尔豁阿歹、忽必来也被《王庄宗族谱》记载为速不台千户组成人员中的大家族头领。这里需要说明的是，者勒蔑、只尔豁阿歹、忽必来三位，本是成吉思汗的四獒，速不台的那可儿，又是千户长，有各自的千户。怎么就记载为速不台部千户中的家族头领呢？这是因为兀良哈氏者勒蔑家族的一部分成员，别速惕氏只尔豁阿歹家族的一部分成员，巴鲁剌思氏忽必来家族的一部分成员，被吸纳到了速不台的千户中。这些加入到速不台千户中三个新户中的成员，又与速不台分配给这三个新户家族的"战争所得"，重组了新的大家族牧户。同时这三个新的大家族牧户，还得到了速不台分给他们的草牧场地供他们居住游牧。由于速不台千户中各个大家族牧户是分区居住放牧。因此，居住游牧在这里的各大家族的牧户们，在日常的交往中，在征调派遣各百户的人马时，在官私间相互行事时，需要有一个大家族头领的名字相互间好称呼又好区别。于是，人们就按曾经管辖过他们这新三户家族原来的头领来称呼为者勒蔑家族，只尔豁阿歹家族，忽必来家族等。当年记载这新三大家族头领时，具体管理率领新三户出征的三位百户长，还不能算做是这新三户家族的真正的家族头领。所以速不台记留的本千户中的家族头领中，没有记载这三位百户长的名字，而是按当时人们叫下的记载了者勒蔑、只尔豁阿歹、忽必来的名字。这只能说明这三位千户长是这三大家族的家族头领，而不是将三位包括在速不台千户内。由此可见，速不台千户中的这三个新大家族牧户，也是速不台千户下属的三个百户和若干十户，也设有百户长、十户长。

由于速不台兀良哈千户中，增加了不少的新成员，大都是不同部落的人员，有些大事需要本千户中所有成员坐下来共同商讨。于是速不台就召集了新组成的本千户的十多位家族头领或百户长和二十多位家族武士聚集秃剌河（土拉河）自己的营地议事。因家族头领或百户长与部护卫武士权利地位平等。小"忽里勒台"议的第一件事就是"部落名"。大家在商讨中认为，本部虽加入了有其他部落的人员，但仍以兀良哈部落人为主，所以一致表决通过继续使用兀良哈部落的部落名，为当今所有成员共有部落的部落名。兀良哈部落名一直沿用至改称兀良哈安达部部落名。既称兀良哈部落，又称兀良哈千户。小"忽里勒台"还一致表决同意速不台仍为本部首领、领主，一致承认服从速不台千户长统领。小"忽里勒台"还推举了两名护卫武士腾日格勒、那木色楞为部护卫率兵正副将领。《王庄宗族谱》记载下了这次小"忽里勒台"的全部。

成吉思汗时代的95个千户中，像速不台千户一样的千户占了多数。本文根据史料和《王庄宗族谱》的记载，详实地记述了其中较为典型的一个千户。为人们勾勒出了蒙元社会的一个基本单位千户中，牧民们以及十三庄二十四户这一时期的先祖们，居住生活、牧畜生产、游牧放牧、出征打仗等方面活动的场景。反映出十三庄二十四户的先祖们，在蒙元社会制度下生活的一个真实写照，也是以"牧"为核心的游牧文化在蒙元社会的具体体现。迄今为止，还未发现蒙元时代的其他千户有这样详实的记载留传下来。

四、速不台千户中各大家族牧户的游牧生活及其护卫队

成吉思汗分封千户长的同时，还重新划分了各千户的牧地，这样速不台千户就得到了成吉思汗新赐的克鲁伦河天然优质草牧场（见克鲁伦河图）。连同秃剌河等牧场，都归速不台千户游牧民居住游牧。由于草牧场面积的增加扩大，整个速不台千户游牧民的生存环境和生存条件也随之发生了变化。他们形成了以同一家族父系2—3代家庭的3—5户族属成员，若干帐幕、勒勒车与水井组成的家族式合牧新的游牧群体，史称游牧阿寅勒（蒙古语，意为以家庭为核心的游牧单位）。再由几个或几十个同族的阿寅勒组成一个家族大牧户或大游牧群体，这个大牧户属本家族头领指挥管理。比如速不台千户中的迪木巴图、图孟巴雅尔、图孟巴根等，就是该千户中一个个

克鲁伦河

大家族头领家族大牧主。大牧户全家族占据一处分给自己家族的放牧营地,过着住毡包、穿皮衣、吃肉食、喝奶酒、乘坐骑的群体游牧生活。同时速不台千户选任本部登记造册的二十多个护卫武士组成护卫队,由率兵的护卫正副将领腾日格勒、那木色楞率领,防御本部的草牧场不受侵犯,保卫人畜不受掠夺。克鲁伦河这种游牧生活方式形成的游牧文化,已深植于先人的历史记忆中,流传了下来。

五、速不台祖孙三代统领的兀良哈蒙古军与蒙元战争

自小"忽里勒台"以后,速不台千户长率领部下的正副将领腾日格勒、那木色楞,百十户长们(上文提到过这些头领们的名字)以及本千户的军士们(就是速不台千户中登记造册的15岁以上70岁以下能出征的,且出征时自备马匹、武器、粮食的蒙古男子即十三庄二十四户元代的祖先们组成的蒙古军,因由兀良哈部人组成,也称兀良哈蒙古军),参加了蒙元时期成吉思汗统一国内以及征服中西亚、东欧的战争。随着连年的出征打仗,与成吉思汗斡尔朵秃剌河黑林(哈剌屯)相邻的速不台自己的秃剌河营地,逐渐演变形成了兀良哈军集结、驻扎的军事营地。《蒙古秘史》

把这种军事营地称为"古列延",译为"圈子"或"营"。速不台千户长的帅帐居中,腾日格勒、那木色楞正副将领排列左右,图孟巴根、屹力木图等十几位百户长带领的本百户的军士们,列数百、千毡帐环成一个个圈,驻屯帅帐周围。每次出征时,也都是按着驻扎营地的次序出发,听由速不台将军指挥。据《兀良氏先庙碑》《元史·速不台传》记载,1212年速不台将军及其兀良哈蒙古军的将领们、军士们参加了攻打金朝桓州城(今正蓝旗西北)的战役,兀良哈蒙古军率先登城大获全胜,成吉思汗命赐金帛一车。1219年速不台将军率领兀良哈蒙古军,随成吉思汗大军西征。与只尔豁阿歹一道奉命进攻花剌子模首都撒马耳罕城,横扫当地城池无数。西征战役中屡立战功,成吉思汗为他宣劳嘉奖。后速不台向成吉思汗奏请,意将蔑儿乞、乃蛮等诸部千户合组为统一的蒙古大军指挥。成吉思汗赞许此意,随即召集诸部就此事一议,议定兵将合一,组成包括兀良哈蒙古军在内的蒙古铁骑大军。1226年速不台受命率蒙古铁骑大军从征西夏。第二年,速不台闻知成吉思汗病薨,返回蒙古大营致丧。窝阔台继汗位,窝阔台继续统领蒙古铁骑大军作战。1229年将女儿秃灭干公主嫁给速不台,速不台成为蒙古帝国的塔布囊(驸马)。此后,速不台率军在拖雷麾下效力。1230年速不台带领兀良哈军参加了灭金战争,在河南三峰山(河南禹县)与数倍于兀良哈军的金军发生激战,攻下汴京(古汴梁)。后消灭了金朝。1235年,速不台率领兀良哈军参加了第二次西征担任前锋。1242年窝阔台在秃剌河病薨,身为塔布囊的速不台,从第二次西征前线返回秃剌河蒙古营地,为大汗送葬。1246年速不台拥戴孛儿只斤贵由即大汗位后,回驻秃剌河自己的营地,1248年在秃剌河畔去世。入元后他被追封为河南王,谥忠定。速不台之子兀良哈台,继续率兀良哈军和蒙古大军,于1253年跟随忽必烈出征云南,任军事指挥。绕道四川,过大渡河、金沙江,攻入大理城,1254年灭大理国。兀良哈台之子阿术,在元灭南宋的战争中,率本部人马大战扬州等地,战功累累。兀良哈台、阿术父子去世后被追封为河南王。其实,兀良哈部落人对大蒙古帝国的卓越贡献主要体现在速不台、兀良哈台、阿术祖孙三代将军身上,兀良家族世代功勋显赫,为蒙元帝国的建立、统一做出了卓越的贡献。当年蒙元战争造就了速不台家族祖孙三代成为蒙古帝国将帅。速不台在蒙元战争中创建了一支勇猛善战的蒙古骑兵军,这支由兀良哈部落人即十三庄二十四户祖先们组成的由速不台祖孙一代一代袭领的蒙古骑兵军,成为追随成吉思汗打通中西方交通、贸易壁垒和促进中西方经济文化交流的一支重要的军事力量。从而奠定了元朝与西方各国交往交流的基础,带动了元代科技、艺术的发达、繁荣和进步,促进了元代社会多元一体格局的形成,推动了元代社会的文明和发展。

注:以下标题中凡使用到"先祖们"一词的,就是特指十三庄二十四户各个时期的祖先们,与"十三庄二十四户这一时期的先祖们"的语句意同。

第二节　大游牧迁徙到黑龙江境的大兴安岭东朵颜山

一、兀鲁思分封制与先祖们被封至朵颜山兀良哈封地

兀鲁思分封制，是大蒙古汗国的基本政治制度之一。据《史集》《蒙古秘史》记载，成吉思汗立国之后，对宗王进行了兀鲁思分封，将大兴安岭以东大部分地区的国土（牧地）和九十五个千户中的十多个千户，封给了他的四个弟弟：长弟哈撒儿、次弟哈赤温、幼弟铁木哥斡赤斤以及异母弟弟别勒古台（史称东道诸王）作为他们的兀鲁思。其中，铁木哥斡赤斤之子额勒只带分有蒙古兵民属众三千户。这三千户中大部分是兀良哈部人和少部分乃蛮人、塔塔儿人。这里所说的大部分兀良哈部人，就是指者勒蔑、速不台、察兀儿罕三兄弟所属三个兀良哈千户中的兀良哈部落人，他们与乃蛮人、塔塔儿人共同构成了额勒只带的兀鲁思。对此，暨南大学古籍研究所屈文军副教授在他的《元太祖时期汗庭和蒙古本土地区除授》论著中，列表明确了所封的各千户诺颜的军队的归属。其中，者勒蔑千户、速不台千户、察兀儿罕千户三个兀良哈千户的军队编在了左翼万户，分布在"哈剌温只敦（大兴安岭）周围"，由万户长木华黎统辖。另外，东道诸王领有的各千户是军政合一的组织，在东道诸王分得封地民户时，就拥有了一支蒙古骑兵军队。据此研究表明，"东道诸王"领有的千户，也是"左翼万户"所属千户，这些千户的封地就在大兴安岭以东地区。可以肯定地说，归属左翼万户的者勒蔑、速不台、察兀儿罕三个千户，也是封给东道诸王封地的者勒蔑、速不台、察兀儿罕三个千户。

兀良哈部落在被成吉思汗封到朵颜山之前，就已发展成为大禁地兀良哈和朵颜山兀良哈两部分。称之为大禁地兀良哈的这一部分，是成吉思汗个人斡尔朵（宫帐）所享有的一部分兀良哈部人。成吉思汗去世后，这部分兀良哈人由其首领兀塔赤率领，成为守护大禁地的"墓卫亲军"，以世守成陵为生计，永远不出征。称之为朵颜山兀良哈的另一部分，是成吉思汗分给幼弟铁木哥斡赤斤、侄儿额勒只带与其母月伦太后，从不儿罕山迁徙到了朵颜温都儿（朵颜山）一带驻牧的兀良哈部落人。所有在不儿罕山的蒙古兀良哈部落人，除大禁地兀良哈人负责世守成陵外，其余的全部被封到朵颜山、绰尔河流域地区驻牧了，这已为史学界所证实。

又据《兀良氏先庙碑》记载，至元十三年（1276年）九月，两淮平（阿术）还朝，觐见世祖于大明殿，论功行赏，加泰兴县（今江苏省泰兴市）食邑（封地）二千户。这一则记载或许可以

山的历史过程。

早在元世祖至元二十三年（1286年），东道诸王铁木哥斡赤斤第五代孙乃颜起兵反叛，史称额勒只带后王叛乱。因此，额勒只带封地即朵因温都儿一地成了平叛叛乱的前哨阵地。已迁居于此地属于《史集》所说的兀良哈部若干不知姓名的将军之一的吉日嘎德奉调率兀良哈蒙古军，随忽必烈亲自统率的蒙汉两路征讨大军，参加了镇压朝内诸王叛乱，大败乃颜军。忽必烈处死了乃颜，四年后乃颜余党残军最终被平定。从此额勒只带家族没落，先行迁居于朵因温都儿的者勒蔑家族的后裔最终取得了朵因温都儿兀良哈千户所统治地位，掌控着多个原兀良哈千户的兀良哈部落人，其中包括原速不台千户的兀良哈部人的后裔吉日嘎德所率的兀良哈部人。这一部分兀良哈部人已从属于者勒蔑家族的后裔的管辖之下。一直到元仁宗延祐三年（1316年），元廷按照国家千户制，将迁居在朵因温都儿封地上的蒙古兀良哈部人，合组编成一个朵因温都儿兀良哈千户（兀良哈部落人再次组合。从此，史学界将这三支兀良哈部人全部视为者勒蔑的后人载入史册。）正式设置了朵因温都儿兀良哈千户所管辖兀良哈人，所址设在额客朵颜温都儿为中心的地方。兀良哈千户所的游牧民在此仍以游牧生活为主生存。元末，朵因温都儿千户所升置为朵颜元帅府，者勒蔑后裔升任元帅府元帅。自此以后，这一支朵颜兀良哈部落人，渐渐形成了一股相对独立的力量，发展成为一个较大的兀良哈部落联盟。

第三节　先祖们南迁至宣府、独石口、古北口、喜峰口，后北返喀喇沁八沟

一、先祖们编入兀良哈朵颜卫

元末明初，在大兴安岭以东地区，驻牧和活动着多个蒙古部落，其中较大的就有兀良哈部等。这个兀良哈部落就是从不儿罕山迁徙于黑龙江境内兴安岭以东，南临西拉木伦河的广大地域驻牧的速不台、者勒蔑等后裔的兀良哈部落联盟（此后，文献史料不再出现速不台后裔这一提法，而是与者勒蔑后裔一齐两部分人统称为兀良哈部落人）。

公元1368年，朱元璋派手下大将徐达等攻陷大都（京师）建立明朝。元顺帝（惠宗）妥欢贴睦儿弃大都率皇室和部分朝臣北奔上都（现内蒙古正蓝旗境内），退回蒙古草原，历史进入北元时期。1369年明军攻下上都，元顺帝又北走应昌。1370年6月明军与北元大将扩廓贴木儿（王保保）激战，扩廓贴木儿大败。仅与妻子和少数随从北渡黄河，跑到漠北哈拉和林（大蒙古国都城）。明军再克应昌，元顺帝已卒。太子爱猷识理达腊，仅以数十骑败走哈拉和林，与扩廓贴木儿会合。蒙古王族和所剩军队也撤退到了哈拉和林。在哈拉和林爱猷识理达腊即帝位，年号宣光，明年1371年为元年。尽管北元大将扩廓贴木儿率蒙古大军奋力保卫北元政权，终因元廷内乱外患等原因，还是没有挽救北元政权的败落。此间，在大兴安岭以东、西拉木伦河地区驻牧的各个蒙古部落，特别是兀良哈部落联盟，为保卫自己的领地防止明军的进攻，进行了积极的防御。同时，他们也在蓄积力量，准备有朝一日，东山再起报效朝廷，恢复元朝基业。但事与愿违，也还是没有救得北元政权的败落。兀良哈部落人深感大势已定，已无能为力。只好是继续在自家的牧地上游牧生存，继续防御明军来袭。《王庄宗族谱》记载说，十三庄二十四户这一时期的先祖们"以群体游牧生存，防明入侵掠夺，保护草场和人畜财产安全"。

扩廓贴木儿，又名王保保，北元时期大将。通过以上扩廓贴木儿奋力保卫元朝江山和十三庄二十四户在北元时期的先祖们策应恢复元朝基业的愿望这一段历史可以看出，王保保当年率领的是北元蒙古本部十万蒙古大军，管辖之地在甘陕、兰州。而朵颜兀良哈蒙古军是朵颜元帅府脱鲁忽察儿元帅所属部队，归北元丞相纳哈楚统领，管辖之地在辽东。王保保的蒙古本部军不包括有朵颜兀良哈这一支蒙古军，因此并非同一个部队的军队。当年，是有一支兀良哈军被征调，协同

王保保在甘陕地区抗明，但那是大禁地兀良哈其中的一部分。后来这部分兀良哈人西迁了。说明速不台第六世孙那木思楞率领的朵颜兀良哈军即十三庄二十四户北元时期的先祖们，不直属于王保保率领之下。要说是王保保曾经统领过这一支朵颜兀良哈蒙古军打过仗，也只能是联军协同作战统一指挥而已。

明朝洪武二十年（1387年），元朝原左翼万户长木华黎的后裔元代辽阳行省右丞相纳哈出将军，统帅着二十万蒙古军被明军打败，纳哈出率众投降明朝。大兴安岭以东、西拉木伦河地区的蒙古诸部以及蒙古诸部中依附在纳哈出势力下的辽王阿扎失里、惠宁王海撒男答溪和朵颜元帅府脱鲁忽察儿所率兀良哈部人以及速不台后裔第六世孙那木思楞所率兀良哈部人，因失去抗击明军的最后屏障，在明朝大军压境之下，也相继归附了明廷。据西王庄王德明老人撰写的"呼和浩特市地区十三家庄头简述"一文说：他在私塾时，曾听前朱堡的二十四户蒙古族王百岁老人讲的家史。家史传说："二十四户的先人是蒙古人"，北元时期"与明朝打了很多仗"。"纳哈出率领二十万蒙古军队投降了明朝，我们的先人被迫归了明朝。"王百岁老人讲的虽是二十四户的家族史，但却辅助佐证了十三庄二十四户的祖先即那木思楞所率兀良哈部人归附了明朝这一历史事实，应算作是一补证。

明洪武二十二年（1389年）明廷在朵颜山、绰尔河地区"置泰宁、朵颜、福余三卫，以居降胡"。即设置了以原朵颜元帅府（朵颜元帅府的前身是元延祐三年所设朵颜温都儿兀良哈千户所）

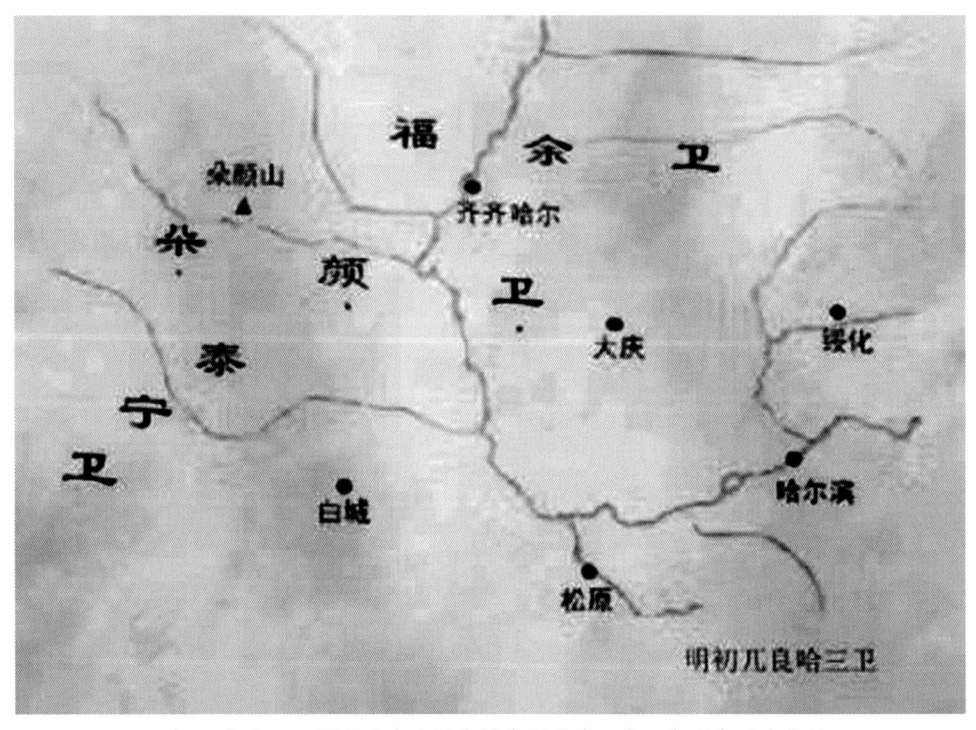

明初兀良哈 三卫图（选自内蒙古社会科学院历史研究所奥登先生的
《蒙古三卫登台》一文插图）

兀良哈人为主的朵颜卫，以原辽王往流部为主的泰宁卫和以原惠宁王乌者部为主的福余卫。史称朵颜三卫或兀良哈三卫（见"明初兀良哈三卫图"）。其中，朵颜卫设在大宁以北的绰尔河（今兴安盟扎赉特旗境内）、洮儿河上游和朵颜山一带。据学者和田清考证，以兀良哈部为主的朵颜卫的前身是朵颜温都儿兀良哈千户，明代朵颜卫是由元代朵因温都儿兀良哈千户演变而来的。说明归附明廷的朵颜兀良哈千户，全都编入了朵颜卫内，又卫所设在兀良哈部落原领地内，所以明廷称兀良哈朵颜卫。明廷承认者勒蔑家族及其后裔脱鲁忽察儿为正统，就顺理成章地授封脱鲁忽察儿为兀良哈朵颜卫指挥同知，统领全部朵颜兀良哈部落人。朵颜兀良哈是包括速不台后裔那木思楞所领兀良哈部落人在内的所有编在朵颜卫的兀良哈部落人的统称。但编入朵颜卫后的那木思楞所领兀良哈部人，权势地位皆已下降，自行降为脱鲁忽察儿指挥同知的所属之民，成为朵颜卫中普通的游牧民百姓，那木思楞等在朵颜卫中只担任千百户等职。史籍中能见到的只有朵颜卫指挥同知脱鲁忽察儿的记载，其下属的名字与官职没有提到。不过，既然史称"朵颜卫由元代朵因温都儿兀良哈千户所演变而来"，那么朵颜卫中的兀良哈部人必定是从兀良哈千户所"转来的"，这一不容置疑的历史事实，说明朵颜卫中有十三庄二十四户的祖先们即那木思楞所领人马的存在，证明十三庄二十四户的祖先也是朵颜卫兀良哈人。

明朝设立的朵颜三卫，由出土文物朵颜卫左千户所百户印证明（见"朵颜卫左千户所百户印"图），同时证明朵颜卫下设左、右千户所和百户所。这些卫所是军政合一的机构，酋长（部落首领）脱鲁忽察儿为指挥同知，其他各为千户、百户等职，给予印信……各卫所拥有大量士兵，并由这些蒙古兵士组成一支特殊的军队——战斗力极强的蒙古骑兵军。卫、所的牧地上是广大游牧民百姓在游牧。其中，速不台后裔那木思楞统领下的兀良哈蒙古军的大小头目是：那木思楞、忽都苏日格、那其布、苏日木格、讷吉布、色楞、担迪布、格力木台、那森格日、阿明布赫、德木图、哈斯、苏日格、呼其泰、阿吉台。这是那木斯楞将本部骑兵军的大小头目登记造册留名，由《王庄宗族谱》记载留传了下来。据此可知记载留名人物系兀良哈部后裔，十三庄二十四户在明代的祖先。

明建文帝时期，明朝发生皇室内部争夺皇位的战争，史称"靖难之役"。燕王朱棣在发动"靖难之役"时，曾得到过兀良哈三卫蒙古人的出兵援助，挫败了镇守大宁卫（今宁城县）的宁王朱权。1404年朱棣即皇帝位后，将宁王迁往南昌，大宁都司内迁保定。为了安抚兀良哈朵颜三卫蒙古人，决定把大宁地区（今承德市、平泉县、建昌县及老哈河流域）重置兀良哈三卫。但是，明成祖永乐皇帝朱棣的许诺并没有很快兑现，明廷不允许兀良哈朵颜卫蒙古人南延到大宁地区驻牧。兀良哈朵颜卫蒙古部落，为了获得大宁地区的驻牧权，归附了其时颇为强大的阿速特部，首领阿鲁台常联合兀良哈部进攻明朝。明成祖朱棣对兀良哈部落叛去表示不满。1422年在亲征阿鲁

朵颜卫左千户所百户印（选自黑龙江省博物馆藏出土文物）

台所部返回途中，在屈烈儿河流域与朵颜兀良哈部军一战，大肆杀戮、践踏了兀良哈部及其驻地，"荡其巢而还"。这次战争兀良哈部遭受摧惨，伤亡惨重，被斩首数千级，余众向西退回到克鲁伦河草原。这就是《王庄宗族谱》说的，在速不台第七世孙泽登巴尔带领下的兀良哈部人，也随整个西退的兀良哈部人"返克鲁伦河草原"中下游地区。

二、先祖们再次长途迁徙至边墙游牧

明朝宣德初年，兀良哈部落才稍稍恢复元气，又挥师从克鲁伦河草原以至于近黑龙江地域向南推进到滦河流域，老哈河流域，西拉木伦河一带游牧。宣德三年兀良哈部落再度向南伸张，又进大宁城（现宁城县大明镇一带）并经会州（现平泉县南五十家子镇会州城村）直趋宽河（瀑河，今平泉县平泉镇南），遭到明廷明令禁止和边将的阻止。于是兀良哈人"万众侵边"，明宣宗亲率三千大军与兀良哈骑兵激烈战斗。这次战争使兀良哈部再次受到严重打击。但朵颜卫兀良

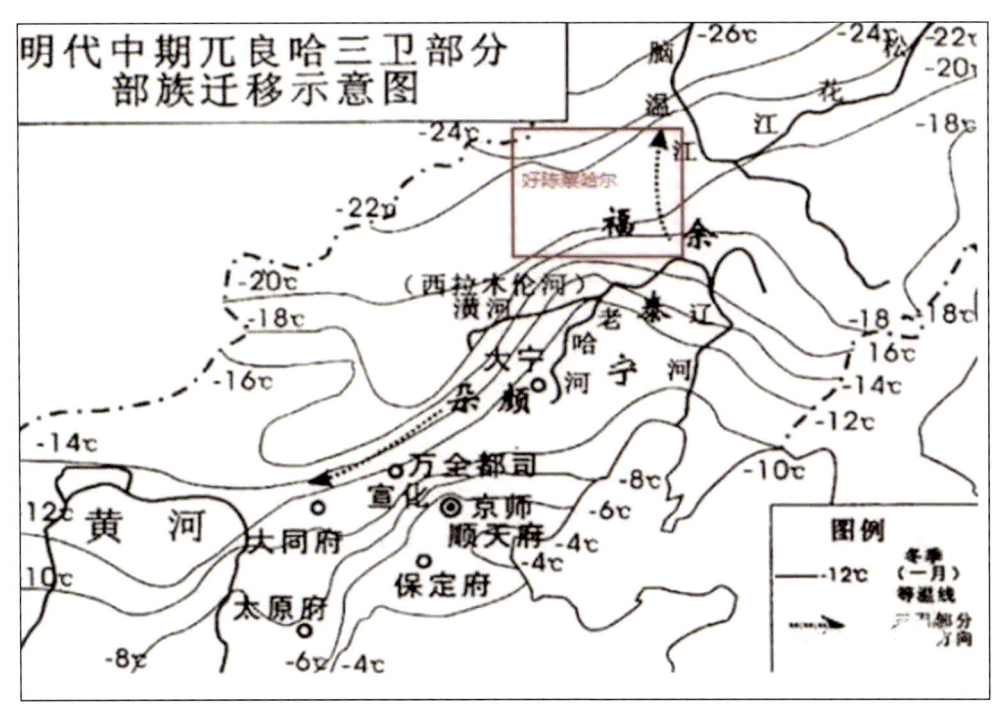

明代中期兀良哈三卫部分部族迁移示意图（选自内蒙古社会科学院历史研究所奥登先生的《蒙古尤良哈部的变迁》一文插图）

哈部人并未屈服。他们得到一些蒙古部落向南推进的全力支持，为夺取大宁地区与明朝做了不懈的斗争。明宣德中后期，明朝国力渐微，北部边境防线内缩，部分城池、卫所废弃或内迁，土地荒废。朵颜卫兀良哈蒙古人趁此机会更进一步发动了东起辽东，西至独石口的全面向南推进的攻势。这样，到明景泰年间（1450—1456年）朵颜兀良哈人便进至明朝"近边住种"（见兀良哈三卫部分部族迁徙示意图），并向明廷提出接管大宁废城的要求。明廷虽未答应给大宁城，但同时做了适当的让步。明廷兵部商议后允许朵颜兀良哈部落人，在距离大宁城边境二百里以外的地方"自在放牧"。大至范围在喜峰口长城以北，八沟以南一带。《明史》卷328载：朵颜兀良哈三卫分布状况是"自大宁前抵喜峰口，近宣府曰朵颜……"另如《王庄宗族谱》记载，此时速不台第八世孙苏布鲁也已率领本部的朵颜兀良哈部人即十三庄二十四户这一时期的先祖们，游牧迁徙到了"南至长城的独石口、古北口、喜峰口，西到宣府"一带（见宣大山西三镇图说）。蒙古史研究学者奥登先生，在其《蒙古兀良哈部的变迁》一文中也提到"历天顺（1457年）到成化初年（1465年），兀良哈人已经驻牧于明朝边墙墩（台）堡附近，戍守的边卒已经瞭见蒙古人千百成群出没"，说明朵颜兀良哈人南迁至长城（边墙）以北一带逐水草放牧。

从此，东起开原西近宣府的长城边外，均属兀良哈地区，都有戍守在边墙（长城）墩堡（墩台）的明边卒"瞭见"的兀良哈蒙古人，赶着千百成群的马、牛、羊群在放牧。其中也有速不台第八世孙苏布鲁（王玉坤）所率兀良哈部人即十三庄二十四户这一时期的先祖们在此地遵先人曾

四、先祖们融入喀喇沁部

1510年以后，达延汗之孙巴雅思哈勒掌管了喀喇沁等部的鄂托克，成了喀喇沁部的领主，从此，喀喇沁部逐步成为黄金家族的属民。1540年前后，巴雅思哈勒率喀喇沁部众从鄂尔多斯逐渐东迁至宣府、张家口、独石口地区驻牧，基本上已深入到了兀良哈朵颜卫的驻牧领地。据现为中国人民大学乌云毕力格教授在他的论著《喀喇沁万户研究》《关于朵颜兀良哈人的若干问题》等文中讲，喀喇沁领主巴雅思哈勒采取联姻等方法，促使喀喇沁部与乌良哈（兀良哈）两部世代通婚，从而恢复了蒙古历史上朵颜兀良哈与黄金家族达几百年相互间的联姻。按照传统习俗，凡是兀良哈显贵嫁姑娘给黄金家族，均不随其丈夫驻牧，而是住在娘家，从兄弟父母家产中分得一些人马和财产，仍然驻牧于兀良哈部（娘家）的牧地内。巴雅思哈勒从朵颜兀良哈娶了两位夫人，其中一位叫孟可津，她就驻牧于蓟州边外大宁城、一逊河、以马兔河、大小兴州一带，管辖一部分兀良哈部落的属众即领有兀良哈部长昂的部众。另一个兀良哈夫人哈屯所生之子青把都儿，继父位统治喀喇沁部。后来，孟可津的属民和辖地，被青把都儿征服到自己名下，朵颜兀良哈人均成为

阿勒坦汗（选自呼和浩特市大召寺广场）

青把都儿管辖的属民。

又据蒙古文献《阿勒坦汗传》记载，巴雅思哈勒率部深入到兀良哈朵颜卫牧地以后，大约在明朝嘉靖年间（1540年以后），兀良哈朵颜卫（山阳之民）在其领主恩克兄弟九人率领下，举族携带成吉思汗母亲诃额伦祭祀宫帐（当年恩克的祖先就是被封到朵颜山守护诃额伦宫帐的）。主动归附了成吉思汗黄金家族的后裔阿勒坦汗。阿勒坦汗将恩克的四位兄弟所部留在自己名下，成为自己的属民。后来，恩克的后裔善巴一支被封到了东土默特。将恩克及其兄弟五人所部，分给其弟巴雅思哈勒，成为巴雅思哈勒的属民。恩克兄弟五人所部和依附于恩克父子"花当的结义兄弟十六人的后裔"等朵颜兀良哈人，成为喀喇沁部兀良哈人的来源。内蒙古师范大学邓静先生在其《承德地区喀喇沁蒙古族的变迁》一文中讲，分到喀喇沁部的兀良哈人，有者勒蔑的后裔，兀良哈朵颜卫都督佥事花当的长孙革兰台的五个儿子，也就是恩克的兄弟五人。他们是：革兰台长子恩克及其九子叉哈赤来（该部不称名，随长昂游牧）与恩克长子长昂等。五子董忽力、六子兀鲁思汗、八子长秃。分到喀喇沁部的兀良哈人，还有花当的结义兄弟十六人的后裔以及花当三孙脱力的十二个儿子。后以恩克为首归附喀喇沁部的这一部分朵颜兀良哈人，奉喀喇沁首领巴雅思哈勒及其后裔为自己的领主，仍以喀喇沁为部落名号。又据《平泉县志》载：嘉靖三十年（1552年）间，喀喇沁部吞并了朵颜卫的大部分土地，朵颜兀良哈部人亦归附了喀喇沁部。朵颜兀良哈部与喀喇沁部逐渐融合为一个新的喀喇沁部，成为喀喇沁万户的重要组成部分。那么，朵颜兀良哈人王永厚（速不台第十一世孙）所率领的朵颜兀良哈部人，即十三庄二十四户这一时期的先祖们，是否也归附了喀喇沁部？《阿勒坦汗传》明确告诉我们：恩克率整个朵颜兀良哈部落归附了阿勒坦汗。中国人民大学乌云毕力格教授也说"朵颜兀良哈是在恩克率领下归附俺答汗的"。前文已提及，恩克所部与王永厚所部（应该是花当结义兄弟十六人的后裔）本系同一兀良哈部人，同被编在朵颜卫，对外统称朵颜无良哈人。现整个朵颜兀良哈部人都归附了阿勒坦汗，就是表明恩克所部连同王永厚所领的这一支朵颜兀良哈部人，都归附了喀喇沁部。因此，《王庄宗族谱》记载说，祖巴图年迈时和儿子王永厚及我等兀良哈部人（十三庄二十四户这一时期的先祖们），自然就涉足于喀喇沁大草原游牧生存。这里水草丰美，老哈河自北向南穿境而过，各支流呈扇形分布，自古为优良牧场。各家各有游牧场地，相互通联，往来密切，共同护卫，遇灾共商众帮解决。巴图、乌日托娅夫妇，王永厚、塔娜夫妇去世后，安葬地就在喀喇沁草原上。说明只有归在喀喇沁部，才能在喀喇沁这片草原牧地上游牧生存，去世后就地安葬深埋。我们相信，还有多少十三庄二十四户的祖先们，与东王庄王氏家族第十世祖巴图、乌日托娅夫妇、第十一世祖王永厚、塔娜夫妇一样，在喀喇沁草原上生存期间，同样留下了他们遍及草原游牧的足迹，留下了他们历史的印记。去世后同样就地埋骨喀喇沁大草原，长眠在了喀喇沁草原上。又比如：姜家营姜氏

（二十四户蒙古族人）家谱记载，说他们的先人们是生活在热河八沟"哈尔沁村"的人。这是他们一代又一代的祖先原原本本地传下来的说法。为此，他们曾两次于近年组织本家族的人们，回热河八沟（平泉）寻找哈尔沁村，访一访还有没有近族亲人。结果在平泉根本没有找到有哈尔沁村。找到平泉县县志办才搞清楚，平泉县境明清属喀喇沁部游牧区。原来姜家营祖先传说的哈尔沁，不是村名，说的应该是喀喇沁部落名，或是喀喇沁部游牧地——喀喇沁草原。说明姜氏家族先人曾游牧生活在喀喇沁这一地域，是喀喇沁部落人。由于姜氏家族祖先是喀喇沁部蒙古族人，而喀喇沁是蒙古语，其标准音就是哈尔沁（harqin）。姜氏家族传下来哈尔沁的说法是使用了喀喇沁的标准音（见哈尔沁图）。

事实上，传说十三庄二十四户的先祖们是哈尔沁人，不仅仅只有姜家营的人们，圈地上的庄头人也都有同样的传说。这就有力地证明，当年十三庄二十四户这一时期的先祖们，确确实实游牧生活在喀喇沁草原上，去世后长眠于喀喇沁草原上。

上述这些朵颜兀良哈部人归在喀喇沁部后，"乌良哈（兀良哈）部、喀喇沁部成为了孛儿只斤氏黄金家族的一员。从此，乌良哈部对外自称喀喇沁部人"，"而历史上的兀良哈部落名将辈出，大将军速不台祖孙三代都是大元帅"。（见人民大学乌云毕力格教授的论著）。也就是说这些自称喀喇沁部人或自称哈尔沁人的乌良哈部人系速不台及兀良哈部落人的后裔，即十三庄二十四户这一时期的先祖们。两部融合，两部合一，已成为历史的必然。因而这部分朵颜兀良哈人又被称为喀喇沁兀良哈人。喀喇沁部蒙古族人，究其源流"皆源出朵颜兀良哈部落"，从部落源头上考证，是"源自兀良哈部落"。兀良哈部人——喀喇沁蒙古族人最直接的祖先之一。

由此可以确定喀喇沁属部的兀良哈之一部，十三庄二十四户这一时期的先祖们，于嘉靖年后期，沿长城以北喀喇沁牧地一带（今平泉县境）游牧。即辽中京的大宁城（今宁城县大明镇）南部与八沟（今平泉县境）一带游牧。这就是十三庄二十四户的先祖们，后来落脚于喀喇沁部传统牧地喀喇沁八沟（现平泉）居住生活的根本原因所在。

五、成立兀良哈安达部

明万历年间，十三庄二十四户的先祖们，经休养生息发展壮大起来。人畜两旺，生活改善，据《王庄宗族谱》记载：明万历三十六年（1608年）喀喇沁部兀良哈氏人，速不台第十三世孙、东王庄王姓家族第十三世祖王高棠与喀喇沁部兀良哈氏人潘氏潘家祖先潘发（岱钦），喀喇沁部兀良哈氏人高庙子王姓家族第十三世祖王山（从高庙子王姓家族口传家谱得知，此时王山已是王高棠的贴身保镖）三个人坐在一起，由王高棠倡导，共同商量决定，召集一次众首领参加的小忽里勒台会（集会），小忽里勒台会的主要内容是共商恢复兀良哈部落和保护好游牧地，发展畜牧生产等事宜。地点定在王高棠的喀喇沁住地，时间定于万历三十六年（1608年）三月初九。定下来之后，王高棠、潘发（岱钦）、王山他们三人骑马不分昼夜去寻访（通知）各家首领。三人每到一地都要与各家族首领沟通，讲明来意。各家族首领听了来者王高棠、潘发（岱钦）、王山所讲，都很高兴和满意，表示一定如期参加小忽里勒台会。寻访期间都很顺利，彼此见面亲热，受到热情款待，共用了十多天时间，寻访约好了三十多位家族首领。

明朝万历三十六年（1608年）三月初九那天，王高棠早早起来，把蒙古包内外打扫得干干净净，备好宴席，等待诸位的到来。片刻，众首领骑马陆续到来。下马后互致问候"赛拜奴"，并热情拥抱。随之东道主请众首领入蒙古包就座，向诸位敬上热腾腾的奶茶和奶制品。

参加本次聚会的三十七位家族首领是：

速不台的第十三世孙王高棠、者勒蔑的第十三世孙方成龙、只尔豁阿歹第十三世孙赵纯礼、忽必来的第十三世孙胡达旺、图孟巴根的第十三世孙杜向兴、圪力木图的第十三世孙田继元、吉勒噶德第十三世孙王成旻、塔格少布第十三世孙张俊凯、赛吉雅夫的第十三世孙宋守义、图贴木尔的第十三世孙刘锦华、图孟巴雅尔的第十三世孙吴沛晨、迪木巴图的第十三世孙丁高峰、噶拉木图的第十三世孙李嘉祥（现已确定，他们是兀良哈部后裔，十三庄庄头的祖先）。

原兀良哈部护卫主将腾日格勒的第十三世孙潘发（岱钦），护卫副将那木色楞的第十三世孙王山。

原兀良哈部护卫的第十三世孙刘培成、宁可伟、王兴智、李煜良、姚焕智、田永宽、徐宏伟、杨志高、王文裕、李春华、姜定基、尹万通、尚志魁、陈守业、刘万顺、冯乃琦、闫茂盛、刘永茂、王纯靖、吴沛、李培成、张建业（现已确定，他们是兀良哈部后裔，二十四户的祖先）。

由此可证实，至明末我等三十七家先祖们已全部使用汉姓汉名了。

注：据传，原兀良哈部的全体护卫，也同有两次记蒙古名字的注册。此册由分管人马的主将留存，因长期迁徙和战乱留存不当，将注册遗失。使全体护卫始徙祖的名字没能留传下来。

小忽里勒台会由王高棠主持，一开始王高棠讲了五点议题供大家讨论。

第一、二点：讨论发展畜牧生产，改善贫困和落后面貌方面的事宜。

第三点：商议恢复兀良哈部，应在部后加"安达"二字（安达是蒙古语，意为好兄弟），统称兀良哈安达部。

第四点：讨论商量选定兀良哈安达部部主人选。

第五点：商量要把各家成年男子编组为本部落的护卫队。还要选定护卫队的率兵主、副将领，统领指挥好本部人马。护卫队平时都要放牧，保护好本部的牧畜和牧场，主要防御外来入侵，战时都要出征参加战斗。

参会人员经认真讨论，就上述五点议题达成一致。

共同表决，愿意恢复兀良哈部落。赞同恢复后的兀良哈部落名加安达二字，称兀良哈安达部。既继承了祖先兀良哈部落名，又表明不是以血缘关系维系的部落，而是以蒙古义兄弟（安达）组成的部落。回溯一下元代速不台千户的组成状况，从那时候开始已经显现各大家族之间，只有亲亲关系维系，而无血缘关系维系的兀良哈部落内的"安达"关系。历经数百年的繁衍，现如今（1608年），这一支兀良哈部落加"安达"，是本部落历史发展的必然结果。另外，还可以用前朱堡二十四户王家先人留下的传说和高庙子二十四户王氏家族的传说来辅证。在西王庄王德明老人撰写的《呼和浩特市地区十三家庄头简述》一文，记载了前朱堡二十四户王百岁老人一段家史传说：未到庄头地之前，二十四户的先祖们曾结过拜（安达）磕过头盟过誓，立下"金兰拜谱"，拜谱上有结拜（安达）二十四人的名字（有的是蒙古名字）、年岁以及排行顺序。因王百岁的娘舅家在西王庄，从小在西王庄长大，王德民和王百岁两人一起读过私塾。所以王百岁将拜谱给王德明看过。高庙子二十四户王氏家族也有一段有关的传说，说东王庄王氏家族祖先与高庙子王氏家族祖先是拜把子（结义）兄弟。他们的后世人，老大从东王庄去了四间房，老二留在了东王庄，老三从东王庄去了高庙子。可见"义结金兰""拜把子兄弟"的传说与成立兀良哈安达部是相符的，成立兀良哈安达部这一历史件事是有据可循的。

小忽里勒台会一致表决，推举王高棠为兀良哈安达部部主。

共同决定建立再组本部落护卫队，推举潘发（岱钦）为兀良哈安达部护卫率兵主将，推举王山为兀良哈安达部护卫领兵副将。王山担任兀良哈安达部护卫领兵副将，可由高庙子王姓家族整理后的王氏族谱证实。王山，高庙子王姓家族第十三世祖先，高庙子王姓家族的祖云（容）谱上有记载（见高庙子王氏家族祖云谱上记载的第十三世祖王山、刘氏原件复印件）。王氏族谱记载说，王山当兵的出身，喜弓马刀枪鞭，腿脚功夫十分厉害，人称铁腿王山。带过兵打过仗当过总兵官。在明朝，总兵官是对带兵出征的军事将领的称呼。王山担任兀良哈安达部领兵副将是在明万历三十六年（1608年），所以王山的后辈们把自己祖先王山担任过领兵副将，传说为当过"总兵官"。正是缘于仿效明朝、清初流传于民间的总兵官的叫法。说明王山这一人物和担任领兵副将这一事件都是有根据的。

共同决定：三月初九日为兀良哈安达部的成立纪念日。每年三月初九日集会，举行"那达幕"祝贺。

会上，由新任部主王高棠将参加集会的三十七位首领花名登记在册，留传下来，由王家后人记录在《王庄宗族谱》中。

会后，王高棠设庆贺宴于三十六位首领，饮酒欢乐庆贺。

成立兀良哈安达部的背景及原因：

原因之一，朵颜卫兀良哈人介入喀喇沁部后，朵颜兀良哈与黄金家族联姻的结果是使一部分兀良哈人归附喀喇沁部。其余部分兀良哈人，分别归附了土默特部、察哈尔部。拥兵七万的朵颜兀良哈力量逐渐被解体，最后一任朵颜卫都督退出历史舞台。之后，作为整体的兀良哈部落这一名称逐渐消失。而现任喀喇沁部首领，原兀良哈部落的后裔苏布地、色楞却继续沿用了喀喇沁部之名。恢复兀良哈部落之名称历史地落在了王高棠为首的兀良哈氏人身上，势在必行。

原因之二：喀喇沁部兀良哈氏人各分支部的牧地基本固定，速不台第十三世孙王高棠所率喀喇沁部兀良哈氏人的游牧地，分在喀喇沁八沟中北部一带，一直无变动，固定了下来。恢复成立兀良哈安达部的护卫队，防止外来侵略和兼并，保人畜牧地安全当务之急。

原因之三：明万历年间，喀喇沁部兀良哈人王高棠部，发展壮大起来，而且有实力了，足可重新恢复也有必要恢复自己原有的部落。之前这一支兀良哈部落人，不是一个独立的分支部落。自从被纳入朵颜兀良哈千户中到兀良哈朵颜卫，他们都是被朵颜卫兀良哈部首领们按义兄弟（安达）待遇，为一支不称名的小部族。所说的不称名是指分有单独的牧场，小部族内自己管理自己，对外只称朵颜兀良哈大部族名，附属在朵颜兀良哈部主名下，随大部族游牧。成立兀良哈安达部后，十三庄二十四户这一时期的先祖们就有自己可称名号的部落了。

兀良哈安达部成立后，仍隶属喀喇沁部，是喀喇沁部一个分支部落，喀喇沁部大领主苏布地，仍然统辖兀良哈安达部。王高棠只是个管理兀良哈安达部的小诺颜（小领主），但因自成一支，战时可独立集结成队参加战斗。兀良哈安达部部落名是本部落人对自己部落的一个内部称呼，对外和史书上记载还是称喀喇沁部。这就是圈地上广为流传的"一部双名"说法的那段历史的还原。

六、先祖们固定在喀喇沁八沟居住游牧

17世纪初叶，喀喇沁部黄金家族首领和所拥有的人口在与察哈尔林丹汗的兼并战争中，其大军大部溃散。而喀喇沁部中的大多兀良哈氏人和所属部民部众在与林丹汗的兼并战争中未受到严重的打击，损失较轻，从而保存了实力，在色楞、苏布地率领下，东迁回到原驻牧地兀良哈三卫地。喀喇沁部兀良哈氏人回迁至兀良哈三卫地，印证了喀喇沁部兀良哈氏人其中一支，十三庄二十四户这一时期的先祖们已"北返至喀喇沁部南部八沟"一带牧地，半定居游牧了。

1627年12月至1628年1月，喀喇沁部，科尔沁部、扎鲁特部、奈曼部、土默特部等联军十万在土默特的赵城（召城，指呼和浩特）与林丹汗交战，歼灭林丹汗的精锐四万人马。而后苏布地、色楞担心林丹汗报复，率喀喇沁乌梁海（兀良哈）投靠后金皇太极。1628年8月3日，后金与喀喇沁之众刑青牛白马盟誓结成联盟。1629年苏布地、色楞与兀良哈安达部举部归附后金。皇太极诏封苏布地部、兀良哈安达部仍驻喀喇沁旧牧地，再组新的喀喇沁部。新的喀喇沁部是由兀良哈人为主重新组成的，这标志着以王高棠为首的兀良哈安达部人，依诏固定在喀喇沁（由部落名演化成为地名）南部牧地的八沟（现平泉）中北部一带驻牧，也标志着游牧文化经不断积累，逐步融合发展到固定牧场，分区放牧的新阶段。

先祖们固定在喀喇沁八沟（热河八沟）驻牧的证据为：

1.1629年苏布地率喀喇沁部归附后金，当时喀喇沁部地域广大。游牧地界为喜峰口东北三百五十里，东西距五百里，南北距四百五十里。也就是在喀喇沁旗、宁城县、喀左县，还包括承德（热河）的部分地区，即现今赤峰市的喀喇沁旗、宁城县，辽宁省的喀左蒙古自治县，河北省承德市的平泉县（八沟）。这说明喀喇沁部游牧地地界范围内包括有八沟在内，说明八沟是喀喇沁部传统游牧地的一部分。1634年皇太极为归附的喀喇沁部正式划定了游牧地。至此，喀喇沁左右翼旗所属蒙古游牧民，各自的牧场牧地都已固定下来了，随之居住地也固定了下来。

2.《土默特志》载，庄头人中，有来自热河八沟的蒙古族人，有来自热河八沟的二十四户人。

3.《浑津十三圈调查报告》载，十三庄"庄头人原是东蒙人……来自热河八沟"。"二十四户也是从热河八沟来的……兵丁"。

4.十三庄二十四户人历代口口相传他们是来自热河八沟的人。比如：小黑河镇姜家营姜姓二十四户蒙古族人的姜氏家谱记载，他们的祖先是来自热河八沟的哈尔沁人。其祖先在八沟以放牧为生，说的就是喀喇沁八沟人。杨家营村王明贵老人（蒙古族二十四户）讲述的口传历史，说他们祖辈代代相传来自热河的八沟。《呼和浩特市地名志》讲，明末清初，从热河八沟一带迁来一

蒙古族姚姓大喇嘛定居修府，故得名姚府。但凡是十三庄二十四户的蒙古族人，都听祖先们传说过他们是来自热河八沟的人。（见老八沟老照片）

老八沟街头的平泉及平泉碑老照片

热河八沟祖先王高棠等之墓
（选自现东王庄、四间房东坟地墓地）

5. 仙逝后安葬在热河八沟的十三庄二十四户的祖先们。其中东王庄王姓庄头第十三世祖先王高棠妻赛音塔娜；第十四世祖先王曾祖妻金纳仁；第十五世祖先王振琳妻其其娜仁，于康熙五十年由东王庄庄主王居忠次子王应旺和三个保镖，前去喀喇沁旗八沟将他们的骸骨迁往现东王庄、四间房东坟地安葬，并将喀喇沁旗八沟地故土带回，坟地中至今尚生长着八沟地的花草。以上墓碑实证证明八沟这方游牧地，十三庄二十四户的祖先曾经来过、生活过，也留下过自己的足迹。

6. 从平泉（原称八沟）历史渊源可知，平泉县境明清属喀喇沁旗牧地，喀喇沁部传统的游牧区（见地图）。蒙古族为喀喇沁部蒙古族，其源一为乌梁海（兀良哈）部，二是喀喇沁部。乌梁海（兀良哈）部归附喀喇沁部后，平泉县境的蒙古族皆属乌梁海（兀良哈）、喀喇沁蒙古后裔，平泉境内成为了乌梁海（兀良哈）蒙古人的游牧地。喀喇沁、乌梁海（兀良哈）蒙古族人多居旧平泉州中北部。《松亭行纪》载，清初的喀喇沁游牧地八沟中部，有条辽金古道，大吉口（达什喇卜齐尔口，蒙古语崖口、谷口，今平泉县党坝镇大吉口村北）位于古驿道上。"北行出大吉口为蒙古界"，界北居住生活着"喀喇沁（喀尔沁）诸部落"。因此，喀喇沁蒙古部的南界就在大吉口一带。大吉口也就成了清代农业区与游牧区的分界线。"两山断处谓之一沟，每沟所住蒙古不过三两家。""时见蒙古居人在山墺（山间平地，可居住的地方）向阳处，富者支毳（cui，细毛）幕，内设床幔（挂帘），以妆锦（有花纹装饰的织品）为之。贫者幕上唯覆以苇，花布为幔。幕外多树，乱木为栅，外圈牛马，虞有虎害。"可见，清初八沟的中部、北部、东北部为喀喇沁蒙古兀良哈（乌良哈）牧地，牧民们过着逐水草游牧，山间平地而居，毡房野炊的生活。此情此景，正是喀喇沁部游牧民在八沟游牧地游牧生活的真实复原。

八沟（今平泉）图
（选自《内蒙古自治区地图册》）

七、安达部铁骑军参加明清战争

《清太祖实录》卷五第 69 页载，后金汗努尔哈赤于 1618 年 4 月 13 日在盛京"告天"誓师，宣读了与明朝结下的七大恨讨明檄文。随后领兵起行向明朝开战，明清在辽东的战争从此拉开序幕。努尔哈赤亲率后金军连陷抚顺、清河等地，曾打算再攻沈阳、辽阳，但因军事力量不足，翼侧受到叶赫部的威胁。侦知明王朝决定派大军增援辽东，便于九月主动撤退，返抵赫图阿拉（努尔哈赤称汗之地），做一些备战工作。明朝方面，抚顺等地接连失陷，让明王朝深感事态严重，派兵加强辽东防务。1619 年 2 月明派往辽东的号称二十万援军抵达集于辽东，围剿后金。这就是当时明朝、后金在辽东战场的局势。鉴于这种形势，提出实行"满蒙一家"思想的努尔哈赤，想到了他的邻居蒙古诸部，采取了结交、联合、容纳各部落的蒙古军，来加强自己的军事力量。早些年，就有蒙古人来归，比如有孛儿只斤氏蒙古人吴讷格等。这些越来越多来归的蒙古人编入满八旗之内，平时隶属本旗旗主管辖，战时独立集结成队参加战斗。作为蒙古诸部之一的喀喇沁部也开始与后金有了联系。据《王庄宗族谱》载和先人们传言，此时的努尔哈赤派使臣去找王高棠部提出借兵，名誉上是在借兵，实际上是在联合兀良哈安达部共同对抗明军。因为王高棠部已成立了兀良哈安达部，有一支本部独立组建的护卫蒙古军。努尔哈赤使臣遵汗旨意，许下借兵承诺："满蒙不分，有难同当，有福同享，有官同做"。王高棠召集本部众首领商量同意借兵，后命主将潘发（岱钦）组成一支铁骑军，备好汗血马，佩带钢刀、枪、弓箭和苏鲁锭如期出征。从此，兀良哈安达部出兵了，一支由兀良哈安达部精选组成的蒙古铁骑军，由部主王高棠、主将潘发（岱钦）、副将王山率领，开始登上历史舞台，参加了努尔哈赤率领的后金军与明军的多次战役。

后金天命四年（1619 年），王高棠与潘发（岱钦）、王山率领的兀良哈安达部铁骑军，开始协助后金军攻打明辽东经略袁应泰的辽东军。此役，史料称之为开铁之战。《王庄宗族谱》记载了兀良哈安达部铁骑军，助后金攻打明辽东经略袁应泰的辽东军的前前后后。

天命七年（1622 年）后金人马分三路向河西进攻。王高棠与潘发（岱钦）、王山率兀良哈安达部铁骑军，渡过辽河进攻西平堡，明辽东经略王化贞和熊廷弼听到西平堡失守，把广宁，间阳守兵调出抗争铁骑军。后金军与铁骑军三路齐攻，三万明军全部覆没，广宁失守。王化贞败退，熊廷弼退到山海关。此役，史料称广宁之战，《王庄宗族谱》记载的兀良哈安达部铁骑军与后金军三路齐攻广宁，后金占领广宁的全部过程，也是帮助努尔哈赤攻打明朝的又一次战役。

天命十一年（1626 年）正月，努尔哈赤亲率两黄旗为主力部队的后金约六万（号十三万）大军发起宁远之战，王高棠与潘发（岱钦）、王山率兀良哈安达部铁骑军再次参战，助后金攻打宁圈地上。这就是新设"御屯"的提出和整个安设过程。

此次安置十三庄二十四户的祖先们于十三圈地上，中国第一历史档案馆馆藏内务府档案11卷15号有载。记载说："经臣衙门（总管内务府衙门）会同户部，议复驻归化城将军伯费扬古等，奉旨往查看黑河、浑津等地方，安设庄头一事。""内务府、户部、伯费扬古"依查看后的共同议定，"钦遵"康熙皇帝谕旨，"随执行于浑津安设庄头十名，黑河安设庄头三名"。

另有碑文记载，康熙年中，"谕旨（于塞外）设立皇庄"（乾隆四十七年修缮龙王庙时，庙内立的碑的碑文）。

内务府档案记载、碑文记载、《王庄宗族谱》记载与圈地上庄头们的传说完全相吻合。

内务府奏准把13位蒙臣和24位蒙武士安置在了归化城南十三圈地上，既达到了停俸停饷以土地补偿功臣的目的，又有一支信任的军队实边驻戍，客观上既可起到固防归化城战略要地，又可起到开发归化城南这片土地，增强固防归化城经济实力，促进与当地各民族交往、交流的作用。当初，康熙皇帝把归化城作为应对西北战争的前敌指挥部。从战略防御和应急的角度上讲，部署在右卫城的八旗兵力，前敌指挥部可以直接调动的，但在归化城没有置固定驻防军队的情况下，新设"御屯"于此，放一支曾骁勇善战的蒙古铁骑兵，充实到边防要地，置"白大将军"费扬古统辖管理之下。如有战事需要，伯费扬古将军便利直接调用，起到可应急边防的作用。即便是伯费扬古将军率军参加西征噶尔丹战争离开归化城，也有蒙古铁骑军在此守护，可稳定归化城的局势，防止这一地区发生内乱。西十圈十三村庄头民众代表刘才、吴斌、宋金良呈文土默特别旗总管称："康熙之世，圣主仁皇帝率师征讨噶尔丹凯旋后，将随征之索伦（清代称朵颜山为索伦山，这里指朵颜兀良哈人那一支八旗蒙古军）等处八旗蒙古官兵（即十三庄二十四户的先祖们），划拨归化城黑河南岸地亩约千顷给予安插。乃集庄成圈，计口授田，共成庄头一十三圈，使之垦殖耕牧以实边防。"呈文直接印证了上述说法是真实正确的。（见呈文原件复印件）

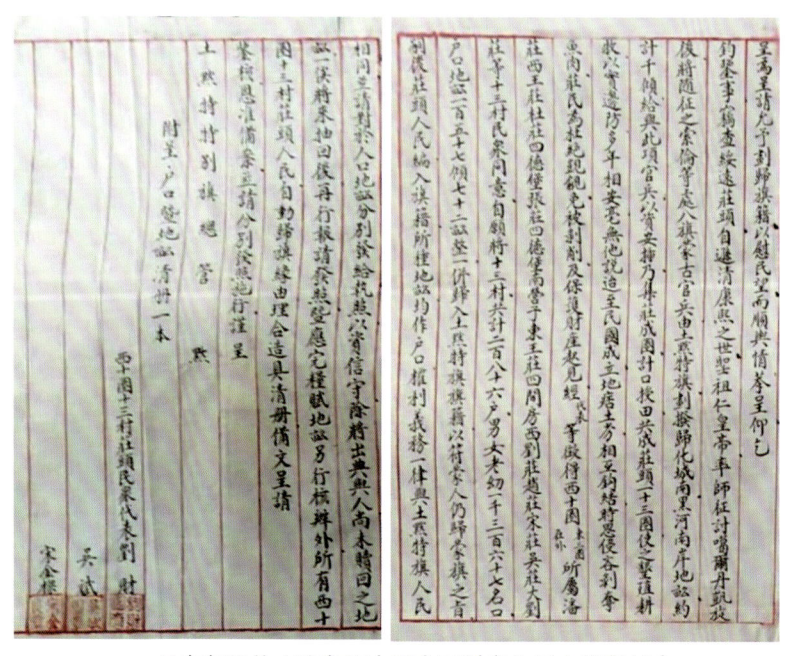

呈文复印件（选自西十圈十三村庄头民众代表刘才、吴斌、宋金梁给土默特别总管的呈文）

也就是十三庄二十四户族人们说的："康熙皇帝是让我们来屯田戍边的"，"清廷奉旨封我们迁到归化城南屯田驻戍的"。这也是二十四户依"披甲武士"的身份留在了十三圈地上的真实原因。

关于康熙皇帝给十三庄二十四户下的"朱批诏书"，据杨家营等村的蒙古族人说，"文化大革命"前，诏书一直在杨家营杨氏家族中传流保存。1953年申请确定民族成分时，作为依据在申请书中被使用，得到中央人民政府认可，"文化大革命"中丢失。不过我们看到了馆藏的真实的清朝诏书图样（见清朝皇帝诏书样本图），与杨家营等村的人们传说中的诏书黄色绸缎，上绣两条龙，上写满文、蒙古文，盖有大印，与《王庄宗族谱》记载的"朱批玉帛黄缎"大致相同。

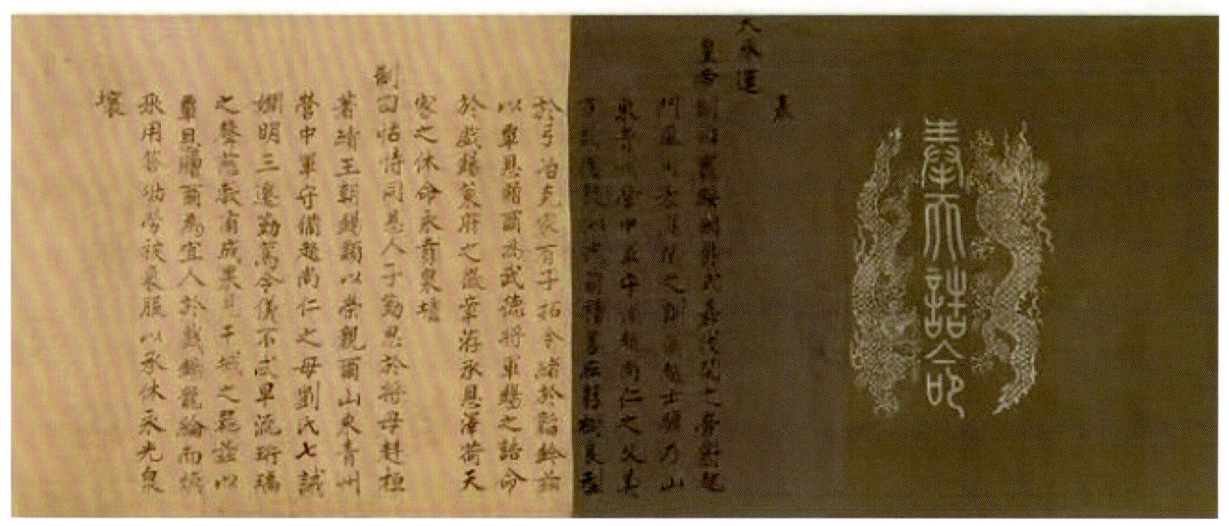

清朝皇帝诏书样本图（选自中央研究院历史语言研究所）

三、走进安乐庄的先祖们

康熙三十四年（1695年）三月十八日，一支浩浩荡荡的兀良哈部后裔队伍从喀喇沁八沟携带家眷，赶着勒勒车，吆着马、牛、羊群，持御赐证件、虎头牌和九节钢鞭，走进了归化城南的大黑河一带的安乐庄。安乐庄现小黑河镇（原桃花乡）新营子村，初称安落社。《呼和浩特市地名志》载，明万历年间（1573—1620年），有24家蒙古族在热河大宁城（今宁城县一带）境域游牧。（康熙三十四年）迁来此地定居，故名安落社，后改名安乐庄。事实上，明万历年间，兀良哈安达部（喀喇沁部的一支）即十三庄二十四户这一时期的先祖们，确已在热河大宁城（宁城县古称）以南包括八沟中北部境域内（此境域内的老哈河纵贯南北，沿岸天然牧场南北整体连片，统称喀喇沁传统牧地）定居游牧。明朝设大宁都司管辖。此境域内的游牧地，不同地段对其称呼不同，靠北地段称热河宁城，靠南地段称热河八沟。说明《呼和浩特市地名志》记载的来自热河大宁城游牧的蒙古人，与来自热河八沟走进安乐庄的十三庄二十四户的先祖们原本就是同一部分人。初来之际首选暂住地在今安乐庄（当时还是一片荒草滩）的地方，也说明走进安乐庄的这一支蒙古人队伍，正是康熙皇帝封在归化城南十三圈地上，参加第一次西征噶尔丹回京的一支八旗蒙古军人马。他们就是十三庄的第一任庄主和随庄而来的二十四户，其中有十三庄王居忠、方文正、赵德胜、胡玺、六十四、田达凯、王有功、张谋、宋师洛、刘来、吴良粥、丁茂盛、李之良，二十四户潘义隆（纳顺）、王德魁、刘万林、宁德臣、王成魁、李文裕、姚存哲、田高峰、徐建业、杨宏旺、王万魁、李培林、姜胜富、尹如臣、尚永富、陈永茂、刘培壁、冯培哲、闫玺臣、刘文智、王连魁、吴永茂、李承业、张如琛。

据圈地上庄头人们讲，祖先们初来安乐庄时，在安乐庄（原为一片荒草滩）处落脚。临时搭起从八沟带过来的毡包共居一处，从八沟带过来的马、牛、羊群在安乐庄周围的荒草滩放牧，等待庄主们和内务府官员划分完土地，建好庄园后一齐入住。

四、十三家第一任庄主的来历

据中国第一历史档案馆馆藏内务府档案《钦定内务府现行则例》"归化城安设粮庄"记载，康熙三十四年三月，有十三名庄头，自备籽种牛只农器，到归化城南安设皇庄开垦种地。这是十三家第一任庄主来到归化城南十三圈地上的官方文献记载。《钦定内务府现行则例》成书于清咸丰初年，由裕诚、文璧二位官员编修整理。但自康熙三十四年（1695年）十三位庄主来圈地以来，社会上有不少的人们对于十三家庄头的来历，有过一些不符合历史事实的论说。说第一任庄主是于各庄头子弟及庄丁内挑选的。还有的更具体指出说是从热河古北口外喜峰口一带所设的132处粮庄的庄头子弟及殷实庄丁内挑选的。肯定地说，这些说法是不够准确的。且看以下历史事实：遍查十三圈地上的十三位第一任庄主，没有哪一庄的第一任庄主的父辈、祖父辈们在八沟或八沟以外的地方建立过皇粮庄和王庄的，更没有担任过庄头（庄主）或是殷实壮丁（庄丁）的。十三庄庄主的祖先们在热河八沟是以游牧为生，是一支随清朝皇帝打江山的哈尔沁蒙古铁骑兵。另外，大清朝设立的畿辅、盛京、锦州、古北口外喜峰口一带，驻马口外等近千处皇庄，其庄头（庄主）都是满族庄头和汉族庄头。而在蒙古草原上唯独十三庄二十四户是蒙古庄头（后文将有详细论述）。试想怎么可能从那些满汉庄头中挑选出蒙古庄头呢！再就是热河古北口外喜峰口一带132处皇粮庄、王庄是康熙八、九年所设，是康熙朝为解决当年京城满八旗兵眷属生计问题而为。康熙九年（1670年）起京城满洲八旗内的闲散人员，大规模出口圈地陆续迁往此处。这些粮庄主要分布在今滦平、丰宁、宽城、平泉、承德、隆化和双桥。其中，平泉县的七沟、八沟、小寺沟、党坝、南五十家子、金杖子等有47处大小皇粮庄，交皇粮的41处，它们分布在平泉（八沟）的中南、中西部。而十三庄二十四户这一时期的先人们早于上述皇粮庄庄头，已居住游牧在平泉（八沟）的中北、中东北部了。况且，平泉（八沟）的中北、中东北部是没有设立什么皇粮庄的。"北行出大吉口（今平泉县党坝镇大吉口村北）为蒙古界"，界北居住生活着喀喇沁诸部落。"喀喇沁部多居于旧平泉州北部，故今平泉县的蒙古族，主要分布在中部、东部、东北部"。显然，十三庄第一任庄主不是从古北口外喜峰口一带的132处粮庄中选任的。十三庄正式实行"从庄头子弟及壮丁内挑选"新庄主这一规定是在乾隆年间。乾隆年间十三庄开始有被革退，有病故的庄主，需要更换新庄主。按照那个年代全国上千个皇庄通行的更换、变更庄主，须从庄头子弟和庄丁中选充的规定及沿袭下来的一些规定，就从庄头子弟及殷实庄丁中挑选了新庄主。这已被潘义龙长子潘文魁接替方文正庄主，杜庄李发荣长子杜锦文接任新庄主（中国第一历史档案馆馆藏内务府05-13-002-000407-0039档案）所证实。

总之，十三家庄主的来历，实际上是内务府遵圣上旨意，将13位蒙臣委任为十三家庄主的。

五、圈地、划界、立庄

安顿下来暂住在安乐庄的人马后，13位庄主与内务府委派的官员等开始了圈地、划界、安庄。所谓圈地就是用户部颁发的量地绳量地，以记四围周长算总面积，这就是这次划圈分地的具体做法。参与这次分地的13位庄主们，共同商量定下来，先从东到西查看量盘好荒滩地的好差面积。好的地用于各庄建庄的垦殖耕种用地，次地留作共同的草牧场地。先圈设西十圈，每庄分一圈大约为60顷（资料称每圈地十八顷是个理论数）。传下来的说法说，最初的西十圈地为"一片荒滩"，当年曾有当地几户蒙古族牧民散落在此地放牧，后游牧到此处以北地带固定驻牧，形成村庄后称为浑津村，所以此处并无熟地，西十圈坐落在"伊克图尔根河"（蒙古语意为大黑河）

沿岸的一片较好的黑土地上。东起吴家圈（现小白庙子），依次为宋家圈、东刘家圈、东王家圈、杜家圈、田家圈、方家圈、西王家圈、赵家圈、张家圈，共计十圈占地约600顷。由于西十圈位于浑津村南忽吉勒的地方，所以也称浑津十圈。地分到张家圈，还余一部分土地，又平均补分给西十圈，人们称之为补圈地。地分到东王家圈时，因地处十三庄的中心地带，东王家圈地内多分了两顷地，作为每年三月十八日纪念迁徙日的共同聚集议事场所和举办小型那达慕公用地。吴家圈以东至达赖庄以西，西地及西地以南约有六百顷次地，留为十三庄二十四户共用的草牧场地，用于牧养军马（该草场地蒙古语称莫林太，今茂林太），牧放各庄各家各户的牛、羊畜群。设西十圈后，又设东三圈。东三圈坐落在原桃花乡境内，东至安乐庄，西至达赖庄（实际西至西店村西，并未达到达赖庄），为较好一些的一片黑土荒滩地。从达赖庄向东依次顺序为丁家圈、胡家圈、李家圈。每圈给地约60顷，共计约180顷。因东三圈位于黑河一带，所以也称黑河三圈。安乐庄以东至茂胜营子约有180顷次地，同样留为十三庄二十四户共用的草牧场地。

十三圈子地加上东西两大草牧场地，是当年内务府派官员下来查勘下的大约1567顷地。

圈地与圈地之间还确认了界畔，称之为划界。划界与圈地同时进行，每圈地与地之间以渠为界相连，渠东为他庄圈地。此渠既可作为引黑河水浇地，又可作为界畔，所以称圈畔渠。但圈地上的人们多称为"将军渠"。

圈地划界完成之后，就在已划定的圈地上各安设一庄，称之为立庄。十三位庄主各领一圈土地，开始在各自的圈地上着手于"卜宅兹土"，建设各自的住宅家园，有《移修龙王庙始末原由》碑记为证。碑说："余（我）等庄头十三家于康熙三十四年（1695年）出口，卜宅兹土，地名浑津，相居于之而不迁也。"这里所说的卜宅兹土就是选择在这块土地上建设住宅。初为可移动的毡包（蒙古包），逐渐地建盖起土坯房屋。立庄后，庄主们共同商定，皆以各本庄庄主的姓氏为庄子的庄名称呼之。如：东三庄分别是丁庄（也称西庄）、胡庄、李庄（也称东庄）；西十庄分别是吴庄、宋庄、东刘庄、东王庄、杜庄、田庄、方庄、西王庄、赵庄、张庄。各庄子从东向西一字排开，分别依大黑河流向坐落在一条线上。唯东王庄不在这条线上，而是后坐了一里左右。因东王庄正好位于十三庄的中间，向东有六庄，向西有六庄。经过一年多紧张有序地划圈、勘界、安庄等工作，十三圈地上应办应做之事都已办完就绪，尘埃落定。大约于康熙三十五年（1696年）前半年，十三家庄主携家眷，家下人等以及庄主们从八沟带过来的兄弟叔侄及其家眷等人家，离开安乐庄，入住本庄新住宅家园，开始经营各自的那圈土地。十三庄的亲丁们指派"徭役工"在各家分到的一份庄地上，开渠、打埂、整堰、修路，到康熙四十二年（1703年），垦田农活儿基本完工，垦出大面积可耕种农田，变荒滩为粮田。逐渐的生产发展了生活富足了，才盖起了庄头大院。正厅五檩起脊瓦房五间，正厅的东西有耳房，大院两侧有厢房，南面有南房和大门。总管内各府派官员来十三庄，大张旗鼓地将虎头牌匾悬挂在已正式上任后的庄主家的大门洞上首。同时，还把皇帝一同赐给的九节钢鞭正式授予庄主使用。九节钢鞭是庄主们受朝廷保护的权力的象征。圣上约法：朝廷的文武官员见虎头牌，文官下轿，武官下马，方可进庄见庄主谈家国事务，不然庄主拿九节钢鞭打死人不偿命。据说，雍正年间虎头牌、九节钢鞭给收回去了。

六、随庄随场而居的二十四户戍边披甲武士

自十三家庄主入住各自庄园后，二十四户也随之进入所分配的庄子和"营子"。圈地上的人们把此种现象称之为"随庄而来，随庄随场而居"。为什么随庄而来的二十四户披甲（清代八旗兵的别称）武士们及其家眷要"随庄随场而居"呢？据初步考查研究发现，主要原因有，二十四户是以披甲武士的身份来到十三圈地上，也以披甲武士的身份留在了十三圈地上。他们承担的主要任务是"戍边"（康熙年间归化城一带还算边外），并未分得庄地来种皇粮。分一部分二十四户披甲武士到庄子里居住，除协助十三家庄主管理庄地、维护圈地安全外，还要组织庄子里的子弟教习他们习文练武，以保证一旦有战事需要能上马参加战斗。另一部分二十四户披甲武士，分到东西两大马场地驻戍。既在马场地边界地带守卫草畜安全，又在马场地上牧养军马保护军马，以确保一有战事备马出征。那么，二十四户及其家眷等的生活怎么办？经总管内务府查核实情，遵圣上"供给二十四个蒙武士及其眷属生存所需"的旨意，住庄的二十四户及其家眷各归由十三家庄主供给吃、穿、住、行。用二十四户人们的说法说，这叫"过去吃清朝官方供的俸禄，如今（康熙年间）吃庄主们给的俸禄"。为什么还叫吃俸禄，因为二十四户是"戍边"的披甲武士（兵），理应朝廷供给军饷俸禄，今时今日庄主们奉旨供吃、供穿、供住、供行，实际上就是代朝廷供给军饷俸禄。《王庄宗族谱》也记载下了这一"供吃、供穿、供住、供行"的做法。住场的二十四户及其家眷，可在指定的马场地上耕牧，作为自己的生活来源。这样一来，二十四户及其家眷的生活，十三圈地、马场地的安全，戍边任务的执行，相互兼顾几全齐美。下面就举几例具体事例做一介绍。

丁庄第一任庄主丁茂盛。从热河八沟一起来的还有其弟丁茂华、丁茂林，堂兄丁茂村和他们的伯叔辈丁齐升、丁齐玉、丁齐元（见丁氏族谱）。从热河八沟随十三庄主而来的二十四户潘义隆（纳顺，潘庄潘家祖先，见潘庄潘氏族谱）分配时从安乐庄分到丁庄，定居生活于丁庄。据潘家后人讲，潘义隆（纳顺）为丁庄的"大管家"，统管十三圈地上和东西两大马场地上的二十四户人马，如有战事需要，随时率领十三庄二十四户的人马出征参战。在丁庄期间全家靠吃本庄庄主给的"俸禄"生活，即由丁庄主供吃、供穿、供住、供行。潘义隆（纳顺）夫妇所生四子，长

子潘文魁，雍正年间接替父亲之职继续为丁庄"大管家"（中国第一历史档案馆馆藏内务府19卷1号档案有潘文魁在丁庄生活的记载）。潘义隆（纳顺）夫妇去世后，安葬在贾家营村南，与昭君坟在东西一条线上，当地人至今仍称此地为潘家坟地。据说，后来潘家人一夜之间把祖先的骸骨给起走了。乾隆年初方文正因拖欠上交粮食，加上其儿子方均丢失押运银两逃跑（见通缉方均令）等罪被"纸达"（用纸将人嘴与鼻糊住致人死亡的一种刑法）。方家无人继任庄主，据传说同时方庄左氏家族也默认，左氏家族人是方文正的后裔。当年，方文正被"纸达"后，方家幸存者隐姓埋名，被迫改为姓"左"。由此推断，左氏家族是圈地内的庄头蒙古族。但按照《内务府现行则例》规定，挑选在丁庄的"家道殷实，有办事能力"庄丁潘文魁，代完方文正拖欠的280仓石（中国第一历史档案馆馆藏内务府档案05-13-002-001779-0013有载）后，于乾隆十三年（1748年）接管了方庄，并呈报内务府批准，从此方庄改为潘庄。

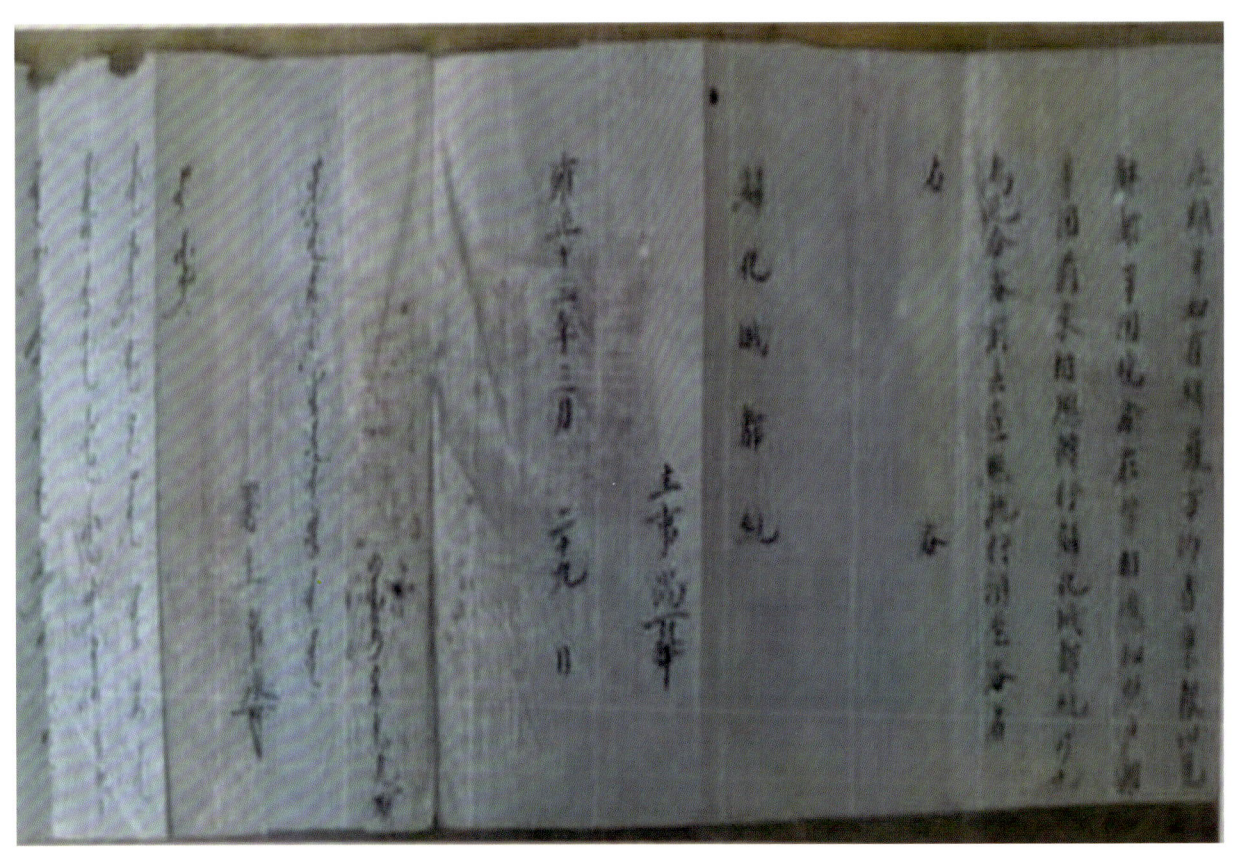

方均通缉令

东王庄第一任庄主王居忠，从热河八沟一起来的还有其兄弟王居义（见王庄宗族谱）。从热河八沟随十三庄主而来的二十四户王德魁（高庙子二十四户王姓家族的第十六世祖先，见高庙子王氏族谱）。安乐庄分配时，分在东王庄。随王居忠、王居义走进东王庄，定居生活在东王庄娶妻生子。王德魁管领西十圈二十四户的人马，若有战事需要，随时率驻庄人马出征参战。同时共同担负西十圈安全的差事。在东王庄期间，全家靠吃东王庄庄主给的俸禄生活。用东王庄王家庄头和高庙子王家庄头人的话说，叫供吃、供穿、供住、供行。所谓供吃；就是每年按内务府"比丁"时核定的人数供给食粮等；供住就是在（旧）东王庄庄子南给王德魁一家盖有三间住房，新中国成立初还在旧东王庄废墟上看到高庙子王家祖先住过的房子的残基遗址；供行就是王德魁及其儿孙们出圈地上巡查时，骑的是马场提供的备鞍马。王德魁夫妇所生二子，有四个孙子。三代人在东王庄生活了70年左右。王德魁夫妇、两个儿子、两个孙子去世后，安葬在旧东王庄村东南，为三代先人五座坟，立有墓碑。乾隆年中期，王德魁夫妇的另两个孙子搬迁到高庙子村。从热河八沟随十三位庄主而来的二十四户李承业（三贤庄二十四户李家祖先），随王居忠、王居义走进东王庄，定居生活在东王庄。担负的差事，在庄的待遇与王德魁一样，乾隆年间搬迁到三贤庄。

张庄第一任庄主张谋（中国第一历史档案馆馆藏内务府 05-13-002-000478-0126 档案记载为张穆）。从热河八沟随十三庄主而来的二十四户王连魁（前朱堡二十四户王氏家族祖先，见前朱堡王氏族谱），从安乐庄分配时分在张庄，后随张谋走进张庄，定居生活在张庄。王连魁为驻庄披甲武士，如有战事需要随时披甲出征参战，也担负西十圈特别是边界地带的安全保卫的差事。全家由张庄主供给生活所需，后来还种了补圈地弥补生活，并在张庄庄主帮助下，于张庄村南盖了住处，当时人们称此住处为二王营子。王连魁夫妇及其儿孙去世后安葬在张庄村后，现张庄村后仍有二十四户王氏家族祖坟。乾隆年间王连魁的后代子孙搬迁到了前朱堡居住生活。

田庄第一任庄主田达凯。田达凯系用满文签字的温保柱（乾隆元年一份呈文上十三家庄主的签名为证），后来其后代温朝彦继续接管田庄。再后来田家无嗣，由二十四户刘万林之后接管田庄，改田庄为（西）刘庄。刘万林，从热河八沟随十三庄主而来。从安乐庄分配时分在了方庄，随方文正庄主走进方庄定居生活，为驻庄披甲武士。乾隆二年（1737年）刘万林之后刘存朝（此时仍为方庄庄丁），与方庄庄主方文正，共同向前来查询"搬移进口案"一事的官员，如实反映了情况，停止了搬迁进口案的实施，方文正被"纸达"后，刘存朝离开方庄去了田庄，光绪年间，刘存朝之后刘金钟为庄主，现西刘庄。

东刘庄第一任庄主刘来（刘世宽，见东刘庄刘氏族谱）。从热河八沟随十三庄主而来的二十四户刘文智（刘家营二十四户刘家祖先，见刘家营二十四户刘氏族谱），从安乐庄分配时分在了东刘庄，随庄主刘来走进了东刘庄定居生活，靠东刘庄庄主供给生活所需，为驻庄披甲武士。刘世宽庄主牵头组建龙王庙时，刘文智协助其打理具体事务。乾隆年间搬迁到刘家营居住生活。

从热河八沟随十三庄主而来的二十四户尚永富（班定营二十四户尚家祖先）。从安乐庄分配时分在了赵庄，随赵庄第一任庄主走进赵庄，后定居生活在赵庄，在赵庄村西北有尚家的祖坟。尚家为驻庄披甲武士，乾隆年间搬迁到班定营居住生活。

还有一部分二十四户，从热河八沟随十三庄主而来，同样在安乐庄分配时分到了庄子里。如：分配在西王庄、杜庄、宋庄、吴庄、胡庄、李庄随庄生活的二十四户，吃庄主给的俸禄，在庄做庄主派出的差事，均为驻庄披甲武士。清乾隆年间搬迁到十三圈地周围的地方各谋生计生活。此处不一一详述。

还有一部分二十四户，分配时他们一没有分在庄子里，也没有分在庄子的周边居住，而是分在了"莫林太"（今茂林太）马场地的北界南界，安乐庄东马场地的东界西界居住，称为随场而居。尊圣上"供给二十四个蒙武士生活所需"的旨意，划拨一片马场地，供他们放牧耕种生存。这些二十四户的居住地，慢慢地大都被叫成了营子。这里所说的"营"或"营子"最初是屯兵的兵营、营地或是蒙古族牧民游牧时期驻牧的"营盘"、"营地"，蒙古语朱什拉（夏营盘），形成村落后就以营子为通名。二十四户蒙古兵丁来到马场地驻戍、驻牧时，不改老祖宗的传统叫法，通常仍将自家的驻牧地、居住地称为"营盘""营地"，定居形成村落后延续了老祖宗这一习惯叫法又经口语演化而叫成了"营子"，这就是"营子"成为二十四户所居之地地名的成因。久而久之人们就习惯于把这些二十四户居住的村子村叫成了某某营子了。如姜胜富（姜家营二十四户姜家祖先），从热河八沟随十三庄主而来，在安乐庄分配时被直接分到了莫林太马场地北界驻戍。据姜家先人们传下来的话说，他们姜家二十四户守卫的是从马场地北界往南5里，东西10里，近2万亩的"官滩"（意为不准买卖的清廷所有草滩）。也就是说十三庄二十四户共有的莫林太6万亩草滩，姜家二十四户就管护着2万亩草滩。因此，就在"官滩"放牧。最初为走"敖特尔"扎营盘定点居住，聚落规模不大，后发现比定居点更为丰美的草滩，于是就固定草牧场定居下来，逐渐形成村落，就叫成姜家营子了。还有从热河八沟随十三庄主而来的陈永茂（班定营二十四户陈家祖先）、尹如臣（班定营二十四户尹家祖先）、刘培璧（班定营二十四户刘家祖先），在安乐庄分配时也被直接分到了莫林太马场地北界驻戍。定居此地后形成村落，就叫成班定营子了。再有从热河八沟随十三庄主而来的二十四户田高峰（无后）、徐建业（田家营二十四户徐家祖先），在安乐庄分配时也分到了莫林太马场地北界，定居在此地形成村落后，就叫成了田家营子了。从热河八沟随十三庄而来的还有冯培哲（二道凹二十四户冯家祖先）、闫玺臣（二道凹二十四户闫家祖先）和杨红义（小阿哥营二十四户杨家祖先），在安乐庄分配时一同分在了莫林太马场地南界驻戍。康熙三十五年（1696年）九月，康熙帝出京"北巡"至归化城后从托县河口过黄河征剿噶尔丹，返回京城时走的是杀虎口至京城的驿道。调当时在莫林太马场地南边和林格尔地区二道凹一带守卫的冯、闫、杨三家二十四户戍边披甲兵，到二十家子（和林格尔）至杀虎口驿道上护卫、护送康熙帝回京,《清末呼和浩特地区地图》标有这条古驿道。后由绥远城将军(当时兼管杀虎口一路驿站)会同土默特都统,就如同征调土默特"披甲兵"充当各路台站差役一样,将冯、闫、杨三家直接留在了萨尔沁、和林格尔至杀虎口驿站,当上"察哈尔守台站蒙古兵勇"。因为杀虎口位于察哈尔右翼四旗凉城厅境域,所以称冯、闫、杨三家为察哈尔守台站蒙古兵勇。又察哈尔杀虎口等处驿站共十有三台,其中有三台为蒙站,一直派由五百五十户土默特蒙古官兵轮流驻站守卫。马是驿站间来往的交通工具,冯、闫、杨三家成为护路兵后,在驿站专门接待来往官员和信使,从事养马(驿马、军马)驯马工作。为此,清政府划拨24顷牧场地,设置了驿站军马场。又如,随十三庄从热河八沟而来的姚存哲(姚府二十四户姚家祖先),分配时分在莫林太马场地东(今达赖庄)一带放牧,后蒙古族姚氏家族落居现姚府之处居住种地生存,形成村庄后得名姚府村。还比如:随十三庄主而来的宁德臣(现大黑河新营子二十四户宁家祖先)、李文裕(现大黑河新营子二十四户李家祖先)、王成魁(现大黑河新营子二十四户王家祖先)、张如琛(现东本滩二十四户张家祖先)、吴永胜(刘家营二十四户吴家祖先,安乐庄有吴家坟为证)、杨宏旺(杨家营二十四户杨家祖先)、王万魁(杨家营二十四户王家祖先)、李培林(杨家营二十四户李家祖先),他们分配时被分在了安乐庄周围居住。他们担负安乐庄一带东西7里南北8里马场地的守护任务,为驻场戍边披甲武士。其中有杨宏旺、王万魁、李培林三户,康熙年后期从安乐庄逐渐向西迁到一片"官滩"上走"敖特尔",扎冬夏营盘放牧。大致范围在现杨家营村东西至百什户村以东以南一带。从此,他们就在这片草牧场,垦殖种地放牧养畜生存。形成村落后因杨家是大户,就叫杨家营子了。后杨家就分一支家族去了百什户一带,开垦了一大部分草滩地种粮,因此就定居在了百什户。杨家还在大南街开设有粮店。由于草滩地开垦面积过多不够用了,杨家还在拐喇嘛村后买下了350亩草场地。据说杨家营村附近还有土默特右翼都统托博克家族陵园,因是蒙古王爷坟墓,当地人习惯称"王鞑子坟",始于康熙十六年(1677年)安葬第一任都统于此处。乾隆年间陵园附近的牧场地引入一批内地人开垦耕种。此时,居住在杨家营的二十四户王家、李家等因与陵园相邻,双方商定,你可进入陵园周围的牧草地放牧,但必须管护好陵园内的一切设施,并让杨家营的王家担任小头目具体负责。这就是所谓的"看坟",不让其他人进入陵园放牧。后来李家返回安乐庄居住生活。从此,整个十三庄二十四户的人们,过上了且耕且牧,吃牛羊肉奶茶米,穿羊皮衣,住土坯房,行坐牛拉勒勒车和骑备鞍马的庄头蒙古人的生活。平时养畜放牧种地,如有战事需要,随时可出征参战。

这就是二十四户"随庄而来,随庄随场而居"这一段历史,清晰而真实的再现。从中看到两点,第一点是充分说明了十三庄二十四户是一起从热河八沟来,一起走进安乐庄又一起分到各处的。第二点是关于东西两大马场地。马场地是内务府分配十三圈地时,留给十三庄二十四户共用只是把十三圈地称为新设"御屯"。这就更进一步证实了十三庄二十四户的先人们，确实是由康熙皇帝下御旨批诏书御封在十三圈地上屯田的。康熙皇帝还告诉皇太子，将自己随手书写的"书信"，奏告给孝庄皇太后听，并令宫中知之。二十六日，康熙帝巡视了新设"御屯"后离开达尔汗板升，二十七日至黄河岸边，驻跸湖滩河朔。十一月六日渡过黄河驻跸鄂尔多斯。十二月二日康熙帝完成北巡计划，率军出鄂尔多斯蒙古境复渡黄河。从湖滩河朔直东西大道东行至和林格尔，再走和林格尔至杀虎口这条驿道抵达杀虎口。十二月八日康熙帝在杀虎口做出军事部署后，于十二月二十日回到京城。

八、庄主的职责与庄丁的分工

十三家庄主自走进各自的庄子后，就成了这个庄子的一庄之主，因此圈地上的人们称其为庄主，史料则多称其为庄头（一庄一头）。从此，就开始履行自己庄主（以下称庄主）的职责。庄主是十三圈地上各庄的直接管理者，其首要的职责是组织生产。十三圈地上的生产主要有畜牧生产和粮食生产。蒙古庄头历来都是以游牧生存，来到圈地当初，各家都从八沟带来了马、牛、羊等大量的牧畜。庄主们组织本家族的亲丁户，以户分给他们一片草场地（马场地）派放牧人员进场放牧。各庄的庄主承领的60顷的一圈庄地，是朝廷拨给他们用来生产皇粮的。庄主们同样组织本家族的亲丁户，将60顷地按户按人口按经营能力分给这些亲丁户，这叫圈地再分配。然后庄主组织自家分到土地的亲丁们再备办农具，采购籽种。亲丁们各领分下的那一份土地开垦、耕作、种皇粮。庄主的另一个职责是管理好庄子里的庄丁。庄子里的庄丁，内务府档案中称壮丁，分亲丁、庄丁。亲丁就是从热河八沟带过来的同姓兄弟和从热河八沟带过来或来庄后生下的在庄庄头子弟，以及又从热河老家叫过来的亲丁。比如：东王庄庄主王居忠的弟弟王居义，丁庄庄主丁茂盛的弟弟丁茂华。李庄庄主李之良的儿子们，有李朝钦、李朝功、李朝端、李朝阳等。这些亲丁是庄子里除庄主外的粮食生产和畜牧生产的主要经营管理者。再有就是二十四户，他们以披甲武士的身份留在了十三圈地上，大清朝其他皇庄是没有二十四户披甲武士的，仅此一处。按照清朝廷规定，无论是在庄的还是在场周边居住生活的二十四户，庄主们都要供给"俸禄"的，并指派各种差役，这是庄主们的又一个职责。至于庄子里的那些"徭役工"和家下人等，他们是庄子里的劳动力，还不能算作正式的庄丁。徭役工是13位蒙臣和24个蒙武士共同请求朝廷配拨给的徭役人员。内务府从山西等地调拨徭役人员，帮助十三庄二十四户放牧、垦殖、种田，每庄十多名不等。内务府规定，徭役工不准带家眷不付报酬，春三月三来秋九月九归轮流更替。比如：后来留居在东王庄的汉人刘润青五兄弟的祖先刘小眼，就是当年从山西拨来的分配给东王庄的徭役工。

每到轮换时，刘姓徭役工就与官府说好，由他顶替下一批徭役工。这样到允许他带家口后，一代又一代最终定居在了东王庄，东王庄滩地上埋着刘家六代人。庄主们的职责是指派他们干日常活儿，督促他们劳动，保障他们的生活，但也得防止有人外逃。据中国第一历史档案馆馆藏内务府档案 02-01-007-033952-0019 所载："浑津，黑河（庄内）并无逃走者"。逐渐地这种徭役工制度被租佃制所取代。大约到乾隆年间，租佃制开始占据了统治地位。大量的汉民涌入十三圈地租佃各庄庄地，缴纳租税。这一时期庄主的职责就由驱使徭役工进行生产劳动转变为向佃户租佃庄田，管理佃农们在庄地的生产活动，收纳佃户的租税，庄内的各项分配等。庄主们还有一职责就是缴纳税赋。十三庄的税赋最初是减免的，后来按内务府规定正式缴纳的税赋"由归化城都统征收"时，十三庄奉旨在代朝廷负担二十四户披甲武士及其家眷的军饷俸禄。该项俸禄按各庄负担人数多少，须从应交税赋中扣除。税赋和俸禄相抵扣，各庄所交税赋就有多有少，有的甚至不交。乾隆年间开始按亩缴纳税赋，二十四户停俸停饷"放出为民"（后文将有详细论述）。庄主们将应交税赋集中起来，然后再上交绥远粮饷厅收贮入仓。承应官差，具保诉讼之事，协助编审丁册，赡养鳏、寡、孤、独等也都是庄主们的职责。

九、十三皇庄和其他皇庄的异同

大清朝内务府所辖皇庄共有上千个庄。

畿辅皇庄：主要分布在京师直隶地区。

盛京皇庄：主要分布在东北的兴京、牛庄、金州地区。

锦州皇庄：主要分布在锦州、宁远、广宁地区。

热河皇庄：主要分布在喜峰口、古北口一带。

驻马口外皇庄：主要分布在凉城县曹碾满族乡。

皇庄的共同点皆直属内务府管辖，或者说属内务府管辖的主要是皇庄，不包括各类王庄。归化城南十三庄与所有皇庄之间既有相同之处，更有不同之处，也就是说，十三庄与其他皇庄存在着显而易见的区别。

区别之一就是立庄的时间不同。

畿辅皇庄：设庄时间为顺治元年（1644年），初为顺治元年入关后，在京城一带第一次大规模圈地时所设，后来再圈地再设庄。

盛京皇庄：设庄时间分为顺治入关前和入关后。顺治元年入关前的东北盛京地区就有皇庄存在。顺治元年入关后，留下一部分旧有皇庄，同时恢复、新圈建立了一批新庄，统称盛京皇庄。

锦州皇庄：顺治二年（1645年）就已设立，但规模不大，康熙、雍正朝迅速发展。

热河皇庄：始设于康熙九年（1670年）。

驻马口外皇庄：于康熙四十七年（1718年）奏设。

归化城南十三皇庄：内务府奏设于康熙三十四年（1695年）

区别之二就是皇庄土地来源不同。

皇庄土地是清皇室直辖的土地，是清代旗地的一部分，其来源各不相同：

畿辅皇庄：有五种不同来源的土地，分别是入关后三次圈占的无主荒地和民人的土地；民人带地投充的土地；官拨的所谓"存、退、余、绝"地；官吏因犯罪抄没的入官地和少量的拓荒地。

盛京皇庄：有四种不同来源的土地，分别是入关后在盛京留下的皇庄庄地；官拨新建皇庄庄地；扩边垦荒地；还有为数不少的投充地。

锦州皇庄：锦州皇庄地多由圈荒而来，还有旗地清查时丈量出的多余地，垦殖余地和投充地以及入官地。

热河皇庄：土地来自官拨古北口、喜峰口一带的开垦荒地。

驻马口外皇庄：土地来自为解决右卫驻兵吃饭问题，划拨驻马口外的粮庄地。

归化城南十三皇庄：土地来自十三庄二十四户的祖先，奉旨自选归化城南大黑河一带的黑土地。康熙帝念我等祖先有功赏赐的，也叫以土地补赏有功之蒙臣们的功勋地。

总的来看，各皇庄是人多地少，而十三皇庄是人少地多。

区别之三是选任的庄主不同。

畿辅皇庄的庄主选任来源有三，一是自盛京随从来京者，圈占土地建庄后充为庄主，一般称派充庄头。二是汉民带地投充者，各按其投充地亩数充为庄主，称投充庄头。三是志愿在承领官地上设庄充当庄主者，也属派充庄头。派充庄头和投充庄头大都由满族人和汉族人充任。

盛京皇庄：庄主除一部分原有旧庄主外，还有的是新设皇庄中挑选的能干之丁放为庄主的，有的是投充庄头，庄主汉族人满族人皆有。

热河皇庄：138处皇庄的庄主，主要由满洲旗人充任。

驻马口外皇庄：主要从十五圈子地中的壮丁中挑选了15名安设为庄主，全部为满族庄头。因此，此地现称曹碾满族乡。

归化城南十三皇庄：庄主来自热河八沟的哈尔沁人，为蒙古族庄主，来自一支兀良哈氏人后裔组成的蒙古铁骑军。不是什么挑选，而是内务府奉旨直接任命。持有"尚方宝剑"——朱批诏书、御赐虎头牌、九节钢鞭。

区别之四就是设立皇庄的用途或作用不同。

畿辅、盛京、锦州、热河、驻马口外皇庄，有纳粮庄、纳银庄。还有棉靛庄、盐碱庄、苇庄、养马庄、瓜果菜园、山场。还设有渔户、蜜户、猎户、皮户、鸡鹅猪户等。其主要作用为宫廷提供各种生活所需，是宫廷的主要生活来源，其中还有锦州大凌河牧场养马庄头和各皇庄供养的官马，为朝廷提供官马。

归化城南十三皇庄：主要是放一支刚刚参加完第一次西征噶尔丹战争退下来的蒙古铁骑军在此，起到固定驻防长期戍边的作用，至少在绥远城未建成未驻防有八旗兵之前是如此。为保障这支人马的生存、生活，设圈种粮，设草牧场养畜放牧。直到乾隆年中期后，十三圈地大规模实行租佃制。佃户们进入十三圈地种地纳粮，十三庄才给绥远粮饷厅按额定数缴纳税赋折色银。据《绥远志》卷五下记载，到光绪年间十三庄全额上缴米石为：浑津十家共米八百七十二石一斗四升有奇，黑河三家共米五百二十石八斗三升三合八勺。

十、十三庄的管理体制

浑津黑河十三庄二十四户从上至下在管理方面，无论是管理者的组成和内部的生存、分配、供纳等都具有较为成熟的制度。这些制度大都被记载于中国第一历史档案馆馆藏内务府档案中。

（1）十三庄二十四户直属内务府管辖，具体由会计司负责管理。内务府也称总管内务府，为清朝清廷总管皇宫事务的机构，其主要职能是"奉天子之家事"。设总管内务府衙门，也称"堂上""本府"，最高官员为总管内务府大臣，主要机构有七司三院，其中会计司掌内务府出纳及庄园（皇庄）地亩之事，户口徭役等。内务府会计司对十三庄的管理主要体现在：任用庄主和批准继任、接任、更补、顶替、更名新庄主；奉旨查勘、划分十三圈地和草牧场地；每三年一次的"比丁"和对庄头家谱的编审；征输考成对庄主的奖罚；勘灾；等等。因上述这些内务府对十三庄管理方面，本书多处都有过论述，在此不再详说。

（2）绥远城将军对十三庄的管辖。绥远建城后，统领这一地区的最高官吏是绥远将军。绥远城将军清封疆大吏，管辖归化城、漠南蒙古及实施政治、军事统治，统领大同、宣化等地驻兵，其办公地点为绥远城将军衙署。从建威将军王昌奉旨驻绥远城起至最后一任，清廷正式授封的将军有 78 任，绥远城将军从乾隆年开始对十三庄进行管辖（之前归化城都统曾管辖过十三庄），主要体现在：十三庄主"革退、补放之事，呈报内务府审核"办理；十三庄的"庄丁放出为民包括家口细册之事，呈报内务府备查"；将军衙署所属浑津黑河庄头"实施三年一次的比丁工作"（乾隆十三年十三庄进行过一次比丁工作），"由粮饷理事同知将庄头家谱成造三份呈送内务府复查无异，再通过领催送归十三庄庄头各一份"，由粮饷理事厅征收十三庄的纳税粮米即从前交粮俱系归化城都统所属，现（乾隆四年）"交于新城将军管辖"（中国第一历史档案馆馆藏内务府档案有载）；转呈庄头纠纷官司案，查询、处理庄头的一些具体事务。

（3）十三庄领催管理。领催满语"拔什库"，中国第一历史档案馆馆藏内务府档案记载，十三庄二十四户李二辉、宋廷佐、胡显曾、尚五子、胡海、胡廷儒等当过领催。领催管理和协调十三庄二十四户的日常事宜。比如：催交税粮；呈送办领庄头家谱；保结、出结补缺庄主；协助官府查处十三庄二十四户纠纷事件等。领催由十三庄二十四户庄头人共同推选产生，由绥远城将军考核，最后由内务府批复备案。

（4）十三圈地所发生的各类官司案件，须层层上报解决，由刑部量刑判决，最终呈奏皇帝阅准。比如：丁庄丁家官司案，田庄温朝彦官司案等。

十一、十三圈地面积位置的变化

十三圈地从康熙三十四年开始一直开垦耕种，到乾隆年间、嘉庆年间其土地面积、位置发生过一些变化。乾隆二年，清廷内务府将已开垦出的2600顷庄地，每庄留足60顷外，另将垦余1900顷交地方官募民耕种输租户部，这是十三圈土地面积第一次变化（后文有详细论述）。据绥远城粮饷理事同知塔清阿称，浑津庄头潘登科等八户，于嘉庆四年（1798年）六月呈报，承种纳

| 四子王旗大黑河乡潘庄村 | 土左旗白庙子镇潘庄村 |

粮官地内碱废、水淤、沙压不堪耕种之地（中国第一历史档案馆馆藏内务府档案 04-01-23-0156-040 载）。嘉庆七年（1802年），由于历年水淤沙压花斑生碱，十三圈地实际耕种面积逐年减少，为了不减少缴纳的税赋，也不增加十三庄庄主的负担，清廷内务府从大青山后四旗空闲牧地内，拨补给庄头开垦地七百六十六顷五十二亩六分五厘（中国第一历史档案馆馆藏内务府 3-35-1870-79 档案有载）。从十三庄内抽出一部分亲丁，搬迁过去开垦耕地。《四子王旗大黑河乡简介》介绍，当时居住在归化城南大黑河岸边的人们，来此开垦耕种四旗马场地后定居，取名大黑河村，后置大黑河乡。比如，东王庄王三喇嘛的爷爷王朝青，就去了大黑河乡的王庄居住，潘庄潘巨德的祖先，去了大黑河乡的潘庄居住，现四子王旗的大黑河乡大黑河行政村仍有王庄、潘庄等村子。又如，姜家营姜氏家族的一支，因拉骆驼做生意，大约有200人定居在了四子王旗大黑河乡王、潘庄等周边地区生存。据中国第一历史档案馆馆藏内务府档案记载，大青山后场地起初征米石，后改征折色银，弥补了这部分国家税赋不受损失，这是十三圈地面积、位置发生的又一次变化。到了光绪至民国年间，十三圈土地还"分一半"给新城满蒙旗丁耕种，十三圈地庄头们耕种的土地面积减少了，土地耕种面积再次发生了变化。

十二、雍正年间二十四户的家庙

雍正年间，十三庄二十四户经过近四十年的发展，从圈地开垦面积至草场面积，从庄头到庄丁等各类人员均已固定。圈地上人们的生产、生活走上了正轨，但十三庄与二十四户在粮食供需等方面的矛盾时有发生，初来之时，内务府遵谕旨，二十四户的生活粮食由十三庄主分散供给。现如今（雍正年间）二十四户人口孳生较快，原有额定的食用粮数，已不能满足二十四户特别是居住在东三圈地上的十几户二十四户人家的生活所需。为此二十四户的人们与十三家庄主们进行过交涉，因为开垦一点马场地的土地也有过争执。但圈地所有权归清廷所有，庄主们无权自行裁决，须报内务府核准同意。食用粮数是额定供给的，庄主们也不能随意增减，也得报批内务府核准。如何解决此事，雍正十三年，十三庄领催会同二十四户禀告了归化城都统，归化城都统等又呈报总管内务府，总管内务府又奏疏雍正皇帝。雍正皇帝为解决曾在征噶尔丹时立过战功的二十四户的生活困难和提高他们的生活水平，确保二十四户能扎根归化城与归化城南的圈地上安心戍边，下谕旨给了二十四户较为优厚的待遇。将归化城南门外大南街南至南茶坊以北一带连同南茶房关帝庙的房产和东牛角川、西虎湾的地产赐给了二十四户人家。

早期归化城不大，后增筑扩建了城池。在原有的基础上北门楼与北城墙保持不变，扩展了东西南三面城墙和城墙中心各辟城门，新建南门在今大十字路口。在四座城门外，修筑了东西南北四座专门接待往来官员休息的驿站，俗称"茶坊"。尤以南茶坊是当年商人汇聚喝茶、谈生意、交流信息的地方。茶坊旁分别建有四座关帝庙。其中，南茶坊关帝庙最早。始建于清康熙年间，由山西介休商人捐资修建。

康熙至雍正年间，山西、河北、陕西等地的商贾们在归化城南门外大道两旁竞相占据地盘，或建房舍或租赁开设商铺买卖字号。逐渐形成了城外最繁华的街道，人称大南街。其中，就有十三庄二十四户人家盖起的铺面买卖字号，或自家经营或租给他人经营。比如自家经营的有杨家营杨氏粮店，杜庄杜家肉铺，潘庄的"永宗德"、"万成店"（用潘庄潘氏家族的堂号命名的店铺名）两个铺子，还有鲁班社的大车运输行等。据说租出去的铺面有木匠泥瓦匠铺、画匠铺、剃头铺、铜匠铺等。归化城经商较早的山西介休人范氏皇商，在大南街南茶坊一带开设有四家铺面。为维护本行业的利益，成立了同乡会社或行会社，起名定阳（晋中介休古称定阳）社。因始建南茶坊关帝庙时捐了资，会馆就设在南茶坊关帝庙内，还有六七家商户将行社设在了南茶坊关帝庙内，如鲁班社、公义社、净发社、金炉社等。

雍正皇帝将南茶房关帝庙的房产赐给了二十四户后，二十四户人家就修缮了南茶坊关帝庙和将西配殿修缮为二十四户的家庙。据传家庙内供着雍正皇帝赐予的画着二十四户在归化城大南街

边宁古寺关帝庙图片

至南茶房的房产和东牛川、西虎湾地产的黄龙绞缎子图。每逢农历四月二十日至二十二日这三天，二十四户的人们及其后人们亮出黄龙绞缎子进行拜祭活动。解放初，据二十四户宁氏家族宁彩玲、宁兴旺的奶奶于翠翠，母亲刘改桃回忆，她俩亲眼见到，黄龙绞缎子和二十四户家族的各种珍贵史料两卷，由圣连喇嘛交给了新营子王玉，王玉给了宁九小，宁九小给了杨家营王锁汉。后传留在住家庙的小喇嘛手中，现下落不明。家庙内还供有释迦佛（因蒙古人信奉黄教）以及二十四户先人们的牌位。因此，二十四户人家和关帝庙内设立行社会馆的商人们以及当地居民，都把家庙视为了关帝庙的代称，此巷也被人们叫成家庙巷。与史料记载归化城南茶坊旧关帝庙建有二十四户家庙相符。

据杨家营二十四户村民回忆，家庙大院内立有六块大理石碑，其中主要一块碑是恭贺二十四户家庙修缮落成典礼的碑。碑文正面：恭贺蒙古二十四户家庙落成；背面：经理会社定阳社和捐资人商家名单。此碑是当年山西介休人皇商等为二十四户家庙捐立的碑。因为山西介休人几代皇商（顺治皇帝恩准的专为皇朝服务的商户），在南茶坊关帝庙内设立有定阳社馆，又二十四户家庙是雍正皇帝赐建的，家庙内供有雍正帝赐给的黄缎子，二十四户还是关帝庙房产的东家，作为清朝隶内务府籍的皇商哪有不恭贺之礼。以定阳社为首，其他在关帝庙内供奉祖师爷又是租十三庄二十四户铺子的商户，共同为修缮家庙捐资并立了碑。另有两块碑，一块是二十四户王连等人修缮家庙时立的碑，另一块记载有二十四户的来历和名字，其他三块碑在公主府院内找到，记载着乾隆年间修缮南茶房关帝庙山门、院墙、厨房等。

南茶房关帝寺庙建筑规模较大，外立茶坊，内建关帝祠。有山门、过殿、正殿五间，配殿六间，东西厢房，有三间公房，有小院。三间公房喇嘛住所，正殿供奉武财神重塑金身像，西配殿供奉的是二十四户的祖先牌位，其他配殿内供奉着金炉社、公义社、鲁班社、吴真社、净发社等一些行社本行业的祖师爷。戏台建在山门外，台口朝北，每年农历正月十五日、四月二十日、五月十三日，甚至一年内都有庙会活动，关帝庙内各行会社都要轮流唱社戏，当时人们称赛社。

1956年以后，南茶坊关帝庙部分归呼和浩特市副食品公司占用。"文化大革命"期间寺庙正殿被毁坏，一部分成了供新营子、杨家营子本村人使用的车马店。1992年，玉泉区公安分局盖大楼，关帝庙被拆除，边拆边迁盖于边宁古寺（见边宁古寺关帝庙图片）。还有一部分拆家庙拆下来的木料，盖了新营子饲养院，宁彩玲、宁兴旺家分了两间房的木料盖了自家的房子。宁彩玲的父亲拆自家房子时对宁彩玲说，这都是家庙的东西。

十三、乾隆年间十三庄二十四户搬迁进口案

乾隆元年（1736年）十月在十三圈地上发生了一件四十年来惊人的大事件，这就是归化城外

张谋等十三家庄头呈文送归化城都统（时在归化城建新城的王常将军兼管归化城都统事务），后转呈内务府，并咨文户部，户部咨复："是否放宽期限""暂停追取"拖欠粮石，应转行归化城都统、将军定议料理。（中国第一历史档案馆馆藏内务府档案有载）这就表明十三圈地连现所缴纳归化城的粮石都不能办纳入仓，又要养活十三庄二十四户千余口人，又要承担供给驻新城八旗兵及其家眷的粮食，说实在的困难极大。为此，乾隆元年九月，十三庄头等呈称：与其说只留给我等18顷地耕种，将我等垦出熟地尽行撤出，交由地方招民垦种，不如将所种地亩情愿交官，搬迁进口内生存（中国第一历史档案馆馆藏内务府档案11卷15号），这便是十三庄二十四户搬移进口案的起因。

乾隆元年（1736年）十月搬迁口内安插一事，交于内务府官约束十三庄头施行。但今（乾隆二年）庄头等因何还在推诿拖延，其中恐有别的什么原因（内务府官）正在查询。其间，有方庄庄主方文正，庄丁刘存朝等都向查询人反映说，我等于康熙三十四年（1769年）间拨移口外开荒种地，已经四十余年，当初一片荒滩，并非能种的熟地。我等自备籽种牛具，尽力开垦成熟地，方可纳粮交差，岂肯丢弃耕种之业迁移。况我等男女老幼千有余口，不但搬移艰难即祖父母坟墓在此，何忍丢下而去。倘若能每庄留足六十顷熟地，多余出的地亩招民承种，是可以继续留在圈地上效力当差，得免搬迁之累。（见中国第一历史档案馆馆藏内务府档案11卷15号，原件复印件）

总理事务处议复都统王常等，十三名庄头搬迁进口安插一案，
停其进口安插选自中国第一历史档案馆馆藏档案11卷15号

根据方文正庄主、刘存朝庄丁等说法，都统王常、副都统瞻岱提出初步解决方案：十三圈庄头、庄丁等名下男妇家口共有 1186 名，若令交地进口实系安土重迁。若每庄只给地 18 顷，既不敷缴纳当差，也不能养赡家口，况搬移口里仍应拨地安插。而交出的地亩又须招民耕种，与其多费周折，不如稍微变通处理。本副都统从前办理察哈尔西四旗地亩，被处驻马口外有右卫将军衙门属下庄头周喇嘛等十五名（今凉城县曹碾满族乡境）。应照庄头周喇嘛此例，浑津黑河二处庄头（庄主）十三名，每人名下给地 60 顷，每年交米 200 仓石，每亩交米计三升三合零。其余地亩仍照原议招民耕种，新城驻兵等均无违碍。（中国第一历史档案馆馆藏内务府档案 11 卷 15 号）

总管内务府衙门认同将军王常、副都统瞻岱所呈奏文。并奏请总理事务处王大臣，十三家庄头、庄丁等名下男女老幼至千余口，这些人将世代开垦地亩视为永久产业，各得安居乐业。如果搬移进口，口内寸土皆无，何以栖身。应如所呈，停其搬移进口。照驻马口庄头周喇嘛之例，让十三家庄头、庄丁等于自力开垦的 2600 余顷地内，挑选地 780 顷，每年每庄令交米 200 仓石。请即交于新城管辖当差。至于庄头顶补、更名、革退之事，仍照旧例呈报总管内务府衙门办理，三年比查壮丁（庄丁）仍交于总管内务府衙门派出比丁官员查比。并奏请总理事务王大臣（辅佐乾隆皇帝处理政务）先议复都统王常等。（中国第一历史档案馆馆藏内务府档案 11 卷 15 号）

总理事务处（乾隆年初设，代行原军机处办理一切政务）议复都统王常等：奏称归化城外十三名庄头搬移进口安插一案，应如副都统瞻岱所呈，停其进口，照驻马口庄头之例，每名给其地亩令其当差，其余地亩招民耕种。（乾隆二年初四日，中国第一历史档案馆馆藏内务府档案 11 卷 15 号）

从乾隆四年绥远城（新城）建成，王常将军以及右卫八旗兵移驻绥远城以来，十三庄二十四户由原归化城都统所属，交由绥远城将军管辖。从已开垦的二千六百顷地亩中，挑选留足每庄六十顷（不是增加成六十顷），按清廷额定每年每庄交米二百仓石（不是建庄初就交米二百仓石）。交由专门管理八旗官兵粮饷和专门经管征收十三圈地税赋粮的绥远粮饷厅（现呼和浩特市粮饷厅街附近）收贮入仓。

十四、乾隆年间龙王庙的修缮

康熙三十四年（1739 年），蒙古庄头刘世宽等在浑津村南建修龙王宫殿。第二年，康熙皇帝巡视新设"御屯"离开后，十三庄二十四户的蒙古庄头们，为纪念康熙皇帝来此驻跸、巡视，不忘看望、赐宴之圣恩，重新修缮了康熙帝曾经休息过的龙王庙。并在龙王庙内供有康熙皇帝的牌位。由东王庄生活居住的二十四户王德魁，在龙王庙的东墙壁上题诗留文，以示纪念康熙皇帝来此地巡视。龙王庙沾了帝王之气从此香火、布施两旺。乾隆十八年（1753年），十三庄二十四户的庄头们又在二百八十亩香火地内，建造了碧霞圣母殿又称奶奶庙。有正殿五间，正殿两侧建东西厢房各三间，供住庙僧徒住宿和做用膳的膳房。正殿前用青石条砌成了三尺高的平台，总占地面积10多亩。第二年乾隆十九年（1754年），在经理庄头潘文魁等的组织下，又移修了龙王庙，《移修龙王庙始末原由》碑志说："余等庄头十三家于康熙三十四年（1695年）出口，卜宅兹土，地名浑津，青山不远，黑河有水，相居于之而不迁也，至今伊始，倏忽六十年矣，遥忆余等始至之时苦亦极矣，难莫甚矣，入则唯家人父子之共守，出则皆蒙古胡人，以往年岁，所食者炒米以充饥，所衣者羊裘而御寒，迨至康熙四十二年，奉旨开渠修坎（已建成）。"此碑文《浑津十三圈调查报告》载有全文，碑文记载描述了六十年前即康熙三十四年，十三庄二十四户初来之时的情景。此时大青山下黑河岸边，属边外蒙古人游牧地，人烟稀少。整个十三圈地上，除圈地上的蒙古族人，圈地周围有奴奴台吉、达尔架、图利、潮忽闹、孙独勒等地也全是蒙古族人，到处皆蒙古族人。十三庄二十四户的祖先们，吃的是炒米，穿的是羊皮衣。据说，此次移修龙王庙本应和圣母殿在同一年内建成完工，但因顾及资金和人力方面，分二年建成完工。移修龙王庙实际上是将原先在田家圈盖有的龙王庙，移修至奶奶庙西侧，并扩大了建筑规模，相当于新盖。因此与圣母殿规模相当，同样壮观。这样，两庙就成了蒙古族人的集中地和蒙汉各族人们的娱乐场所，每年农历四月十八日为庙会期，并将每年三月九日的兀良哈安达部成立纪念日合并到庙会中一起庆贺，届时搭台唱戏和各种娱乐活动3—5天，庙会连台，各地各族群众人流如潮，风趣热闹。

乾隆四十七年（1782年）十三家庄头在赵通、刘德茂、潘岐、杜锦文的组织下，再次修缮了龙王庙。当年十三庄二十四户属绥远城将军管辖，第二次出任绥远城将军的是嵩椿（宗室满洲镶黄旗人，1781年4月—1784年8月在任）。因康熙皇帝曾驻跸于龙王庙，龙王庙内一直供着康熙皇帝的牌位，特奉命在龙王庙内授立镌刻有十三皇庄二十四户随康熙帝西征有功，"圣祖"皇帝谕"旨设立皇庄"等小字和"特授归化城蒙古庄头□□□"等大字碑文碑一统，有几个大字"文化大革命"时被人挖掉了。现如今这统碑静躺在潘庄村委会，在为后世人诉说着自"前辈庄头刘世宽等建修"龙王庙以来，一代又一代的蒙古庄头们移修龙王庙的故事，诉说着当年所发生的一切。

道光十七年（1837年），十三庄庄头王文魁（此时，王文魁的父亲已年迈，就将年幼的王文魁立为下一任庄主，记在维修龙王庙的碑刻中）、潘发等人再次重修了龙王庙。（碑文拓片）

龙王庙碑文拓片

十三庄二十四户蒙古族人几次移修、重修龙王庙，都因是康熙帝曾在此驻跸。

中华人民共和国成立后，龙王庙被拆除，修盖了潘庄小学。庙内的石碑保留了下来，至今还在潘庄村委会院内存放着。

十五、乾隆年间二十四户解除戍边任务，由"兵"转"民"

乾隆初年二十四户已全部解除戍边任务。这里所说的解除戍边任务，是指乾隆四年绥远城建成后，移右卫王昌（王常）将军驻绥远城将军衙署，移右卫等地八旗官兵驻扎绥远城固定驻防，随庄而居的二十四户解除了戍边的任务，也就不再是"披甲武士"，已成为"解甲归田、归农"的庄丁了。随场而居的二十四户，也同样解除了戍边的任务，继续在场耕田牧畜。

乾隆九年（1744年），总管内务府大臣据本府管理皇庄的会计司呈稿，呈请释放皇庄庄丁为民一事，上奏乾隆皇帝，中国第一历史档案馆保存了这份奏章，奏章称：臣等查得，今各皇庄人口生齿日繁，庄主名下庄丁过多，而庄头地仅足数额，其庄主等又要承应官差，势不能养赡其名下庄丁，而庄丁又以庄主不肯养赡，庄主以庄丁妄生事端互相控告。臣等伏思，庄主名下庄丁过多实属无益。应除庄主子弟、庄主委用年久有益务农者以及鳏寡孤独者，仍令庄主留养。其他尚

土默特旗蒙古庄头《五部陀罗密经》（现在东王庄王喜恩手中保存）

十七、光绪年间庄主的更换与庄主的世袭制

清光绪年间，十三庄庄头已世袭至第六代（期间方庄庄主更换为潘庄庄主为第五代）。按照当初康熙皇帝的谕旨"庄主世袭，隔五代更换庄主名位"，这第六代庄主中间正好隔了五代，须更换新庄主，新庄主名单要层层上报，一直呈报至总管内务府衙门审核批准。总官内务府准了呈报的十三庄的新庄主，他们是王文魁（东王庄）、刘金钟（西刘庄）、宋德胜（宋庄）、吴永茂（吴庄）、杜万山（杜庄）、刘佩（东刘庄）、潘世福（潘庄）、赵玉刚（赵庄）、王成（西王庄）、张承业（张庄）、丁开山（丁庄）、胡建基（胡庄）、李自明（李庄）。（见图内务府档案——十三

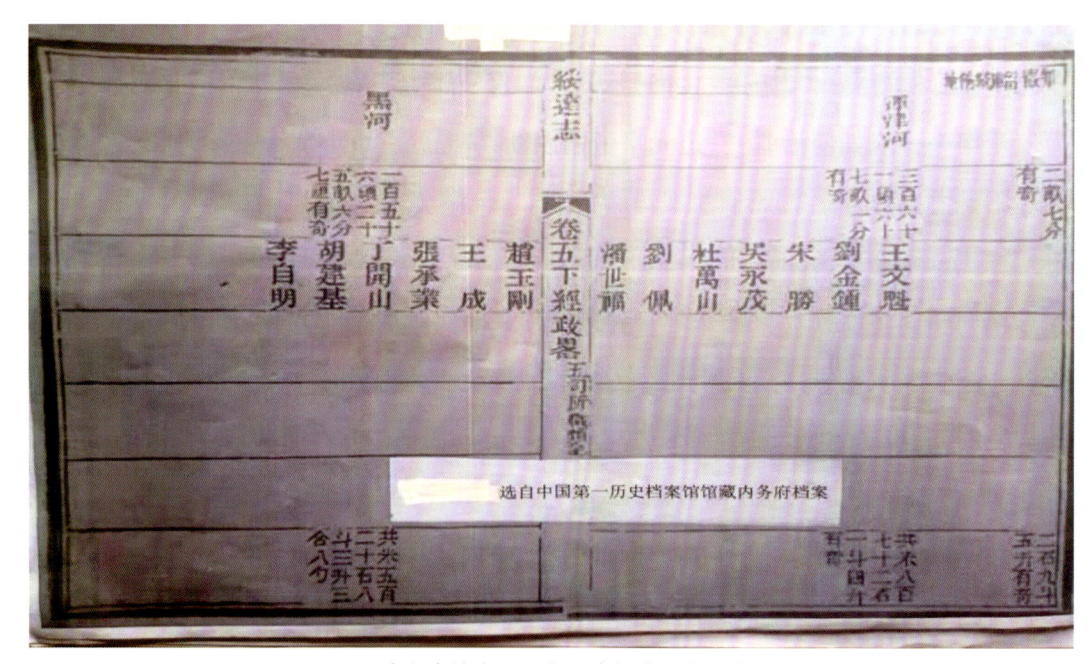

内务府档案——十三庄新庄主名记载影印图

庄新庄主名）十三庄庄主的更换，除隔五代进行一次外，其间如遇有病故、他故、革退等的庄主，随时可补缺、更名、更替，但仍须呈报总管内务府衙门办理。比如，大黑河李庄庄头李之良病故，兹据领催李二辉、宋延佐、胡显曾，依奉保结李之良长子李朝钦充当庄头空缺，此为补缺。杜庄庄主李发荣病故，其长子杜锦文变更姓名补缺，此为更名、更替（中国第一历史档案馆馆藏内务府档案 05-13-002-001816-0017 有载），等等。

十八、民国时期圈地上的"安插地"

1912年中华民国（简称"民国"）成立，新的政府取消了绥远城旗丁的俸禄，改为旗饷，但因政局动荡，北洋军阀归绥市长把旗丁的饷银给军队发了军饷，财政又困难，至民国四年后，财政厅已不能照额拨给旗丁饷银，如何解决旗人生计问题，当政者在绥远城设立了旗民生计处，并制定了具体办法。

城西南浑津、黑河官粮地四百余顷，拨出一半作为第一批安插旗民之用，还有第二批、第三批等等，史称"安插地"。同时派旗民生计处官员到十三庄庄头地上开展安插旗丁工作。

民国四年（1915年）起丈量了十三庄庄头地，勘出熟地60765亩（民国四年浑津黑河十三圈勘出地亩数目表略），一半归旗产，一半归庄头。（见《绥远通志稿》卷三十八垦务、卷五十二民族）

民国八年（1919年），绥远旗务处兼生计处，实行了办理分授圈地于各旗丁。【满洲八旗生

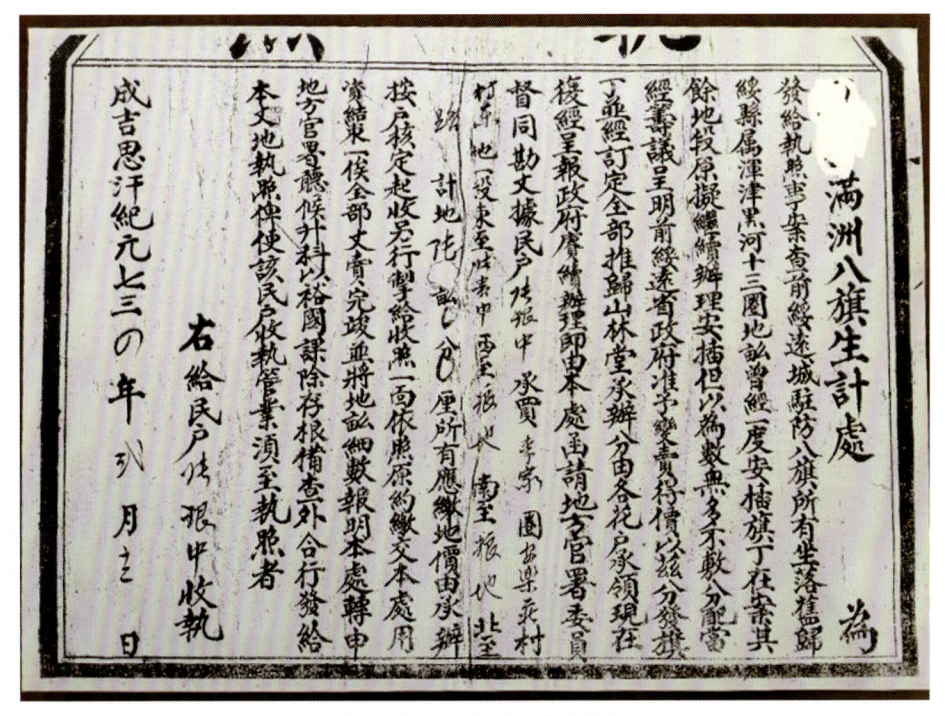

满洲八旗生计处签发文件档案

计处为发给执照事案】为证（见图）。为了公平、公正，地亩由东向西编列号数，抓阄规定顺序，以正黄旗蒙古为黑河起首第一号，依次向西。浑津黑河拨出一半土地（见地分一半），第一批实际安插大小旗丁 2493 名，给熟地二百三十九顷三十一亩九分，草荒地二十一顷六十四亩，给上地每丁八亩，给中地每丁二十亩，给中次地每丁十四亩，给下地每丁十六亩。但第二批、第三批因"其余地段，不敷分配"，呈明前绥远省政府，准予变卖得价，分发旗丁。第一批已分得土地的旗丁由于不善耕种"安插后能力耕者不过二十余户，其余皆拌种，历年私自租典与人者亦多"。据传，来"安插地"耕种务农的有刘王庄（东王庄、东刘庄）的关家、戴家，四间房的胡家，吴庄（小白庙子）的李家等。当年戴家在东王庄耕种的安插地，每年秋天收一部分粮食够吃就行了，戴家人去世后，还安葬在了东王庄的"安插地"上。

十九、十三庄划归土默特旗管辖

从康熙年间到新中国成立之前，十三庄二十四户分别属清廷内务府和归绥县所辖。

民国四年（1915 年），土默特行政长官由都统改称总管。民国二十三年（1934 年），荣祥继任总管，改旗名为土默特特别旗，总管署改为旗政府。自从改为土默特特别旗后，西十圈十三村庄头民众代表刘财、吴斌、宋金良呈文土默特特别旗总管，同意、自愿将男女老幼 1367 口一百五十七顷七十二亩地亩，一并归入土默特特别旗，地亩发给土地执照。（见前文刘财、吴斌、宋金良呈文原件复印件）

但呈文未获批准，自 1954 年 3 月，撤销归绥县并入土默特旗后，十三庄划归土默特旗管辖。

二十、十三庄二十四户蒙古族的风情习俗

十三庄二十四户蒙古族的风情习俗，与社会形态、经济状况、自然环境都息息相关，是民族理念和文化意识的综合表现，也是作为蒙古民族的存在和与其他民族区别的重要标志之一。

十三庄二十四户蒙古族的风情习俗历史悠久、世代流传。自古以来蒙古族的婚嫁、丧葬、祭祀、服饰、饮食、住房、通行、礼仪、生育、节日等的风俗习惯，都传承了鲜明独特的风格和特色。下面就将从古代至近代的风情礼俗做一概述。

（一）十三庄二十四户蒙古族的婚俗

十三庄二十四户的祖先，在成吉汗时代就归附了成吉思汗部，生活在蒙元汗国，又与成吉思

汗蒙古部落毗邻而居，长期密切交往。因此，在古代婚俗上与成吉思汗蒙古部落相接近。

1. 娶亲方式

（1）抢婚，13世纪前蒙古族奴隶制时期的一种婚俗形式。其时，蒙古部落间战争不断，相互抢妻夺妾屡见不鲜，因此蒙古族在奴隶制时期多半为抢婚。约在13世纪后，蒙古地区进入封建制社会，使蒙古族发展生存有所改善，婚俗制也有所变化，抢婚制逐渐消失，但仍有个别地方存在抢婚的残余。

（2）招婚，蒙古族的婚姻习俗。从古代至近代招婚是常有的，是因个别家族中只生女无生男，家庭财产无法继承，女儿的父母待女儿长大成人，托人从外家族选定一个男儿招回自家，既为女儿婚配（招女婿）成亲，又可为自家有人继承家产和为双方养老送终。

（3）聘婚，也是蒙古族的婚姻习俗。蒙古族进入封建制社会以后，普遍实行聘婚制，就是男方娶妻要给女方送聘礼的婚俗形式。这一风俗一直延续到近代。

2. 婚俗的特点

（1）求亲。是蒙古族的传统婚俗。蒙古族小伙子看上了哪家的姑娘，要托媒人带着用一块白毛巾包着的礼品向女家说合求亲，多求几遍才能得到女家的许诺。女方认为，多求几遍才会被人尊敬，少求几遍要被人看轻。若女家收下媒人带来的礼品，说明女家父母认可愿意结亲，即与媒人许诺这门亲事，媒人起程返回男家汇报求亲告成。

（2）定亲。也是蒙古族的传统婚俗。双方父母对亲事均无异议时求婚成功，要按照本民族的婚俗礼仪举行定亲仪式。以近代土默川蒙古族（指庄头蒙古和土默特蒙古等，因庄头蒙与土默特蒙长期通婚，所以婚俗相近，下同）的定亲仪式，分为两个程序。首次，由男方托媒人带上白酒一瓶、羊腿一条、五十个白面大点心、手镯或其他首饰到女家定亲。女方父母收接礼物视为定亲，俗称小定。其次，过些日子，男方再托媒人带上较上次贵重些的礼物和首饰、一瓶白酒、一只熟羊背子、两条哈达、五十个白面大点心、一对白面喜兔再到女家定亲。女家收受礼物后，即用红线将一只白面喜兔套脖拴住，以示接受定亲。女家设宴款待媒人和女家近亲。在宴上，媒人与女方互问男女青年（将来新郎新娘）的生辰。媒人又与女家商定聘礼。宴席毕，媒人要返回男家时，女家要将白面大点心一半和一对喜兔作为回赠带回男家。媒人回到男家交回赠和喜兔，男家也用红线将喜兔套脖拴住，以示喜事拴定不会有变。而后让男家青年（未来新郎）吃了喜兔，以示大功告成，俗称大定。

（3）择日。择喜日也是蒙古族传统婚俗。从古代至近代择喜日程序基本相仿一致。男女双方定亲后，首先请喇嘛占卜选择良辰吉日，为婚庆正日。择日后要写娶聘文书，男家派近亲和媒人带上娶聘文书、哈达、美酒、糖果等礼品，到女家与其父母商量婚俗礼仪和婚庆日的所有事宜。

女家愿意接受选择的良辰吉日，双方对婚庆正日无异为定。从此，男女双方开始以传统的婚俗礼准备婚庆日各种所需用品。男家要搭建新毡包或打扫喜房，还要杀牛宰羊安排婚宴所用。女家也为女儿出嫁安排嫁妆和宴席等各种用品。各自给亲朋好友送请帖，敬请其届时光临贺喜赴宴。

（4）聘礼与嫁妆。从古代至近代，男女双方将婚喜日择好后，男家要送给女家的聘礼，俗称彩礼。聘礼多少视男方家资而定，草原牧区常以牛羊等为聘礼。牧民认"九"为吉祥数，以一九至九九为度，最多不得超过81头只牛羊聘礼，取九九为长寿的意思。也有贫困牧民不具备九数牛羊的聘礼，也可以择小于九数的单数，以三、五、七头只为聘礼，绝不能选择双数。但在近代土默川地区半农半牧的蒙古族，故因多耕植，少养畜，不具备以牧畜送聘礼（不过也有极少数还以牧畜送聘礼的），普遍以金银首饰、衣服等送聘礼。蒙古族在女儿出嫁时，陪送的礼物非常有讲究，通常男方送女方多少聘礼，女方就要陪送相应数量的嫁妆也称陪嫁。有的女方陪送嫁妆的礼物，要比男方送给的聘礼要多。因此，蒙古族历来就有一句俗语："娶得起媳妇，聘不起姑娘"。后在土默川区域的蒙古族，多年来因社会在不断发展和变化，陪送女儿的嫁妆也发生了变化，随之礼仪也发生了变化。通常女家派车将陪送女儿的嫁妆，金银首饰、箱柜、衣服等物件，送往男家交付新娘的婆母暂先妥善保管。

（5）娶亲。也是蒙古族的传统婚俗，分古代与近代两部分叙述。

3. 娶亲流程

在古代，蒙古族娶亲的整个过程包括以下几个方面的流程。

（1）男到女家投宿。在婚庆日的前一天，新郎穿蒙古长袍，腰系彩带，头戴圆顶红缨帽，脚蹬高筒皮靴，佩戴弓箭。伴郎也穿戴节日盛装，还有十几个年轻伙伴组成娶亲马队一同上马，携带彩车拉着礼物前往女家投宿娶亲。此时女家已在新娘蒙古包前摆放一方桌，桌上摆着刚刚煮熟的全羊和新鲜的牛奶。桌前还铺一块新羊毛毡，伴娘和女友们聚集在蒙古包前，静静等着娶亲马队的到来。在此刻娶亲马队即至女家，新郎带领娶亲马队围绕新娘住的蒙古包顺转三圈，而后下马，并将一壶马奶酒，一副羊五叉及所有礼物放在方桌上，还牵着一只碰门羊，新郎当站在羊毛毡上。此时，伴娘装作不认识来者是谁，迎上前去唱起歌来问明，歌的大意：

看你们骑马成群结队，是参加那达慕打猎去？

最好不要迷失了路呀，误了时间丢失了良机。

男方伴郎也唱歌回答提问：

姐妹们看起来都聪明，怎么不认识亲家的人，

我们不是来玩耍的呀，是要接新娘回去成亲。

伴娘又装作不知这桩婚事，继续唱歌戏弄伴郎，伴郎始终面带笑容，巧妙地回答提问。伴娘对伴郎的回答满意后，才请新郎喝桌上放的鲜牛奶。新郎卸下自身弓箭挂在蒙古包外的西南处，新娘就带领新郎和伴郎进蒙古包拜见岳父岳母，并讲明来意。随向岳父岳母和近亲长辈逐一献哈达，行跪拜礼。礼毕，请新郎伴郎及娶亲者同入席就餐。

（2）讨封。古代蒙古族娶亲的程序之一。投宿娶亲的晚上，在新娘住的毡包摆设美酒和全羊宴，俗称求名问庚宴。此时请新郎伴郎入宴，并有新娘的嫂子姐妹们和女友们围坐着。他们逼问新郎说出新娘的乳名，新郎伴郎说出新娘的真实乳名，姐妹们齐声合音说不是这个乳名，当罚新郎伴郎喝酒唱歌，再逼新郎跪地向新娘求讨乳名，新娘羞涩不言或故意不答，刁难一阵。因此新郎的祝颂人与新娘的嫂子和女友们对唱答辩，直到新娘说出乳名，讨封求名即告成。双方戏耍，欢声笑语，非常热闹。投宿娶亲的当晚，新郎和伴郎同住女家。到午夜时分，新郎手捧哈达再向岳父岳母敬献，并请求赐箭。岳父即赐新郎两支无簇箭再给佩戴一把蒙古刀，当面还说些吉祥语祝福。在次日清晨，新郎取弓箭等佩戴身上，上喜马准备启程回归，新娘早已穿戴好鲜艳的婚装。当即由叔父或姑父从蒙古包里将新娘抱出扶上喜马，新郎骑喜马绕着新娘骑的喜马顺转三圈之后，娶亲和送亲者欢声笑语同上马启程离开娘家，回归婆家。

（3）叼帽子。古代娶亲回归途中应有的习俗。（见蒙古婚俗叼帽子图）

蒙古婚俗叼帽子

娶亲和送亲者都纵马奔驰，使出各种计策抢先赶到新郎家。此时伴娘牵着新娘的马故意拖延时间不往前走，新郎只好耐心等候并好言相求。女伴们寻找机会抢走新郎的帽子打马就跑，引的伴郎和小伙子们一起来追。伴娘带领伙伴们策马飞奔想先赶到新郎家，但新郎家早有准备，派四五个善于骑马的小伙子带上一壶马奶酒和一个羊头到离家不远的地方摆酒迎亲，伴娘和小伙伴们见到拦路酒宴皆下马，即有迎亲小伙子向送亲者一一问安敬酒。送亲者接过酒杯扔掉羊头，用无名指蘸酒弹之敬献天地后而饮。有酒力不胜者，将酒从马头至马尾洒尽。而后娶亲和送亲者皆上马，互相纵马比赛叼帽子。通常是送亲者想办法抢到娶亲者的帽子，影响其回归的行速，娶亲者都要互相掩护不让其抢走帽子。这段路程，双方青年男女纵马你追我赶嬉戏热闹，充满了蒙古族传统的婚俗情趣。

此时，新郎的父母和亲友们早在毡包前瞭望娶亲马队的回归。在片刻，娶亲和送亲的两队人马纵马飞驰回到毡包前，即有礼仪官上前唱歌迎接。歌的大意是：

> 快观看这美丽的新娘，离开娘家久居的毡包。
> 看那头戴珠宝的新娘，将要走进陌生的毡房。
> 父母一早晨等了又等，亲戚朋友们望了又望。
> 看到娶亲队荡起的尘，好像是彩虹一样飞扬。
> 见送亲者奔驰的身影，就像是祥云一样飘荡。
> 美味爽口是羊五叉，再把醇香的马奶酒献上。
> 将远道迎来诸位亲戚，请你们下马赏光品尝。

礼仪官唱歌迎亲后，娶亲和送亲的皆下马（新娘新郎暂不下马），即将送亲者迎进毡包用奶酒招待。此时，新郎新娘骑马围绕新毡包顺转三圈皆下马，新郎卸下身背弓箭挂在毡包的西侧，三日不许动箭，三日后新娘收起终身保存。

（4）拜火。古代蒙古族在婚礼上的一个重要仪式，尽管各地拜火形式有所不同，但在婚礼上都是不可缺少的内容。在婚庆日，事先在毡包前点燃两堆旺火，新郎新娘要在旺火旁跪下，有礼仪官在旁诵念火的赞词。大意是：

> 圣主成吉思汗发现的火石，诃额伦母保存下来的火种。
> 用洁白的哈达和奶酒祭祀民族之火从古至今。

请新郎和新娘祈祷吧，火神是你们婚配的见证。

请新郎和新娘叩头吧，佛光是为你们接代传宗。

新郎和新娘向旺火叩头后起身，还往旺火里洒马奶酒，即双双穿过旺火，以示接受火神的洗尘，也象征着爱情的纯洁，如火示的旺盛。

（5）拜佛祭灶，古代娶亲的程序之一。新郎新娘进入毡包，要带上供品在佛龛和灶前焚香敬纸跪拜叩头行礼。同时，新郎新娘向父母行跪拜叩头礼，并献哈达和礼品，即有婆母揭去新娘头上的红纱罩，并领她认识亲戚和长辈，逐一行礼献哈达。

（6）梳头。新娘在行毕婚俗各项礼仪时，即有婆母请一位年长的胡土额吉给新娘梳头，将原来一条辫的发型改为两半髻髻发式。新娘要与梳头额吉终身交往，称除生母、婆母以外为第三母。新娘梳头换装后等待婚宴的开席。

（7）婚宴。蒙古族在婚庆席间，通常摆羊背子或全羊宴、美酒、各种奶制品和糖果。婚宴开始，新郎提银酒壶，新娘双手捧哈达，右手还端斟酒银碗向长辈和亲友逐一献哈达敬喜酒。青年伙伴们高举银杯开怀畅饮，姑娘们伴随着马头琴放声高歌，蒙古族在传统的婚宴上举办的隆重和热闹。婚宴要延续两三天，亲友们才会陆续离开。婚宴毕女方的送亲者要留下人陪新娘住上一至三日，而后送亲者要返回家时，新娘与其拥抱，恋恋不舍。

在近代，土默特区域的蒙古族娶亲举办的非常隆重和热闹。在婚庆正日前一天，新郎和伴郎穿礼服向家族长辈和近亲逐一行叩头礼及请安，长辈们都向新郎道些祝颂的话。而后，新郎伴郎再行祭祖之礼（上祖坟）。娶亲出发时，新郎身穿艳丽的绸缎长袍，腰系红、蓝色腰带，头戴圆顶红缨帽，脚蹬牛皮靴或大绒靴，肩挎弓箭，腰系箭囊，囊中插箭，腰再系鼻烟壶袋，胸前揣着哈达。陪同新郎娶亲的伴郎，大戚（娶亲的长辈）和数名男青年皆穿节日盛装组成娶亲队伍。娶亲全队人马皆与新郎吃上马饺子，吃毕皆上马出发。随行还有几辆轿车，其中一辆轿车用红毯包罩备新娘乘坐。还牵一头碰门绵羊，一副羊五叉，一瓶白酒，五十个白面大点心。

①迎亲。娶亲马队快到女方村时，女家派人跃马上前迎接，此礼称迎亲。娶亲马队被迎到女家毡包或宅院门前，将携带礼物放在事先备好的方桌上，女家受礼后，新郎伴郎等人方可进毡包（进屋）。

②请安。新郎伴郎进毡包或入室后，先将新娘的毡包或住室的一眼窗户揭开，将携带弓箭卸下挂在窗户上，而后才能进入新娘住的毡包或住室。此时新娘躺在住室，面迎墙手捂脸低声泣，旁有五六个姑娘围坐陪伴，新郎伴郎先拜见陪坐的姑娘，并向她们一一请安。然后再到别屋拜见新娘的家长，亲友并依次请安行礼。礼毕，娶亲者被请到迎亲屋喝茶小憩。

③祭祖。新郎娶亲至女家时，新娘的弟弟们领新郎祭祖上坟。此时，弟弟们故意引领新郎绕滩转，耍笑一阵子才到祖坟前焚香烧纸，行叩拜礼。

④满酒。祭祖回来后，女家即设宴款待娶亲者。在宴席上，每一道菜新郎伴郎向娘家的长辈和亲友献哈达、敬美酒、行躬身礼，娶亲的祝颂唱起蒙古歌曲，祝愿女方家长和亲友幸福长寿。

⑤讨封。近代讨封是沿用了古代的婚俗，内容大同小异。（略）

⑥系腰带。讨封后即由新娘的弟辈为新郎行系腰带之礼。内弟们拿出女家为新郎准备的腰带，使尽全身之力，一圈一圈地将腰带紧束于新郎腰上。新郎则想办法使之不能束紧、使劲憋足中气，或手叉腰中，这也是一种耍笑新郎的活动，耍笑往往要到深夜方罢。

⑦送亲。第二天即正娶日子。新娘清早打扮，身穿绸缎彩袍，脚踩绣花缎红鞋，头戴红缨帽，身罩筒状蓝面罩，从头罩住全身。还手拿一双筷子和少许食物，即由姑父或姨夫将新娘抱出卧室扶上马或上车，上马或车的时辰是预先请喇嘛看定的。出门后，将筷子和食物扔在门前，以示不忍心带走娘家的福禄。

⑧射该。新娘出卧室后，同新郎各骑一喜马，一前一后由新郎领引，在毡包或院外绕一周，以示留恋。然后新娘在马上独自低泣，以示不忍离别父母。新郎则拉开弓，按喇嘛指定方向射一箭，俗称射该，即射灾之意。而后将弓箭系于新娘的喜马鞍上，以驱邪避灾。新郎前行，新娘随跟，随往的还有娶亲队伍和送亲的队伍。

⑨叼帽子。近代娶亲叼帽子是蒙古族沿用古代娶亲叼帽子的传统婚俗之一，形式与古代大体相仿。（略）

⑩撩油。娶亲的喜马或喜车将要到达门前时，点燃草把子立在门旁，婆母用勺子往草把（草把是以谷秸系住）子上撩油助燃，口念吉祥语。

⑪拜神。男方在毡包或宅院门前等着，派四至十个男女迎亲者，各以对等迎入新娘一行后，此时鞭炮齐响，新郎和新娘脚踏红毡至神龛前，跪于神龛前行叩拜礼。神龛前摆置银杯一对，内盛牛奶。行礼毕，主持仪式的长者将杯分别递给新郎和新娘饮之，饮半时互换而饮尽，以示和气。然后，即由男方近亲抱新娘入喜毡包或喜房，坐于洁白的新毡上，新郎以箭挑去新娘罩面之筒或身罩。

⑫梳头。新娘梳头是蒙古族保留古代传统的婚俗之礼。新娘由梳头妈（忽图额吉蒙意福禄母亲，一经梳头终身交往，亦如亲生）以红线为她刹面，名曰开脸。然后梳头，将原发式分作两半，结为两个髽髻，表示姑娘已成为新妇。

⑬拜灶。灶前设香案，案上条盘内盛羊肉、冰糖、红枣、奶酪、奶油、点心诸物，苫哈达。案前铺毡毯，还备一条白布口袋，两头有口，可伸入手，用红布剪成日月形，日形在左，月形在

右，贴于口袋两侧入手处。灶前点燃旺火，新娘由同属相的老妇扶着与新郎同跪灶前，新郎膝压新娘袍襟，以示男贵女贤。新郎与新娘以手伸入口袋的日月形入口处，两手互携，以示同心同德，共同拜灶。即有老妇捧所供条盘，在二新人前左转三圈，右转三圈，二新人取条盘内各样祭品投入灶中，老妇口念吉语，还有喇嘛诵经，祝新人真心相爱，幸福吉祥。二新人叩头，将盘供于灶前，男女合饮一杯喜酒，互相施礼，新郎引新娘入喜毡包或喜房。

⑭拜天地。毡包或庭前设置一木桌，桌旁生一火盆，桌上置香斗、蜡烛、明镜，明镜覆以红布；弓箭、羊骨、五叉，五叉苦哈达。二新人在庭前先跪地叩头拜天地，后叩拜公婆，次以尊卑亲属顺序一一叩头拜之。受拜者向新娘赠以首饰及银钱，俗称放拜礼。近亲小辈则要向新郎行礼，二新人受礼后也要给小辈放拜礼，这两种礼合起来亦叫认大小。

⑮酒宴。在婚庆的正日，将婚俗礼仪行毕，接着酒宴开始。通常席上摆设美酒，羊五叉或全羊，各种奶制品、糖果。在席间二新人，男提酒壶女捧银碗，每上一道菜须敬一次酒，行一次礼。送亲者在酒席后致谢道别，准备赶程回去。男方的父母及近亲则对送亲者，再次一一敬酒致谢。并说一些吉祥语，祝愿一路顺风。

⑯闹喜房。宴席后新娘要回毡房或喜房，房外同辈则把门作难，要新娘唱情歌，说绕口令。新娘则给同辈赠送一些亲手缝制的褡裢、烟荷包以及冰糖等，进房后继续耍笑一直到深夜。

⑰掏灰。新娘在婚庆的次日清晨，由"毕力更"老妈妈引领新娘逐屋生火。先己屋，后公婆屋，次本族近亲，以示尽媳妇的本分。生火必先掏灰，灰中公婆早埋有戒指或玉耳环等首饰，以表示灶神赐给新娘的福分。

⑱认亲。娶回新娘的第三天，新娘的近亲要前往新娘家认亲。男方称他们为"伊尔哥沁"（来会亲或探亲），来者为新娘的父母、叔伯、姑嫂、哥弟、舅父母、姑父母、姨夫母等。他们成群结队，时竟几十人的庞大阵容。新郎父母将其迎进屋后，互敬哈达和互换鼻烟壶，先奶茶点心后设宴款待之。宴上互通认识，敬酒，尽情欢饮，席散认亲者即归。

⑲住对月。娶回的新娘在男家住一月后，即回娘家住一月，俗称住对月。离走前要给男方长辈行礼，一月后回来仍行礼（注：无生子无论新旧仍行礼，生子后则免此礼），新娘住对月时要做很多新鞋。回来之后，送给公婆及近亲长辈，以视尊敬长辈，还显示勤劳不懈之意。

（二）十三庄二十四户蒙古族的葬俗

1.蒙古族在古代的丧葬风俗、习俗

（1）野葬：依口述，我们十三庄二十四户的先祖在远古时是兀良哈部氏，元代融入蒙古民族共同体后为草原上的游牧民族。那年代蒙古民众生产落后，物质匮乏，在对待逝者，丧葬风情习俗不太讲究，游牧民族仍以本民族传统野葬方式施行。其时，当老人在病危气息奄奄时，子女们即为其备好白布制成的装尸口袋，并急找邻居两位长者为其脱去旧衣，再用白布裹其身。此时，子女们与两位长者守其身边，待其咽气之后装入白布口袋，再用红绳扎尸袋口。子女和亲人们怀着悲痛心情，泣而不号。不穿丧服，不给逝者烧纸钱，不给亲戚好友通讣闻。通常在一天之（若遇日子不吉可续几日）内以马驮尸袋至荒漠依坡野葬，尸待禽兽吸食。驮尸马剪去苦面鬃及尾巴，俗称祭马，不再收留。逝者如为仙逝，即要拆掉毡包前的嘛尼杆，以示哀悼。野葬后，子孙及家人当即拆卸毡包及所有用具置车拉，赶上马，牛羊群到别处逐水草游牧再立新居。其子孙们故因老人去世在49天之内见客人不请安，不互换鼻烟壶、不喝酒、不娱乐、不参与任何喜庆。随着时代的进步，蒙古族人生活水平、文明程度的提高，这种野葬习俗在逐步消失，取而代之的是土葬深埋。

（2）土葬深埋：依口述，在元代萨满教已传入蒙古地区。萨满教对蒙古族有着广泛而深刻的影响，它塑造了蒙古族的民族性，积淀了蒙古族的风俗、习俗，特别是丧葬习俗。萨满教对待生死及丧葬施行的程序为，当老人病重气危时，其子孙要叫几位年长者为其临终穿戴，先脱其所着旧衣服，再用白布将其裹成跏趺式。待断气之后装入三尺方形木制棺木轿里，封好棺木轿盖。然后树立翁衮祭台，为逝者在白布上作的画像，富者用石头刻的石像其显贫富，再择吉日期待安葬。出殡时，子孙们先到翁衮祭台前跪地叩头焚香敬纸为亡魂祈祷，顺利进入极乐世界。其时，有人用白布系好棺木轿准备出殡，子孙们祈祷起身之后依辈分序列成行从灵柩前趴卧地，即有八人异着棺木轿由卧地其身架过。灵柩过后子孙们起身当即拉住棺轿系白布拉置勒勒车上（古俗称拉灵）拉至墓地挖穴土葬深埋，不露坟冢。

王公贵族在病重临终时，王子王孙们也要找几位年长者脱去其身旧衣服，洗净其身，用白缎将其裹成跏趺式，待其逝后装入三尺见方形楠木制成的棺木轿里，封好棺木盖，期待安葬。在出殡时，王子王孙们带上贵重祭品到翁衮祭台前焚香敬纸行祭礼为亡灵祈祷尽快至极乐世界。出殡也以位灵式将棺木轿拉置车上，车拉至选好墓地深挖大坑穴土葬深埋，人畜殉葬。为防止盗墓，葬后平坟土，以马、牛羊群踏平所动之土，不露坟冢，人皆莫知。葬后还牵一峰母驼带领一峰吃奶乳驼至墓前当着母驼之面杀死其乳驼血流址前。过几年之后墓址草木萌生，祭祀者不识墓址。然牵原杀其乳驼的母驼至此方位，其仍能嗅到当年乳驼血腥气味，即大声悲鸣，直奔原血流址处，卧地不起，嚎啕大哭。祭祀者们就在此处焚香敬纸，叩头祭拜故后的王爷亡灵。

其时，萨满教作为蒙古族本土的宗教，以其教传授丧葬方式为宗旨。当人逝后要装棺木轿车拉至荒外挖深穴将其放入穴内添土深埋，不露坟冢。此葬式，是对逝者是一种入土安慰和敬重。其丧葬习俗，在蒙古民众广为流传，也支配着广大民众的思想意识和观念。因此，蒙古民众信奉萨满教，才接纳其教的土葬方式，从而将本民族传统野葬逐步而弃，后以其教人逝后施行装棺木轿用车拉至荒外挖穴土葬。

1577年，阿勒坦汗在青海与藏传佛教高僧索南嘉措举行盛大会见，后阿勒坦汗将藏传佛教引进蒙古草原，定其教为本土和本民族的生死观念信仰及丧葬风情习俗宗教。因此，阿勒坦汗当即向蒙古民众发布公告：严禁萨满教在蒙古本土上的所有活动，并责令拆毁其教在本土上的所有翁衮祭台投火于焚，更废止其教在王公贵族逝后以人畜殉葬残酷恶劣陋习，使其教从此在蒙古民众中的遗存逐步淡化而消失。在阿勒坦汗大力推动下，藏传佛教在蒙古草原上成为后来居上。

依藏传佛教葬式有三种选择。

（1）天葬，是草原牧区民众盛行的一种葬式。人死后，脱掉死者的旧衣服，换上新衣或用白布缠裹全身。将尸体放在勒勒车上，拉至野外赶车急行，使其任意颠簸，尸体掉在哪里，哪里就是吉地。然后，车夫赶着勒勒车快速返回家中，不得回头看。三日之后，死者家属去察看，若尸体被禽兽吃掉，就认为死者已经升了天堂，或者已经进入极乐世界。若尸体完整无损，就认为死者生前的罪孽未消。于是再请喇嘛诵经，替死者忏悔，消除罪孽；并在尸体上涂一层黄油，好让禽兽早日吃掉。天葬后，死者的子孙在49天内，不剃头，不饮酒娱乐，路遇行人不寒暄，以示哀悼。

（2）火葬，普通人死后，一般不施行火葬，只有身患传染病或产妇死后，才进行火葬。火葬方式，人死后脱去内衣，换上新衣或用白绸缎裹其身，将盘坐尸体装入三尺方形木质小轿里，封好轿盖。出殡时，请喇嘛指定焚尸地点和方位，后将装尸小轿置车拉到指定地，亲人密友跟随送葬。焚尸时，在装尸小轿周围推上木柴加油点燃，并将死者生前所用或所爱之物一并投入焚烧。同时，喇嘛为者诵经、祈祷，愿死者的灵魂尽快"升天"，早日进入极乐世界。火葬次日，由死者亲人及家人捡拾骨灰，有的把骨灰撒于山川、江河，有的装入坛罐中挖穴埋葬，以示永远悼念。

（3）土葬，蒙古族地区普遍施行的一种葬式。蒙古族的土葬与汉族土葬大同小异。当人在临终前，家族亲人给死者更换新衣，后将尸体放在炕上的木板上，用哈达罩其面，等到黄昏天黑时，将尸体从窗户中抬出放进棺木。入棺木后停放在灵棚内，一般要放三至七天之内出殡。出殡时，死者的长子扛棺木大头，其余子抬小头将其放在灵车盖上棺罩运往坟地，到坟地即用吊绳将棺木放入墓穴。埋葬时，死者的男女子孙和至亲围绕墓穴用手抓墓土撒向穴内棺上，然后众人铲土埋葬。

2.蒙古族在近代的丧葬风情习俗

依口述，我们十三庄二十四户的先祖们在喀喇沁八沟时期，已普遍采用装棺木土葬，起坟堆，并始夫妻合葬的习俗。来此地后，仍实行装棺木土葬，起坟堆，立墓碑。丧葬的基本仪式仪式和流程大致将其划分为三个阶段，即初终、入殓、下葬。

初终，当老人病危至弥留状态，其子女要尽早告知在外亲人速回与病危老人相见，不留遗憾。其后，邀请邻居几位德高望重的老者，给病者剃头、净身、穿戴装老衣等。请来老者与子女和至亲们都静静围在其身边，陪伴他（她）走完人生最后一段路程。

注：蒙古民众从元代至近代当老人过世后子女等至亲身着白丧服是依据《蒙古简史》124页载，蒙古人有崇九尚白之俗，以九为吉，以白为洁。祭示用品，牲畜九头，白缎九匹，白羊九只。王逝世，其舆车用白毡为帘，巫师首领着白衣，骑白马，马蹄白布包扎，以示敬重。我们蒙古民众着白丧服是依此俗传承的。

老人逝后，即有长子或长孙着白丧服，古时骑马急至亲戚（男的姑舅，女的娘家）家下马，见到亲戚即跪地叩头并向其告知死讯，起身后随之邀请亲戚们在入殓前到场瞻仰逝者的遗容，他在亲戚家停留片刻即起程返回。

老人在去世的当日，在天黑受灯时，其在屋内停尸将要结束，即有家族老者为其入殓主持仪式。在场的男女孝子、孝孙们以辈分排列纷纷跪地，一边有长子为其点燃入殓纸，一边聆听主持老者赞颂逝者生前的所作所为。其在上对老人尽孝，要做到以孝善待，以德报恩，以道敬重；其在下对子女的培养和教育过程中不惜一切所付出的财力和物力，便有信心将他们培养成才为目的。还对逝者的道德品质进行高度的肯定和赞美。颂礼毕，孝子叩头起身进行入殓。

入殓，因蒙古民众受黄教影响较为深远，依其教对入殓很有讲究。如：当下的生者与逝者已分属于两个世界，二者的出入就该有所区别，生者进出要走门，那逝者在入殓尸体就不允许走门，就在此前窗外有一人手持劈斧再拿横竖两根谷秸草于窗户外砍断，即拆开一扇窗户以示为其入殓外出之门。随之，屋内众人舁起逝者通出窗户，窗外众人接过尸体即放入棺木里（此为远古装棺木入殓）。而在近代，因房屋建制结构与远古房屋不同窗户扇不易打开，入殓时无奈生者与死者同走一门。其尸体装入棺木后，孝子们从停尸屋内之门相继走出至灵前再为其尸体于棺铺垫打层。但在停尸屋内要留一人准备打殃，即将尸体抬在灵栅装入棺木之后，在屋内留下的一人，不论是何人，他即手拿扫地笤帚和五谷杂粮，在停尸屋内的各个角落边打扫边撒五谷杂粮（俗称打殃）。

开光，当老人过世装入棺木之后，其儿子们手持新棉团和净水一杯分别站在棺木两旁，为其进行开光仪式。用棉团蘸净水为其擦洗各个部位，每擦一个部位，口念一句吉语。开光基本为，开眼光，观六路；开耳光，听八方；开鼻光，闻麝香；开嘴光，吃牛羊；开心光，亮堂堂；开手光，著文章；开脚光，走前方。开光不仅是儿子们为逝后老人此生肉体最后的一次清洗，也为其在被世虔诚的祝福，更可谓对其情真意切。儿子们分享喝尽杯中水。此后瞻仰遗容。

瞻仰遗容，开光后，在场的亲人们怀着悲伤沉痛的心情，在棺木旁俯身探视故后老人最后一面，并向其嘶哑痛哭流涕，祝愿西行一路走好等告别。同时，有家族人将逝者生前所喜爱物品给摆放在棺木里作为培葬物。随后进行封棺木。

封棺木，瞻仰遗容之后，众人将棺木盖板放在棺木上。孝子们随之站在棺木两边，随手将四个木钉安置其上，有长子手持铁斧封好棺木。随后，再请喇嘛选定葬日，安排长子或长孙向亲戚密友报讣闻，还要安排备办丧宴的一切所需，再找村里几个人挖墓穴。

通常对逝者的入殓各项程序进行完毕，请来的邻居老者，参加完丧俗之后，在离走时孝子们向其敬献哈达，叩头行礼，以示感谢。

另外，在出殡之前，蒙古民众惯有分食，灵前供桌供品之俗。如逝者为年岁较高，而生前有福气，民众都会主动到场分食其供桌上各种供品。办丧事的主家看到非但不会阻止，还要续添供品召唤他人来分食，主家认为民众是对逝者生前福气的一种羡慕与肯定。还有一些有幼子女的民众更会特意从孝子家讨要供品或逝者生前所用过的杯、盘、碗带回家给自己的幼子女使用。享用这些食品和用物被蒙古语称为"纳森宝音阿布那"，也就是获取长寿之福的意思。

出殡起灵，在古代事先请喇嘛选定的出殡起灵吉日和时辰以及方位，依其所定的具体程序进行。而在近代，蒙古民众因受地区和环境的葬俗影响，已经不再那么讲究，只是依老人去世时间，错开本民族的传统节日，一般选定在三至七天之内择单日进行安葬。

送葬，孝子或孝孙扛着幡走在最前面，在幡上还系一块白布，其上书藏蒙汉三种文字版本的佛教诵咒，为唵、嘛、呢、叭、咪、吽六字箴言，引领逝者灵魂奔赴往生净土。孝子们跟在灵扛后面，亲友们跟在最后面。在此期间，孝子们还要不时地向昇扛人叩头行礼，以示感谢。

下葬，灵柩送到坟地，众人用绳索系棺木放入墓穴中，然后开始起坟。起坟依然是男女孝子和至亲们率先行动，都手抓墓土撒向棺木之后，其他人才可以向墓穴填土。通常，坟垅高度为四尺五寸。起坟时，忌讳用工具将坟垅拍实，认为拍打那是不尊重逝者表现。

坟垅立起之后，丧葬仪式程序基本结束。

到此，整个葬礼与逝者直接相关的内容基本进行完毕。随之全家设宴款待亲戚密友和送葬人等。

葬后祭奠，丧葬活动并不是随着逝者的埋葬而结束。在亲人故去的较长一段时间内，不论出于何种目的，人们都会以守孝、烧七、扫墓等行为祭奠逝者，抚慰亡灵。通常，葬后三天，一七、三七、五七、七七、百天、周年、二周年、三周年、除夕、清明、十月初一，家族人都要上坟举行相应的纪念仪式。

一系列祭祀、缅怀活动，都是丧葬礼节的重要组成部分。在研究探讨丧葬习俗时，只有对其整个过程进行全面的观察分析，才能在真正意义上探索出葬俗现象背后的深层内涵。所以，以上三个阶段其无所谓孰轻孰重，但共同构成了十三庄二十四户蒙古族丧葬习俗的有机整体，在我们现代生活中发挥着不可忽视的作用。

2. 蒙古族的男人们，要在腰带右侧挂一把精美带鞘的蒙古刀，鞘旁有一口袋再插一双红木或象牙筷子。还要带一个水晶石或玛瑙制成的鼻烟壶，其显示人的身份地位。

3. 蒙古族家资富裕的女主人，要带精美漂亮的耳环、玉佩、念珠。首饰更为珍贵、华美、艳丽，多用珍珠玛瑙和金银宝石制作而成。一副上讲究的首饰体长量重，可换三十匹马，价值连城。

4. 蒙古族姑娘自幼就梳妆成一条辫子，长长盘于脖子便于骑马。姑娘长大出嫁之日始至婆家，才让梳头妈妈将辫子分开两半梳成两个髽髻发型。上了年纪的老夫人在脑后边梳妆成纥朵发型。蒙古族妇女自古以来不裹脚，都是大脚便于骑马放牧。

二十一、圈地蒙古族的摇篮潘庄民族学校

土默特左旗潘庄民族学校，其设立初就是呼和浩特市地区一所重点民族小学，它的前身是奶奶庙旧址。早年的奶奶庙是当地蒙古族人的活动场所与聚集地。庙宇内立有碑刻多座，记载着蒙古族人三百多年过往的历史。1931年在这里开始办私塾，家境有条件的子弟可在此就读。1955年经国家民委批准成立潘庄民族学校。批文还同时批准呼和浩特市土默特民族中学一所，呼和浩特市土默特民族小学、呼伦路民族小学各一所。批准巴什民族小学、和林脑木气民族小学各一所，还有的学校只设民族班。国家民委批文由后任潘校总务负责人王永峰从市民委取回。设立潘庄等民族学校体现了党和国家对民族教育事业的高度重视和关怀。"文化大革命"期间学校的民族教育受到严重冲击，取消了蒙古语文课程，停止了蒙古语言文字的使用。1981年11月29日，在党的民族政策的光辉照耀下，学校恢复其本来称谓——土默特左旗潘庄民族学校。并举办了复校庆祝活动，内蒙古、呼和浩特市、新城区、土默特左旗等的领导到会祝贺。从此学校的民族教育事业得以健康发展。圈地上入校的孩子们得到良好的党的民族教育和文化教育。毕业后继续深造，走入社会，逐渐成长为党和国家有用的人才。

他们是：邓　图　赵克华　赵登祥　赵克强　王德明　王来柱

房水生　云月明　潘永清　赵登忠　潘　达　潘　清

赵炳礼　赵贵生　赵　璧　赵贵贵　王秀英　王银柱

赵玺英　刘新柱　赵连炳　石补根　刘福旺　赵　瑞

赵连贵　王拴柱　潘埃城　潘海平　吴月成　郑志刚

李银风　王富强　云素英　李团燕　赵改清　李晓英

石建波　王永峰　潘智深　张瑞锋　韩占才　吕喜才

李计拴　刘文华　王在平　孟　和　赵永智　范云瑞

吕喜在　苏二毛等。

潘庄民族学校也因此被人们称之为"圈地蒙古族的摇篮"。

潘庄民族学校地处土左旗白庙子镇潘庄浑津桥两村交界呼托旧公路21公里处，生源来自周边四个乡镇32个自然村，以蒙古族学生为主体。学校总占地面积为20001平方米，校舍均为砖木结构的平房，总建筑面积为2770.2平方米，其中教学用房1108平方米，生活用房1102平方米，体育活动用地3276平方米。2010年10月校安工程启动，2012年5月教学楼、宿舍楼、餐厅校安工程三大主体建筑竣工。如今学校占地面积21782.7平方米，建筑面积6138.5平方米，其中教学用房2676平方米，宿舍1589平方米，餐厅450平方米，操场（200米跑道塑胶操场）5000平方米，可供500多名学生在此就读。

潘庄民族学校，从1981年复校以来，是一所以汉语授课为主的三年级以上加授蒙古语文的民族学校。生源来自白庙子镇28个自然村及周边乡村的蒙古族子弟。复校后的1982年在校学生数发展到518人，其中蒙古族学生402人，蒙古族学生占全校学生总数的77.6%，2001年在校生总数709人，其中蒙古族学生446人，占总数的62.9%，蒙古族学生享受助学金待遇。历届毕业生中的60%的学生升入土中、土校。其余的升入土左旗潘庄民族中学、土左旗民族中学就读初中、高中。1992年以前，学校一直归属白庙子学区，1992年9月，改为土左旗教育局直属的民族学校。占总数的37.1%，住校生207人。学校设校长室、教导处、总务处和六个教研组，教职工总数51人，其中校行政领导4人（校长1名，党支部书记1名，副校长2名）专任教师37人，其中小教高级11人，一级教师22人，具有大专以上学历2人，中师学历19人。学校设有少队室、仪器室、图书阅览室、体育器械室、党建室。由于学校办学条件和育人环境的改善，教学质量的稳步提高，吸引了周边数百名少数民族子弟来学校就读，社会声誉办学质量稳步提高，学校成为一所白庙子乡及周边村学生所向往的民族学校。

学校在三语教学的尝试过程中，从2009年开始，开办从小学一年级起步的蒙古语实验班，强化民族语言文字的传承，使学校的民族教育的特色得以呈现。学校多次荣获市、旗两级"教育系统基层先进党组织"和"先进基层党支部""先进集体""示范基地""示范学校"等荣誉。

潘庄民族学校民族教育事业成绩的取得，离不开学校一班人强有力的领导，离不开学校一班人的敬业奉献精神，辛勤耕耘，硕果累累。

现把建校后至复校前学校历任负责人按先后任职秩序列名如下：

云吉庆　肖　让　张克明　刘二黑　赵先生

窦先生　王朝华　孙先生　赵大中　孟明堂

宋铎魁　李成烙　苏子茂　云桂叶　赵克强

赵培政　李瑞霞　潘　达

复校后历任负责人按先后任职秩序列名如下：

潘　达　王玺印　杨存彦　赵克孝　陈焕文　柴永清　赵连贵

王硬柱　刘文文　王永峰　杜玺刚　左悦城　潘永斌　吴荣生

赵克晓　潘永锋　赵　勇　王金柱　付永亮　王和在　白桂珍

云　涛

圈地蒙古族的摇篮潘庄民族中学

在土默川平原大黑河南岸，土左旗白庙子镇潘庄村的西端，曾有一所闪耀着民族光辉的学校——土默特左旗潘庄民族中学，这所学校被誉为"圈地人成长的摇篮"。

说起土默特左旗潘庄民族中学，圈地人家喻户晓，他是土默特左旗的一所直属民族中学。他不仅在圈地人的心中留下了深刻的印象，而且在土默特左旗乃至土默川平原上像一朵绽开的花蕾竞相开放，他的丰碑将永远载入圈地培养人才的史册中。

土默特左旗潘庄民族中学历经赵登忠、赵克孝、刘禹（刘应蛇）、柴永清，李洲平、杜玺刚、陈换文、赵克晓、黄文九位校领导。他们在办学的旅程中历经风雨，历经坎坷，已走过了35个春秋的兴衰历史。

土默特左旗潘庄民族中学筹建于1976年，筹建的原因是当时白庙子公社西部区的范围内有四所重点学校，他们分别是潘庄小学、张庄小学、白皮营小学、四德堡小学。由于这几所学校离白庙子学区较远且距离分散，为了就近入学，集中办学，迎合当地人民群众子女们的求学欲望，提高教学质量，将学校校址选在圈地人聚居的中心地带——白庙子公社潘庄大队的西端。当校址确定后，在赵登忠老师的倡导下，在白庙子公社原党委书记王银柱的号召下，在白庙子学区领导的支持下，开始了学校的基建工作。白庙子公社西边11个大队张庄大队、赵庄大队、西王庄大队、三间房大队、毛扣营大队、潘庄大队（含杜庄村和西刘庄村）、浑津桥大队、刘王庄大队（含东王庄和大刘庄村）、四德堡大队（含四间房、三贤庄、田庄和土城子村）、白皮营大队（含鞍鞴营、小赵营、草房子和东囹圄村）、刘家营大队（含得胜营和小刘庄村）的广大人民群众也积极响应，他们在人力物力财力等方面全力支持。另外，全校教职工也为建校付出了辛勤的汗水和艰辛的劳动，他们不辞劳苦积极地投入到拉土运砖等基建脏活儿累活儿中，有的甚至献出了宝贵的生命，如毛扣营村的李兴老师，为建校舍用木材打树时被树打压在头部，经医院抢救无效身亡，年仅49岁就献身于初建学校的事业中。总之，经过各方面的努力奋斗，一所新兴的圈地蒙古人的学校于1977年拔地而起，它就是白庙子公社第二中学（简称白二中）。初建学校的校舍只有两栋，面积432平方米，包括办公室和厨房。招生范围是来自潘庄学校升为初中三个班的学生，总人数 150 名，其中蒙古族学生占 70%。选调教职工 12 名（其中正式职工 4 名、临时职工 8 名）。授课以汉语为主，并加授蒙古语文。经过这 12 名教职工的辛勤工作，1979 年已初见成效，同年又开设了高中班试点教学班（1986 年又改为高中职业班）。随着办学质量的提高，生源和班级人数逐年增加，新的年轻教师也不断涌入校内。学校的规模也进一步扩大，占地面积为 23334.5 平方米（包含操场与校田），校舍建筑面积为 3221.7 平方米，6 栋教室被中央马路分割排列于两旁，每栋教室可容纳三个教学班，后又单设一栋教师办公室、食堂、图书室。1983 年 3 月，白庙子公社第二中学正式更名为"土默特左旗潘庄民族中学"。从此潘庄民族中学人事直属旗教育局所辖，财政拨款也直属土左旗财政局，所有的蒙古族住校学生也享受了助学金待遇。同年 12 月底，赵登忠同志被组织调往土默特左旗职业中学任职。1984 年 1 月至 1984 年 9 月，土默特左旗潘庄民族中学的日常工作暂由赵克孝负责。1984 年 9 月经土左旗教育局发文任命潘庄民族中学校长为刘禹（刘应蛇）、党支部书记为杜仲杰。自从 1983 年 3 月白庙子公社第二中学更名为潘庄民族中学之后，由于面向全旗广泛招生，周边公社的学生慕名而来，学校招收了高初中以及补习班班级 12 个，每班人数严重超员，总人数达到 1000 人左右。由于住校生人数多，而宿舍只有一栋，住宿困难，来自外公社以及市区的学生，只好借宿在潘庄、西王庄、毛扣营、浑津桥等周边村庄。随着学生人数的增多，教职工人数也由 1977 年正式开学时的 12 名增加到了 1987 年的 79 名。此时已培养初中毕业生 4567 人，高中生 1653 人，考入大中专院校的达 1000 人以上，当地就业转正的教职工达 80% 以上。

值得一提的是潘庄民族中学建校时的校长赵登忠，他在建校时为学校的生存与发展做出了卓越的贡献。

赵登忠同志既是白庙子公社第二中学的首任校长，又是潘庄民族中学的第一任校长。在建立白庙子公社第二中学初期，他抱着"识一方土、育一方人"的雄心壮志，承担起白庙子公社第二中学民族事业的重任。他根据学校的实际情况，制定了"一年初见成效，二年稳步发展，三年大见成效"的三年工作发展计划。另外还建立了"考勤制度"、"教职工管理制度"、"办公制度"、"教职工奖罚制度"、"师学生日常行为规范"等一系列制度，以制度规范约束人。首先赵校长以身作则，率先垂范，成为遵守制度的楷模，从不迟到早退。每当清晨他早早地起床查看校园的学生到校、上早自习的情况、教师到校情况；每当晚上他巡回于各教室内观察教师对学生的辅导、学生遵守纪律学习等情况。学校定时不定期的举行学生家长会，及时的和家长取得联系，使学生健康地成长起来。另外，赵校长还不时的下班听课，也不时的检查教师的备课和批改作业等情况，发现问题及时批评指正。他不仅严抓教学，而且在学校教室、宿舍等基础设施建设等方面也付出了莫大的心血。他从群众来到群众去，在日常生活中于教师交流谈心，问寒问苦，深得教职工们的好评。常言道：有什么样的校长就有什么样的学校。在赵校长精神的感召下，全校教职工精诚团结、努力奋斗，三年之后学校大见成效，表现在学生人数的猛增，规模由小到大，影响也越来越大。此外，赵校长纵观全局，为成立潘庄民族中学做了不懈的、大量的工作。他上下求索、矢志不移的为之奋斗，进一步扩大了学校的影响力和知名度，这就为成立潘庄民族中学奠定了强有力的基础。1983年3月经土默特左旗教育局下文，将白庙子公社第二中学正式更名为潘庄民族中学，由赵登忠同志担任第一任校长。所以赵登忠校长既是白庙子公社第二中学的开启者，又是成立潘庄民族中学的奠基人。

1983年3月，白庙子公社第二中学更名为潘庄民族中学之后，来自白庙子公社、沙尔营公社、沙尔沁公社、台阁牧公社、三两公社、北什轴公社、兵州亥公社以及呼和浩特市内等地的学生纷纷来此求学。1984年到2011年期间，承继赵登忠校长之后的领导们，他们开拓进取，学校各项工作都取得了显著成绩。校园进一步绿化和美化，兴建了一栋宿舍，构建了投影仪、电脑、彩电、汽车等。此时的潘庄民族中学已成为了一个有一定规模，环境优雅的全面实施义务教育教学的场所。1996年为止，除了学生人数达千人以上外，教职工已达80余名。市教育局领导特格舍、云有才、阿荣、旗教育局书记荣板晓等领导曾多次来校指导工作，特别是新疆克拉玛依的代表在市教育局领导云有才，白庙子学区主任李瑞霞的陪同下也来学校参观，并深入细致地了解学校的办学情况，对此予以高度评价。由于上级领导的高度重视与关怀，加之广大教职工的共同努力，潘庄民族中学取得了可喜的成就，市级教育教学能手、先进教师不断涌现，学校也曾多次被评为旗市级先进工作单位。除考入大中专院校、中等师范学校、技工学校的人数居多外，每年考入土默特学校、土默特中学、土左旗民族中学的学生也接连不断。此时的潘庄民族中学已处于鼎盛时期，但后期因改革开放等客观因素的变化，潘庄民族中学从此处于低谷时期。2011年土左旗潘庄民族中学被整合到了潘庄民族学校，而潘庄民族中学的旧址已改建为潘庄民族学校附设幼儿园。

土左旗潘庄民族中学从1976年筹建到2011年间，经历了35个春秋的兴衰历史，这所学校虽不复存在了，但这所学校的建立，既凝聚了白庙子公社西11个大队广大人民群众汗水的结晶，也倾注了广大教职工的心血，造就了一批批建设祖国的合格人才；它既为圈地内外民族生及汉族学生就近入学提供了方便，也给民办教师转正、就业创造了条件。这就是一段令人难忘的回忆。

历届校友（名人录）

由于事隔年代太久，历届校友现住址地域分散，工作单位不详，短时间内调查了解、整理成录较困难，故此只能将知者录入，如有漏缺，有待将后修订补上，望校友谅解。

周和平　苏柱柱　张志强　潘虎忠　潘月忠　刘彩艳　杜志刚

潘永富	潘海富	林　瑞	胡明河	李瑞怀	聂埃秀	刘柴荣
潘永斌	肖　华	卞　俭	郭瑞俊	赵朝辉	张　伟	李笑天
丁忠志	章文亮	兰亮厚	刘来彪	兰　毅	彭　涛	李　强
付福根	尹利军	赵满印	赵文智	李喜喜	张凤岭	王文栓
赵云卓	刘　英	张海波	杜财旺	郭文俊	王润刚	李　瑞
徐　瑞	王红用	李林在	赵和平	赵拉秀	王　慧	范瑞秀
王　震	潘海平	杜玉锁	杜贵生	左来成	吴润生	吕虎成
呼　和	赵金龙	赵俊林	潘永埃	赵金栓	杜文学	杜玺生
杜占成	王燕珍	王月莲	赵志生	张还在	赵丽清	田　俊
赵丽如	门生亮	靳小林	王文俊	安高俊	陆新志	郝利民
乔　威	赵挨柱	潘志生	潘永平	赵天才	王喜民	付永亮
王茂柱	赵秀清	李景华	马四子	杜连成	刘润虎	潘　俊
杜利忠	石　磊（福福）					

二十二、投身革命与建设，为中华民族伟大复兴做出贡献

1911年，孙中山领导的辛亥革命，推翻了清朝帝制，1912年建立了中华民国。民国乱世，兵荒马乱，社会动荡不安。十三庄二十四户的庄头蒙古族人，同样遭受了前所未有的灾难。兵匪肆虐，灾荒频发，赌博抽大烟，有的卖儿卖女卖老婆，妻离子散，家破人亡。

大青山八路军支队与大青山游击队（选自内蒙古旅游摄影家协会展出的革命题材的老照片）

1921年中国共产党成立，革命的烽火在中华大地迅速燃起。十三庄二十四户的蒙古族人们，从黑暗中见到了光明，并开始觉醒，积极投身到了火热的革命斗争中。抗日战争时期，在中国共产党领导下，共产党员杨植霖、贾力更、高凤英、刘洪雄等，根据党的指示于1937年组织土默川上蒙汉各族爱国青年，成立了一支抗日游击队，上了大青山。1938年6月，八路军120师李井泉、姚喆率官兵，挺进到大青山一带，于这支抗日游击队会合，正式组建了大青山支队，并在大青山建立抗日根据地。大青山支队在李井泉司令、姚喆参谋长率领下，在当地蒙汉群众大力支持下，依托大青山，同日寇进行了艰苦卓绝的斗争。十三庄二十四户蒙古族人王大吉，前朱堡蒙古二十四户王氏家族人，迁兵州亥村居住。当年，杨植霖以教师身份为掩护，深入到兵州亥等村开展党的地下工作，把蒙汉各族群众组织、武装起来开展对敌斗争。动员了王大吉（蒙古族）、张有聚（汉族）、刘挠师（汉族）等十几个人，并从张有聚（大户）家起走上了大青山组成"抗日团"，杨植霖任团参谋长，张有聚任团长（《内蒙古通史》卷四第20页）。后与八路军大青山支队会师，在大青山地区开展抗日游击战争。后"抗日团"改编为八路军绥蒙游击大队，杨植霖任政委。从此，王大吉等成为大青山抗日游击队队员。一直跟随杨植霖爬大青山抗日。西王庄的憨小子（烈士）、张庄的张占成、张俊（张蛇蛇）、潘庄的潘生发、赵庄的赵拉柱等，也加入到大青山抗日游击队队伍中，浴血青山，奋勇杀敌。还有西刘庄刘发联合村民一道共同抵抗日军进村抢夺粮食物资。潘巨德与毕力格巴图（后任乌盟盟长）紧密配合，从事地下抗日工作。当年，十三庄二十四户的人们自大青山革命根据地建立以来，从未中断过支援米面、现洋，捐献马匹、鞍具、过冬衣服等。曾保护过在村和庄子里开展地下工作的人员和大青山的游击队员，以阳高云五子（娶潘庄潘淑云为妻）、云六子（娶潘庄潘氏为妻）兄弟俩为主的地下共产党员，长期潜伏在十三庄子内做地下革命工作。一天被日军发现追赶至一庄子内，正赶上庄子里办"白事宴"，庄子里的人们就将云五子、云六子装扮成办事宴的人，当日军问有两个骑马的人来了这里，你们看见没有？大家说："看见有两个骑马的人从北跑了"，巧妙地保护了做地下工作的人员。还有大青山抗日游击队连长云五子、指导员云根元，在一次战斗中云指导员身负重伤。当时云五子在张庄张俊、张占成两位游击队员的带领下，将云指导员交给时任保甲长张氏家族张俊的哥哥张来义。张来义就将云指导员安排藏在张庄一家村民家中秘密养伤，直至痊愈回归部队，继续带领抗日游击队开展抗战工作。

在解放战争时期，十三庄二十四户蒙古族人，比如西王庄的邓图、西刘庄的刘忠、贾家营村的丁义忠、东刘庄的刘玉昌等参加了解放战争。其中，刘玉昌参加了1948年10月5日至1949年4月24日，中国人民解放军解放山西太原的攻坚战役。解放军在徐向前、彭德怀的指挥下投入30多万兵力，全歼太原国民党守军10多万人，取得了太原战役的胜利。刘玉昌在此次战役中身负重伤，胯部骨内留下了弹片未能取出，后认为三等甲级残疾军人。

1949年10月1日，中华人民共和国成立。1950年10月，抗美援朝战争爆发，中国人民志愿军赴朝作战，十三庄二十四户蒙古族同胞参加了抗美援朝战争。比如，潘庄潘氏家族的潘步恩，积极参加了抗美援朝保家卫国的战争。在朝鲜战场上他冲锋陷阵，不怕牺牲，作战五次，负过大伤一次，剿匪立功一次。

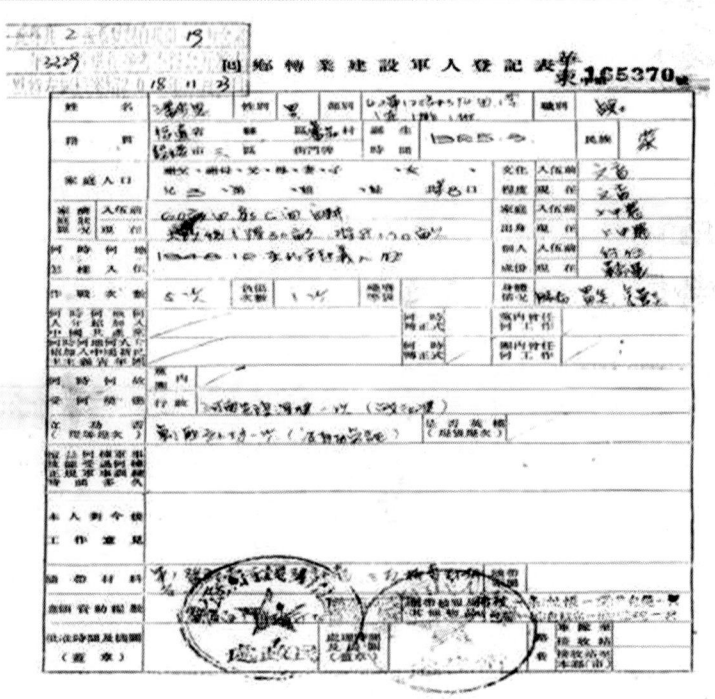

潘步恩抗美援朝事迹材料

又比如：贾家营村的丁守志、丁红红，西黑河村的张小平，大黑河新营子的张德成、宁黑秀、李天财（烈士），东刘庄的刘拉柱，西刘庄的刘耀，赵庄的赵德理，东王庄的王纪国，西王庄的王德美、王永春、王补源等，都在朝鲜战场上用血肉之躯写下了保家卫国的新篇章。其中，刘拉柱1929年出生于土默特左旗白庙子镇东刘庄，1948年参加中国人民解放军，1950年抗美援朝朝鲜战场上负伤，双足跟部冻伤坏死，右踝跟部慢性炎症，半切除右踝关节跟足残僵走，行动受限。1953年12月复员回村。

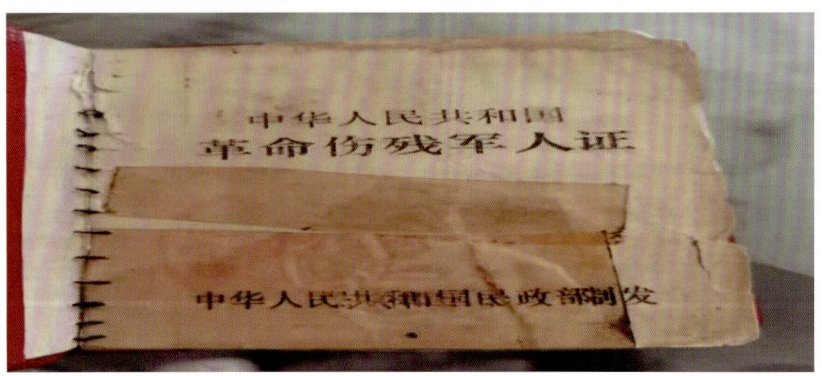

刘拉柱同志抗美援朝事迹材料

王纪国，抗美援朝赴朝作战，屡立战功；1958年被编入中国人民解放军军官预备役。转业后在大同工作，退休后回到白庙子镇东王庄。（请见王纪国抗美援朝事迹材料）

刘耀，抗美援朝赴朝作战，荣立战功。（请见刘耀抗美援朝事迹材料）

第一章 十三庄二十四户的历史渊源

王纪国抗美援朝事迹材料

刘耀抗美援朝事迹材料

进入社会主义建设和改革开放时期，十三庄二十四户蒙古族的同胞们，也顺应历史发展的要求，与全国各族人民携手并肩，积极投身于祖国的各行各业各项建设中做贡献。比如有一大批优秀分子加入到中国共产党各级党组织中，起着先锋模范带头作用，成为优秀的共产党员。有一大批德才兼备的栋梁之才走上领导岗位，成为党和国家事业的先进工作者。有一大批热爱教育事业的优秀人才加入到教师队伍中，成为教育战线的辛勤耕耘者，桃李满天，硕果累累。还有的参军入伍，成为军队师、团级干部并立功受奖。有的创办企业大显身手，成为优秀企业家和公司高管。有的甘愿实实在在为民办实事，担负起村党支部书记、村委会主任的职责，成为全国、内蒙古自治区、呼和浩特市的劳动模范。有的团结、带领各族人民群众，共建、共荣土默川，被评为全国民族团结进步模范个人。更多的是年轻的一代，考入专、本科大学，成为博士、硕士研究生人才，走上工作岗位，成为高中级工程师、高级建筑师等。其中有邓图、鸿玲、王银柱、王德明、王燕、丁守荣、潘步添、潘永庆、杜连杰、姜二拉、张满金（以上同志的先进事迹，见十三庄二十四户现代名人人物传记）、王德柱、潘清、赵亮、赵毛平、赵喜印、潘达、赵贵生、赵登忠、赵连锁、王德全、丁守璧、王峰、胡兰根、杨双喜、王仲生、杜存秀、刘彩艳、潘永斌、潘虎忠、于忠贤、于秀玲等。在此不一一列举。

总之，十三庄二十四户历朝历代的先祖们，几百年来以游牧的方式迁徙绵延数万里，从没有中断。在浩瀚的历史长河中，立下过不朽的功绩，书写了光辉的一页，流传着太多太多精彩传奇的故事，非几册书页笔墨所能穷尽。现如今，兀良哈部落的后裔——十三庄二十四户蒙古族庄头们，繁衍生息在十三圈地上。其人口数由有记载的乾隆二年（1737年），十三圈庄头、庄丁名下家口共1186名（中国第一历史档案馆馆藏内务府档案11卷15号），到中共中央统一战线工作部蒙绥分局1953年在十三圈二十四户村庄调查统计，发展为683户3301人，加上当时未包括在内的高庙子王家等六家人口数，总共3600多人。再到2021年"十三庄蒙古文化研究会"对37家的粗略统计，现发展有庄头蒙古族6.8万多人（包括嫁出去的姑娘和外甥以及在外地生活的人们）。他们主要集中工作、生活在呼和浩特市、土左旗、玉泉区小黑河镇等地区，分散工作生活在全国的各个地区。

第二章 十三庄二十四户名人传记

邓图（1925.10—1993.8）

邓图，曾用名王德馨，蒙古族，内蒙古土默特左旗白庙子镇西王庄人。1933年入读村初小，自幼聪慧，专注学习，学业优异，1938年3月直接考入土默特高等小学四年级学习，1939年3月转入蒙古文专修班，1941年8月毕业。1943年初同时报考蒙疆牧业试验场和蒙古军军官学校均被录取，因前者录取通知先期送达，旗政府实业科"以录取通知时序为准，扣留蒙古军军官学校录取通知"，遂于同年3月入蒙疆牧业试验场（张家口）学习，1944年8月毕业，同年10月考入蒙疆（中央）学院（张家口），1945年8月肄业。

1946年第三次国内革命战争爆发，因学生时期受中国共产党民族政策和进步思想影响，毅然离乡，奔赴察哈尔省张家口参加革命，入内蒙古军政学院学习。1946年12月加入中国共产党，先后任察锡工委社会部政治干事、察哈尔盟贝子庙干部团指导员、公安干部训练班政治干事。1947年8月至1948年9月任察哈尔盟公安处秘书科长；1948年9月至1949年2月任察哈尔盟镶黄旗（商都旗）公安局长；1949年2月任察哈尔盟公安处秘书科长兼侦察科长。

1949年中华人民共和国成立，1950年入内蒙古党校学习，1951年1月任内蒙古党委组织部组织干事。1952年1—9月，任内蒙古公安部三处治安科长，同年9月至1953年8月任内蒙古东部区行署公安厅三处警政科长。1953年8月至1956年10月，任乌兰浩特市公安局长，期间中央公安学院学习一年；1954年6月至1956年8月，兼任乌兰浩特市人民检察院检察长；1956年6月任市委政法委书记，10月任市委常委。1956年10月至1960年7月，任呼伦贝尔盟人民检察院副检察长。1960年7月至1965年10月任内蒙古自治区人民检察院办公室主任。1962年12月24日，全国人大常委会第78次会议批准任命邓图为内蒙古自治区人民检察院检察员。1965年10月任呼和浩特市公安局副局长（1979年11月当选政协第五届呼和浩特市委员会委员），1985年任呼和浩特市公安局顾问，1989年盟市级待遇离休。

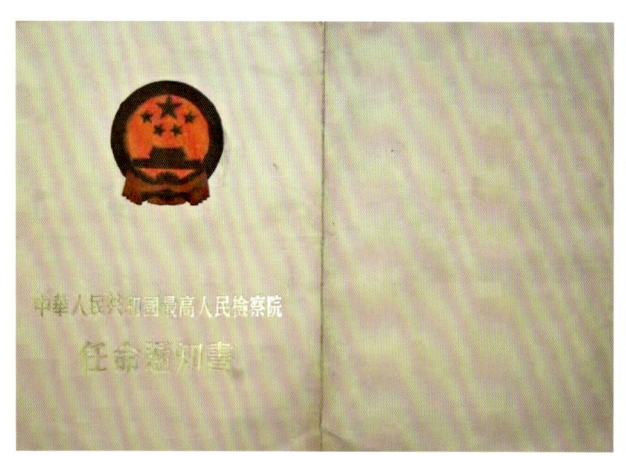

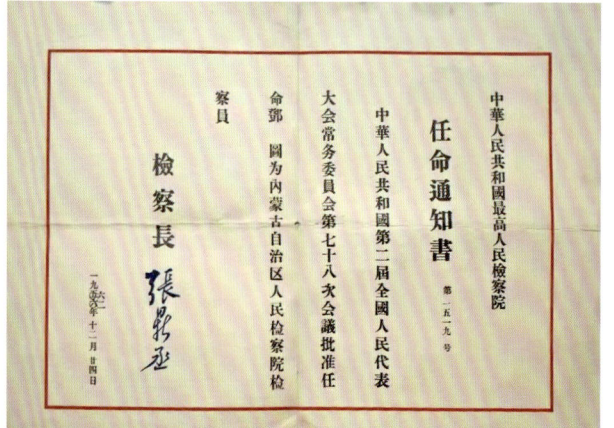

邓图任命书

解放战争时期，邓图贯彻执行内蒙古自治运动联合会的工作方针，在察哈尔工委代书记萧诚和盟长苏剑啸的领导下，根据对敌斗争形势的迫切需要，迅速恢复完善公安机构和队伍体系建设，组织培训公安队伍，策划开辟公安工作，发动群众锄奸剿匪，同国民党顽匪进行了艰苦的地方武装斗争，为地方人民政权的建立和巩固，为内蒙古地区的民族解放和自治运动做出了积极贡献。

中华人民共和国成立直至"文化大革命"前，邓图长期在自治区基层政法战线领导岗位工作，以其丰富的工作经验和扎实的理论文化功底，紧密联系地区和部门实际，灵活贯彻执行党在不同历史时期的方针政策，出色完成了巩固新生政权、稳定社会秩序和恢复发展当地经济等阶段性中心工作任务。同时不失时机地强化基层公安机关和人民检察机关的自身建设，切实推动公安和人民检察工作的正规化，以适应经济社会发展的需要。

1966年"文化大革命"他受迫害，身心受到严重摧残，身处逆境，仍坚持原则，"文化大革命"后，党组织给予彻底平反，恢复了名誉和工作。

1973年底，邓图重新走上工作岗位后，特别是党的十一届三中全会以来，与广大干警一道，坚定不移地贯彻执行党在新时期的基本路线和方针政策，解放思想，拨乱反正，肃清极"左"影响，以超常的魄力和胆识组织协调各方尽快扭转了新时期治理社会治安工作的新局面。面对复杂形势，顺利完成了"文化大革命"后，1977年全区各族人民迎来的久违盛事——自治区成立三十周年大庆的治安保卫任务。在公安日常工作中，密切联系工作实际，采取办学、讲座、案例分析、总结经验、吸取教训等措施，强化干警的法制意识，强调依法办案，从整体上推进提升了干警队伍的政策水平和业务能力，使呼和浩特市地区的公安工作尽快步入正轨迈上了新台阶。随着拨乱反正的深入，加大落实政策平反冤假错案工作力度，强力高效解决因极"左"造成的不同历史时期遗留的各类"疑难案件和问题"，充分调动激发了各界人士建设"四化"的积极性，受到广大群众的热烈拥护和组织的充分肯定，促使公安工作卓有成效地保障推动了呼和浩特市地区四个现代化建设事业的蓬勃发展。

1993年8月31日，邓图在呼和浩特市病逝，终年68岁。

鸿玲，女，蒙古族，中共党员，国际长寿中心特聘蒙医专家，中国人民解放军总政治部第六干休所医疗保健中心主任。1955年2月出生于今呼和浩特市赛罕区金河镇大黑河新营子村，1978年毕业于苏州医科大学医疗系。职务为正师级，享受副军级待遇，职称为副主任医师。编著有《康寿嘉言》《中国如何拯救世界——应对全球气候变暖大西线调水刻不容缓》等。

1978年大学毕业时，学院决定让其留校做研究，但她却出人意料地选择了参军，到浙江金华843部队医院当大夫。后又调到北京基建工程兵门诊部工作。1990年鸿玲转入总政白石桥第六干休所从事保健工作。她从医40多年来，工作认真负责，她成功的挽救了许多挣扎在生死战线上的患癌病人，被冠以生命的"护身符""神医"、"天使"之名。她多次被评为"先进工作者"，受到上级通报表扬，荣立三等功三次。她领导的卫生所曾被评为总政系统和全军的先进单位。她创制的"蒙古扶正散"粉剂对提高肿瘤患者的自身免疫力有着神奇的疗效。她的事迹多次被《科技日报》《中国民族报》等媒体报道，引起了医学界的广泛关注。

鸿玲同志不仅在中国人民解放军总政治部干休所有重要影响，更重要的是她那光荣事迹在十三庄二十四户圈地内广为流传。鸿玲同志不仅在中国人民解放军总政治部直属工作部有重要影响，更重要的是她那光荣的事迹在十三庄二十四户圈地内广为流传。她热爱生养她的这片土地，为家乡人民作出了突出贡献。依照国家的法律法规，通过正当的法律程序，她帮助赛罕区金河镇新营子村解决了土地争议问题，使新营子村对这一千八百多亩土地有了经营使用权。按照党和国

鸿玲医生与部分老首长合影留念 　　鸿玲医生深入学习十七大精神，贯彻落实科学发展观

鸿玲医生与部分老首长聊健康 　　老干部们对鸿玲十分信任

总政直工部学雷锋活动先进典型代表合影

唐副主任及直工部领导同一九九五年度立功单位代表和个人合影 1996.1.23

总政直工部立功单位代表和个人合影

王德明，男，蒙古族，中国共产党党员，副处级，1957年参加工作，1998年在呼和浩特市人事局退休。1937年11月出生于土左旗白庙子镇西王庄村。1949年前在家务农；1949年至1952年就读于潘庄小学；1952年至1953年就读于内蒙古完小；1953年至1957年就读于土默特中学；1957年至1958年，呼和浩特市郊区小井乡灯楼树村小学教师；1958年至1960年就读于乌盟师专；1960年至1963年，乌盟丰镇中学语文教师；1963年至1966年，呼和浩特市第九中学语文教师；1966年至1975年，呼和浩特市郊区政府干部；1975年至1980年，呼和浩特市知青办干部；1980年至1995年，呼和浩特市劳动局办公室主任、劳动仲裁委员会主任、副处级、党组成员。1995年至1998年，呼和浩特市人事局老龄委员会主任。

王德明

2021年7月13日，已85岁高龄品德高尚的王德明老人，将自己潜心研究珍藏的全套60本

《清实录》及摘录《清实录》《大清会典》等史料的 1000 余张珍贵卡片，无偿捐赠给研究会，研究会向王德明老人颁发了"荣誉证书"以表谢意。老人语重心长地嘱咐在座的研究会的人们，这是他三十多年的心血，拿出来赠给研究会，目的是让大家按照卡片上已标注的索引，认真地研究《清实录》这部史籍。以《清实录》《大清会典》等典籍史料为依据，写好十三庄二十四户的历史，激励后人，铸牢中华民族共同体意识，携手团结各民族为新时代中华民族的伟大复兴努力奋斗。

已出版作品：

（一）主笔编著《怀念云布龙同志》（30 万字）

（二）与他人合著《云布龙传》（30 万字）

（三）与他人合编《回忆与思辨》（30 万字）

（四）考证性文章：

1. 呼和浩特市地区十三家庄头简述；

2. 慈禧太后是土默特蒙古人；

3. 昭君墓地话古今。

王德明给研究会捐赠《清实录》照片

王燕，女，蒙古族，大学文化，内蒙古呼和浩特市土默特左旗白庙子乡西王庄村人。1958年5月生，1976年2月参军入伍，任中国人民解放军52854部队战士，1978年考入北京军区石家庄军医学校学习。1980年任内蒙古军区第253医院护士长，1983年加入中国共产党。

1987年转业到内蒙古自治区政协办公厅机要科，兼任科长，1994年任办公厅副调研员（副处级），1996年任内蒙古自治区政协提案委员会办公室副主任。2002年任内蒙古自治区政协办公厅秘书处调研员（正处级），2010年任内蒙古自治区政协办公厅接待处处长，2014年任内蒙古自治区政协办公厅副巡视员（副厅级）、内蒙古自治区政协教科文卫体委员会专职副主任，分党组副书记。

1977年参加内蒙古自治区成立30周年庆阅兵获军区嘉奖。2002年内蒙古党委、内蒙古政府办理提案工作成绩突出授二等功一次。2004年编写《九届政协委员名录》文史书籍。2013年组织修订了《内蒙古自治区政协机关公务接待管理办法及工作流程》，有效推动公务接待工作制度化、规范化、程序化。

2015年当选为内蒙古自治区第十一届妇女代表，认真履行自治区妇女代表职责。

1989年至2000年多次评为机关先进工作者及优秀公务员；2002年至2012年连续十年被评为内蒙古自治区政协机关"优秀共产党员"等荣誉称号。

参加了内蒙古自治区政协第六届至第十一届常委会议、全委会议的会务工作，参加组织了全国政协十届至十一届住内蒙古全国政协委员赴北京参加全国"两会"会议联络会务工作。参与近年来全国政协主要领导来我区视察工作的接待工作，受到上级领导的好评。

王银柱，男，蒙古族，曾用名毕力格巴特尔，生于1949年4月5日，卒于2001年。呼和浩特市土默特左旗白庙子镇刘家营村人，中共党员，中专学历。

（一）工作经历

1968 年 1 月—1970 年 12 月在白庙子乡工作。

1970 年 12 月—1974 年 7 月在土默特左旗白庙子乡任党委副书记、书记兼任土左旗旗委常委任副主任。

1978 年 10 月—1984 年 12 月在包头市固阳县委任常委、人民政府第一副县长。

1985 年 2 月—1988 年 4 月在内蒙古司法厅人事处任副处长。

1988 年 5 月—1999 年 12 月在内蒙古司法厅基层处任副处长。

1999 年 12 月在内蒙古萨拉齐监狱任党委副书记、政委。

（二）所授荣誉

1983 年受到包头市委固阳县委"民族团结先进个人"的荣誉。

1995 年被司法厅授予"优秀党员"的光荣称号。

王银柱同志品德高尚，为人正直，他先后在白庙子乡、土默特旗委、包头市固阳县委、内蒙古司法厅、内蒙古萨拉齐监狱等地工作，特别是他在白庙子乡任党委书记期间，为大力发展养猪事业，做出了显著的贡献。为了发展民族教育事业，他在西十圈潘庄村创建了"潘庄民族学校"，成为培养圈地人才的摇篮。王银柱同志每到一个地方，都洒下了辛勤工作的汗水，为党和人民做出了非凡的成绩，特别是在十三庄二十四户人民的心目中，留下了不可磨灭的深刻记忆。

丁守荣，蒙古族，1951 年出生，中共党员。

历任呼和浩特市玉泉区西地村村委会主任、党支部书记。在任期间，荣获多项荣誉：

2009 年，获中华人民共和国国务院命名的"全国民族团结进步模范个人"称号。

2010 年，被呼和浩特市人民政府命名为"呼和浩特市劳动模范"称号。

2010 年，被内蒙古自治区人民政府命名为"内蒙古自治区劳动模范"称号。

2012 年，被内蒙古自治区人民政府授予"全区民族团结进步模范个人"称号。

2017 年，西地村被国家民委命名为"中国少数民族特色村寨"。

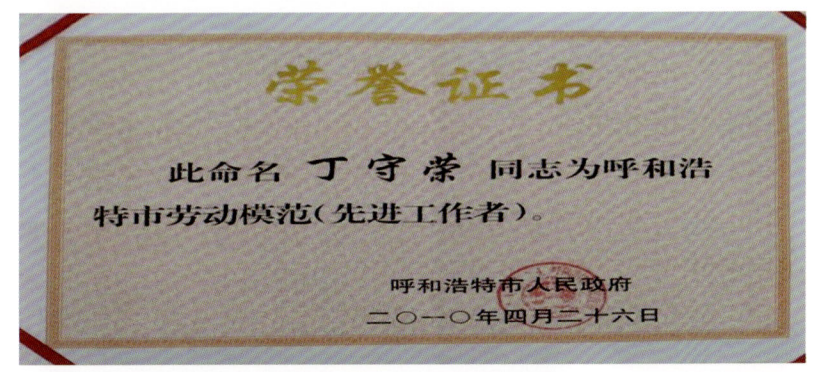

丁守荣所荣获的部分荣誉证书

潘步添（1907—1989年）

中国武术"八卦掌"第四代传人，即程式八卦掌第三代传人。内蒙古自治区、呼和浩特市两级武术协会会员，中医师。

1907年出生于内蒙古土默特左旗白庙子镇潘庄村。潘氏家族祖先曾经是二十四户披甲武士，受传统武术世家影响，潘步添自幼喜爱学习武术，习练刀、枪、钩、拐、棍和拳术，刻苦钻研。16岁（1923年）时，在归化城周边广交武术界名士好友，切磋技法，交流武学，博采众家之长，厚实自身功底，逐步成为塞外八卦掌第四代、程式八卦掌第三代传人。1952年，代表呼和浩特市参加了内蒙古自治区第一届少数民族传统项目运动会表演。20世纪七八十年代，多次受邀参加呼和浩特市武术比赛表演、裁判工作。利用业务时间起早贪黑向喜好武术的青少年传授武术技法，守正初心，砺人向上，业不保守，受他指点的武术练子弟有百余人，在呼和浩特市武术界备受尊崇，为推动呼和浩特地区武术健身运动做出了积极贡献，不愧为是二十四户披甲武士的后人。

潘步添老人在习武之余，从正骨疗伤入手潜心研习中医。以中医针灸、正骨按摩，医治了不少疑难杂症。在针灸疗法上形成自己独特的风格，达到了精湛的境界，为很多患者减轻了痛苦医治好了病情，许多病例成为针灸疗法典范。在呼和浩特地区及周边地区群众中享有盛誉，成为民间名副其实的名医。

潘步添

潘永庆，男，蒙古族，1939年7月20日出生于内蒙古呼和浩特市土左旗白庙子镇潘庄村。中共党员，1958年参加工作，1998年退休，职称为中级经济师。

1959—1960年，被评为全厂4000职工标兵和呼和浩特市、内蒙古自治区两级青年突击手并颁发证章。

1959—1982年，分别四次被评为呼和浩特市先进生产者、先进工作者、劳动模范、二级劳动模范，并颁发奖状及证章。

1977—1983年，荣获市机械局先进个人，被评为全市公安战线标兵，呼和浩特市精神文明、市民族表彰、民事调解先进个人，内蒙古公安战线模范工作者与集体

潘永庆荣获呼和浩特市劳动模范时留影

1980年左右，与内蒙古电影公司工程技术人员李德君等同志共同研制"青城牌"35mm 弧光电影座机三套六台授予内蒙古政府科技四等奖及奖金。

1981—2019年，先后多次被铸锻厂、大庆路社区、新华办事处、中共回民区、中共市委评为优秀共产党员，并颁发奖状及证章。

2009—2019年，先后被评为办事处、回民区、呼和浩特市、内蒙古关心下一代优秀个人与集体，授予呼和浩特市宣传部宣讲"十八大、十九大"以来优秀宣讲员。

2018—2020年，荣获"青城好人"、"呼和浩特市最美家庭"、内蒙古营业性网吧优秀监督员证书。

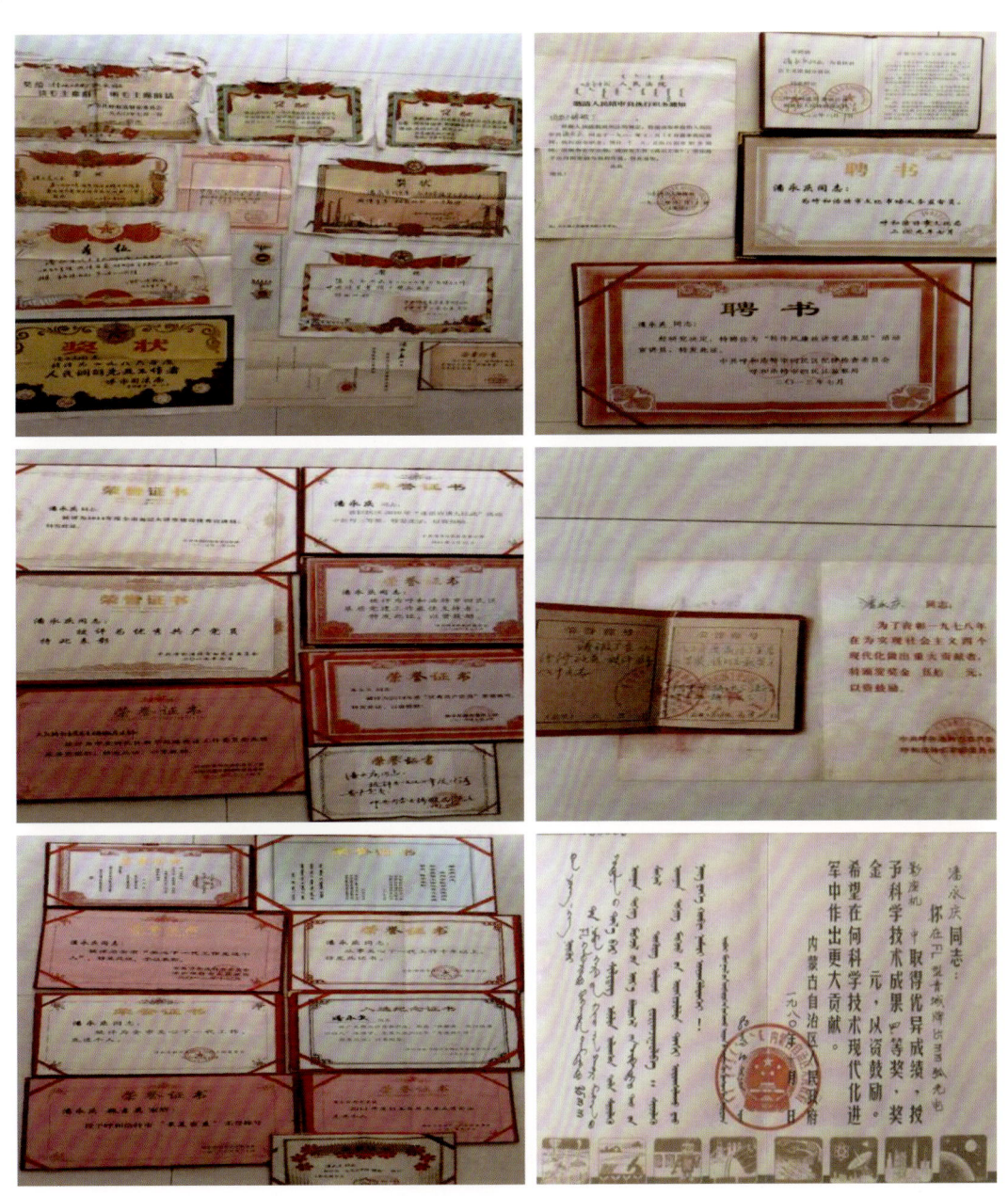

潘永庆荣获部分荣誉证书

杜连成

1965年3月出生于呼和浩特市土默特左旗白庙子镇杜庄村。1987年9月到现在，呼和浩特市附件厂工作任部经理，内蒙古自治区第九届人民代表大会代表。荣获呼和浩特市劳动模范、内蒙古自治区劳动模范、全国劳动模范光荣称号。

张满金，男，蒙古族，1951年出生于东本滩村。大学本科学历，专业技术等级为高级建筑师。

1969年入伍，在部队历任战士、上士给养员、营房助理员（干部）、战勤科长、营房科长、后勤部长，上校军衔。1992年发明"组合被动式太阳房"，获中华人民共和国专利局实用新型专利证书。1999年退出现役。

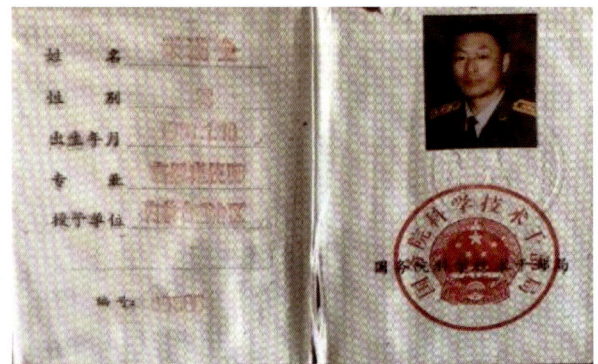

上校张满金个人照片及他所获得的专利证书

姜二拉，男，蒙古族，中共党员。1957年9月出生于姜家营村。青年时曾担任村团支部书记、民兵连长。由于工作责任心强、积极向上，在村内享有很高的威望。1975年冬参军入伍，不久加入了中国共产党。唐山大地震，他踊跃加入抗震救灾的行列中，圆满完成了这一光荣使命。复员后的1980年他担任姜家营村党支部书记。他恪守于自己的本职工作，以全心全意为人民服务为宗旨，大力发展奶牛养殖业，带领广大村民在致富的道路上不断迈进。在他的带领下，全村安装了自来水，安上了暖气，解决了村民们的供暖问题，也完成了村中硬化道路建设，盖起了村委会办公场所。他还多方协调，全村耕地实现了节水灌溉，农网改造。他着眼于未来，从长远发展考虑，将裕隆工业园区争取在姜家营子村落地，并借此机会率先给全村村民办了养老保险和城乡医疗保险。2017年姜家营村被评为"全国美丽乡村"，1990年姜家营子村被评为"全国民族团结先进集体"。其间，姜二拉也任多届呼和浩特市人大代表，内蒙古自治区人大代表。多次被评为自治区市区先进个人以及内蒙古自治区劳动模范。

姜二拉

2020年10月14日，土左旗十三庄蒙古文化研究会成立，筹备会议，姜二拉同志被选举为研究会副会长。他积极参与研究会各项工作，率先捐资赞助，为出版本部书籍做出了贡献。

2021年12月4日，姜二拉同志在姜家营村病逝。

第三章　十三庄二十四户三十七家族谱[①]

一、东王庄王氏族谱

ᠶᠣᠣᠨ ᠸᠠᠩ ᠵᠤᠸᠠᠩ

东王庄王氏家族，十三庄庄头蒙古族，元代名将兀良氏速不台的后裔。（本谱将依据《速不台后裔王家宗族谱》叙写。）

《速不台后裔王家宗族谱》由王氏家族记载，由速不台第23世孙王步温（见下图）潜心研究整理出来，与其侄儿、速不台第24世孙王德柱共同重写、誊写成谱（账）册并保存下来。

1. 回忆、追溯王氏家族祖先与祖先们迁徙路径

一世：速不台

东王庄四间房王氏家族系一家一庄。

始徙祖速不台，也称速不台、雪不台、速不额台。

速不台出生在蒙古兀良哈部落。远祖捏里必生孛忽都拔都，其三世孙合赤温拔都，生二子：长子哈班，次子哈不里。哈班生二子：长子忽鲁浑，次子速不台。速不台祖先所在兀良哈部落走出巴尔古真滩森林后，游牧于不儿罕山下的斡难河、土拉河（秃剌河）、克鲁伦河三河流域的蒙古草原上。公元1176年，速不台出生于三河流域的蒙古草原上。速不台远祖捏里必游牧于斡难河上时，遇成吉思汗祖辈敦必乃合罕，因相结为安答（好兄弟），至速不台这一代已有五代人亲密

[①] 三十七家族谱各自整理，各有特点，保留原貌收录于此书。

交往，且毗邻而居。铁木真在班术纳（班朱尼）处境极为艰难时，哈班曾经赶着群羊献给他，中途遇盗被捉。忽鲁浑、速不台相继而至，以枪刺盗杀之，余党逃亡，遂救父难，群羊献于铁木真。

速不台年少时，以质子身份与族兄者勒蔑入侍铁木真。从 14 岁始，他以普通士兵的身份，随铁木真参加了一系列的战争。

1203 年，铁木真遭偷袭，与大队人马走散。铁木真逃至班朱尼河（也称巴勒注纳湖）边时，回顾身边仅十九人跟随。十九人中有速不台、忽鲁浑和他们的父亲哈班。铁木真将十九人叫到身边盟誓："谁能助我完成大业，就与我同饮这污浊的河水，与我同饮者，永不相负，世为我用。"十九人齐声回应誓死追随铁木真，史称班朱尼河盟誓。随即大队人马赶来，此一行人马归队。盟誓之后追随铁木真的速不台家族以及速不台部下，自始至终效忠于铁木真从未反悔过。

1206 年，忽里勒台（蒙古语"大聚会"）在斡难河举行，铁木真被推举为大汗，号成吉思汗。速不台被封为千户长。秉承大汗旨意，"可以其所得到的所收集的百姓成千户管领"。按百户、十户的建制，速不台组建了自己的千户，任命了百户长、十户长。随后速不台召集新旧家族头领和部护卫武士开会，共同商讨决定本部仍称兀良哈部落，速不台被推举为部落首领，腾日格勒、那木色楞为部率兵正副将领。

1211 年，成吉思汗命速不台率蒙古铁骑大军讨伐金朝。1212 年，速不台率领蒙古铁骑大军（包括速不台千户将领人马）攻克金桓州城时，成吉思汗认定速不台伐金功高绩大，赐其金帛一车。

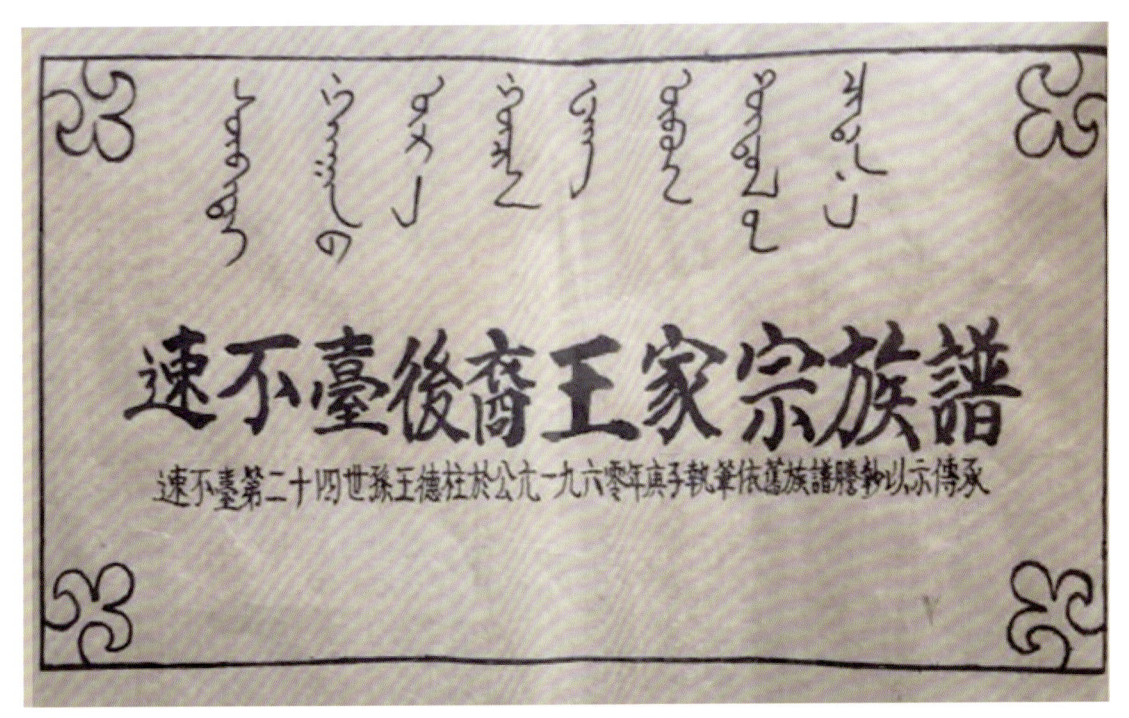

速不台后裔王家宗族谱

1217年，速不台主动请行讨伐蔑儿乞部，得到成吉思汗嘉许。他一战擒获敌方两将，尽降其众。

1219年，成吉思汗开始西征，令速不台为西征主将。次年春天，速不台以千户长的身份率领兀良哈部兵将进攻花剌子模首都马尔罕城。摩诃末国王闻之来击，弃城而逃。成吉思汗下令，速不台和只尔豁阿歹继续追击。他们率兵追过阿姆河，一路穷追猛打。摩诃末国王逃到里海一个岛上，不久病死。速不台率兵一路攻掠不断，横扫城池无数，受到成吉思汗的屡次嘉奖。其后，速不台向成吉思汗奏请，建议召集诸位千户长商讨将兵将合为一体，统一全军指挥，对作战有利无弊。成吉思汗听后赞许此意，召集诸位千户长议后，即向众千户长宣告：兵将合为一体，统一指挥，统一行动，统一作战。

1226年，速不台受命率大军出征西夏，攻下撒里畏兀儿部，攻取德顺、戎、兰、洮、河等州。次年，突然传来成吉思汗病薨噩耗。速不台得知讣闻，还师蒙古大营。成吉思汗去世后，窝阔台继汗位。

1229年，窝阔台汗将女儿秃灭干公主下嫁速不台。（速不台的前妻，名讳不详，兀良哈台生母）

1230年，窝阔台汗决定南下讨伐金朝，速不台为军中主将之一。进攻潼关交战失利，他受到窝阔台汗重责。拖雷出面为速不台求情辩解，才保住生命。从此，速不台在拖雷麾下效力，成为拖雷右翼大军主力。在进攻陕西宝鸡进入大散关后，绕道南宋境内凤州、兴元、洋州、金州等地渡过汉水，直指汴京。

1232年，窝阔台汗率中路军渡过黄河向东攻下郑州。中路军、右翼军对汴京成钳形攻势。金朝驻守潼关的完颜哈达率军南下堵截窝阔台的攻击，但未能堵挡住拖雷和速不台右翼军的攻势。其时，汴京告急，完颜哈达奉金帝命转向东北救援。速不台右翼军进攻至钧州三峰山时，遭到金军包围，处境临危。速不台向拖雷献计，金军不耐寒，以寒冷苦其，不战定胜也。拖雷听后即告全军以计行事。时辰未过二时，果然风雪大作，右翼军乘机歼灭金军的精锐部队，占领汴京周边的大部分地区。同年三月，窝阔台与拖雷先期北返，留下速不台统领蒙古大军继续围攻汴京。金帝完颜守绪无奈，派使者与蒙古军议和。议和中金方翻脸，杀死蒙古使者。蒙古军当即进攻金都，汴京陷入混乱，金帝完颜守绪逃走。汴京守将崔立投降。完颜守绪逃奔到蔡州，蒙古军追到蔡州。完颜守绪自缢身亡，金朝就此灭亡。

1235年，窝阔台汗决定再次西征，命身有文韬武略、有胆量、识军机的速不台为先锋西征。参加此次西征的还有部率兵正副将领腾日格鲁和那木色楞。西征节节获胜，一些敌将听到蒙古大军前来，顿时不战而退。西征军占领多城。

1237年，蒙古大军驻扎在哈班河谷。速不台奉命进攻不里阿耳和阿兰人。之后蒙古军一路攻占斡罗思人的梁赞公国、弗拉基米尔公国、基辅公国及钦察阿兰、布儿塔、莫尔多瓦等部。

1241年，率蒙古大军进攻匈牙利王国（马扎尔部）。速不台，出奇计将匈牙利军队诱至宁河，并率领部分蒙古军从宁河下游水深处用皮筏渡过河，绕至敌后。其他蒙古军从宁河上游水浅处骑马过河。因敌方兵力尚众，蒙古军中部分将领主张不要再进攻了，甚至想撤军。速不台大怒，对那些将领讲："你们都害怕战争，想回家就自己回去，我是打不到秃纳河（土拉河）、马茶城绝不会回去的。"他立即下令，不听指挥者，杀！蒙古军军心大振，遂军分两路攻城。一路军从东攻击，二路军从西攻击。两路军猛烈合击，杀得敌军狼狈而逃。蒙古军队取得彻底胜利，进占了马茶城。

1242年，窝阔台汗在秃剌河（土拉河）营地驻扎领军政期间，不幸身染重病，不久病薨。噩耗传到西征军队中，速不台闻知，托部下代理军务，即返秃剌河（土拉河）营地为大汗送葬。葬毕，速不台速返西征军中指挥作战，战果丰硕。速不台率军经历了南征北战的沧桑岁月，因年迈体弱不便率军作战，返秃剌河（土拉河）营地休养。

1246年，速不台在秃剌河（土拉河）营地休养期间，思忆起当年与自己驰骋疆场的知心战友、手下战将和各家族头领，有的离世，有的去往他地，有的年迈，于是亲笔将他们记载留名，烙记在去毛的羊皮上，带在马背上。其名单如下：速不台、者勒蔑、只尔豁阿歹、忽必来、图孟巴根、圪力木图、吉勒嘎德、塔格少布、赛吉雅夫、图贴木尔、图孟巴雅尔、迪木巴图、嘎拉木图、部护卫主将腾日格勒，副将那木色楞。他还立家规九言，后文有载，此处略。

1248年，速不台在秃剌河（土拉河）营地休养，由于连年征战，积劳成疾，不幸身染重病，医治无效病逝，终年73岁。他被葬于秃剌河（土拉河）地域，葬礼以塔布囊规格操办，大汗与文武大臣悉数参加追悼。入元后，他被追封为河南王，谥忠定。

祖速不台一生，南征北战，战功显赫，为蒙古汗国的大一统，为元代社会多民族一体格局的形成，为草原蒙古民族的统一、发展、进步做出了贡献。

注：王氏家族自速不台始，每代男女在家谱中都有记载。

二世：兀良哈台，速不台长子

受父亲的影响，兀良哈台从小习文练武，勤学苦练，练就一身文武超群的好本领。成年后他与萨日娜结为夫妻。速不台病逝和安葬之后，蒙哥汗即命兀良哈台继任父亲之职。他在战争中逐步成长为元代名将。

1252年，兀良哈台奉蒙哥汗之命，袭领父军辅佐忽必烈远征大理。次年秋，蒙古军分为东西两路，兀良哈台率西路军渡过金沙江，与忽必烈东路军会合后即出征大理城。不久，蒙古军一战获胜，占领了大理城，消灭立国三百多年的大理国。此后，忽必烈北返，留兀良哈台继续清剿大理残余势力，还擒拿了大理国王。

1253 年，忽必烈命兀良哈台总督军事，指挥蒙古军历经两年作战，大获全胜，占领大理五城、八府、四郡，乌蛮、白蛮、鬼蛮等三十七部。取云南之后，兀良哈台率军从此处出发征讨四川，击败宋军。

1258 年，蒙哥汗率军再向宋朝进军。兀良哈台得知后，即从云南北返，与大汗合作包抄南宋，在老仓关打败宋军六万。蹴贵州，蹂象州，入静江府，破辰、沅二州，直抵潭州城下。潭州出兵二十万断蒙古军后路。兀良哈台即派其子阿术与大纲玉龙禅军在前，而自与四木儿王军其后夹击，破之。在攻打南宋过程中，兀良哈台与其子阿术历经大小战役十三回，辗转南宋境内数千里，歼灭宋军四十多万，擒其将三人。而后世祖忽必烈北返，继承汗位，并很快与南宋战停。忽必烈得大汗之位后，清算了蒙哥部下的忠诚之人，兀良哈台被解除军权。因此，他心情不爽，疾首蹙额。身病好治，心病难医，不久病卒。入元后被追封河南王，谥武毅。安葬在秃剌河地域，深埋没坟堆。

三世：阿术

阿术自幼性格就刚强，也有毅力更有胆量，习文练武，刻苦用功，学得一身超强武艺。长大成人后与乌兰结为夫妻。在蒙哥汗时期，阿术随父出征大理。后来，阿术提升蒙军开路先锋，在南宋境内与其父兀良哈台转战十三回，未打过败仗。元世祖调阿术入宿卫，后又调其任征南宋都城元帅，驻扎开封。到任后，他恢复淮北宿州建置，以此为基地经略两淮。

至元四年（1267 年），阿术把攻宋目标转向汉水军事重镇襄阳。从此元宋双方展开长达五六年的争夺战，阿术仍为元军总指挥，经历了进攻该城全过程，攻城后，歼灭敌方数万人。

至元五年（1268 年），阿术向世祖奏请增兵进攻襄阳等地宋军，为行军便利，逢山开路、遇水架桥，为让元军适应水战，造船千艘，练水军数万，对汉江实施有效的控制。同时袭击襄阳外围的州郡，掠地至复州、德安、荆山等处，还俘虏万人而归。

至元九年（1272 年），阿术率元军（包括世袭的父军）攻破襄阳夹江而峙的樊城外郭，增筑重围逼之。但樊城仍通过汉水浮桥与对岸襄阳互通支援。阿术得知后即派兵入江，将护桥的木栅铁索用火烧毁，断绝襄阳和樊城之间的互通，为攻克两城铺平道路。同年十二月，樊城陷落。

至元十一年（1274 年），阿术入觐奏请趁势灭宋，元世祖意久不决。阿术再诉："臣久在行间，见宋军弱于往昔，失今不取，时不再来。"终使元世祖下决心招兵十万，晋升阿术为平章政事，与丞相伯颜、参政阿里海牙等组成灭宋指挥中心。十月，阿术带骑兵殿后，至大泽中，突遇鄂州宋骑兵千余追袭而来。阿术命骑兵迎战，歼敌数百，击退宋军。又在雪夜间率四翼精兵驾舟飞渡长江，与巡江宋军水师血战中流。后登上靠近南岸的沙州，又遇宋军的顽强抵抗。阿术与手下数十人攀岸步斗，终于占据一块滩头阵地，使大队人马渡江后有块落脚之地。过江之后，阿术率元军临城，守将便拱手投降。元军站稳脚跟，即再向下游扩大战果，蕲、黄、江、池、安庆等州府都慑服于元军的威势先后降附。

至元十二年（1275 年）正月，阿术率元军直逼芜湖。宋丞相贾似道战前遣使者至元营请和，被拒绝。二月，宋、元双方数十万水陆大军决战于丁家州。激战中阿术身先士卒，突入敌阵，打败宋。四月，阿术奉命分兵北上围攻扬州，掩护东进元军的主力，阻止两淮宋军救援临安。阿术率军进至真州，在珠金砂歼灭宋两千多人。六月，宋军两万来夺杨子桥，被阿术军击败，宋军损失甚重。七月，宋军出动大批战船进据焦山，威胁元军占领的镇江、瓜州。阿术见宋军势盛，决定与镇江的元将阿塔海联军火攻宋军破敌。战前，阿术与阿塔海率军登上长江南岸的石公山，命军师刘琛率兵从江南岸绕在敌后，又命刘国杰、忽剌出、董文炳为左、中、右三路军，齐头并进攻击敌阵，还选强善射箭者千人（阿术之子吉日嘎德也为参射者）。部署完毕，趁顺风，军分两翼，进攻宋军。元军先用箭开战，射者都在箭头带火，夹射敌船篷帆和樯橹。宋水师因舟船锁成一体，欲战不得，欲走不能，陷入被动，烟火涨天，宋军大败，元军乘胜追至团山。此战缴获敌船数百条，杀敌无数，元军大获全胜。伯颜称："兵不血刃，灭宋功臣，惟阿术也。"

至元十三年（1276 年）二月，淮西诸城守将都已降元，唯有两将死战不降。阿术防二人东逃江海，对扬州多方布控，分割包围。在扬州丁村设障，以扼高邮、宝应粮道。元军在湾头堡驻屯军断宋军东走之路。五月，阿术率元军先发新城和扬州，宋军出征湾头堡，激战数日，被元军逼回。六月，扬州宋军再出军进攻丁村，接应高邮米道，再被元军逼回。七月，扬州、泰州守城宋将开城门投降。元军歼灭了宋军，并占领两淮全部的州城及地域。九月，阿术还朝，元世祖论功行赏，加封泰兴县食邑二千户。后阿术又被调派镇压叛乱诸王，不久奉命讨伐叛王昔剌木等。第二年，阿术又奉命率大军西征（其子吉日嘎德随之西征）。不久，阿术身患疾病，卒于哈剌火州（今属新疆），年仅 54 岁，被就地安葬，深埋没坟堆。见此不幸，伤透其子吉日嘎德的心肝肺腑，当众痛哭流涕，发誓不让后代从军，以游牧为生。阿术后被元代追封为河南王，谥武定。1303 年，其妻子乌兰去世，就地安葬于秃剌河（土拉河）。

四世：吉日嘎德

吉日嘎德成年时与苏日托娅结为夫妻。吉日嘎德在西征作战中，常跟随父亲出征。因战略有方，也识军机，被元世祖和元成宗遣调北返，并委任其为军中战将。后吉日嘎德奉命率军镇压朝内叛乱诸王平息了朝内乱局。元成宗铁穆耳汗认定吉日嘎德平叛有功，赐其金帛及财宝。

吉勒嘎德的父亲阿术、母亲乌兰生有二子，长子卜邻吉歹官拜河南王，居汴梁，承袭了父亲的二千户食邑（封地、租税、俸禄）。吉日嘎德是速不台家族后裔中最小的孩子，行六，人称"小六"。父亲病故后，由卜邻吉歹袭领父军。调任江淮行省平章政事后，由谁接管兀良哈部这支人马，母亲乌兰沿用了自古以来草原游牧民族的一个传统，即"幼子守灶"制度，把这份家产——人马、属民、牧畜、领地，交予自己的幼子吉日嘎德。

此后，吉日嘎德率兀良哈部人马赶着马、牛、羊群，迁徙于朵颜山兀良哈封地。

吉日嘎德于1337年病故，安葬于蒙古营地，深埋不起坟垄。

五世：吉勒木图

吉勒木图出生将领世家，从小文武骑射就很出众。成年后娶妻那登布其。那时吉勒木图虽备受朝廷重用，因朝中诸王互争皇位，元泰定帝也孙铁木尔命吉勒木图率军平息诸王叛乱。但因诸王争权夺位，各霸一方，朝无宁日，吉勒木图有力使不上、有劲用不上，最终未能挽回元朝灭亡的局面。他因病于1374年病逝，安葬于北元，深埋不起坟垄。

六世：那木思楞

元顺帝时期，朝内诸王乱争皇位，外部群雄蜂起，内乱外患，朝政不轨，军备废弛。1368年朱元璋任命徐达为大将、常遇春为副将，率军北伐。北伐军一路势如破竹，席卷河南、河北。至正二十八年（1368年），朱元璋在应天称帝，国号大明，改元洪武。明军会集德州，从水陆两路沿运河北上占领长芦，攻下青州，进入直古，围攻大都。元顺帝在七月二十八日夜弃大都，退往上都。八月初二，徐达率明军进入大都，元朝就此灭亡。元顺帝与当年病逝，当有太子爱猷识理达腊继位，称昭宗，号北元。

那木思楞回忆元代历史，祖上曾有三代名将为建立蒙古汗国和元朝立下汗马功劳。元朝灭亡时，他无奈地回到克鲁伦河草原，以游牧为生。他将兀良哈部人及护卫将领的第六世孙亲笔留名，留传给后人：

速不台六代孙那木思楞，者勒蔑六代孙忽都苏日格，只尔豁阿歹六代孙那其布，忽必来六代孙苏日木格，图孟巴根六代孙纳吉布，讫力木图六代孙色楞，吉勒嘎德六代孙担迪布，塔格少布六代孙格力木台，赛吉雅夫六代孙那森格日，图贴木尔六代孙阿明布赫，图孟巴雅尔六代孙德木图，德木巴图六代孙哈思，嘎拉木图六代孙苏日格，护卫主将腾日格鲁六代孙呼其泰，护卫副将那木色楞六代孙名阿吉台。

那木思楞与纳布其结为夫妻。那木思楞因染病于1411年去世，安葬于克鲁伦河地域，深埋不起坟垄。

七世：泽登巴尔

泽登巴尔少年时代，正值北元时期。游牧民族与中原民族基本以长城为界，长城以北为北方游牧民族的游牧区域与栖息地。后北元分裂成三个互不统属的游牧集团，即鞑靼集团（历史上称草原游牧百姓）、瓦剌游牧集团（历史上称林中游牧百姓）、兀良哈三卫（即朵颜三卫）。泽登巴尔与妻子其其格及其所部兀良哈人被编入兀良哈三卫中的朵颜卫。他们平时游牧生存，战时防范明军入侵掠夺畜牧和财物。泽登巴尔因病于1439年去世，安葬于黑龙江流域，深埋不起坟垄。

八世：苏布鲁（王煜坤）

明永乐帝年间（1403～1425），永乐帝用汉文化统治少数民族。如蒙古族子弟上学，教书先生不敢违背官方规定，不给使用蒙古名的注册，用汉姓汉名方可注册。因此，为了上学，蒙古子弟无奈取汉姓和汉名。苏布鲁以一代祖宗速不台为兀良哈部部主（部王）和河南王，将王字作为汉姓取名煜坤，全称王煜坤，上学才得以注册。上学期间，他在学校学汉语和汉文，回家由大人教习蒙古文及武艺。经多年的勤习苦练，他文武双全，蒙汉文兼通。到成年时，他与萨日托娅结为夫妻。

明朝时对北方游牧民族实行封锁分离政策，时而彼此友好通贡互市；时而翻脸，开始对抗。北方游牧民族为维持游牧生产，采取各种有利于与明朝开展互市贸易的办法，努力与明朝通贡互市。

八世祖苏布鲁（王煜坤）年迈时常教导家人，人生在世要做好事和善事，不做坏事和恶事，更要尊老爱幼，孝敬老人，悉心培养后代。他后来身染疾病，医治无效，卒于1471年，安葬于克鲁伦河地域，深埋不起坟垄。

九世：潮鲁蒙（王广升）

九世祖潮鲁蒙自幼就习文练武，武习刀枪弓箭骑射，文习汉语汉文，也习四书五经，但多以习蒙古语和蒙古文为主。经过多年习文练武，他提高了学识，练就了武艺，蒙汉语言文字兼通，知书达理，尊敬老人，善对族人。

成年后与妻子娜布其，在兀良哈朵颜卫游牧地过着群体游牧生活。后来兀良哈部人逐步分散，以三、五、十户家族小群体的形式游牧。如有入侵者来掠夺畜牧及财物时，即召集其他分户共同出兵抵御入侵者，保护好畜牧和财物；没有入侵者则休兵放牧。

潮鲁蒙年迈时，在住地看管好子孙，过着儿孙满堂的平民生活，家族气氛非常融洽。后来他因年迈染病，于 1501 年去世，安葬于克鲁伦河地域，深埋不起坟垄。

十世：巴图（王延平）

兀良哈部人因常出猎、出征或游牧，始终保持着崇勇尚武的习惯。因此，每代兀良哈部人从小都要习文练武，加之蒙古人善骑射，所以十世祖巴图（王延平）照例从小学文练武，习练成一身超群武艺。

祖巴图（王延平）到成年时，娶妻乌日托娅。为了养家糊口，他不怕劳苦，随同老人及至亲先在朵颜牧地游牧，后至喀喇沁草原逐水草而居，大力发展游牧生产，养着大量的马、牛、羊，作为本家族生存的经济来源。那时，在喀喇沁草原游牧，常有外来者入侵掠夺牧畜和财物。幸好，祖巴图（王延平）身有超群的刀枪骑射本领，能抗击外来者的入侵，能保自家的牧畜和财物。因此兀良哈部人代代都重视习文练武，习文为方便与明朝沟通办事及通贡互市，练武为保护和发展游牧生产。

祖巴图（王延平）在年迈时，还重视培养教育后代勤习苦练文武。也教育后代重温习老祖宗速不台所立的家训，更要习好新增添蒙古文版书籍《五部陀罗密经》，内容为仁、义、礼、智、信。此书传承至今，作为教材，教育后人。后来祖巴图身体逐渐衰老、染病，于 1538 年去世，安葬于喀喇沁地域，深埋不起坟垄。

十一世：王永厚

祖王永厚上学时，先生教习汉文化书籍；放学回家后大人教习蒙古语、蒙古文和习练武艺，此一是继承民族的传统，二为保护部落生计的安全。他刀枪骑射兼通，还有一身过硬本领。随着年龄增长，懂得勤劳节俭和孝顺老人。祖王永厚到成年时与塔娜结为夫妻，后随兀良哈部人游牧迁徙到喀喇沁一带，发展牧业生产，增加经济收入，以此养家糊口。因自然条件十分艰苦，多年以来一直过着较为贫困的生活。

那时，所有的兀良哈部后人，在喀喇沁一带皆以组伙组成游牧小群体发展游牧生产。但那时候喀喇沁一带自然环境处于极差状态，再加外界入侵者袭击，单靠三户五户无力抵御。因此，兀良哈部的后人相互之间常有密切的联系。一方有难，多方帮助，联合起来抗击入侵之敌，共同抵御灾害风险。这是兀良哈部后人极好的优良传统。

祖王永厚到年迈时，因一生过度劳累，体弱多病不便劳动，便在住地教育子孙学好文武，重温家训，学习《五部陀罗密经》。祖王永厚于 1557 年病卒，安葬于喀喇沁地域，深埋不起坟垄。

十二世：王吉庆

祖王吉庆年少时因家庭是以游牧生存，受风雨、冰雹、雪灾侵袭，大量马、牛、羊连年因灾受损，造成生活贫困。那时正值王吉庆该上学的时期，无奈上不起学，只好一边放牧，一边由大人教习文武和自学。经过多年努力自习文武和骑射，文武本领大有长进，能独当一面保护自家畜牧不受外来掠夺。

祖王吉庆在成年后与乌兰托娅结为夫妻，全家基本以经营家庭牧业为主生存。生活习俗如婚丧嫁娶仍延续兀良哈部传统习俗。由于多年善经营、勤游牧，使家庭逐步摆脱贫困。又因兀良哈后人的精诚团结，在喀喇沁草原住地八沟，畜牧业生产得到迅速发展。年轻后代不失前辈的文韬武略，个个练成体格健壮，人人具有英雄本色。如有一方遇到外来入侵并被掠夺牧畜和财物时，遂即多方联系帮助，用集体的智慧和力量抗击入侵之敌，直至将其打败或驱离。这种用集体力量保护草牧场、畜群的办法，在整个喀喇沁八沟达到了常态化。

祖王吉庆在年迈时还语重心长教育子孙，逢年过节要祭奠祖宗，还以《五部陀罗密经》和老祖宗速不台传的家训教育后代。后来他病卒于1591年，安葬于喀喇沁地域，深埋不起坟垄。

十三世：王高棠

祖王高棠从小习文练武，爱使刀枪棍棒，骑马射箭更是蒙古人的本色，已练就一身好武艺。他性格刚烈，毅力坚强，胆略过人。他在读书期就勤学习、苦温练，习得蒙汉语言文字兼通。他勤劳节俭，孝敬老人，品德高尚。在他成年时娶妻赛音塔娜，与兀良哈部后人一道仍在喀喇沁八沟草原地带仍以组伙游牧小群体发展游牧生产。但因组伙小游牧群体逐步显现出缺乏保护生产发展的强大能力，还是受到一些更强大的外来侵略者抢掠牧畜和财物，造成生存无来源状况。此情并非儿家，有很多部族后人都同样受到外来侵扰生存处于贫困局面。为此，祖王高棠即找潘发、王山商量。他主张把兀良哈部后人召集在一起商量恢复兀良哈部，为同心聚力共谋发展、为壮大生产实力创造有利条件。此意三人不谋而合、想法一致，同时决定了集会时间和地点。第二天，三人骑马启程寻访各家族头领，每见到头领时要向其说明来意和集会的目的，并说明集会在明万历三十六年（1608年）三月初九日，集会地点在倡导人王高棠住地。三个人用十多天寻访了三十多位家族头领，他们都非常赞同并积极表示如期参会共商各项事宜。

祖王高棠在三月初九日那天，早早起来把蒙古包内外清扫得干干净净，高兴地瞭望诸位头领的到来。他随之也备办宴席。就在片刻间，众头领骑马纷纷到来，下马后彼此见面都笑逐颜开，"赛白奴"互致问候，热情拥抱。随之东道主请诸位进蒙古包就座，并向诸位敬上奶茶和奶制品。

参加本次集会的37位头领，他们分别是速不台十三世孙王高棠、者勒蔑十三世孙方成龙、只儿豁阿歹十三世孙赵纯礼、忽必来十三世孙胡达旺、图孟巴根十三世孙杜向兴、吃力木图十三世孙田继元、吉勒嘎德十三世孙王成昱、塔格少布十三世孙张俊凯、赛吉雅夫十三世孙宋守义、图贴木尔十三世孙刘锦华、图孟巴雅尔十三世孙吴沛晨、迪木巴图十三世孙丁高峰、嘎拉木图十三世孙李嘉祥、主将腾日格勒十三世孙潘发、副将那木色楞十三世孙王山，护卫人员的第十三世孙刘培成、十三世孙宁可伟、十三世孙王兴智、十三世孙李煜良、十三世孙姚焕智、十三世孙田永宽、十三世孙徐宏伟、十三世孙杨志高、十三世孙王文裕、十三世孙李春华、十三世孙姜定基、十三世孙尹万通、十三世孙尚志魁、十三世孙陈守业、十三世孙刘万顺、十三世孙冯乃琦、十三世孙闫茂盛、十三世孙刘永茂、十三世孙王纯靖、十三世孙吴沛、十三世孙李培成、十三世孙张建业。

集会由王高棠主持，一开始王高棠讲了五点议题供大家讨论。

（1）这次集会是要与诸位商量发展畜牧生产方面事宜，大家要献计献策，改善贫困落后局面。

（2）这次集会是与诸位沟通，心往一处想，劲往一处使，抵御外敌抢掠牧畜和财物。

（3）这次集会要与诸位商议恢复兀良哈部，部后加"安达"二字，统称兀良哈安达部。

（4）这次集会要与诸位讨论商量选定兀良哈安达部部主人选。

（5）这次集会要与诸位商量，把各家族成年男子都编组为本部护卫队，还要选定护卫队率兵正、副将领，统领指挥本部人马。护卫队平时都要放牧，保护好本部的牧畜和牧场，更要防御外来侵略，战时都要出征参加战斗。

参会诸位经认真讨论，就以上五点议题达成一致，共同表决，愿意恢复兀良哈部，赞同部落后加"安达"二字，称兀良哈安达部，既继承了老祖宗兀良哈部部落名，又表明不是以血缘关系组成的部落，而是以蒙义兄弟（安达）组成的部落。回忆一下老祖宗速不台千户组成状况，从那时候开始已经显现各家族之间，只是有亲属关系，而无血缘关系的兀良哈部落内的"安达"关系。历经数百年的繁衍生息，迄今（1608年）恢复兀良哈部加"安达"，就是本部落历史发展的必然结果。

经诸位研讨共同表决，推举我家祖先王高棠为兀良哈安达部部主。

共同决定组建本部落护卫队，推举潘发为兀良哈安达部护卫率兵正将，推举王山为兀良哈安达部护卫率兵副将；共同决定：三月初九日为兀良哈安达部恢复纪念日。每年的三月初九日集会，举行"那达慕"庆祝。集会上，有我家先祖王高棠将参加集会的三十七位头领花名记留，传承至今。【注：经查证，原兀良哈部全体护卫也同有两次（间隔十二代）以蒙古文名字注册，由分管主将留存，因留存不当已丢失。】

会后，我家先祖王高棠设本民族宴席，有美酒、烤全羊、烤羊腿、手把肉等款待诸位。诸位都高兴地斟满大碗酒，举碗祝贺兀良哈安达部成立。其时诸位都兴高采烈的唱起祝酒歌，跳起安代舞，玩了个通宵。

恢复兀良哈安达之后，改变了前者的游牧方式。经过几年大力发展群体游牧生产，提高了畜牧产值率，为兀良哈安达部全体民众的生存创造下有利条件，真正享受到福祉。

兀良哈安达部成立前后，邻近的女真族一支开始崛起。以努尔哈赤为首领的这支女真部落，历经几十年的艰苦奋战，从统一女真族发展到满族共同体的形成，努尔哈赤人众兵强。为此，努尔哈赤决心要恢复父业，拓土开疆，实现宏图大业，于万历四十四年（1616年）在赫图阿拉建立后金，称金国汗，年号天命。

其时，努尔哈赤为给两位亲人报仇，统领后金人马开始攻伐明朝。后金军进至辽东与明朝经略熊廷弼的军队交战，彼此几年交锋作战，因兵力悬殊难胜明军，努尔哈赤只好向兀良哈安达部求借兵力，助其一臂之力。借兵双方有协约，为有难同当、有福同享、有官同坐、满蒙不分。至此兀良哈安达部被卷入明清的战争。

从此之后，祖王高棠与潘发和王山率领蒙古铁骑军义无反顾地投身抗击明军的前线。后金天命四年三月，蒙古铁骑军开始攻打明朝经略袁应泰的辽东军。彼此历经两年多的交锋作战，在蒙古铁骑军的猛烈进攻下，明军无能力应战，沈阳、辽阳都失守。占领了沈阳、辽阳之后，后金军分三路向辽西进攻。王高棠、潘发、王山率蒙古铁骑军渡过辽河，当即进攻并占领了西平堡。明经略王化真和熊廷弼听到四平堡失守，急调广宁、间阳守兵抗击蒙古铁骑军。恰中后金的埋伏计，后金军三面齐攻，杀得明军仓皇败逃，俘获明军三万多，广宁失守，王化真、熊廷弼败逃退守山海关。明天启帝即召王化真、熊廷弼上殿问责，将二人处死。

天命十一年（1626年）正月十四日，努尔哈赤号称三十万大军向明朝发动进攻。正月十八日，明朝兵部尚书、辽东经略高第闻听后金蒙古族铁骑军来攻城。高第胆小，不战而退，还下令从锦州右屯卫、大凌河、塔山等地撤防。蒙古铁骑军不战而进了空城。正月二十三日，后金蒙古族铁骑军抵达至宁远城外，铁骑军不战屈人之兵，便派使者给袁崇焕传书，劝其投降。袁崇焕不战而逃走。正月二十四日，后金人马漫山遍野，蜂拥而攻宁远城。当用枪箭射击，城楼上箭如雨注。此时，袁崇焕已在城楼上布置好兵将，不怕城下金兵冲击，他还能躲避箭射，还用西洋火炮护城。但金军顶着炮火用车撞城门，用铁斧凿城墙。不时，凿开二丈多高的大洞三四处，宁城城危。袁崇焕即命官兵用备好的缚柴蘸油缠火药的炮齐发，烧死烧伤大量后金兵，后金军全军撤退。正月二十五日，后金军集中全部人马继续攻城。明军还用火炮轰击，后金一轮轮攻击失败。正月二十六日，努尔哈赤急与王高棠商量进攻方略，论定绕过明军火炮之处攻击，定能取胜。随后，义隆、刘万林、宁德臣、王成魁、李文裕、姚存哲、田高峰、徐建业、杨宏旺、王万魁、李培林、姜胜富、尹如臣、尚永富、陈永茂、刘培壁、冯培哲、闫玺臣、刘文智、王建魁、吴永胜、李承业、张如琛。

第一次西征噶尔丹结束后，顺便带回了前朱堡郝家先祖和东甲兰营巴家、王家先祖，他们是噶尔丹部下战败的兵丁。由十三庄先人们把他们安排在黑河圈地上共同生存，一直联姻，相处甚佳。

康熙帝率军平息噶尔丹叛乱后，众臣僚保驾返京，途经土默川过大黑河，见一望无际的黑土地，土质肥沃，草木茂盛。众臣僚随口议说，若有人垦殖，定是旱涝保收的风水宝地。

康熙初年，国家多地发生灾荒，又因战争经费支出造成国库亏空。康熙三十三年（1694年），康熙帝重新调整了清朝的军饷待遇，满族人待遇银两均减半，蒙古老臣和家眷待遇银两全减，给地皮补偿生存。蒙古八旗（兀良哈氏）大小官员，以王居忠为首面见康熙帝，述说当年的"协约"，最终无果。而后上奏折集体辞朝，愿回归过游牧生活。朝中以费扬古为一派，基于军事方面考虑，建议派驻归化城西南屯垦，一来不失君臣意气；二来为抗击噶尔丹叛乱，急需在归化城前沿阵地增加固防兵力。康熙帝准奏。准奏朱批奏折内容如下：

（一）赐各家证照一份，持证进京面见君主无阻。

（二）每庄拨土地一百二十顷，不准买卖，盖下的房不许拆。每庄规定纳皇粮二百石，供本庄家丁、亲丁、二十四户内消。遇有灾年由国家补发。每庄设庄主一人（世袭），每五代更换一次新庄主。内务府存档备案。

（三）内务府从山西调拨徭役工每庄十人，帮助放牧、垦种。每年三月三来，九月九走，轮流替换。

（四）赐给虎头牌牌匾一副、九节钢鞭一把，以示受朝廷保护。康熙三十四年（1695年）三月十八日，在内务府有序安排下，驻归化城费扬古将军组织下，十三庄二十四户十六世祖先们正式到达安乐庄，一年左右住进十三庄。祖王居忠、王居义和二十四户王德魁、李承业一齐走进东王庄。

2. 走进东王庄，建庄立业，繁衍生息

东王庄坐落在十三庄东西一条线的中间，东有六庄，西有六庄。东王庄靠北一里，二百亩地，内设十三庄二十四户议事厅。

走进东王庄的是王居忠、乌云夫妇二人，王居义、杨氏夫妇二人。王应威、王应望、王应全、王应玉兄弟四人。

随庄而居的有那木色楞十六世孙王德魁夫妇（其后代孙从东王庄迁出，迁居高庙子），有李培成重孙李承业夫妇（其后代孙从东王庄迁出，迁居三贤庄）。

初来归化城南大黑河一带落脚的我祖王居忠与其他12位庄主，坐在一起对御赐的1560顷土地进行分级评估。查后决定分好次两个等级，各占总地亩一半。好地东王庄分得60顷，用于垦殖耕种，庄与庄分界，以地东边的将军渠（据说费扬古将军在此地开过渠，故当地人称为将军渠，也有人称界畔渠）为界畔。土地用黑河水浇灌，使水优先。修筑东西大道50多里，各庄互通连成一线。次地两片780顷作为共用牧场地。其中，西片有600顷马场地（蒙古语"莫勒台"，今茂林太）。我祖王居忠与其他十二庄商定，以庄主姓氏取定庄名。

东王庄从居字辈、应字辈、崇字辈三代先人，用40多年的时间经逐年开垦圈地约200顷。由于开垦面积扩大，王居忠一支迁居前营子（初称四吉房儿，后改称四间房）。遵循蒙古族"幼子守灶"的习俗，王居义一支留居后营子（东王庄）。到乾隆年间东王庄、四间房开垦的土地面积已扩展至古尔丹巴村。现古尔丹巴村后就是东王庄、四间房的树林地。有沙尔营刘家先祖、达赖丹巴人先祖曾租种过王家圈的土地。王家圈的实际开垦面积远远大于官方规定面积，故有东王庄圈地"东西二里半，南北尽力探"的说法。

按清朝规定，垦种的圈地三年内不纳粮。此后，每庄年纳粮二百石，所纳之粮只供本庄在庄的二十四户生活必需。东王庄供在庄的二十四户王德魁全家、二十四户李承业全家的吃、穿、住、行等生活所需。遇有灾年，清朝补贴。

从山西调拨来的徭役工帮助开垦圈地，一些先进的农业技术逐步在黑河圈得到发展。

清光绪年间，十三家庄主隔五代须更换新庄主。经内务府批准东王庄更换后的新庄主为王文魁（王万祯的长子过继给王万福为子）。

从光绪后期至民国年间，贻谷和北洋政府清丈土默特地区土地，庄头地未清丈。

居住在东王庄的王居忠、王居义兄弟俩，多年来每逢节日，尤其是除夕，想祭典故祖却无处祭，因此想回八沟老家起故祖骸骨迁到现居住地安葬。他们与十三庄庄主商量迁坟之事，众庄主都同意。临起身都未走，唯东王庄独家回八沟老家迁三代故祖骸骨埋葬在东王庄、四间房村东的老坟地，迁坟时还带八沟老家坟地故土和罕见的草籽回来。现三座坟上立有墓碑长有从八沟带回的花草。

祖王居忠、王居义遵祖训，重新整理了王氏宗族谱，并为十代人取字辈为居、应、崇、宏、万、魁、朝、国、玺、山。还有遵家规，迁来此地的王氏家人每年有一人带上儿子回八沟老家探亲（探亲为继，人员轮替）。八沟老家的亲人隔三年来此地探亲一次。我的太祖王治魁领我爷爷王士林回过八沟探过亲。

王氏家族的祖训、家训：始徙祖速不台有书警示后人，人生一世什么都不重要，唯有培养子孙成才最重要。为生存要勤劳、要节俭、不奢侈、有积蓄、备其用。

后经先人们一代一代地传承，形成了七言家训：管教族人讲和睦，生存都要靠勤劳，尊敬老人须孝顺，重培子孙习成人，堂堂正正地做人，明白清楚地办事，交朋结友讲诚信，与人处事需宽容，立规传教后代人。

还有第十世祖巴图（王廷平），留传下了蒙古文版的《五部陀罗密经》一部，用以启示教育后人。1961年大黑河决口，水淹东王庄村，王玺恩不顾打捞家中的财物，从深水中抢救出老祖宗传给后人的《五部陀罗密经》，得以保存至今（此部经书由王氏家族第二十四世孙王玺恩保存）。

我祖从第十六代到十八代都有文化并留有书籍，传下来的以医学方面居多，尤以专治毒蛇咬伤和妇女坐月子晕针最为出名。新中国成立后，此类书籍捐赠给内蒙古医学院做教科书用。

1949年，在中国共产党的英明领导下，经过艰苦卓绝的斗争，中华人民共和国成立了。从此，中国人民站起来了。东王庄，四间房的蒙古族劳动人民欢欣鼓舞，听党的话，积极投身建设伟大祖国的洪流中。

1950年，东王庄、四间房有五名青年参加了中国人民志愿军，入朝作战。

1955年，潘庄民族小学成立。东王庄、四间房的孩子们先后入学，接受文化教育，从小学升初中，又到土默特中学，直至各类大学。

四间房王氏家族家事一则

王氏家族第二十二世孙王士会，东王庄、四间房当家人，娶妻赵庄赵当家之女。

王氏家族现当代人物简介

王步温：1953年我村成立农业合作社，从初级社到高级社任社长。1958年成立桃花人民公社管理区任区主任。

王天才：中共党员，从互助组、初级社、高级社到生产大队，一直担任四间房村领导。他热爱工作，吃苦耐劳，不怕困难，一心一意为集体为社员谋利益，带领村民们各项生产走在前列。屡次被评为先进生产者、优秀共产党员，终因劳累过度，倒在了工作岗位上。他的一生是为人民服务的一生。

王德金：中共党员，先在土默特中学、十八中工作，后在三两公社下乡期间为抢救落水人遇难，被追认为烈士。

王福梅：中共党员，曾任伊盟劳动局局长。

王中元：中共党员，曾任大桃花公社卫生院院长。

王来柱：中共党员，曾任呼和浩特市土默特中学副校长。

王志铭：中共党员，内蒙古保险公司办公室主任。

王志勇：中共党员，北京市建筑公司一级建造师。

王富强：中共党员，北京第四建筑公司一级建造师，业务处处长。

苏和：中共党员，阿里巴巴副总工程师。

晓卫：中共党员，神华集团高管，处级干部。

晓惠：西安政法大学研究生，律师，包头安检局公务员。

王如意：江西东华大学研究生，包头二零二高级工程师。

亭亭：内蒙古医院内科医学博士。

王晓东：福建第四建筑公司一级建造师。

未列出名字的人物有高级教师 15 人，特高级教师 1 人，研究生 8 人，本专科生 121 人，参加工作的人员 160 多人。

家谱整理人：王德柱　王玺恩　王玺俊

王玺峰　王永峰　王存子

王步温

东王庄王氏家族云谱（容）

表一

王庄王氏家族世系图谱

始徙祖：	速不台 （1176——1248年）	秃灭干公主 （1206——1261年）
二世：	兀良哈台 （1201——1272年）	萨日娜 （1203——1283年）
三世：	阿 术 （1227——1281年）	乌 兰 （1229——1303年）
四世：	吉日噶德 （1256——1337年）	苏日托娅 （1262——1341年）
五世：	吉勒木图 （1301——1374年）	纳登布其 （1304——1381年）
六世：	那木思楞 （1338——1411年）	纳布其 （1343——1416年）
七世：	泽登巴尔 （1374——1439年）	其其格 （1377——1443年）
八世：	苏布鲁 （王煜坤） （1408——1471年）	萨日托娅 （1410——1479年）

表二

王庄王氏家族世系图谱

世代		
九世：	潮鲁蒙（王广升）（1439——1501年）	娜布其（1441——1509年）
十世：	巴图（王延平）（1467——1538年）	乌日托娅（1471——1541年）
十一世：	王永厚（1492——1557年）	塔 娜（1493——1561年）
十二世：	王吉庆（1522——1591年）	乌兰托娅（1527——1597年）
十三世：	王高棠（1559——1630年）	赛音塔娜（1558——1631年）
十四世：	王曾祖（1581——1649年）	金纳仁（1582——1656年）
十五世：	王振琳（1612——1669年）	其其娜仁（1613——1673年）

表三

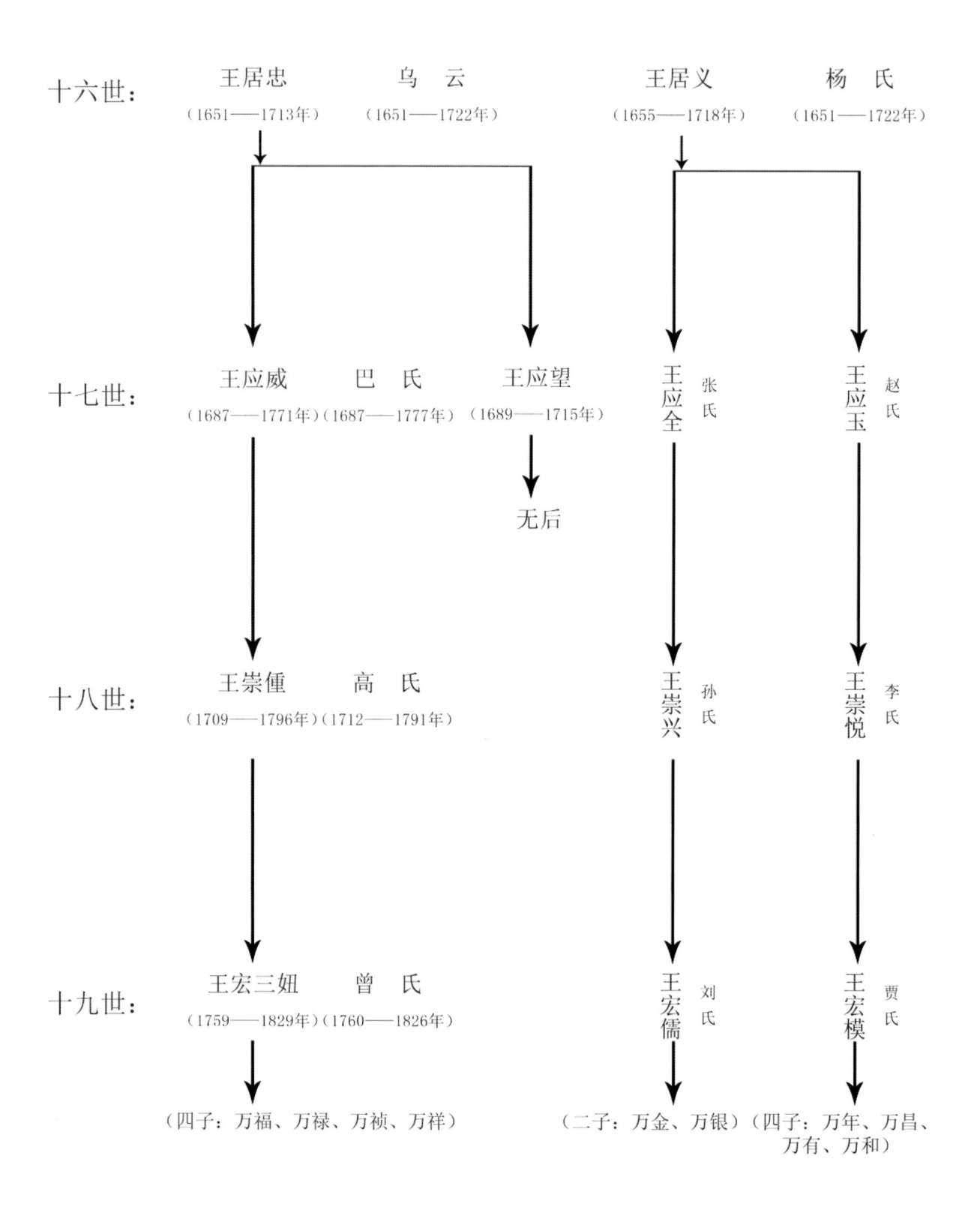

王庄王氏家族世系图谱

十六世：　王居忠　　　乌　云　　　　王居义　　　杨　氏
　　　　（1651——1713年）（1651——1722年）（1655——1718年）（1651——1722年）

十七世：　王应威　　巴　氏　　王应望　　王应全　张氏　　王应玉　赵氏
　　　　（1687——1771年）（1687——1777年）（1689——1715年）

　　　　　　　　　　　　　　　无后

十八世：　王崇僅　　高　氏　　　　　　　王崇兴　孙氏　　王崇悦　李氏
　　　　（1709——1796年）（1712——1791年）

十九世：　王宏三妞　　曾　氏　　　　　　王宏儒　刘氏　　王宏模　贾氏
　　　　（1759——1829年）（1760——1826年）

　　　　（四子：万福、万禄、万祯、万祥）　（二子：万金、万银）（四子：万年、万昌、万有、万和）

表四

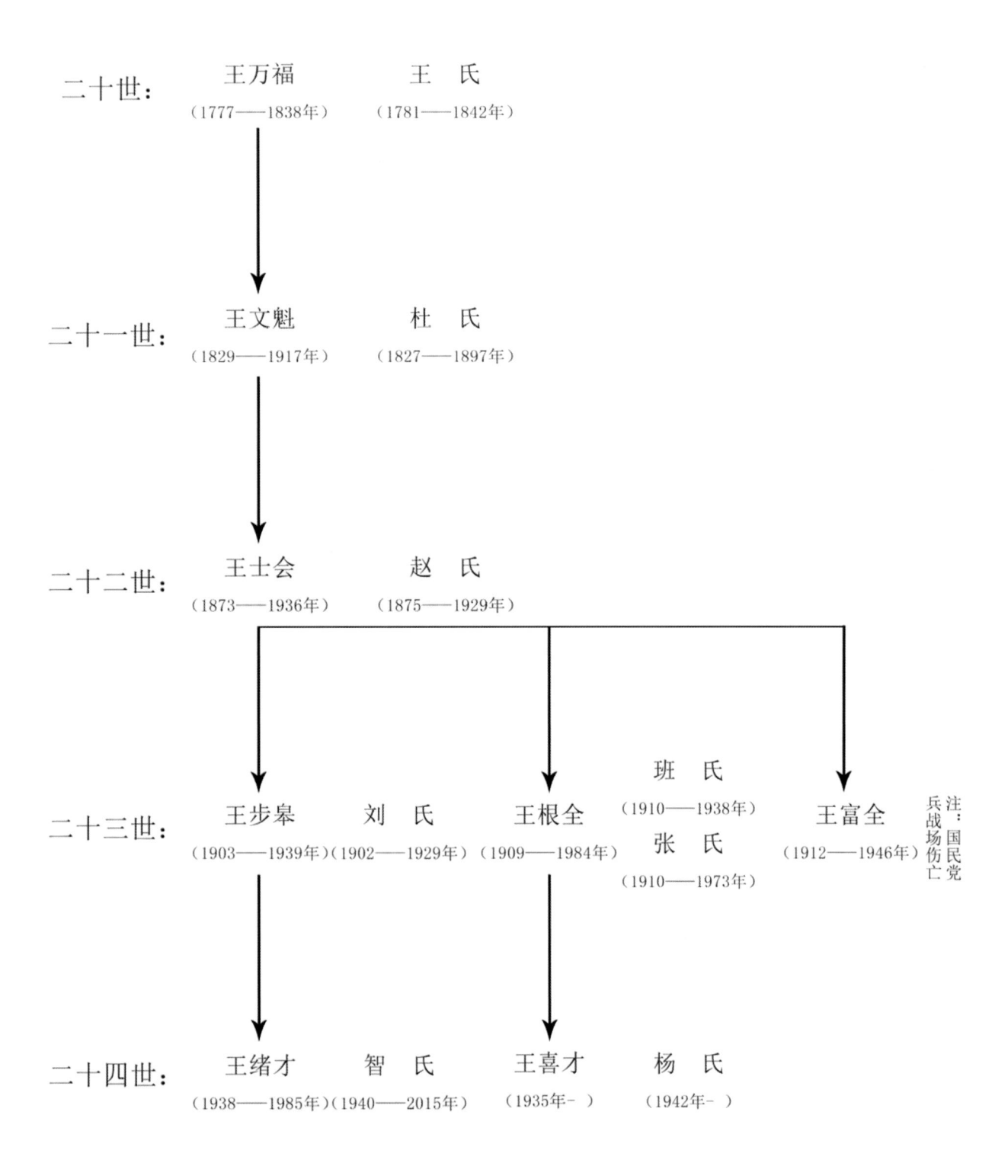

王庄王氏家族世系图谱

二十世： 王万福　　　　王　氏
　　　　（1777——1838年）（1781——1842年）

二十一世：王文魁　　　　杜　氏
　　　　　（1829——1917年）（1827——1897年）

二十二世：王士会　　　　赵　氏
　　　　　（1873——1936年）（1875——1929年）

二十三世：王步皋　　刘　氏　　王根全　　班　氏　　　　　王富全
　　　　　　　　　　　　　　　　　　　（1910——1938年）
　　　　　　　　　　　　　　　　　　　张　氏
　　　　　（1903——1939年）（1902——1929年）（1909——1984年）（1910——1973年）（1912——1946年）

注：国民党兵战场伤亡

二十四世：王绪才　　智　氏　　王喜才　　杨　氏
　　　　　（1938——1985年）（1940——2015年）（1935年- ）（1942年- ）

表五

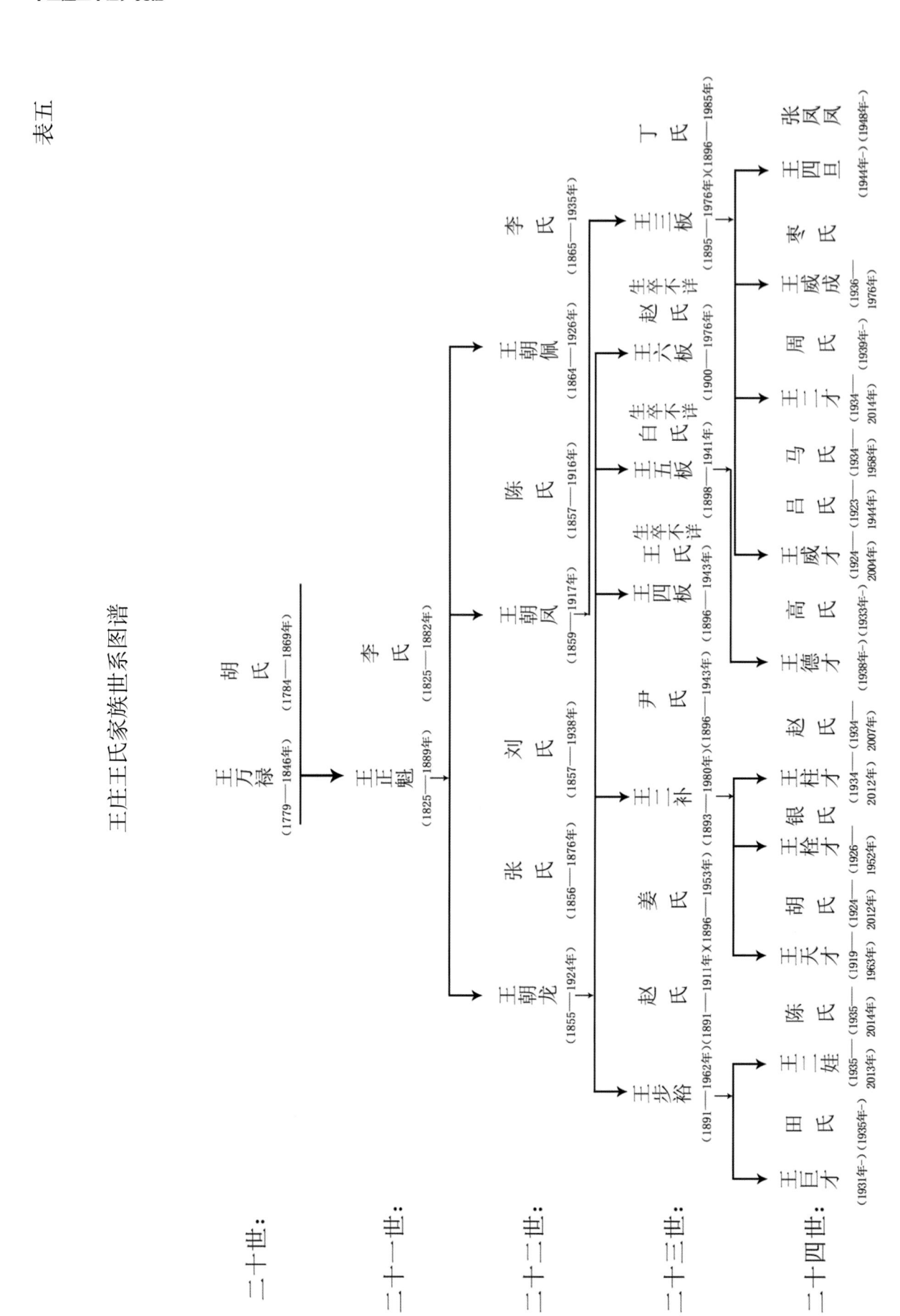

王庄王氏家族世系图谱

二十世： 王万禄 (1779—1846年) —— 胡氏 (1784—1869年)

二十一世： 王正魁 (1825—1889年) —— 李氏 (1825—1882年)

二十二世：
- 王朝龙 (1855—1924年) —— 张氏 (1856—1876年)
- 王朝凤 (1859—1917年) —— 刘氏 (1857—1938年)
- 王朝佩 (1864—1926年) —— 陈氏 (1857—1916年) / 李氏 (1865—1935年)

二十三世：
- 王步裕 (1891—1962年) —— 赵氏 (1891—1911年)/姜氏 (1896—1953年)
- 王三朴 (1893—1980年) —— 尹氏 (1896—1943年)
- 王四板 (1896—1943年) —— 王氏生卒不详
- 王五板 (1898—1941年) —— 白氏生卒不详
- 王六板 (1900—1976年) —— 赵氏生卒不详
- 王三板 (1895—1976年) —— 丁氏 (1896—1985年)

二十四世：
- 王昌才 (1931年—) —— 田氏 (1935年—)
- 王三娃 (1935—2013年) —— 陈氏 (1935—2014年)
- 王天才 (1919—1963年) —— 胡氏 (1924—2012年)
- 王栓才 (1926—1952年)
- 王银柱 (1934—2012年) —— 赵氏 (1934—2007年)
- 王德才 (1938年—) —— 高氏 (1933年—)
- 王威才 (1924—2004年) —— 王氏 (1923—1944年)/吕氏 (1934—1958年)/马氏 (1934—2014年)
- 王三才 (1939年—) —— 周氏 (1939年—1976年)
- 王威成 (1936—1976年) —— 枣氏
- 王四旦 (1944年—) —— 张凤凤 (1948年—)

表六

王庄王氏家族世系图谱

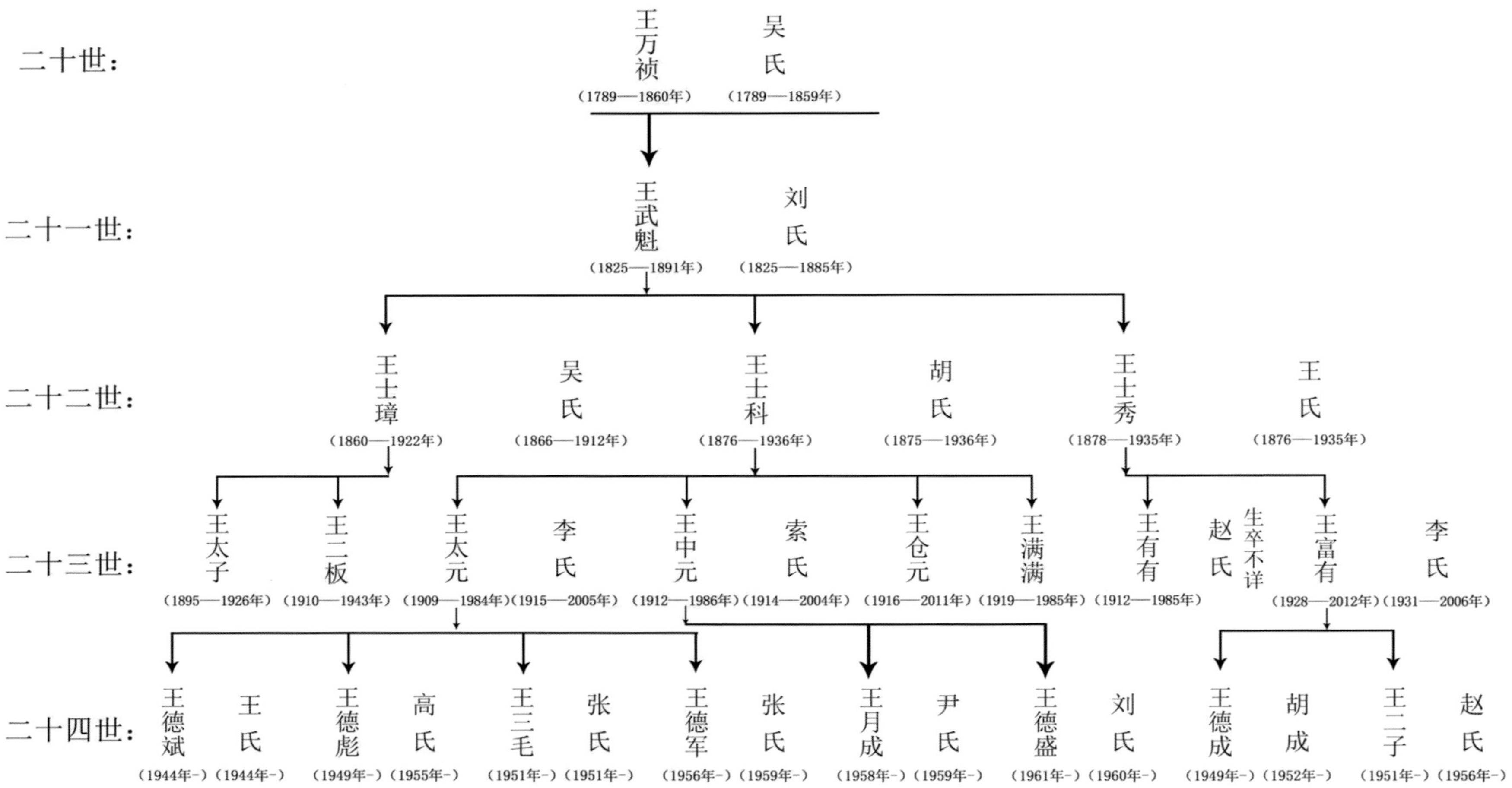

二十世：王万祯（1789—1860年）— 吴氏（1789—1859年）

二十一世：王武魁（1825—1891年）— 刘氏（1825—1885年）

二十二世：
- 王士璋（1860—1922年）— 吴氏（1866—1912年）
- 王士科（1876—1936年）— 胡氏（1875—1936年）
- 王士秀（1878—1935年）— 王氏（1876—1935年）

二十三世：
- 王太子（1895—1926年）
- 王三板（1910—1943年）
- 王太元（1909—1984年）— 李氏（1915—2005年）
- 王中元（1912—1986年）
- 王仓元（1916—2011年）— 索氏（1914—2004年）
- 王满满（1919—1985年）
- 王有有（1912—1985年）— 赵氏（生卒不详）
- 王富有（1928—2012年）— 李氏（1931—2006年）

二十四世：
- 王德斌（1944年—）— 王氏（1944年—）
- 王德彪（1949年—）
- 王高氏（1955年—）
- 王三毛（1951年—）— 张氏（1951年—）
- 王德军（1956年—）— 张氏（1959年—）
- 王月成（1958年—）— 尹氏（1959年—）
- 王德盛（1961年—）— 刘氏（1960年—）
- 王德成（1949年—）— 胡成（1952年—）
- 王三子（1951年—）— 赵氏（1956年—）

表七

王庄王氏家族世系图谱

二十世：王万祥（1809—1869年）—— 王氏（1809—1876年）

二十一世：
- 王治魁（1850—1912年）—— 宁氏（1854—1940年）
- 王成魁（1855—1900年）—— 配银氏（生卒不详）
- 王礼魁（1857—1902年）—— 配银氏（生卒不详）
- 王赟魁（1859—1909年）—— 高氏（1860—1882年）

二十二世：
- 王士海（1881—1956年）—— 尚氏（1881—1960年）
- 王士林（1883—1958年）—— 胡氏（1926—1949年）
- 王士远（1889—1925年）—— 尹氏（1889—1976年）
- 杜氏（1899—1986年）

二十三世：
- 王步温（1909—1983年）—— 云氏（1912—1963年）
- 王有贵（1928—2004年）—— 胡氏（1926—1949年）/ 赵氏（1930—2007年）
- 王虎元（1912—1993年）—— 张氏（1915—1994年）
- 王存元（1931—1975年）—— 配银氏（生卒不详）
- 王步华（1921—1958年）—— 配于氏（生卒不详）

二十四世：
- 王德金（1940—1976年）—— 梁氏（1939年—）
- 王喜柱（1946年—）—— 任氏（1948年—）
- 王米柱（1949年—）—— 云氏（1953年—）
- 王银柱（1958年—）—— 杨氏（1961年—）
- 王栓柱（1953年—）—— 赵氏（1952年—）
- 王挨柱（1954年—）—— 李氏（1961年—）
- 王连柱（1971年—）—— 云氏（1971年—）
- 王德柱（1941年—）—— 吕氏（1943年—）
- 王三旦（1946年—）—— 韩氏（1959年—）
- 王老九（1955年—）—— 孙氏（1963年—）
- 王福柱（1940—1958年）—— 王氏（1949年—）
- 王二柱（1952年—）—— 王氏（1952年—）

第三章 十三庄二十四户三十七家族谱

表八

王庄王氏家族世系图谱

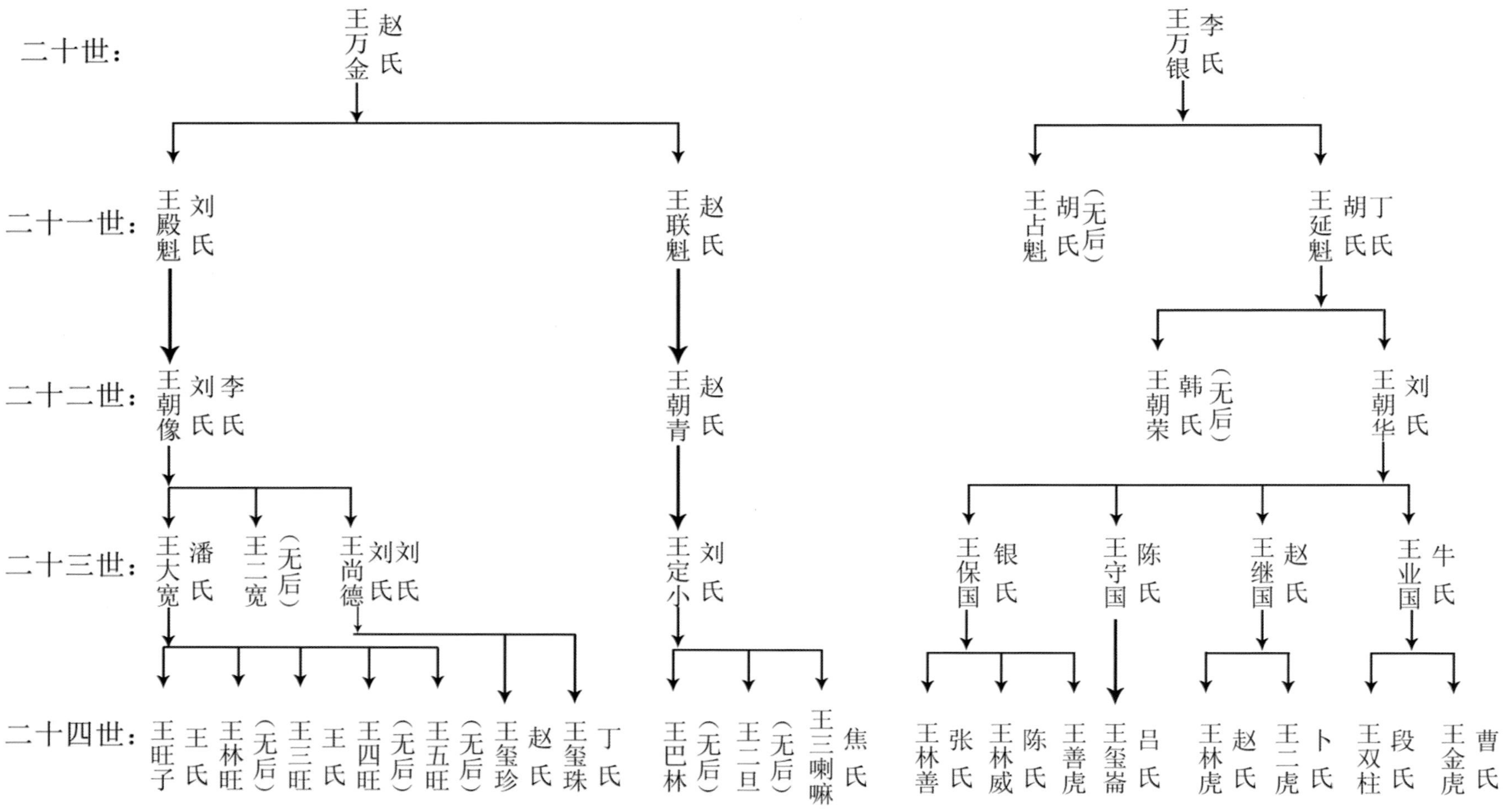

二十世：王万金（赵氏）

二十一世：
- 王联魁（赵氏）
- 王殿魁（刘氏）

二十二世：
- 王朝菁（赵氏）
- 王朝像（刘氏、李氏）

二十三世：
- 王定小（刘氏）
- 王大宽（潘氏）
- 王二宽（无后）
- 王尚德（刘氏、刘氏）

二十四世：
- 王巴林（无后）
- 王二旦（无后）
- 王三喇嘛（焦氏）
- 王旺子（王林氏旺）
- 王三旺（无后）王三旺（氏）
- 王四旺（无后）
- 王五旺（无后）
- 王玺珍
- 王玺珠（赵氏）王丁氏

表八（续）

二十世：王万银（李氏）

二十一世：
- 王古魁（胡氏）（无后）
- 王延魁（胡氏、丁氏）

二十二世：
- 王朝华（刘氏）
- 王朝荣（韩氏）（无后）

二十三世：
- 王保国（银氏）
- 王守国（陈氏）
- 王继国（赵氏）
- 王业国（牛氏）

二十四世：
- 王林善
- 王张林氏威
- 王陈善虎
- 王玺篇（吕氏）
- 王林虎（赵氏）
- 王三虎（卜氏）
- 王双柱（段氏）
- 王金虎（曹氏）

139

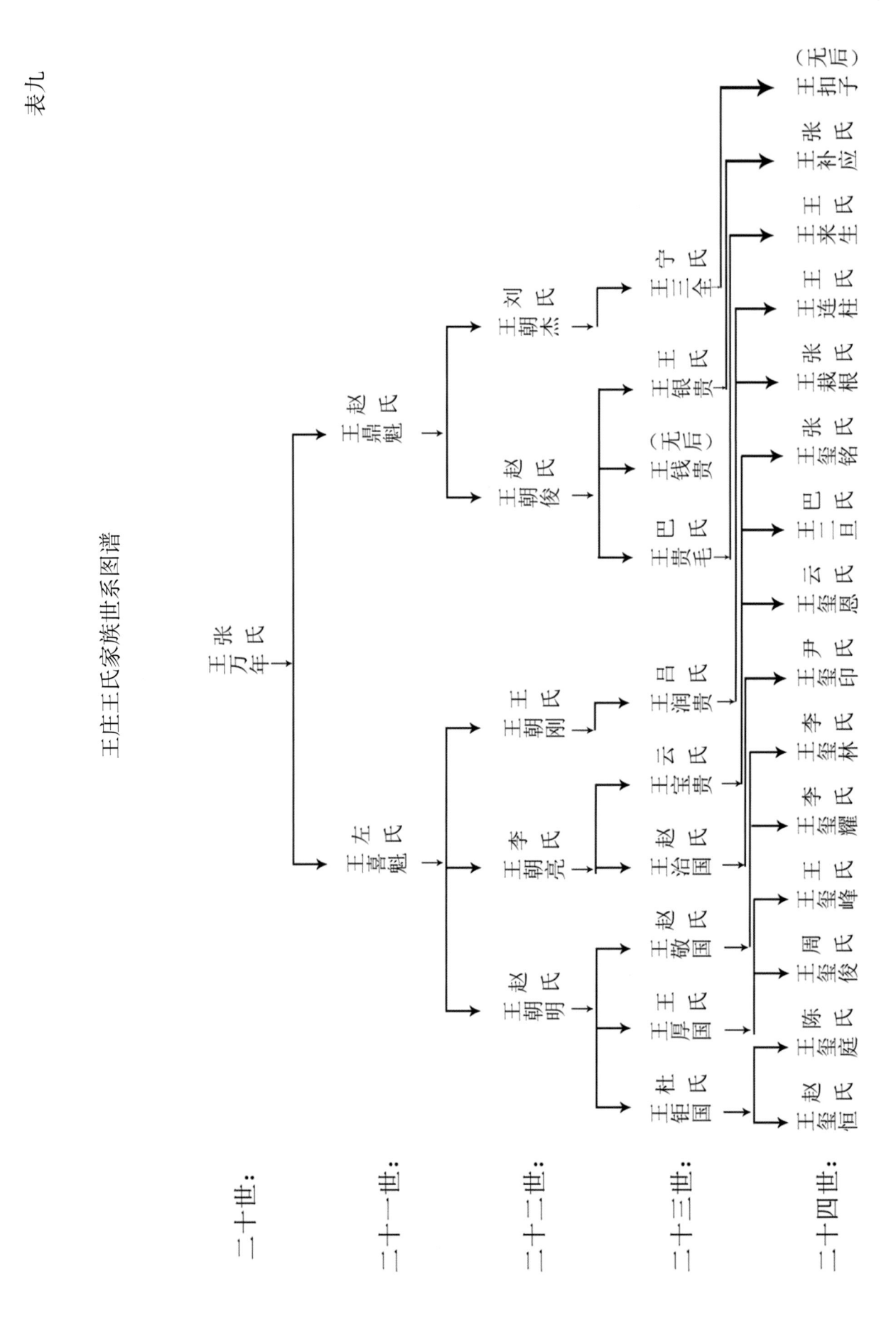

表九　王庄王氏家族世系图谱

二十世	二十一世	二十二世	二十三世	二十四世
王万年　张氏	王鼎魁　赵氏	王朝杰　刘氏	王宁全	王扣子（无后）
				王朴应　张氏
				王来生　王氏
		王朝俊　赵氏	王银贵　王氏	王连柱　张氏
			王钱贵（无后）	王栽根　张氏
			王贵毛　巴氏	王玺铭　张氏
				王三旦　巴氏
				王云氏
	王喜魁　左氏	王朝刚　王氏	王润贵　吕氏	王玺恩
				王玺印　尹氏
				王玺林　李氏
		王朝亮　李氏	王宝贵　云氏	王玺耀　李氏
			王治国　赵氏	王玺峰　王氏
		王朝明　赵氏	王敬国　赵氏	王玺俊　周氏
			王厚国　王氏	王玺庭　陈氏
			王钜国　杜氏	王玺栢　赵氏

表十

王庄王氏家族世系图谱

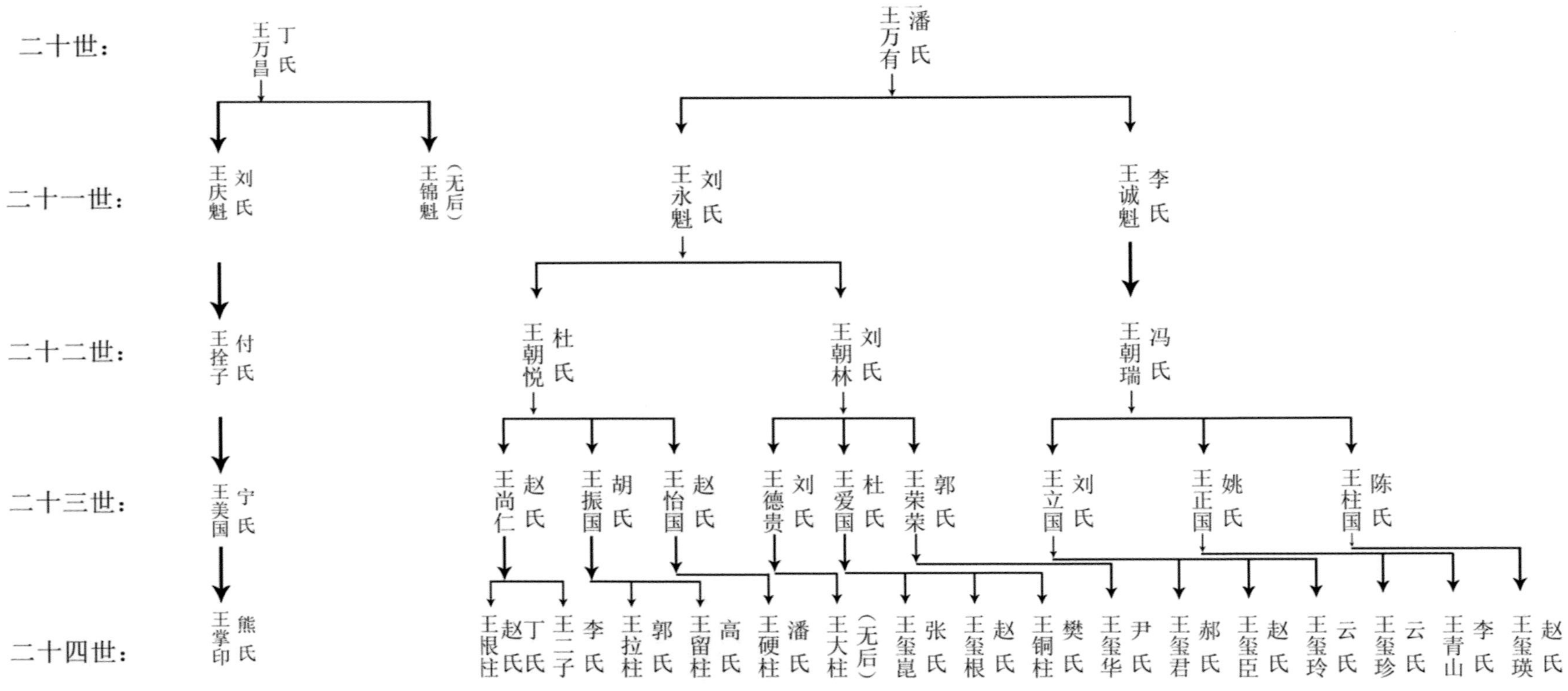

```
                                    ┌─ 王诚魁 ─ 王朝瑞(冯氏) ─┬─ 王立国(刘氏) ─┬─ 王樊玺华(尹氏)
                                    │   (李氏)              │                └─ 王铜柱(赵氏)
                                    │                      ├─ 王正国(姚氏) ─┬─ 王玺君(郝氏)
                                    │                      │                ├─ 王玺臣(赵氏)
                                    │                      │                └─ 王玺玲(赵氏)
          王万有 ─┬─                │                      └─ 王柱国(陈氏) ─┬─ 王玺珍(云氏)
          (潘氏)  │                                                          ├─ 王青山(李氏)
                 │                                                          └─ 王玺瑛(赵氏)
                 │
                 └─ 王永魁 ─┬─ 王朝林 ─┬─ 王爱国(杜氏) ─┬─ 王荣荣(郭氏) ─┬─ 王玺昆(张氏)
                   (刘氏)   │  (刘氏)  │                │                └─ 王玺根(赵氏)
                            │          │                ├─ 王德贵(刘氏) ─── 王大柱(王无后)
                            │          │                └─                ─── 王硬柱(潘氏)
                            │
                            └─ 王朝悦 ─┬─ 王怡国(赵氏) ─┬─ 王留柱(高氏)
                               (杜氏)  │                └─ 王拉柱(李氏)
                                       ├─ 王振国(胡氏) ─── 王郭柱(郭氏)
                                       └─ 王尚仁(赵氏) ─┬─ 王三子(丁氏)
                                                        └─ 王赵根(赵氏)
```

```
          王万昌 ─┬─ 王锦魁(无后)
          (丁氏)  │
                 └─ 王庆魁 ── 王栓子 ── 王美国 ── 王掌印
                   (刘氏)    (付氏)    (宁氏)    (熊氏)
```

二十世：

二十一世：

二十二世：

二十三世：

二十四世：

表十一

王庄王氏家族世系图谱

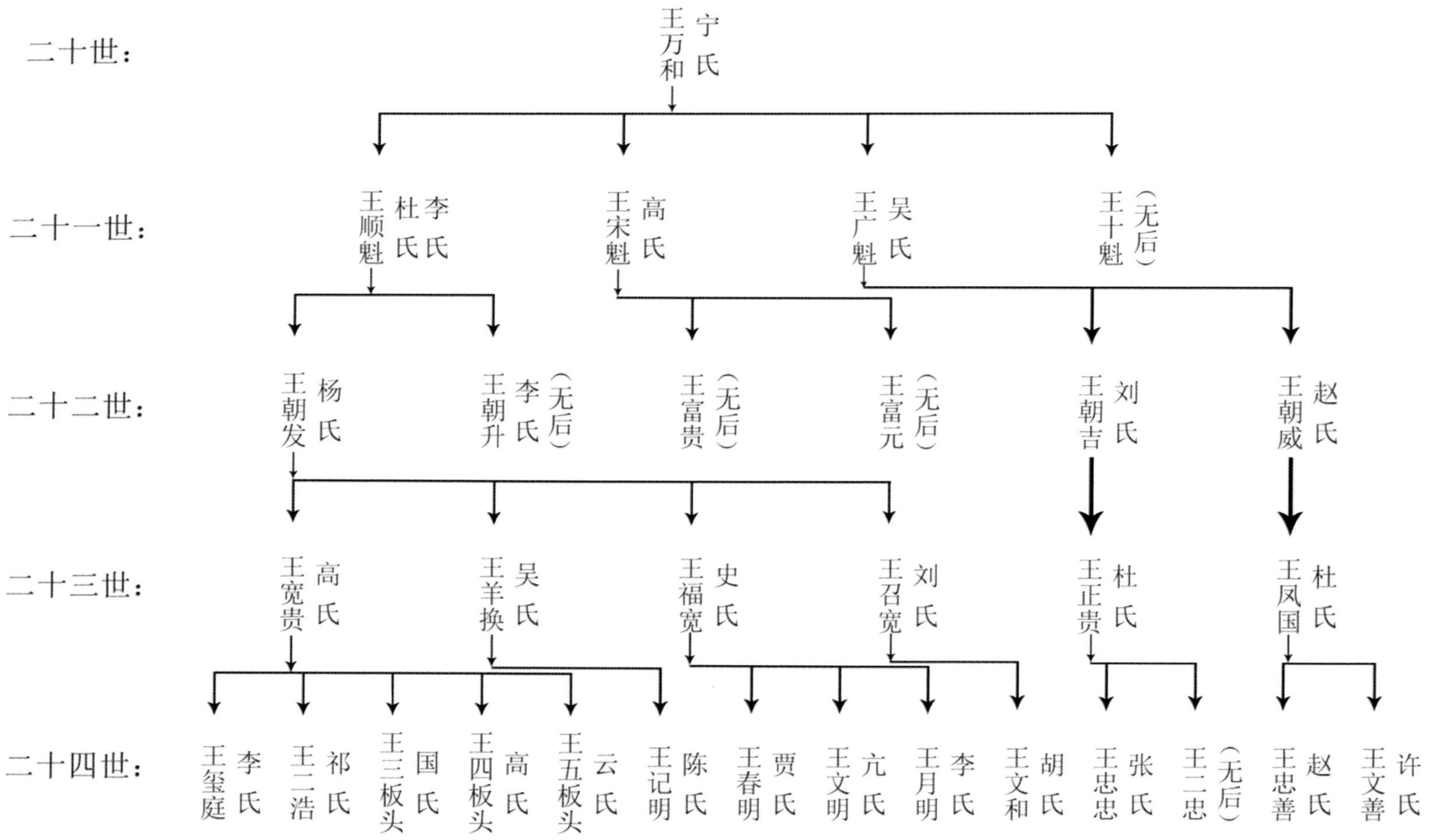

二十世：王宁 万氏和

二十一世：
- 王顺魁 杜氏/李氏
- 王荣魁 高氏
- 王广魁 吴氏
- 王十魁（无后）

二十二世：
- 王朝升 李氏（无后）
- 王朝发 杨氏
- 王富贵（无后）
- 王富元（无后）
- 王朝吉 刘氏
- 王朝威 赵氏

二十三世：
- 王羊换 吴氏
- 王宽贵 高氏
- 王福贵 史氏
- 王召贵 刘氏
- 王正贵 杜氏
- 王凤国 杜氏

二十四世：
- 王玺庭 李氏
- 王三诰 祁氏
- 王三板头
- 王国氏板头
- 王四板头 高氏
- 王五板头 氏
- 王记明 陈氏
- 王春明 贾氏
- 王文明 氏
- 王亢明 李月氏
- 王胡和 氏
- 王忠 张氏
- 王三忠（无后）
- 王忠善 赵氏
- 王文善 许氏

表十二

王庄王氏家族世系图谱

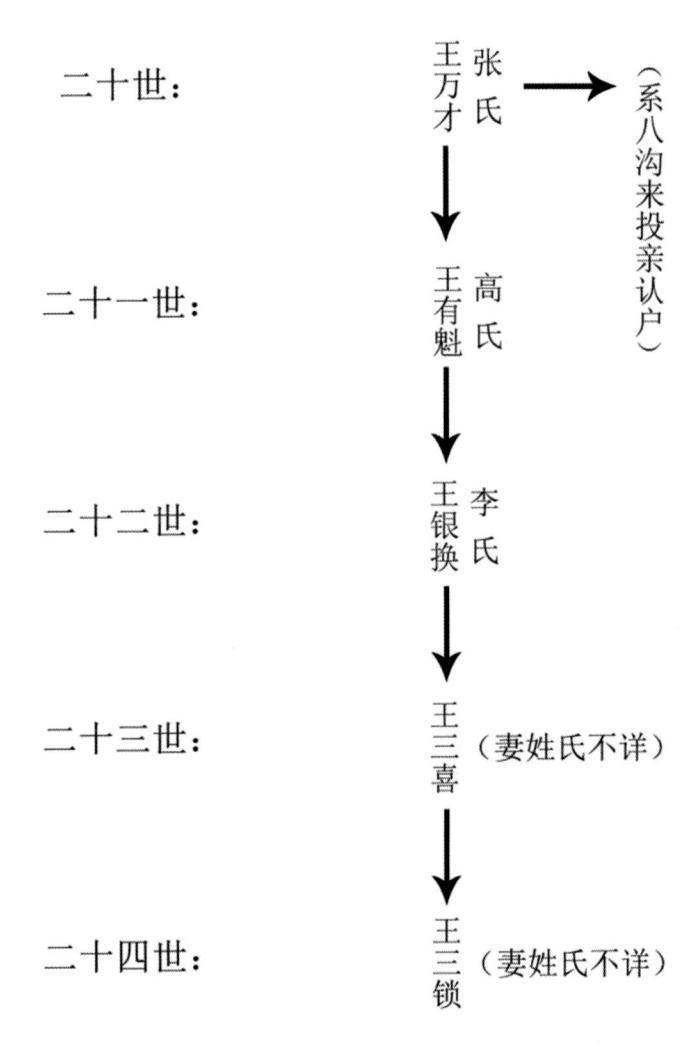

二十世：　　　　　　王万才　张氏 →（系八沟来投亲认户）
　　　　　　　　　　　　↓
二十一世：　　　　　　王有魁　高氏
　　　　　　　　　　　　↓
二十二世：　　　　　　王银换　李氏
　　　　　　　　　　　　↓
二十三世：　　　　　　王三喜　（妻姓氏不详）
　　　　　　　　　　　　↓
二十四世：　　　　　　王三锁　（妻姓氏不详）

二、潘庄潘氏族谱

ᠫᠠᠨ ᠵᠤᠸᠠᠩ ᠦ᠋ᠨ ᠫᠠᠨ ᠣᠪᠣᠭᠲᠠᠨ ᠦ᠋ ᠣᠪᠣᠭ

从元朝迄今为止，我们家族已有八百多年的历史，它度过了艰难曲折的岁月，先人们在每个不同的历史时期，对社会的发展、历史的推动都起着至关重要的作用，做出了不可磨灭的贡献。下面我们从潘氏家族几个方面，续写我们的家族史。

1. 地理位置

在土默川平原的大黑河南岸，呼托公路22公里处的北端，土默特左旗白庙子镇的西边坐落着一个村庄，它就是十三庄之一的潘庄村。该村庄人杰地灵，是蒙古族聚居的文明之地。它那璀璨不朽的历史令人追忆。

2. 祖宗历史的追溯

我们潘氏家族的先人从元、明、清朝代逐水草游牧迁徙，最终落居于归化城南草原此地。所经路线：（一）巴尔古真滩狩猎；（二）不儿罕山下斡难河草原；（三）克鲁伦河草原；（四）黑龙江、兴安岭东朵颜山；（五）又返克鲁伦河；（六）南至长城的宣府、独石口、古北口、喜峰口，北返喀喇沁八沟；（七）归化城草原赐地六十顷（乾隆初年）。

元朝时，我们的老祖宗为腾日格鲁。他生活于巴尔古真滩森林兀良哈部落里，以狩猎为生。因其武艺高强，被兀良哈部的部主速不台提升为护卫大将。他随速不台南征北战，驰骋于疆场，逐渐在兀良哈部落中享有盛名。由于其屡立战功，得到了速不台的信任。1246年，速不台在秃剌河（土拉河）休养期间，令其将兀良哈部全体护卫的蒙古名字，包括37家头领的兄弟叔伯的名字注册。因年代久远，留存不当，将注册遗失，致使部护卫祖先名字尚未流传下来。时至腾日格鲁第六代世孙呼其泰也是一名力大无穷、武艺高强的武士，他也为本部落的兴盛做出了非凡的贡献。值得一提的是腾日格鲁的第十三世孙潘发（岱钦），从朵颜山迁徙到喀喇沁部游牧场后，在兀良哈三卫融合之时，为了防御外来侵扰，保存实力，在速不台第十三世孙王高棠的组织下，于1608年与护卫将领那木色楞第十三世孙王山的精心策划下，在喀喇沁部王高棠所在地建立了兀良哈安达部。兀良哈安达部是喀喇沁部的一个分支，列属其管辖。在小型忽里台会议上一致表决，推举王高棠为兀良哈安达部的部主，潘发（岱钦）为兀良哈安达部护卫率兵主将，王山为兀良哈安达部护卫率兵副将，并立下"金兰拜谱"，拜谱上记下结拜（安达）24人的蒙古名字，喝酒磕头，盟誓排行。兀良哈安达部建立之后，力量迅速壮大，而且影响力也逐渐扩大。面对强大的明朝军队，努尔哈赤为了战胜明军，不得不与喀喇沁部中的兀良哈安达部借兵，借兵时立下了借兵诺言之后，兀良哈安达部的率兵主将潘发（岱钦）迅速组织了蒙古铁骑军。他率领的铁骑军战无不胜，攻无不克，所到之处使明军闻风丧胆。按照国策，功必赏，过必罚，有功升之，有罪者必杀之，对在抗击明军战争中率军参战功臣授封授职。于是努尔哈赤封兀良哈安达部部主王高棠为后金抗明护国大臣抗辽王；封兀良哈安达部领兵主将潘发（岱钦）为后金抗明猛虎大将，封兀良哈安达部领兵副将王山为后金抗明飞虎大将，封王高棠的其他12位义兄为有功之臣，赐给大量人畜、财帛。潘发（岱钦）不仅在喀喇沁部中的兀良哈安达部里享有威名，更重要的是他那叱咤风云的英名在潘氏家族中留下了不可磨灭的印记。从潘发（岱钦）之后，即明末清初，潘氏家族的后人采用蒙汉语双名制，冠汉姓"潘"姓和汉名（大名）与外界交往时使用，蒙古语名（小名）在家族、家庭内使用。潘发（岱钦）去世后，其子潘生强（其达拉泰）、其孙潘九成（耶顺巴特尔）随顺治帝入京，被编入御林军，即正黄旗蒙古八旗军中，成为正黄旗蒙古八旗护军营中的披甲武士，驻扎在京城北面德胜门正黄旗所在地，守卫皇宫。他们承继祖业，精心组织创建的这支正黄旗蒙古八旗中的铁骑军为清朝继续效力。潘九成去世后，其子潘义隆（纳顺）继承父业。1690年，康熙第一次征战噶尔丹，在乌兰布通战役中大败噶尔丹之军，盛名广为流传。康熙三十一年（1692年），选派政府官员等，考察黑河、浑津一带，因此处地面宽阔，土地肥沃，草木茂盛，故可作为粮食供应基地，其目的就是预将归化城作为征剿噶尔丹的前沿阵地，于是康熙帝决定于1695年在此新设"御屯"。康熙三十四年三月十八日，我先祖潘义隆持诏书、携家眷、捧着"虎头牌、九节黑油钢鞭"（虎头牌象征着康熙皇帝御敕权力，见此物须文官下轿武官下马，先跪拜虎头牌后拜见庄主，否则庄主用九节黑油钢鞭打死人不偿命）的尚方宝剑走进了安乐庄（现大黑河新营子）。因潘义隆是正黄旗蒙古八旗中的披甲武士，祖业地位显赫，安乐庄暂居后，他定居贾家营的丁庄，一方面管理丁庄丁家的事务，更重要的一方面他在"莫林泰"牧养众多的战马，闲时放牧，战时统领二十四户的披甲武士的人马出征打仗。潘义隆一生中娶妻为刘、曹、杨三女，孕育了四子，分别为长子潘文魁、次子潘文元（哈有善）、三子潘文明（哈有偿）、四子潘文林。其死后被埋葬在贾家营的村南，昭君墓东端500米处，至今尚有"潘家坟"之说。乾隆初年，方文正之子方均因押送银两和军运物资途中丢失被通缉，再加上方文正拖欠上交200多石粮食被纸达后，潘义隆的长子潘文魁因家境殷实且有办事能力，待方文正交完拖欠的粮食（中国第一历史档案馆藏内务府档案05-13-002-001779-0013有载）后，于乾隆十三年接管方庄并呈报内务府批准，从此方庄改为潘庄（潘氏家族在贾家营生活了近50年），其后并将其父母的遗骸迁移于潘庄村。潘文魁提升为庄主后，他作为十三庄的经理庄头，大显身手。一方面，他在归化城大南街一带分别开设了"永宗德"和"万成店"两个堂号，其时人来人往，热闹非凡。另一方面，他于乾隆十九年（1754年）率十三庄二十四户的圈地人移修了龙王庙。潘文魁于乾隆二十七年六月二十一日病故，身下无子男，庄主空缺，得从亲丁及所有侄儿中挑选。乾隆二十八年，拟定潘文明三子潘英秀顶缺。潘英秀禀称，让其四叔父潘四格（潘文林）暂行代办庄主事务。此事由时任领催李二辉出具保结，报内务府批准。后潘文林交给其子潘岐代理庄主。潘岐于乾隆四十七年（1782年）和赵通、刘德茂、杜锦文等人组织下，再次修建了龙王庙，碑文中特书"特授归化城蒙古庄头□□□□"等大字。嘉庆四年（1798年）6月，西潘庄大门子子第潘登科等八户呈报承种纳粮官地内碱废、水淤、沙石不堪耕种之地（中国第一历史档案馆馆藏内务府档案 04-01-23-0156-040 载）。嘉庆七年（1802年），内务府从大青山后四子王旗空闲牧地内拨补庄头开垦地 766 顷 52 亩 6 分 5 厘（中国档案馆馆藏内务府档案有载）。我潘氏家族潘巨德的先人前去四子王旗空闲地内开垦耕种。起初时跑青牛（春播秋收）耕种，时隔二十余年后，定居此地，起名尚是潘庄村。道光十七年，十三庄庄头在潘发、王文魁等人组织下再次重修了龙王庙。光绪年间，更换庄主，潘登科之子潘世福立为新一代庄主。潘氏家族崇尚藏传佛教，乾隆末年嘉庆初年潘氏家族的先祖图蒙当喇嘛并且常住在巧尔齐召，潘氏家族的先人也常常反复起名为大喇嘛、二喇嘛等有关喇嘛的名字。潘氏家族的先人一直会书写蒙古文，会说流利的蒙古语。如潘玉贵的先祖潘广云不仅会用蒙古文写文章，而且会说一口流利的蒙古语。但随着环境的束缚，现已不会说蒙古语。

潘氏家族繁衍到第十九世"汝"字辈这一代，即潘义隆的第四、五代始，有了东、西潘庄之分，形成了东、西潘庄共八个"柜"、自号门、和南院。西潘庄分别是大柜潘汝梅及其后代、二柜潘汝兴及其后代、三柜潘汝桂及其后代、四柜潘汝祚及其后代、自号门潘汝玉及其后代。西潘庄这一支潘氏家族自立堂号为永宗德。东潘庄分别是大柜、二柜潘汝梓及其后代、三柜潘汝荣及其后代、四柜（七柜）潘汝林及其后代、南院潘汝楹及其后代，东潘庄这一代潘氏家族自立堂号为万成店。此外西潘庄和东潘庄分别有一支人，其先祖外出不在家，留下妻儿老小，没有分在柜里，比如东潘庄的南院就是这样，但是其先祖都是潘庄同族人。

1911年孙中山领导了辛亥革命，推翻了两千年的封建帝制，建立了中华民国。但此时的国家尚处在军阀混战之中，潘氏家族的人依然处在水深火热之中。1921年7月中国共产党的成立使潘氏家族的人从此看到了光明和希望。潘氏家族的先人潘巨德加入了中国国民党，他迎合了当时的形势，进行了国共合作，与出生于东北的毕力格巴图（后任乌盟盟长）紧密配合，从事地下抗日工作。他曾在民国期间任武川县县参议，新中国成立后历任乡长、包长等职。1950年正月十六日因诬陷迫害致死。潘巨德的一生光明磊落，他为中国的解放事业，为新中国的成立做出了卓越的贡献，有句谚语"一出雁门关，谁不知道有一个潘巨德"，由此可知潘巨德此人是家喻户晓，知名度高的。在抗日战争时期，潘氏家族除了参加大青山抗日游击队，尚有潘生发等人参加了云五子、云六子领导的大青山抗日游击队，他们为新中国的成立也做出了卓越的贡献。值得一提的是潘氏家族另一位有影响的重要人物，其名潘布添。他既是一名武术大师，又是一名救死扶伤的名医。他品行端正，作风正派，他习练刀、枪、钩、棍、拐和拳术，被誉为塞外掌第四代程式八卦掌第三代传人，武术界享有盛名。他精通中医，尤以中医针灸、正骨按摩见长，医治了不少疑难杂症，成为民间名副其实的名医。1950年潘氏家族的另一位先人潘布恩积极参加抗美援朝、保家卫国的战争，在朝鲜战场上他冲锋陷阵，作战五次，曾负过大伤一次，剿匪立功一次。新中国成立后，另一位为党和人民做出显著贡献的是潘永庆。他品行端正，为人正直，在不同的工作岗位上荣获多种荣誉。此外，潘氏家族的人为了民族的事业做出显著贡献的尚有潘玺、潘清、潘达、潘茂（潘拉柱）、潘三虎等人，时至今日承继上几代人为党和人民做贡献的还有潘永庆、潘永如、潘埃成、潘虎忠、潘月忠、潘龙、潘永彪、潘永斌、潘永富、潘永埃、潘永平、潘海平、潘海军、潘海富、潘永强、潘建军、潘志生、潘旭阳、潘志强等人。他们具有民族感和责任心，在不同的工作岗位上奉献着自己的一切。

总之，潘庄村土地肥沃、人杰地灵，是令人向往的蒙古族文明村庄，从清朝到如今已有300多年的漫长历史。它孕育了一代代英才，它的历史令人回味。现潘庄村已发展到1500余人（含四子王旗的潘庄村），他们在党的阳光雨露滋润下，在上级领导的深切关怀下，特别是近几年潘庄村的村民们在党支部、村委会的领导下，在开挖渠道、兴修水利、打井、滴水灌溉、道路硬化、自来水安装、危房改造、扶困救助等方面做出了显著的贡献。迄今为止，潘庄村已被土默特左旗授予"精神文明村""民族团结示范村"的光荣称号。现潘庄村的村民在习近平同志为核心的党中央领导下，正高举铸牢中华民族共同体意识，守望相助的鲜红大旗，以昂扬的斗志，为实现中华民族伟大复兴而向前迈进！

3. 潘氏家族世系谱序

潘氏家族谱系是从元朝一世祖腾日格鲁记起，一直记述至第二十五代。其间，为构建凝聚力强、团结向上、和谐美满的大家庭，我潘氏家谱历经几代人的反复整理，现已修成一个世系清晰、支系完整的新版本族谱。曾经有人对东潘庄南院这支人和西潘庄的另一家有所非议，说其不为潘氏家族人，这是一种不切实际的说法。我等潘氏家族的先祖潘义隆的长子潘文魁在乾隆年初年从贾家营的丁家赴方庄立为庄主成为潘庄后，从乾隆年间之后，潘氏家族南院以及西潘庄另一家的先祖外出，游手好闲，不务正业，留下妻子儿女，故没有分在柜里。在潘氏祖先看来，南院先祖是不肖子孙，不为潘氏家族人。经原始家谱查寻这支人的祖先已寻到，尚在我们老祖宗的支系中，故上述那种说法是错误的。现我们已将东潘庄的南院、西潘庄的另一家以及四子王旗的潘庄的一

正黄旗福惠管领下杀虎口外浑津居住庄头 潘氏家族世系图谱

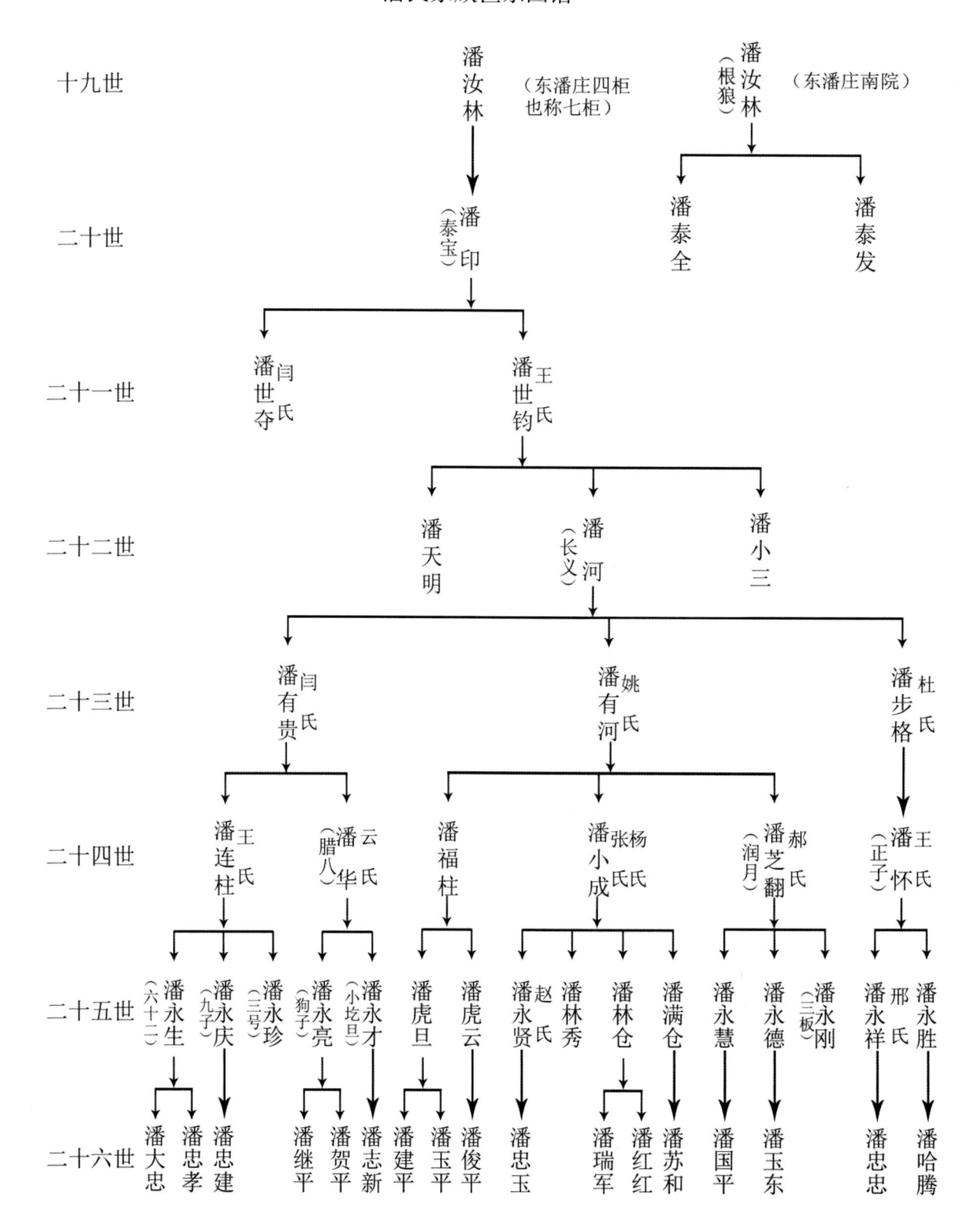

表十

十九世	潘汝林（东潘庄四柜也称七柜）　潘汝林（根狼）（东潘庄南院）
二十世	潘印（泰宝）　｜　潘泰全　潘泰发
二十一世	潘世夺（闫氏）　潘世钧（王氏）
二十二世	潘天明　潘河（长义）　潘小三
二十三世	潘有贵（闫氏）　潘有河（姚氏）　潘步格（杜氏）
二十四世	潘连柱（王氏）　潘云华（腊八）（云氏）　潘福柱　潘小成（张氏·杨氏）　潘芝翻（润月）（郝氏）　潘正子（王怀氏）
二十五世	潘永生(六十二)　潘永庆(九子)　潘永珍(三号)　潘永亮(狗子)　潘永才(小圪旦)　潘虎旦　潘虎云　潘永贤(赵氏)　潘林秀　潘林仓　潘满仓　潘永慧　潘永德　潘永刚(三板)　潘永祥(邢氏)　潘永胜
二十六世	潘大忠　潘忠孝　潘忠建　潘继平　潘贺平　潘志新　潘建平　潘俊平　潘忠玉　潘苏和　潘红红　潘瑞军　潘国平　潘玉东　潘忠忠　潘哈腾

表十一

正黄旗福惠管领下杀虎口外浑津居住庄头潘氏家族世系图谱

十九世：潘汝楹（东潘庄南院）

二十世：潘王举氏 → 潘张任氏 → 潘华

二十一世：潘世荣、潘世息、潘世杰

（以下为二十二世至二十六世繁复世系图，详见原表）

主要支系包括：
- 潘闫财氏 支
- 潘赵广氏 支
- 潘俊氏 支
- 潘（过继）赵氏 支
- 潘旺 支

二十二世：潘刘润氏、潘王步泉、潘闫海元、潘刚旦、潘步荣、潘步功、潘银贵、潘银罗、潘步恩、潘海旺、潘成旺、潘福元、潘闫贵元、潘成元、潘老团

二十三世：潘有全、潘永枝、潘润柱、潘王润柱、潘朴柱、潘刚柱、潘二刚旦、潘满柱、潘玉刚、潘刚柱、潘小柱、潘怀柱、潘喜柱、潘虎忠、潘三虎、潘五旦、潘二保、潘四保、潘虎旦、潘兰虎、潘杨小虎、潘虎兰、潘焕、潘二铁、潘巴达氏、潘八仙、潘九仙

二十四世：潘义杰、潘会荣、潘九龙、潘钱龙、潘连朝、潘永朝、潘永任、潘永强、潘俊峰、潘永峰、潘宝林、潘海军、潘智军、潘志彪、潘志鹏、潘宝宝、潘宝音、潘建英、潘宝赞、潘空军、潘红军、潘长青、潘三虎、潘智雄、潘永正、潘永根、潘永斌、潘永建、潘永栋、潘俊生、潘春生、潘瑞生、潘瑞军、潘利军、潘威威、潘俊强、潘俊青、潘二青、潘燕峰、潘燕鲁、潘巴图、潘金虎、潘巴特尔

二十五世：潘义、潘杰军、潘贺军、潘国军、潘潘浩、乌拉、潘波、潘弘、潘义、潘浩、潘臻、潘文忠、潘跃、潘造、潘浩哲、潘梯奇、潘泽华、潘磊、潘昊阳、潘荣义、潘哲、潘乐青、潘岳青、潘孟萌、潘雪亮、潘荣、潘璟光、潘轩奇

二十六世：潘凯旋、潘凯乐等

十九世 二十世 二十一世 二十二世 二十三世 二十四世 二十五世 二十六世

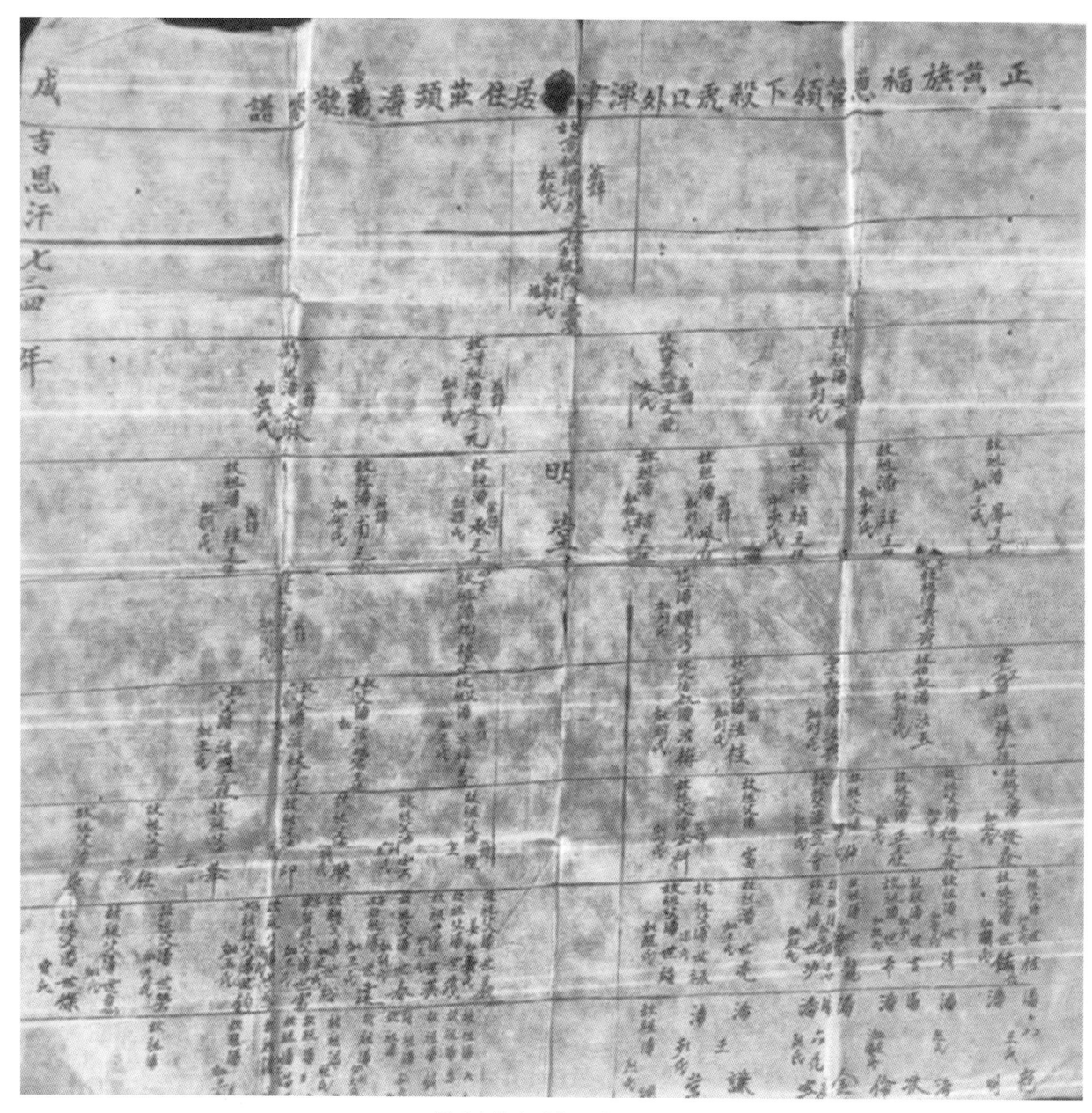

潘氏家族家谱复印件（一）

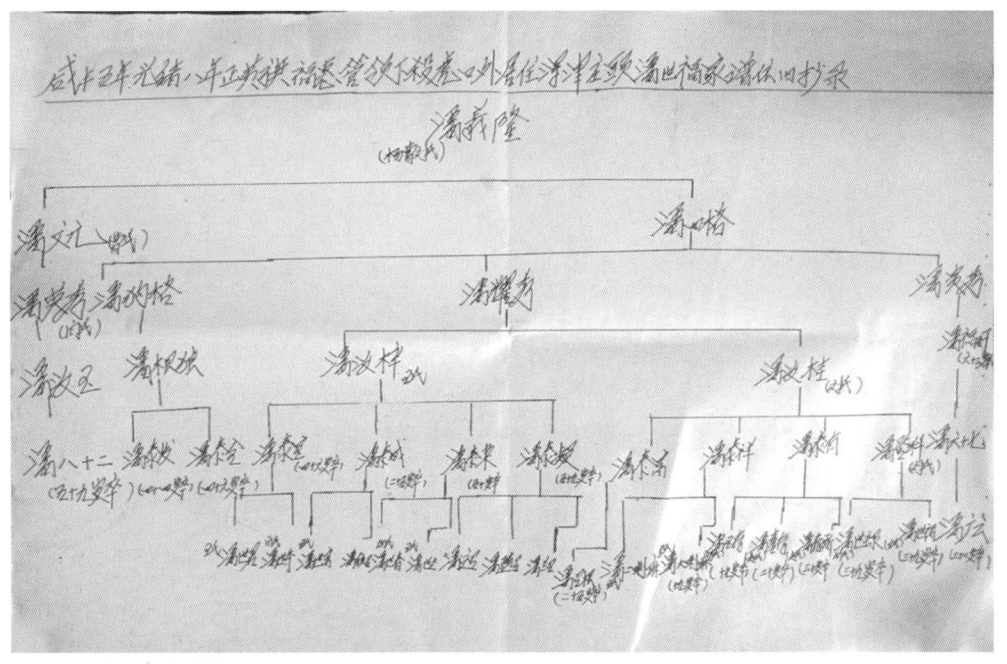

潘氏家族家谱复印件（二）

潘氏家族坟谱复印件

4. 人物传记①

潘步添（1907—1989年），中国武术八卦掌第四代传人（程式八卦掌第三代传人），内蒙古、呼和浩特市两级武术协会会员，中医师。1907年出生于内蒙古土左旗潘庄村。幼时读私塾三年，勤奋好学，自幼喜爱武术。十六岁（1923年）时到归化城小南街凤麟阁饭庄学厨师。闲暇之余，学习武术，习练刀、枪、钩、拐棍和拳术，刻苦钻研，广交归化城周边武术界名士好友，切磋技法，交流武学，博采众家之长，厚实自身功底。时与关德山、张开印、范美、潘德元、米开山、乔铁头等九位武术界知名好手结为异性兄弟，被称为归化城武术界十大弟兄，响及全城乃至周边地方。十弟兄拜师八卦掌第三代传人、江湖人称"靴子张"的北平武术家张永德学习程式八卦掌，成为塞外八卦掌第四代、程式八卦掌第三代传人。1952年，代表呼和浩特市参加了内蒙古自治区第一届少数民族传统体育运动会表演。20世纪七八十年代，多次受邀参加呼和浩特市武术比赛表演、裁判工作，利用业务时间、起早贪黑向喜好武术的青少年传授武术技法，初心守正，砺人向上，业不保守，受他指点的武术练家子有百余人，在呼和浩特市武术界备受尊崇，为推动呼和浩特地区武术健身运动的振兴做出了积极贡献。

中华医学与武术都以"阴阳学说"为基础，素有"医武相通"之说。他在习武之余，从正骨疗伤入手潜心研习中医，20世纪30年代在包头工作时，师从当时呼包地区名医陈清濂（新中国成立后，自治区卫生厅成立中蒙医研究所，特聘陈老为中医专家，指定专人研究总结整理他的医学理论和临床经验，在全区乃至全国中医界进行推广，成为内蒙古著名的中医专家之一）学习中医针灸和正骨疗法，潜心悟学，勤奋有加，得到陈老真传，于1954年取得中医师执业资格，遂开办潘步添中医诊所，主攻中医针灸和正骨。20世纪60年代中后期，响应国家医疗合作化的号召，联合当时个体医疗诊所的中西医师数人，共同筹建了呼和浩特市人民卫生防治院兴旺巷中医门诊部。在多年的医疗临床实践中，他老人家学思见悟，辨证施治，医术日趋成熟，尤以医针灸、正骨按摩见长，医治了不少疑难杂症，许多病例成为针灸疗法典范，在针灸疗法上形成自己独特的风格，达到了精湛的境界，为很多患者减轻了痛苦，甚至彻底改变了患者人生。呼和浩特地区的一些大医院针对有关病例曾专门派人向他学习取经。当时医疗系统不评定专家名医，但他在呼和浩特市及周边地区群众中享有盛誉，成为民间名副其实的名医。

潘永庆，男，蒙古族，1939年7月20日出生于内蒙古呼和浩特市土默特左旗白庙子镇潘庄村，1955年入团，1960年入党，1958年参加工作，1998年退休，职称为中级经济师。

1950—1957年，在本村、土小、土中上学，初一年级由于家庭经济困难而休学。

---
① 潘步添、潘永庆在前文"十三庄二十四户名人传记"中出现过，在潘氏家族中较为详细介绍。

1958—1960 年，在内蒙古冶金矿山机器厂金工车间学徒。

1960—1965 年，北京中央团校学习理论知识，结业后任内蒙古农牧业机械厂人事保卫干部、厂团委委员、团市委候补委员、子弟小学校外辅导员。

1965—1998 年，先后任内蒙古铸锻厂团委书记、团市委委员、人事保卫科长、分厂工会主席、总厂副厂长、厂党委副书记、纪检委书记。

1998—2006 年，退休后留厂继续工作直至工厂破产。

2007—2020 年，担任大庆路社区党总支宣传委员，铸锻厂离退休党员支部书记，社区、办事处两级关心下一代关工委常务副主任，十八大以来被聘为回民区宣传部、纪检委、监察局基层宣讲员。

1959—1960 年，被树为全厂 4000 职工标兵，被评为全市学习毛主席著作先进个人，奖励毛主席著作精装本一套，被评为呼和浩特市、内蒙古两级青年突击手并颁发证章。

1959—1982 年，先后四次被评为呼和浩特市先进生产者、先进工作者、劳动模范、二级劳动模范并颁发奖状及证章。

1977—1983 年，荣获市机械局先进个人，被树为全市公安战线标兵，呼和浩特市精神文明、市民族表彰、民事调解先进个人，内蒙古公安战线模范工作者与集体。

1980 年左右，与内蒙古电影公司工程技术人员李德君等同志共用研制"青城牌"35mm 弧光电影座机三套六台，获内蒙古政府科技四等奖及奖金。

1981—2019 年，先后多次被铸锻厂、大庆路社区、新华办事处、中共回民区、中共市委评为优秀共产党员，并颁发奖状及证章。

2009—2019 年，先后被评为办事处、回民区、呼和浩特市、内蒙古关心下一代优秀个人与集体，被授予呼和浩特市宣传部宣讲十八大、十九大以来优秀宣讲员。

2018—2020 年，荣获"青城好人"、"呼和浩特市最美家庭"、内蒙古营业性网吧优秀监督员证书。

潘步恩，潘庄潘氏家族第二十三世孙。1950 年 10 月参加了抗美援朝。在朝鲜战场上，他冲锋陷阵，不怕牺牲，作战五次，负过大伤一次，剿匪立功一次。

三、西王庄王氏族谱

西王庄王氏家族是圈地十三庄（西十庄）庄头蒙古族人。

我王氏家族先祖王有功，于康熙三十四年（1695年）正式落户归化城西南大黑河（土尔根河）南畔，内务府奏准设立的十三圈地上，为西十圈的西王家圈。立庄西王庄，经营庄头地60顷。王有功生有二子，长子社伦和他住在西王庄，领十几个壮丁从60顷地北面往南，垦荒耕种。次子图门，在60顷地的南段开辟了牧场。当时当地的人们骑马放牧都是骣骑（骑马不备鞍子），图门放牧时却经常骑着备有鞍鞯的马。因此人们就把图门所在的地方称为鞍鞯营子。乾隆年间，西王庄王氏家族人口繁衍很快。所以，鞍鞯营的牧厂也逐渐地被开垦成农田。

社伦生了三个儿子，老大博尔术是长门长子，继任庄主。博尔术生了四个儿子：沙晋更、俄哥登、乌木布、楚勒罕。他们继续住在西王庄，称为后营子。老大沙晋更的长子博木博、长孙王成（王锁锁）都为西王庄的庄主。沙晋更的次子博尔忽生了四个儿子：宝罗、有罗、孛罗、四对。他们住在中营子。沙晋更的三子胡尔赤生了七个儿子，其中两个无后，海都、艮敦、阔端、合答、唆都都住在了南营子，也叫广昌铺。

广昌铺为乾隆二年设立的铺司之一。史载，古时驿站规模较大的称驿站或驿馆，简称驿；规模较小的称铺或铺司，是地方官府衙门所属机构。古时没有邮政所，政府传递公文的差使，骑马走官道，一站一站递送文书，靠的就是这些设在官道上的驿站和铺司。如遇有紧急治安事件，也可由驿站、铺司派出兵员协助办案、递解犯人。

广昌铺是归化城至鄂尔多斯这一驿道上所设铺司之一。史载，归化城至鄂尔多斯计八百余里，设八驿。出归化城第二台（驿站）为托县伍十家驿站。中间设置了图尔根河（大黑河）一带的广昌铺（司）。所设铺司专管递送公文及递解犯人。

广昌铺（司）设主管人员一人，其后裔姓汪，其先人娶了王氏家族的姑娘，成了西王庄的唯一外姓。广昌铺铺卒人数总共168名。他们的工食银（清顺治年间驿站铺司改民办为官办）由地方政府发给，每年每名给工食银6两，共计该银1008两，由归化城都统衙门公款银内发给。

随着邮政事业发展，驿站、铺司的邮递功能逐步减弱。广昌铺利用本地资源经营起了土硝（火硝）和捕鱼业，经营范围广，业兴隆昌盛。

广昌铺留下的文物一盘碾子，新中国成立后，村里人还在使用。一眼井，早已不存在，但是村里人都知道碾子附近有眼井是汪姓家族的。

鞍鞴营子东有一处当地放牧人圈马、牛、羊牲畜的圐圙，叫东圐圙。在鞍鞴营、东圐圙南端是西王庄人打草放牧的地方，场地宽广，草木茂盛。因西王庄人在此处搭有储草的房子，故称草房子。后来，后营子二门的王金山去草房子开垦、经营这片土地，当地人又将草房子称为十二顷地。

再说住在南营子的海都的大儿子大满、四儿子四满，后在鞍鞴营子开荒耕种，在鞍鞴营子落户了；艮敦被派去大青山后垦荒，继续种地纳粮，十多年后又回了西王庄的南营子广昌铺；合答被派去土右旗，在黄河畔给清政府种地纳粮，再没回广昌铺。

西王庄是一个人杰地灵的好地方，三百多年来孕育出一代又一代英才。先祖王有功为发展西王庄事业做出了贡献。其后代王憨头为抗击日本帝国主义壮烈牺牲。抗美援朝时王德美、王永春、王补源、王先保家卫国赴朝作战。新中国成立前后为党和国家做出贡献的有邓图、王德明、王德政、王然、王燕、王照、王栓柱、王铭、王月莲、王慧、王秀英、王乐等不胜枚举。现在西王庄一代后人，在中国共产党领导下，意气风发、斗志昂扬，为中华民族伟大复兴做更大的贡献。

编写族谱人：王德明　王宝成　王志

表一

西王庄王氏家族世系图谱

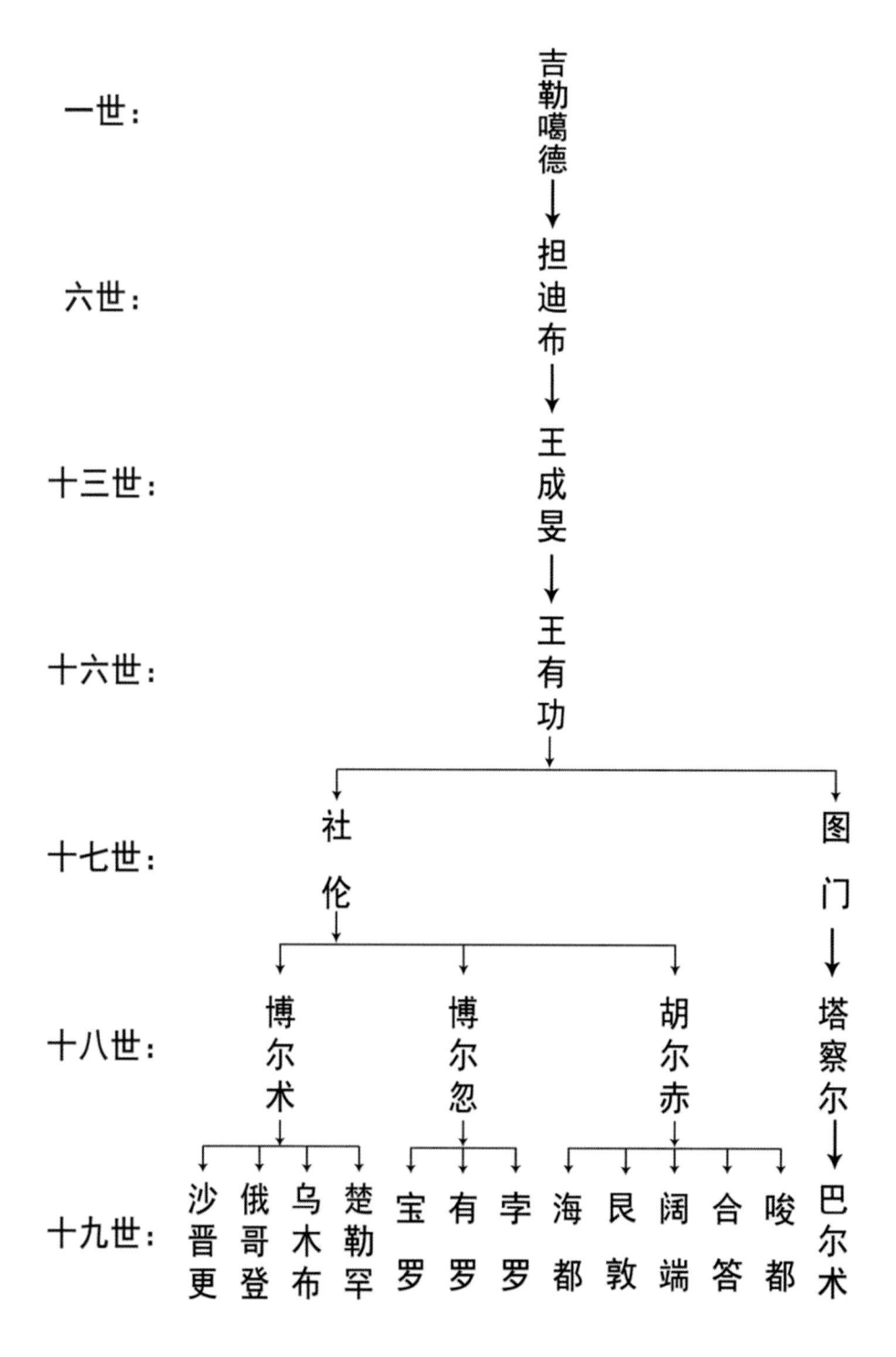

一世：	吉勒噶德
六世：	担迪布
十三世：	王成旻
十六世：	王有功
十七世：	社伦 ／ 图门
十八世：	博尔术、博尔忽、胡尔赤 ／ 塔察尔
十九世：	沙晋更、俄哥登、乌木布、楚勒罕 ／ 宝罗、有罗、孛罗 ／ 海都、艮敦、阔端、合答、唆都 ／ 巴尔术

世系结构：

吉勒噶德 → 担迪布 → 王成旻 → 王有功
- 社伦
  - 博尔术 → 沙晋更、俄哥登、乌木布、楚勒罕
  - 博尔忽 → 宝罗、有罗、孛罗
  - 胡尔赤 → 海都、艮敦、阔端、合答、唆都
- 图门 → 塔察尔 → 巴尔术

表二

西王庄王氏家族世系图谱

世代	沙晋更（后当子大门）	俊哥登（后当子二门）
十九世	沙晋更	俊哥登
二十世	博大博	闫小五子氏
二十一世	王锁成（王锁锁）	
二十二世	王憨潘山头氏 → 王金山	王胡毛毛云 / 王三毛毛 / 王闫四祥板
二十三世	王闫绿山叶 / 王吴来秀娥 / 王何心秀 / 王索瑞继龙娥	王天头 / 王白脸秀 / 王李俊英 / 王潘代旦秀 / 王卞林叶 / 王陈妙栓兰 / 王苏三文栓
二十四世	王冯爱秀娃（王瑞桓、王瑞宝）/ 王福富秀（王效先、王富龙）/ 王詹守兰（王三龙）/ 王瑞龙娥	王福占忠 / 王张秀 / 王国强（王志高、任凤凤、王志选、武雨芬）/ 王栓栓 / 王李晓燕生 / 王海峰 / 王明亮 / 王伟 / 德力更

表三

西王庄王氏家族世系图谱

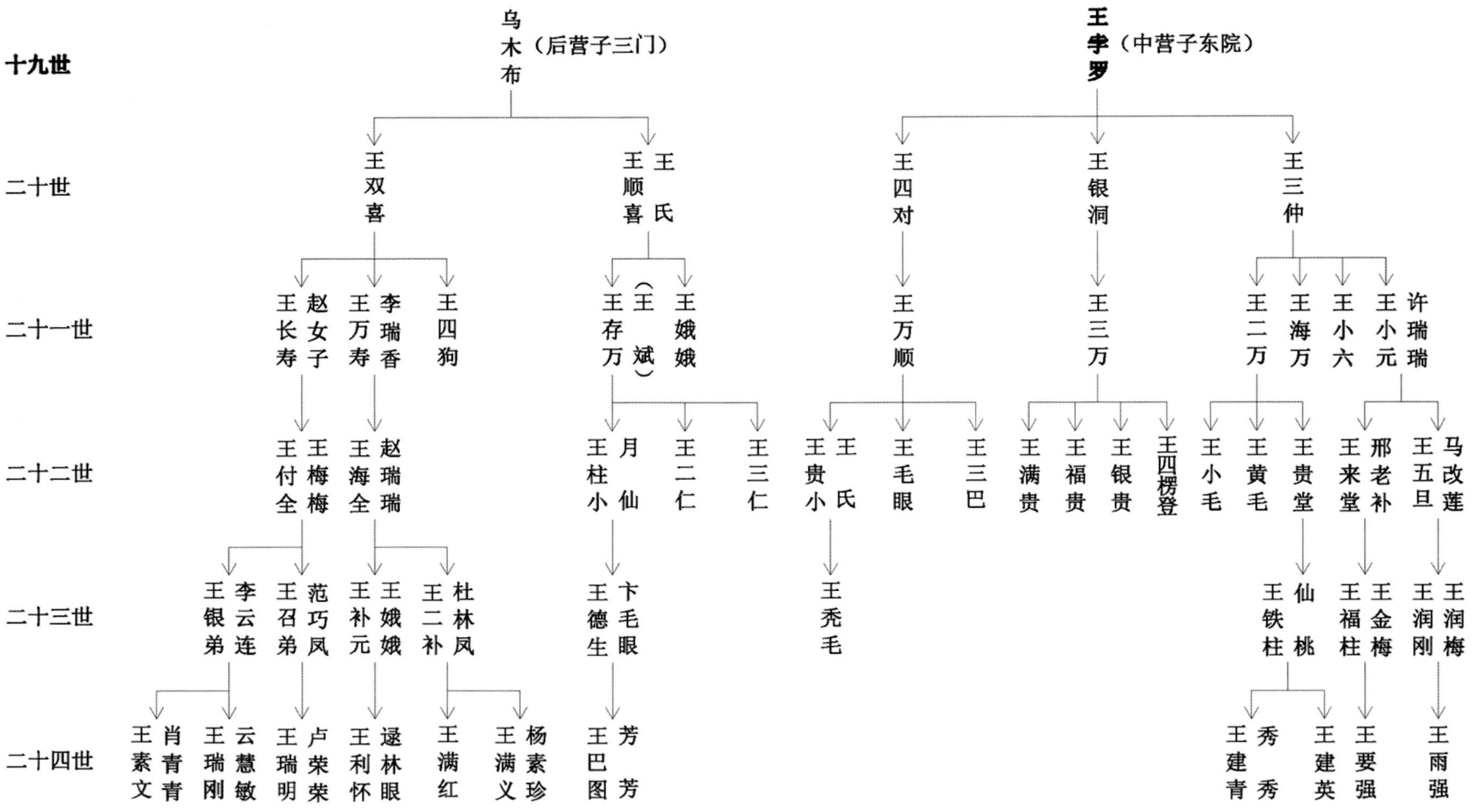

十九世	王李罗（中营子东院）
二十世	王三仲；王银洞；王四对
二十一世	（王三仲支）王小元瑞、王小六、王海万、王三万；（王银洞支）王三万；（王四对支）王万顺
二十二世	王许瑞瑞；王贵堂、王黄毛、王小毛；王四烙登、王银贵、王福贵、王满贵；王三巴、王毛眼、王贵小氏
二十三世	王马改建、王邢老朴、王来堂；王仙铁柱；王秀毛
二十四世	王王润刚梅、王王金福柱梅、王王建建秀英青秀；王雨强、王要强

十九世	乌木布（后营子三门）
二十世	王王顺喜喜；王双喜
二十一世	王娥娥、王存万（王万斌）；王四狗、王李万瑞香、王赵长女子寿
二十二世	王三仁、王月柱小仙；王梅付全梅、王海全瑞
二十三世	王三仁、卞毛眼；王杜二林朴凤、王朴娥元凤、王范召巧弟凤、王李云银弟连
二十四世	王芳、王巴图芳；王杨素义珍、王满红、王逯利怀林眼、王卢瑞明荣荣、王云慧刚敏、王肖青素文青

表四

西王庄王氏家族世系图谱

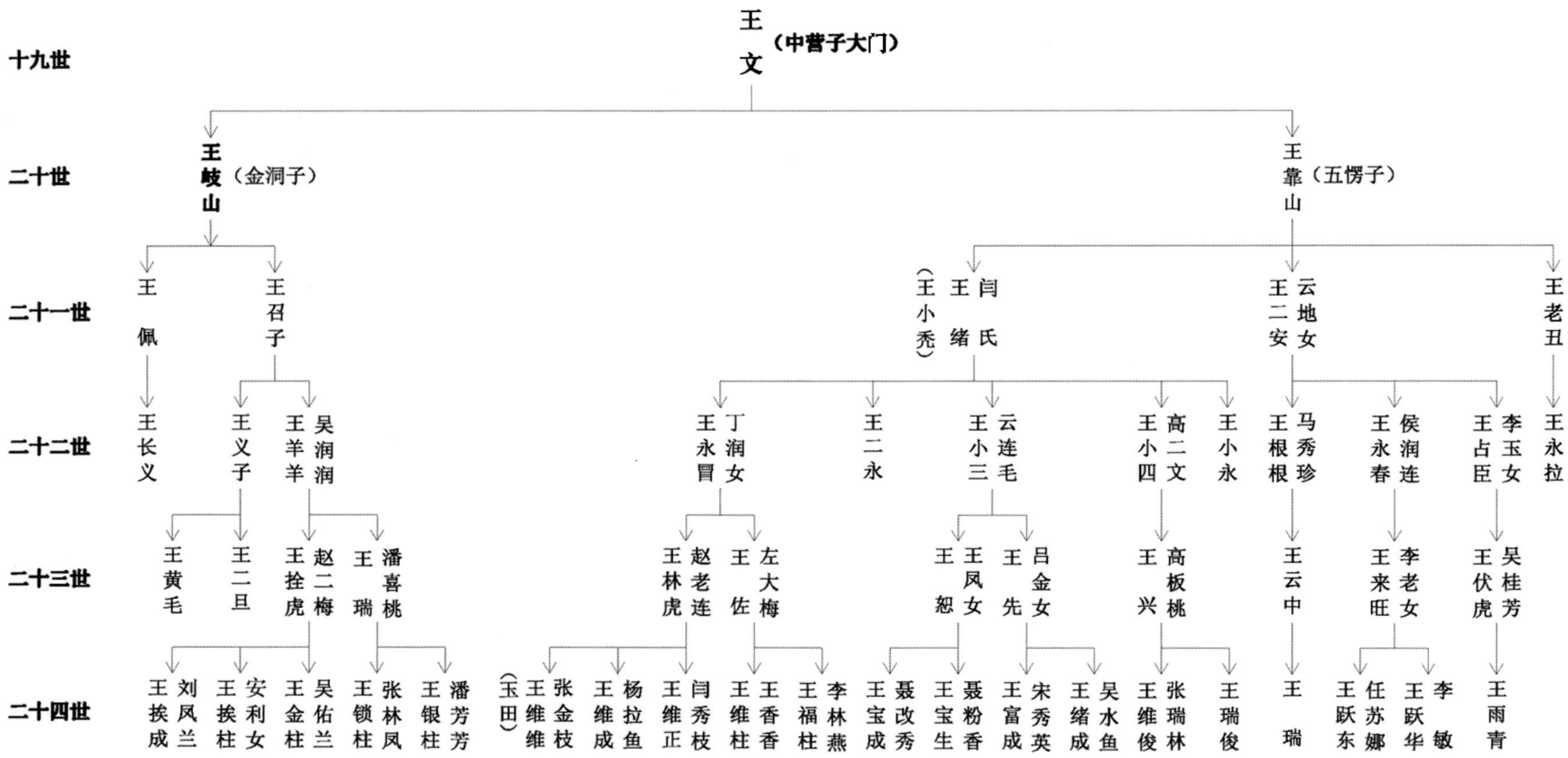

十九世：王文（中薯子大门）

二十世：王峻山（金洞子）、王靠山（五栳子）

二十一世（王峻山支）：王佩、王召子、王义子；（王靠山支）：王老丑、王云地安（女）、王闫小秀（绪氏）

二十二世（王峻山支）：王长义、王吴润润、王赵二梅、王潘喜桃、王二旦、王黄毛；（王靠山支）：王永拉、王李玉女（女）、王侯润连、王马秀珍、王小四、王商三文、王小永、王丁润胃（女）、王二永、王云连毛、王永林虎

二十三世：王安利柱女、王吴佑柱兰、王金柱兰、王张林凤、王潘芳柱芳、王杨拉鱼、王维成鱼、王张金维枝、王闫秀正、王维香柱香、王福林柱燕、王聂改秀成、王宝秀生、王凤怒女、王小三、王吕金先女（女）、王来富成英、王吴绪水成鱼、王商板兴桃、王张维瑞俊林、王瑞俊、王云中、王永春旺、王李老旺（女）、王任苏娜东、王李跃华敏、王占臣、王伏虎芳、王雨青

二十四世：王刘挨凤成兰、王挨凤柱女、王吴佑柱兰、王金柱兰、王张锁柱凤、王潘银柱芳

表五

西王庄王氏家族世系图谱

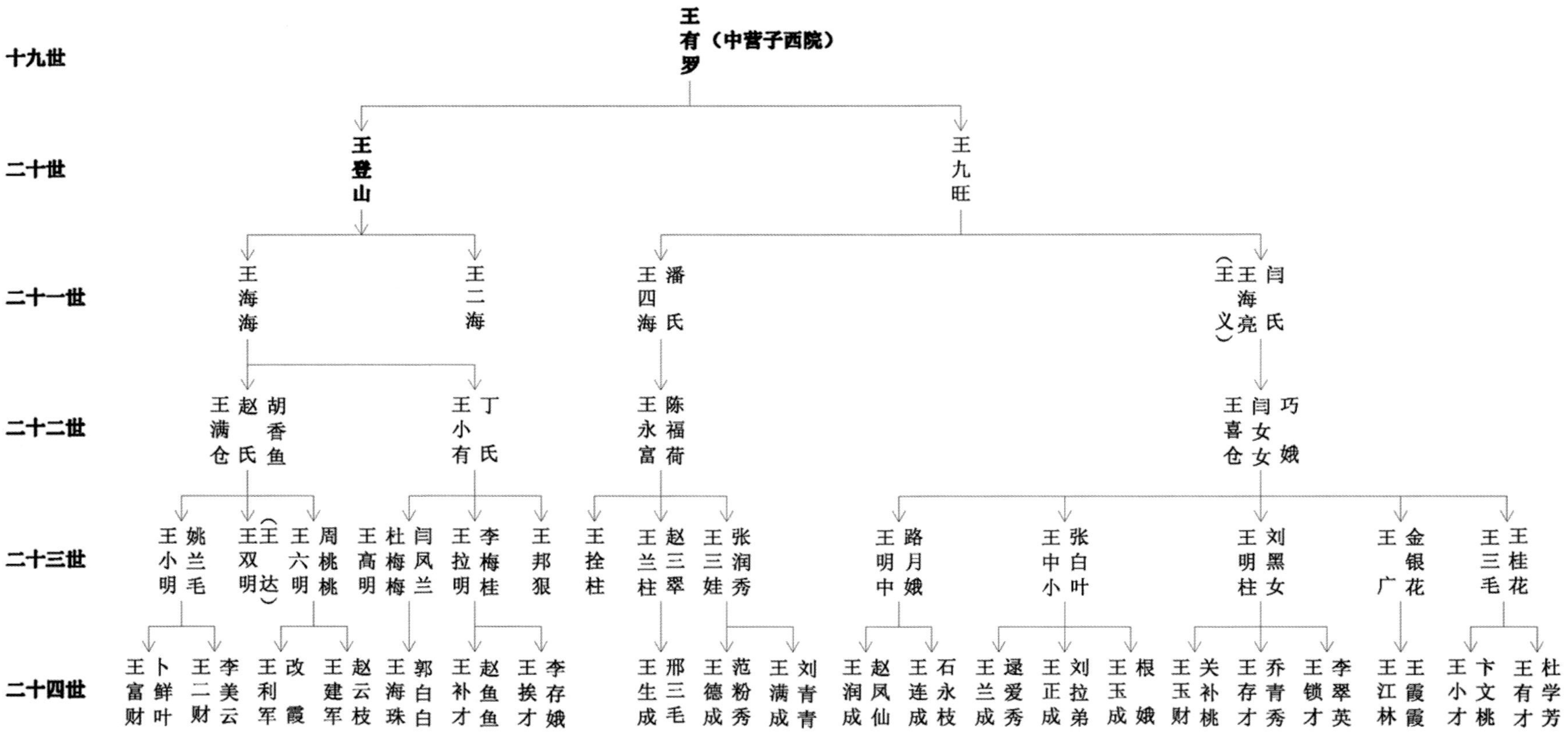
十九世
二十世
二十一世
二十二世
二十三世
二十四世
王有罗（中营子西院）
王登山
王九旺
王海海
王二海
王四海 潘氏
王海亮（王义） 闫氏
王满仓 赵氏 胡香鱼
王小有 丁氏
王永富 陈福荷
王喜仓 闫女女 巧娥
王小明 姚兰毛
王双明（王达） 王六明 周桃桃
王高明 杜梅梅 闫凤兰
王拉明 李梅桂
王邦狠
王拴柱
王兰柱 赵三翠
王三娃 张润秀
王明中 路月娥
王中小 张白叶
王明柱 刘黑女
王广 金银花
王三毛 王桂花
王富财 卜鲜叶
王二财 李美云
王利军 改霞
王建军 赵云枝
王海珠 郭白白
王补才 赵鱼鱼
王挨才 李存娥
王生成 邢三毛
王德成 范粉秀
王满成 刘青青
王润成 赵凤仙
王连成 石永枝
王兰成 逯爱秀
王正成 刘拉弟
王玉成 根娥
王玉财 关补桃
王存才 乔青秀
王锁才 李翠英
王江林 王霞霞
王小才 卞文桃
王有才 杜学芳

西王庄王氏家族世系图谱

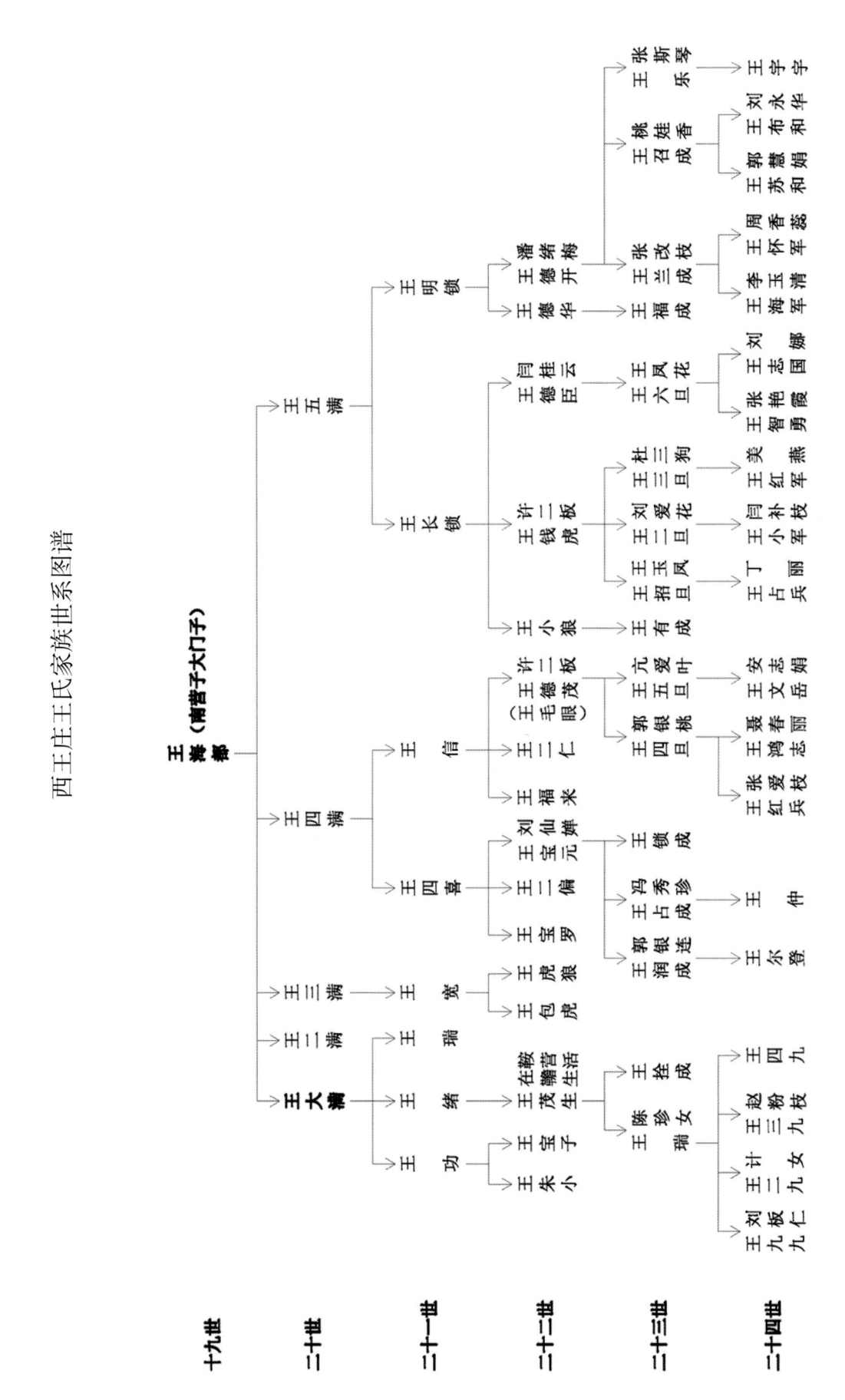

表六

王涛郁（南咎子大门子）

- 二十世：王大满、王二满、王三满、王四满、王五满

二十一世及以下为各支系后裔，主要人物包括：
- 王大满 → 王绪、王功
- 王绪 → 王在鞍、王茂骆营生活、王陈珍女瑞、王宝子、王朱小
- 王功 → 王柱成（→王四九）、王讫粉枝（→王三九枝）、王计二女仁（→王刘九板九仁）
- 王三满 → 王宽 → 王虎狼成、王包虎 → 王郭银连成（→王尔登）、王润成（→王仲）
- 王四满 → 王四喜、王信
  - 王四喜 → 王宝罗、王三偏成、王刘仙婵（→王冯秀珍、王锁成）
  - 王信 → 王福米、王三仁（王毛眼）、王德茂（→王郭银桃、王许二板→王亢爱叶→王安文志岳娟、王张红兵爱枝→王裹春鸿丽志）
- 王五满 → 王小狼、王长锁、王明锁
  - 王小狼 → 王有成
  - 王长锁 → 王钱虎、王许二板
    - 王钱虎 → 王玉凤、王二旦、王刘爱花、王美三狗
      - 王招丁古兵丽、王小军朴枝、王红军燕、王杜三狗
  - 王明锁 → 王德华、王德开成梅（王潘绪）、王兰成（张改枝）
    - 王福成 → 王海军玉军清
    - 王兰成 → 王李怀周香蕊
    - 王桃娃（召成香） → 王布和、王刘永华、王郭慧娟苏和华
    - 张斯琴 → 王宇乐、王宇

十九世／二十世／二十一世／二十二世／二十三世／二十四世

表七

西王庄王氏家族世系图谱

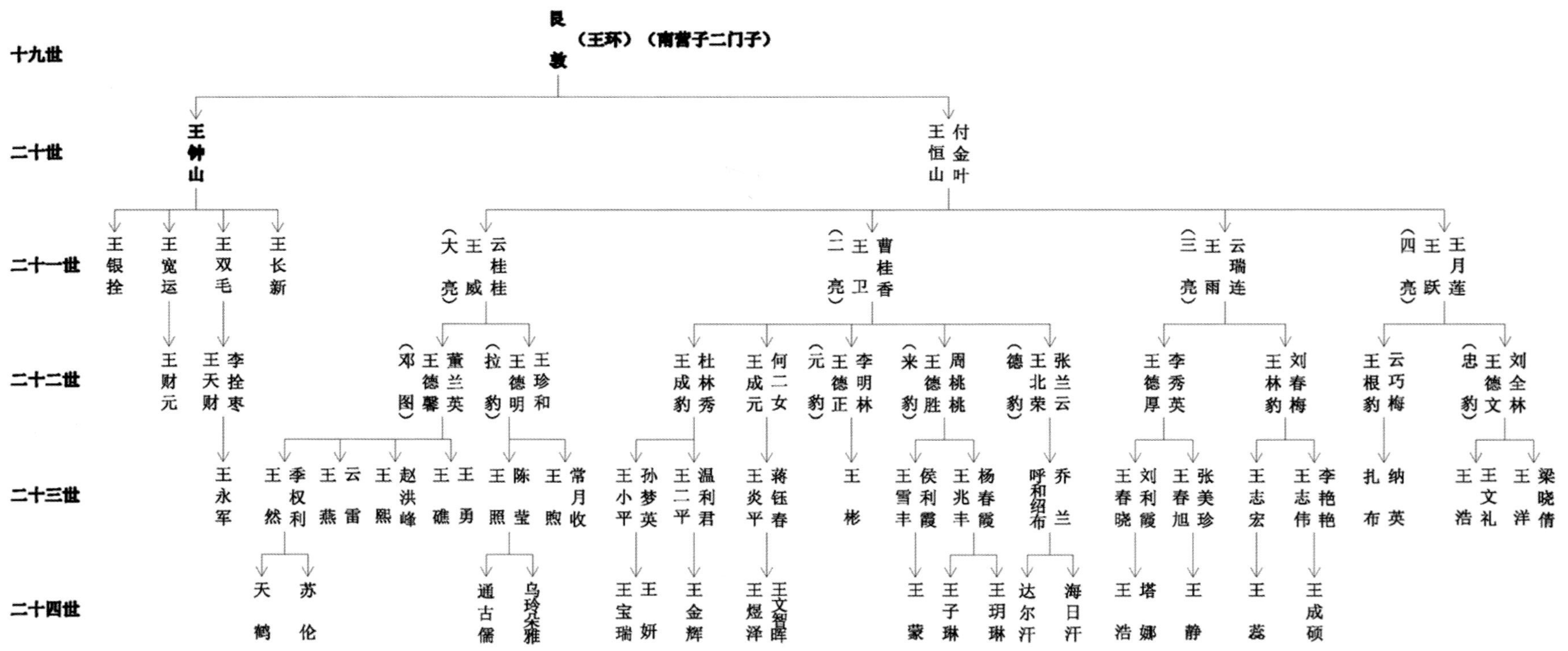

十九世　王神山

二十世：王长新、王双毛、王发运、王银柱

二十一世：李栓枣、王财元、艮（王禾）（赠褚子二口子）

（艮王禾分支）：大王云桂（亮）、二王曹桂香（卫亮）、三王雨莲（亮）、四王月莲（跃亮）、王付金山叶（宿）

二十二世：
- 王永军
- 大王云桂（亮）下：王董兰英（德桂豹）、邓图馨（王德勇）
- 二王曹桂香（卫亮）下：王杜成秀林（豹）、王何三女、王元德明林（豹）、米王德胜桃（豹）、张德王北荣（豹）
- 三王雨莲（亮）下：王李德秀英（厚复）、王刘春林（豹）
- 四王月莲（跃亮）下：王云巧梅（根豹）、王刘德忠文（豹）

二十三世：
- 王季然权利、王云燕雷利、王赵洪峰熙、王德勇照堂、王陈煦
- 王孙梦平英、王蒋钰春、王彬、侯王利丰霞（豹）、杨王兆春丰霞、呼和绍布（德北荣豹）
- 王刘春利晓霞、王张春艳旭珍、王李志艳伟梅、王志宏
- 王根扎纳布英、王文礼浩、王梁晓洋霖

二十四世：
- 苏伦
- 天鹤
- 乌玲通雅古儒
- 王宝瑞妍、王煜泽醒、王子蒙琳、王玥琳、王达尔汗、海日汗
- 王塔娜浩娜、王静、王蕊、王成硕

表八

西王庄王氏家族世系图谱

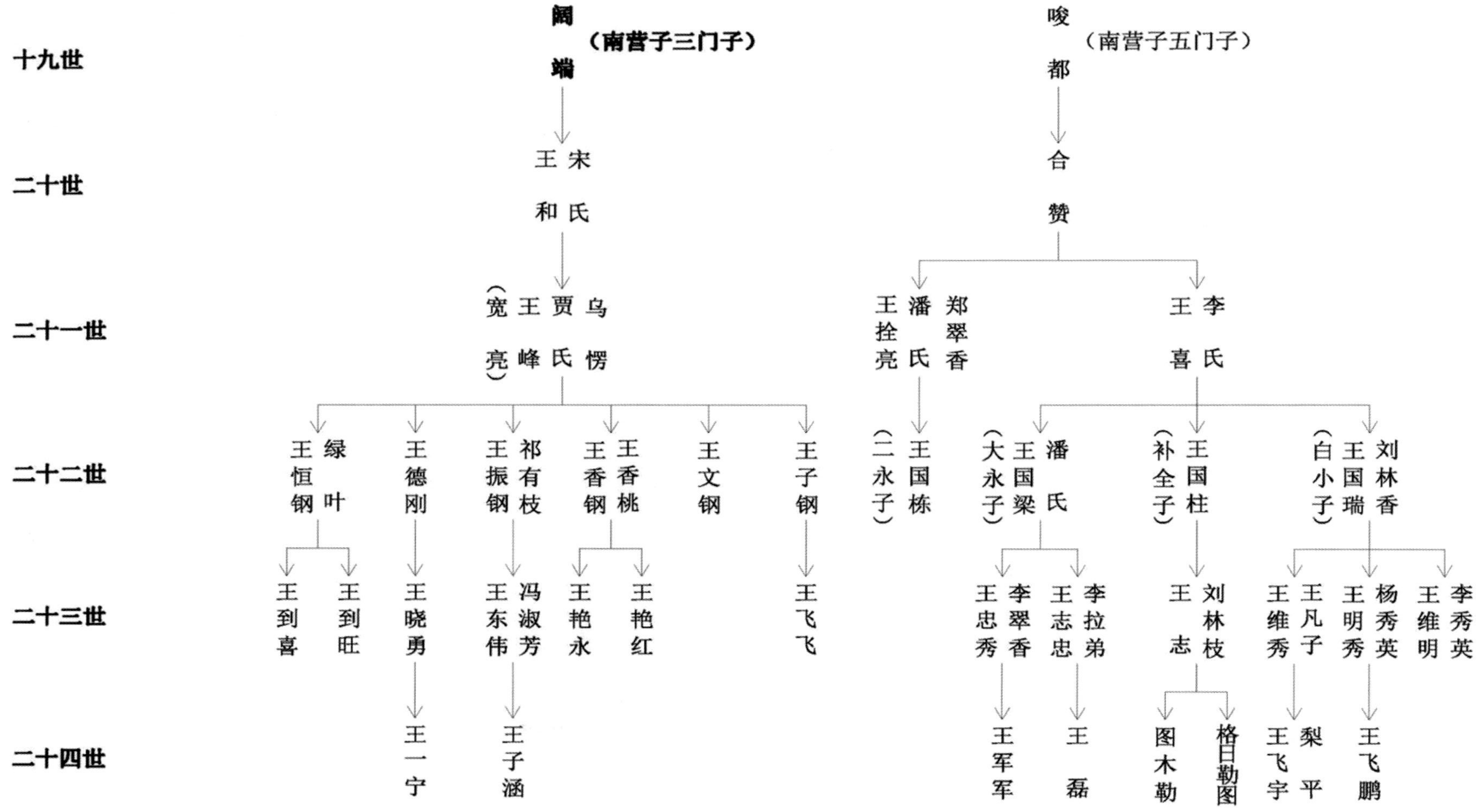

十九世　唛（南甾子五门子）

二十世　都 → 合 → 赟

二十一世
- 王拴亮 — 潘翠香氏 → 王国栋（二永子）
- 王赟 — 李菖氏
  - 王国梁（大永子）— 潘氏
  - 王国柱（朴全子）— 刘林枝
  - 王国瑞（白小子）— 王林香

二十二世
- 王忠秀 — 李翠香 → 王军军
- 王志忠 — 李拉弟 → 王磊
- 王志 — （空）
  - 格日勒图
  - 图木勒
- 王凡子 — 王维秀
- 王明秀 — 杨秀英
- 王维 — 李秀英

二十三世
- 王梨平 → 王飞宇
- 王飞鹏

十九世　阙瑞（南甾子三门子）

二十世　王宋和氏

二十一世　王宽亮（贾乌峰氏愣氏）

二十二世
- 王绿叶 — 王恒钢
- 王德刚
- 王祁有枝 — 王振钢
- 王香钢桃 — 王王
- 王文钢
- 王子钢

二十三世
- 王到旺
- 王到喜
- 王晓勇
- 冯淑芳 — 王东伟
- 王艳红
- 王艳永
- 王飞

二十四世
- 王一宁
- 王子涵
- 王飞

表九

西王庄王氏家族世系图谱

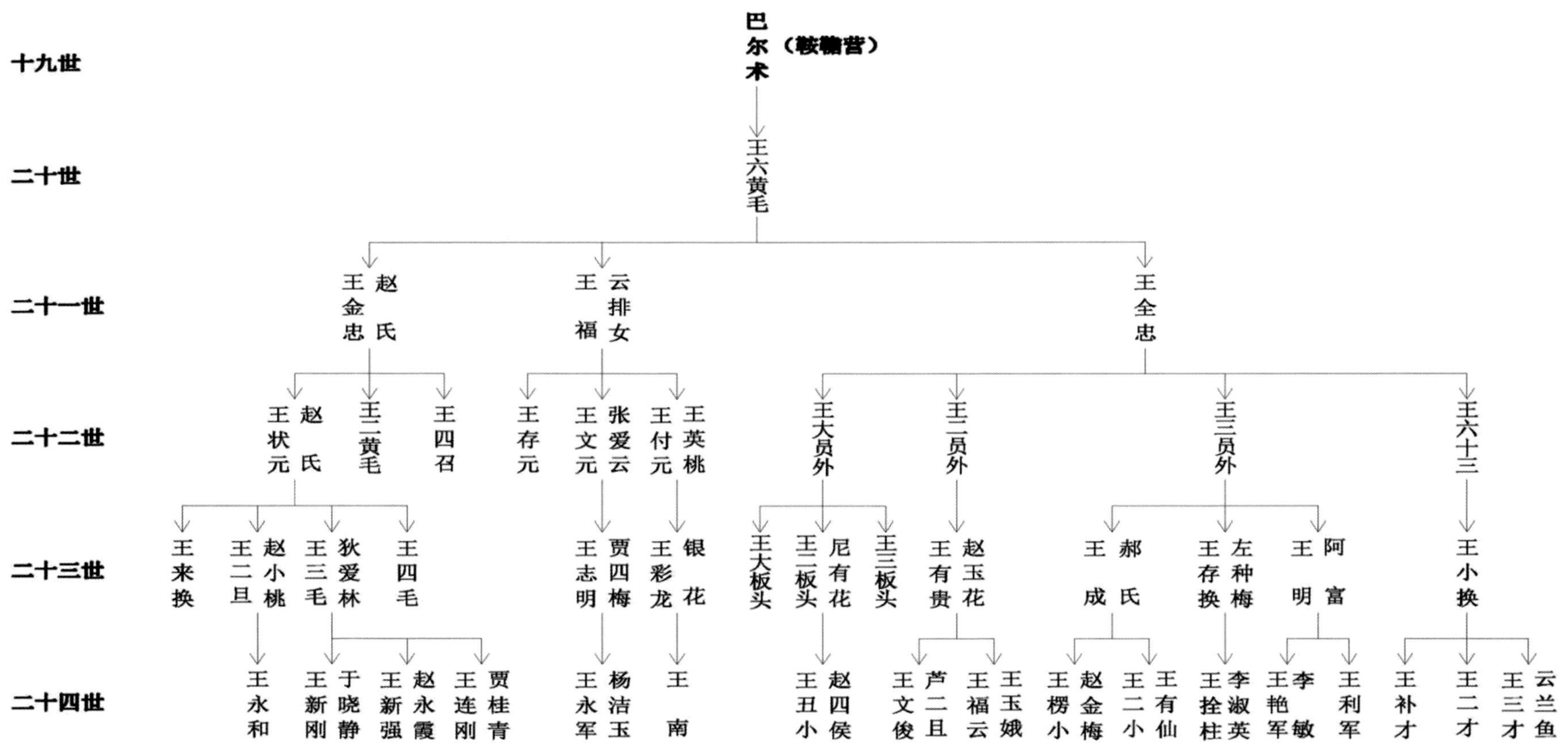

世代	
十九世	巴尔禾（鞑靼音）
二十世	王六黄毛
二十一世	王赵金氏 — 王云福 — 王全忠
二十二世	王状元、王赵氏、王黄毛、王四召；王存元、王张爱云、王文元、王付元、王英桃；王大员外、王三板头、王大板头、王大员外、王员外、王三员外、王六十三
二十三世	王来换、王二旦、赵小桃、王三毛爱林、狄爱林、王四毛；王志明、贾四梅、王彩龙、银花；王尼有花、王三板头、赵四小俊、王玉贵花、赵玉花、王郝成氏、王存换、王阿明富；王小换
二十四世	王永和、王新刚、于晓静、王新强、赵永霞、王连刚、贾桂青；杨洁玉、王永军、军玉、王南；王日俊且、王文云娥、王福玉、赵金小梅、王有小仙、王捞小梅、王李拴淑桂英、王李艳军敏、王利军；王三才鱼、王朴才、王三才鱼、王云兰鱼

174

表十

西王庄王氏家族世系图谱

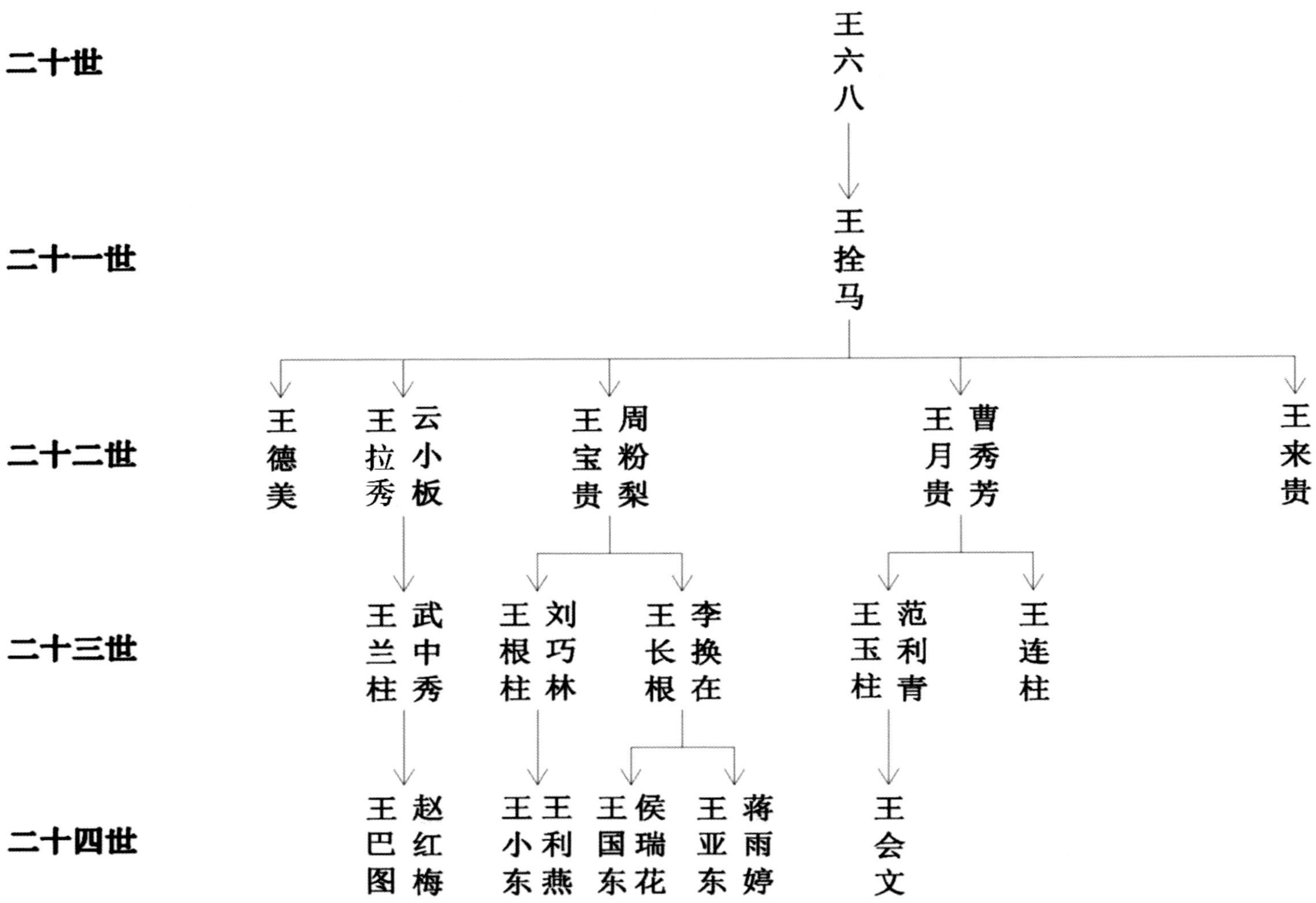

二十世	二十一世	二十二世	二十三世	二十四世
王六八 →	王栓马 →	王德美		
		王云小板 → 王拉秀 →	王武中秀 → 王兰柱	王赵红图梅 / 王巴图
		王宝贵 / 周粉梨 →	王刘巧林 / 王根柱	王小东 / 王利燕 / 王东
			王李换任 / 王长根	王侯国瑞 / 王东花 / 王亚南 / 蒋雨婷
		王月贵 / 曹秀芳 →	王范利青 / 王玉柱	王会文
			王连柱	
		王来贵		

表一

赵庄赵氏家族世系图谱

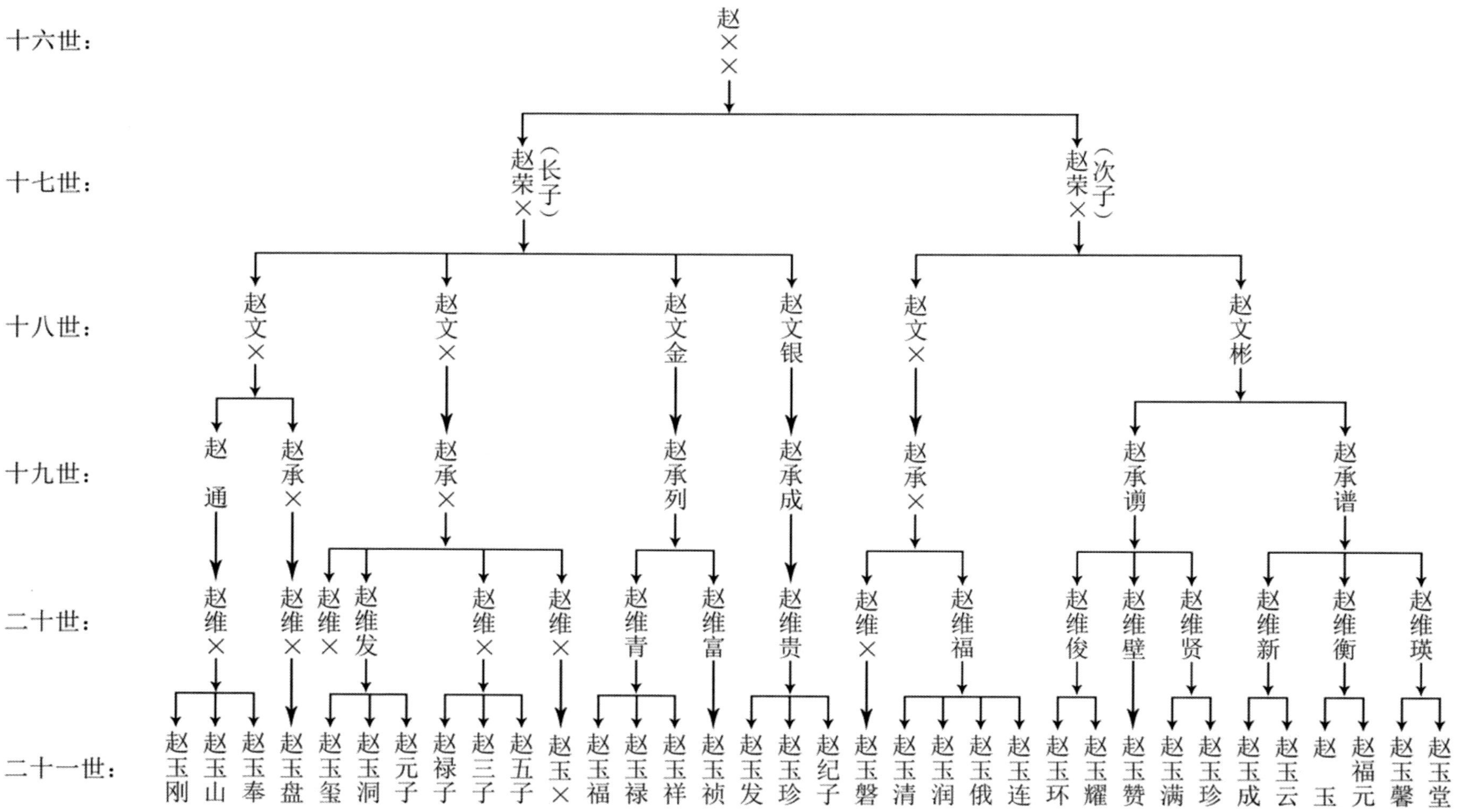

十六世：赵××

十七世：
- 赵荣×（长子）
- 赵荣×（次子）

十八世：
- 赵荣×（长子）→ 赵文×、赵文×、赵文金、赵文银
- 赵荣×（次子）→ 赵文×、赵文彬

十九世：
- 赵文×→ 赵承×、赵通
- 赵文×→ 赵承×
- 赵文金→ 赵承列
- 赵文银→ 赵承成
- 赵文×→ 赵承×
- 赵文彬→ 赵承调、赵承谱

二十世：
- 赵承×→ 赵维×
- 赵通→ 赵维×
- 赵承×→ 赵维发、赵维×、赵维×
- 赵承列→ 赵维青、赵维富
- 赵承成→ 赵维贵
- 赵承×→ 赵维×、赵维福
- 赵承调→ 赵维俊、赵维壁、赵维贤
- 赵承谱→ 赵维新、赵维衡、赵维瑛

二十一世：
- 赵维×（通支）→ 赵玉刚、赵玉山、赵玉奉
- 赵维×→ 赵玉盘
- 赵维发→ 赵玉玺、赵玉洞、赵元子
- 赵维×→ 赵禄子、赵三子、赵五子
- 赵维×→ 赵玉×
- 赵维青→ 赵玉福、赵玉禄祥
- 赵维富→ 赵玉桢
- 赵维贵→ 赵玉发、赵玉珍、赵纪子
- 赵维×→ 赵玉磬
- 赵维福→ 赵玉清润、赵玉俊连、赵玉连
- 赵维俊→ 赵玉环耀
- 赵维壁→ 赵玉赞满
- 赵维贤→ 赵玉珍
- 赵维新→ 赵玉成、赵玉云
- 赵维衡→ 赵玉元、赵福元
- 赵维瑛→ 赵玉馨、赵玉堂

表二

赵庄赵氏家族世系图图谱（赵庄）

二十一世： 赵王刚/杨氏

二十二世： 赵天会/王氏

二十三世：
- 赵德聪/王老爱
- 赵德鸿/张氏
- 赵德胜/金柱（丁氏）

二十四世：
- 赵德聪 → 赵克华/王弟弟、赵克荣/陈排林、赵克锦/王拉桃
- 赵德鸿 → 赵克勇/云省心
- 赵德胜 → 赵克温/胡云鱼温鱼、赵克俭、赵克勤/刘氏

二十五世：
- 赵克华 → 赵月春、赵月忠、赵月星
- 赵克荣 → 赵玉兰枝、赵月胜/王玉桂榕
- 赵克锦 → 赵春丽连永、赵永胜/樊小八
- 赵克勇 → 赵肖巧月在叶、赵文在兰/陈培兰
- 赵克温 → 赵连炳/云喜凤
- 赵克勤 → 赵连成/梁世梅

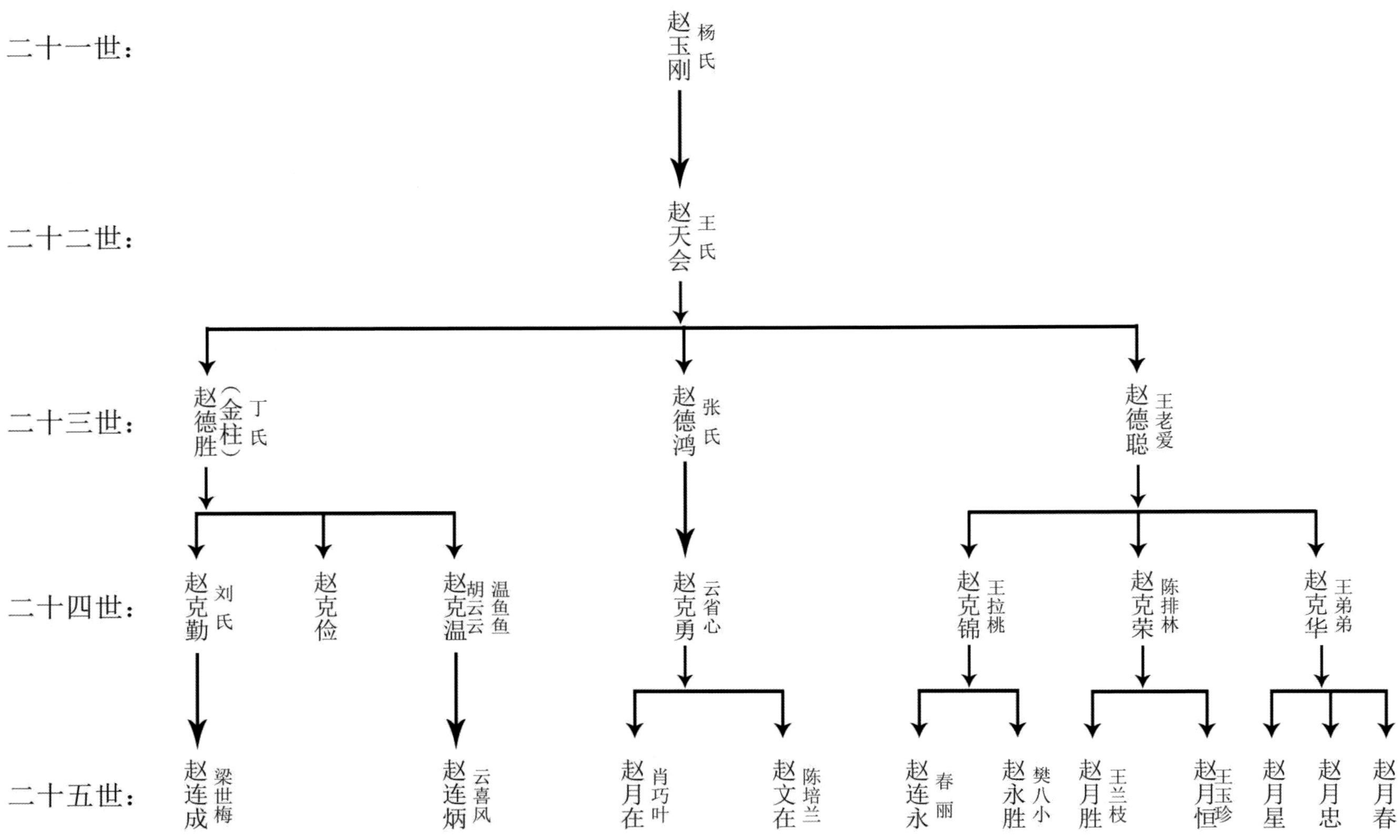

表三

赵庄赵氏家族世系图谱（赵庄）

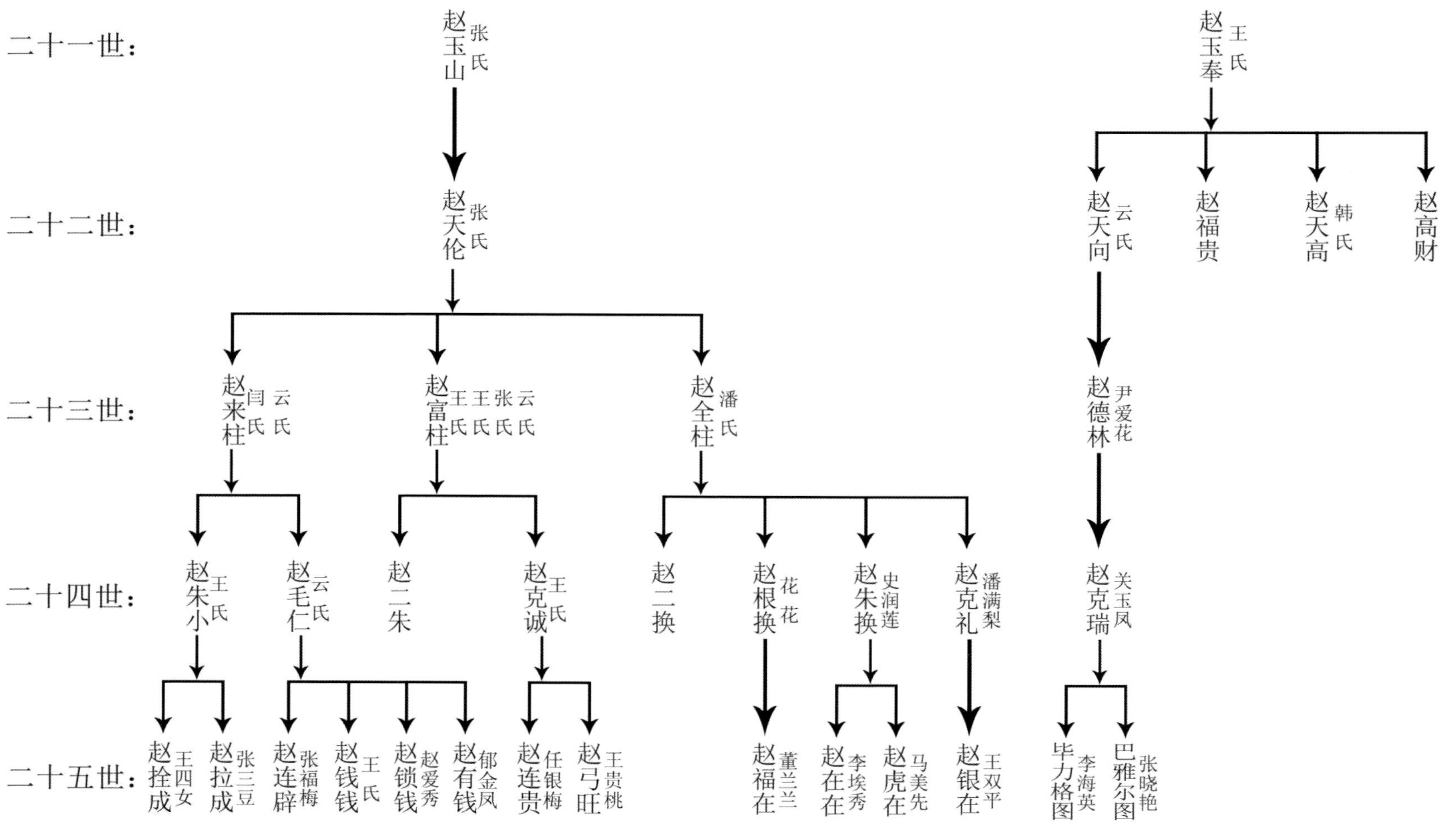

二十一世：赵王山氏

二十二世：赵张天氏伦

二十三世：
- 赵王玉奉氏
- 赵潘全氏柱
- 赵王王富氏张柱氏
- 赵周云来氏柱

二十四世：
- 赵云天向 → 赵尹德爱林花 → 赵关克玉瑞凤
- 赵福贵
- 赵天高韩氏高
- 赵高财
- 赵潘满克梨礼
- 赵史润朱换莲
- 赵根花换花
- 赵三换
- 赵王克氏诚
- 赵三朱
- 赵张毛福仁氏
- 赵王朱小氏

二十五世：
- 张巴雅尔图尔图
- 毕李力海格英图
- 赵王银双在平
- 赵马虎美在先
- 赵李在埃在秀
- 赵董福三在兰
- 赵任连银贵梅贵
- 赵王弓贵旺桃
- 赵郁有金钱钱凤
- 赵赵锁爱钱秀
- 赵王钱氏钱
- 赵张连福辟梅
- 赵张三拉成豆成
- 赵王四栓成女

表四

赵庄赵氏家族世系图谱（赵庄）

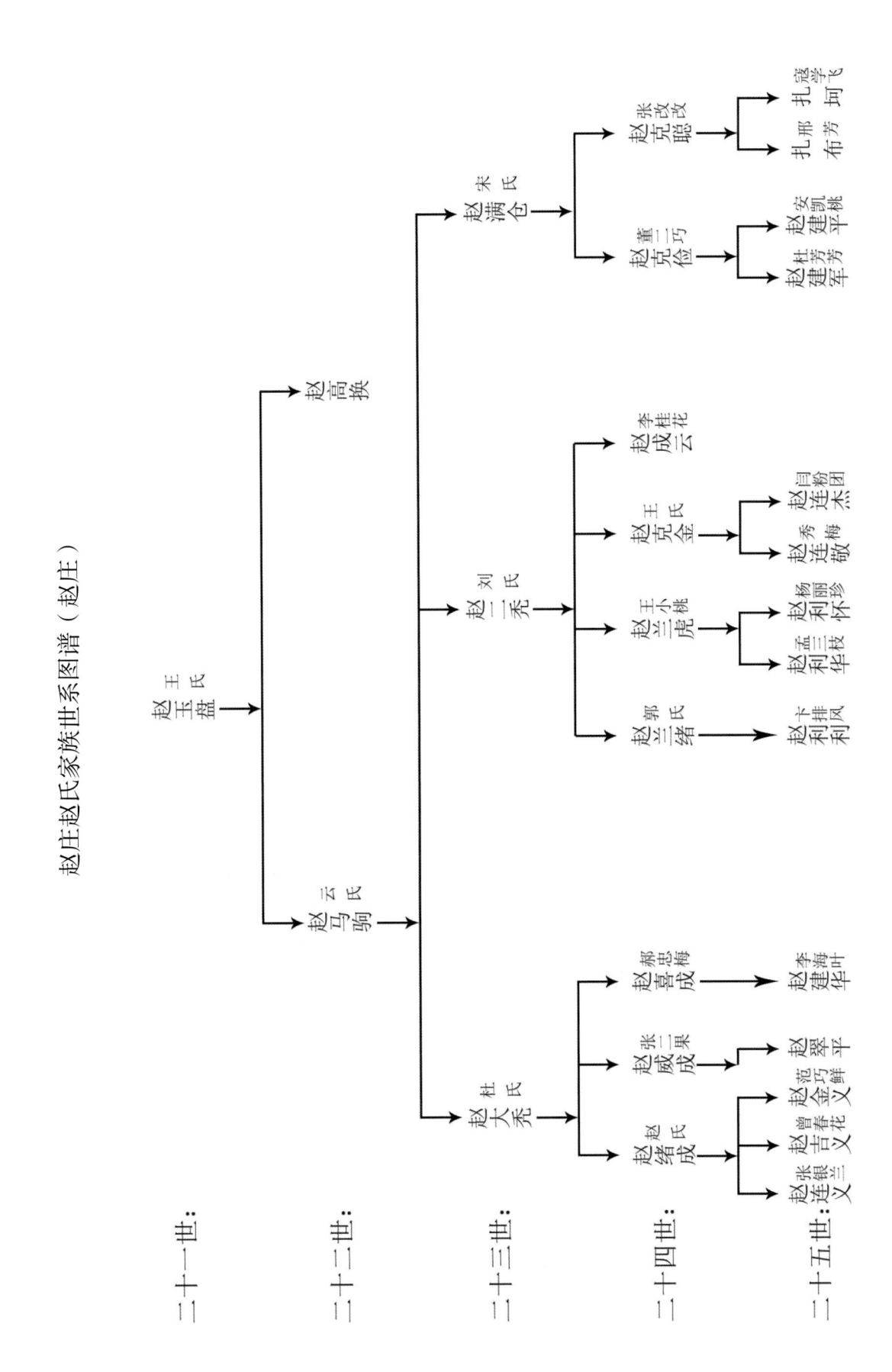

二十一世：赵玉盘/王氏

二十二世：
- 赵高换
- 赵马驹/云氏

二十三世（赵马驹支）：
- 赵满仓/宋氏
- 赵二秃/刘氏
- 赵大秃/杜氏

二十四世及二十五世：

赵满仓—宋氏：
- 赵克聪/张改改 → 赵扎布邢芳、赵扎珂学飞
- 赵克俭/董三巧 → 赵安凯/杜芳平、赵建军/建芳平

赵二秃—刘氏：
- 赵成云/李桂花
- 赵克金/王氏 → 赵连杰/同粉团、赵连敬/秀梅
- 赵小虎/王兰桃 → 赵尔珍/杨怀利、赵三华/孟利枝
- 赵兰绪/郭氏 → 赵利利/卞凤

赵大秃—杜氏：
- 赵喜成/郝忠梅 → 赵建华/李海叶
- 赵威成/张三果 → 赵翠平/范巧鲜
- 赵绪成/赵氏 → 赵春花/曾吉义、赵金义/兰鲜、赵连义/张银兰

表五

赵庄赵氏家族世系图谱（白皮营）

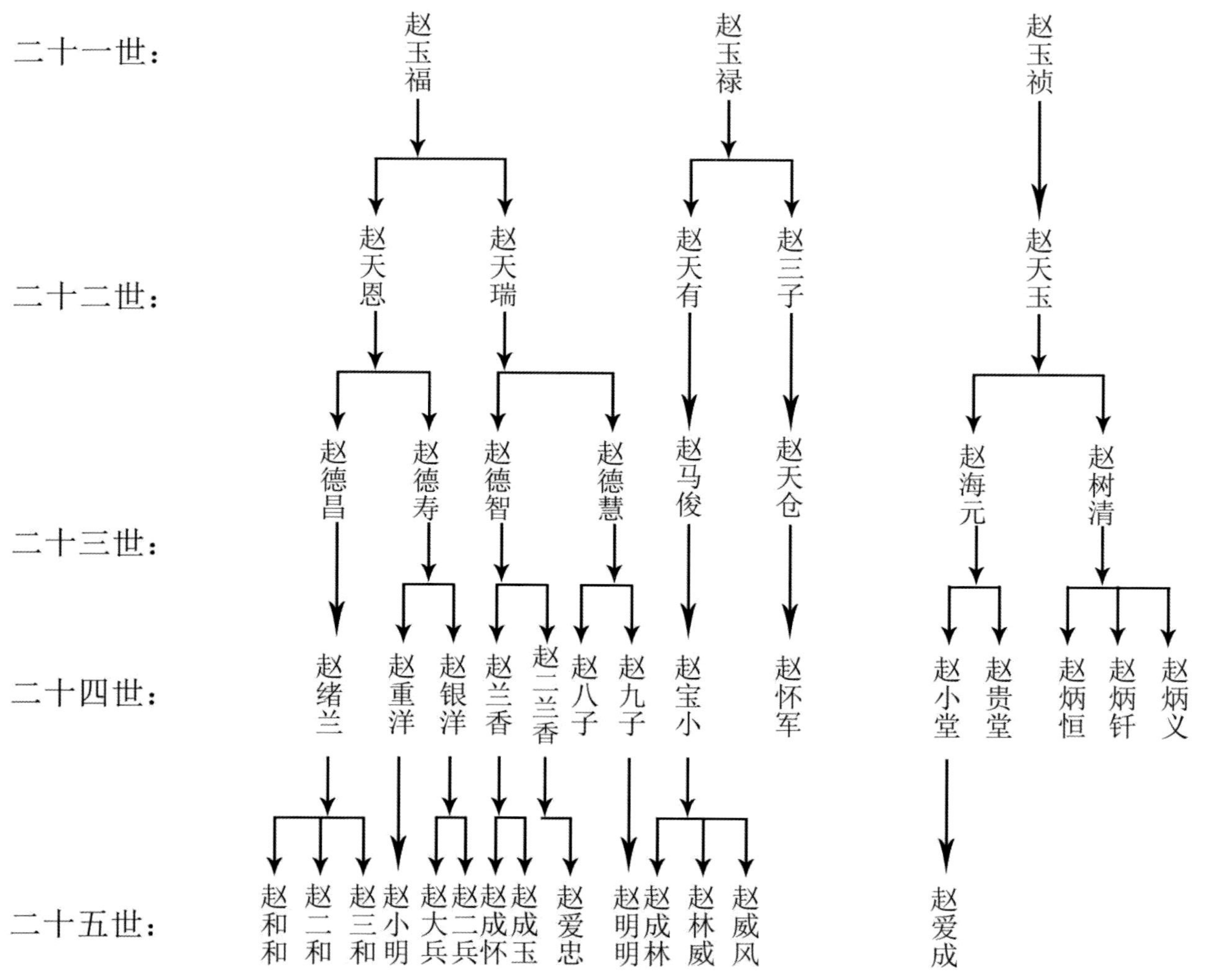

二十一世：赵玉祥 → 赵天有

二十一世：赵玉祯 → 二十二世：赵天玉 →
- 赵树清 → 赵炳义、赵炳轩、赵炳恒
- 赵海元 → 赵贵堂；赵小堂 → 赵爱成

二十一世：赵玉禄 → 二十二世：
- 赵三子 → 赵天仓 → 赵怀军
- 赵天有 → 赵马俊 → 赵宝小 → 赵威凤、赵林威、赵成威

二十一世：赵玉福 → 二十二世：
- 赵天瑞 →
  - 赵德慧 → 赵九子 → 赵明林；赵八子 → 赵明忠
  - 赵德智 → 赵三香 → 赵爱成；赵兰香 → 赵成玉、赵怀玉
- 赵天恩 →
  - 赵德寿 → 赵银洋 → 赵大兵、赵二兵；赵重洋 → 赵小明
  - 赵德昌 → 赵绪兰 → 赵三和、赵二和、赵和和

二十三世、二十四世、二十五世

表六

赵庄赵氏家族世系图谱（白皮营）

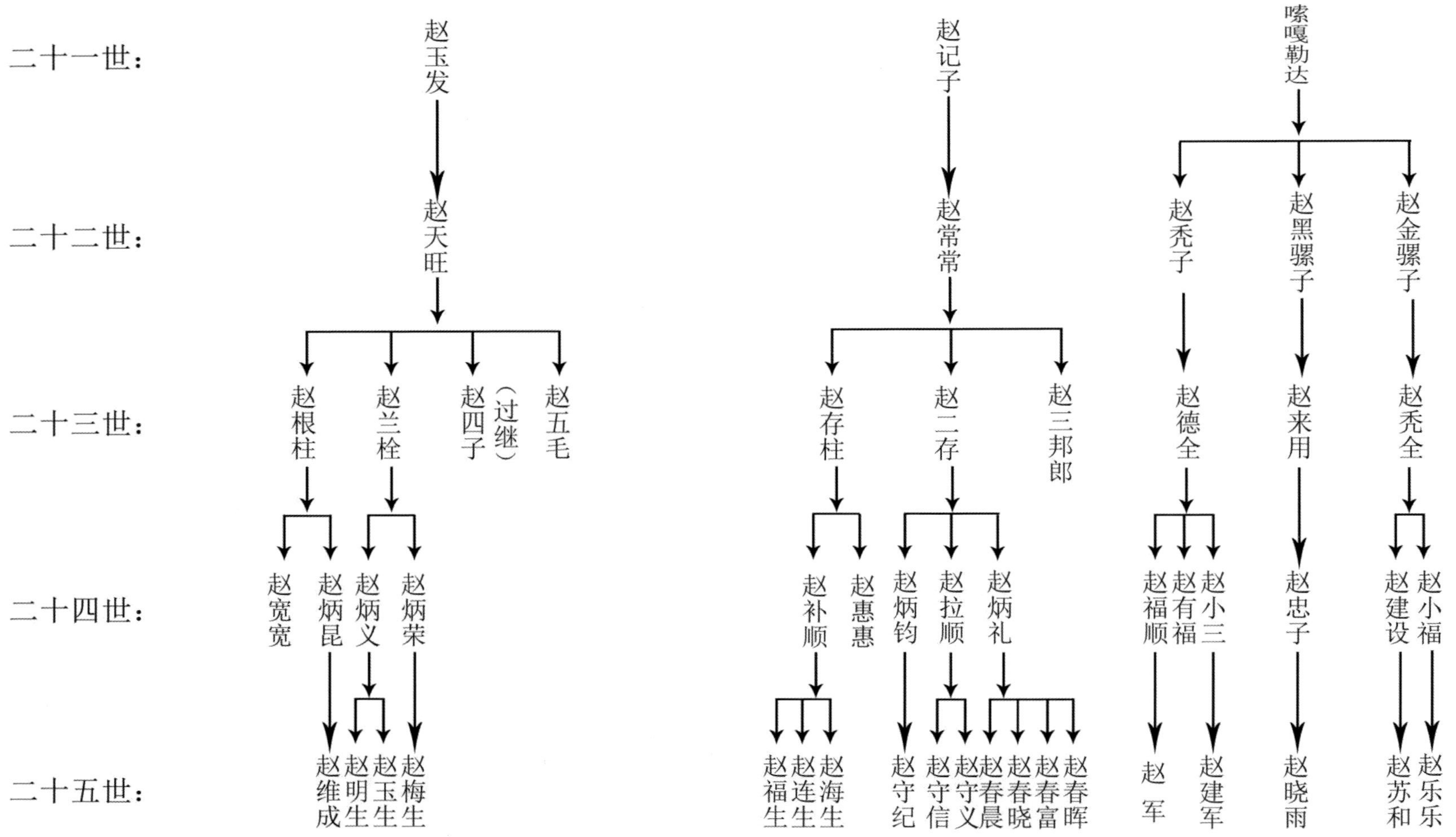

二十一世：嚓嘎勒达 / 赵记子 / 赵玉发

二十二世：
- 嚓嘎勒达 → 赵金骡子、赵黑骡子、赵秃子
- 赵记子 → 赵常常
- 赵玉发 → 赵天旺

二十三世：
- 赵金骡子 → 赵秃全
- 赵黑骡子 → 赵来用
- 赵秃子 → 赵德全
- 赵常常 → 赵三邦郎、赵三存、赵存柱
- 赵天旺 → 赵五毛、赵四子（过继）、赵三栓、赵根柱

二十四世：
- 赵秃全 → 赵小福、赵建设
- 赵来用 → 赵忠子
- 赵德全 → 赵小三、赵有福、赵福顺
- 赵三存 → 赵炳礼、赵拉顺、赵炳钧
- 赵存柱 → 赵惠惠、赵朴顺
- 赵三栓 → 赵炳荣、赵炳义、赵炳昆、赵宽宽
- 赵根柱 → 赵炳昆、赵宽宽

二十五世：
- 赵小福 → 赵乐乐
- 赵建设 → 赵苏和
- 赵忠子 → 赵晓雨
- 赵有福 → 赵建军
- 赵福顺 → 赵军
- 赵炳礼 → 赵春晖、赵春富
- 赵拉顺 → 赵春晨、赵守义、赵守信、赵守纪
- 赵朴顺 → 赵海生、赵连生、赵福生
- 赵炳荣 → 赵梅生
- 赵炳义 → 赵玉生、赵明生
- 赵炳昆 → 赵维成

表七

赵庄赵氏家族世系图谱（小营子）

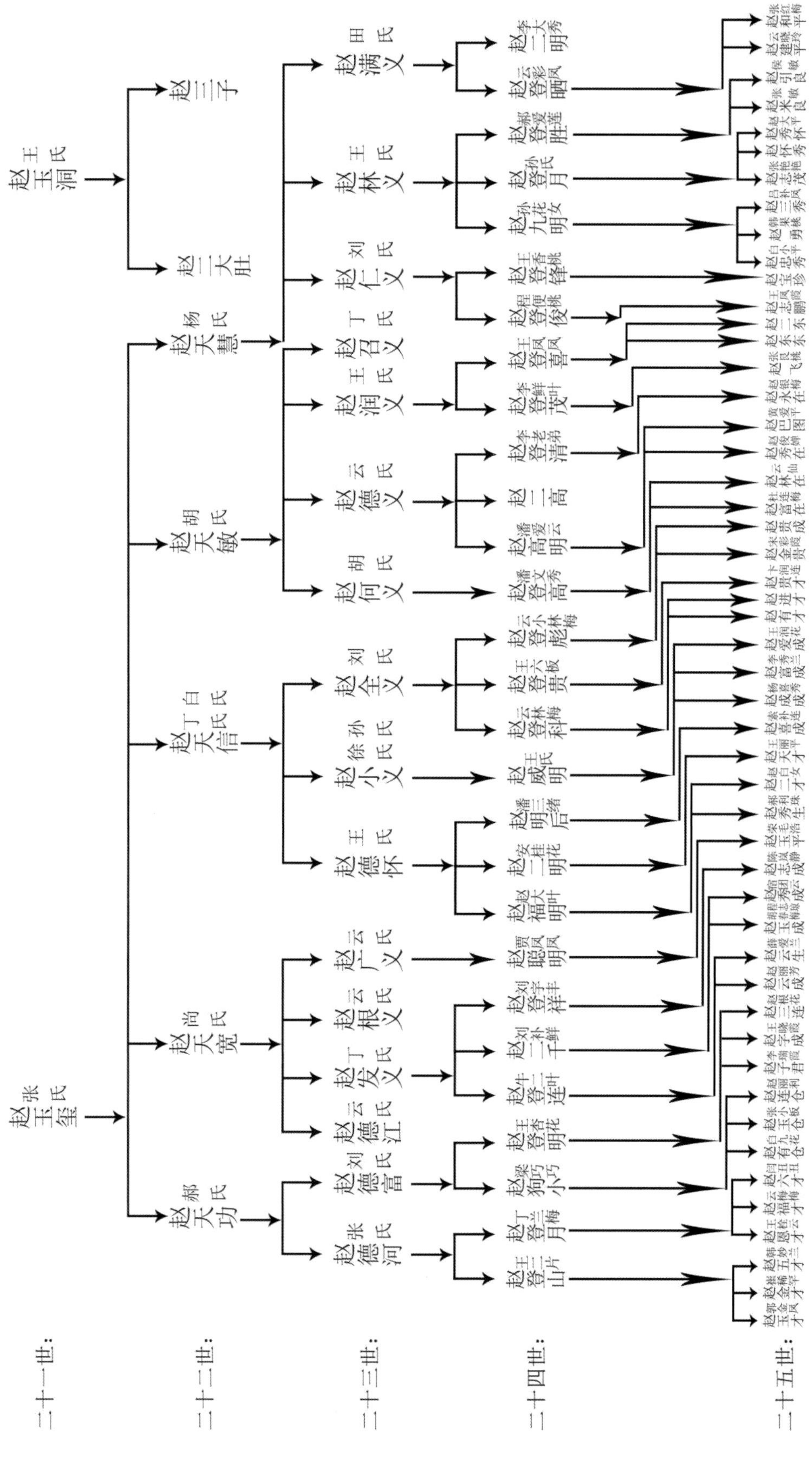

二十一世：
二十二世：
二十三世：
二十四世：
二十五世：
赵玉洞 王氏
赵玉玺 张氏
赵二三子
赵二大肚
赵天慧 杨氏
赵天敏 胡氏
赵天信 丁氏 白氏
赵天宽 尚氏
赵天功 郝氏
赵满义 田氏
赵林义 王氏
赵仁义 刘氏
赵召义 丁氏
赵润义 王氏
赵德义 云氏
赵何义 胡氏
赵全义 刘氏
赵小义 徐氏 孙氏
赵德怀 王氏
赵广义 云氏
赵根义 云氏
赵发义 丁氏
赵德江 云氏
赵德富 刘氏
赵德河 张氏

第三章 十三庄二十四户三十七家族谱

表八

赵庄赵氏家族世系图谱（小营子）

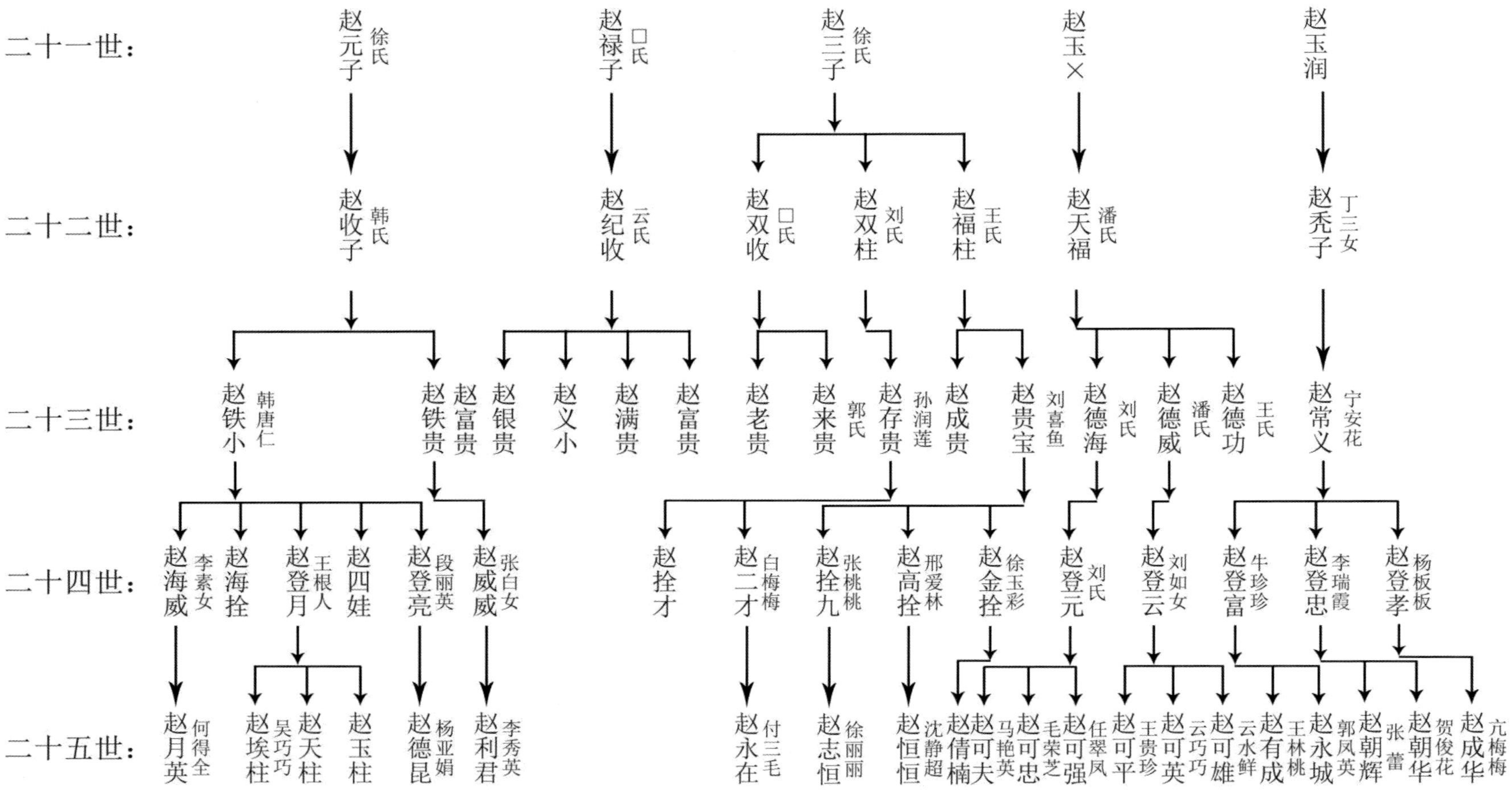

二十一世	二十二世	二十三世	二十四世	二十五世

赵玉润 → 赵秀子／丁三女 → 赵宁安花 → 赵常义
- 赵杨登板孝 → 赵成梅／张贺俊梅／赵贺朝华／赵朝华
- 赵李登瑞忠霞 → 赵郭永英桃城／赵王有林辉／赵张朝蕾华
- 赵牛登富珍 → 赵王云可巧鲜英成

赵玉× → 赵天福／潘氏
- 赵德功／王氏
- 赵德威／潘氏 → 赵刘登云如女 → 赵王云可巧平贵英移／赵刘可贵平英
- 赵德海／刘氏 → 赵刘登元喜鱼 → 赵任毛马可翠凤强平芝忠楠

赵三子／徐氏
- 赵福柱／王氏 → 赵成贵／贵宝 → 赵徐玉拴彩 → 赵倩可楠夫
- 赵双柱／刘氏 → 赵存贵／孙润莲 → 赵邢爱高林拴
- 赵双收／□氏 → 赵来贵／郭氏 → 赵张桃拴九 → 赵徐志丽恒
- → 赵老贵 → 赵白三梅才 → 赵付永三在毛
- → 赵拴才

赵稼子／□氏 → 赵纪收／云氏
- 赵满贵
- 赵义小
- 赵银贵
- 赵富贵

赵元子／徐氏 → 赵收子／韩氏
- 赵铁贵／韩氏
  - 赵张威白威女 → 赵李利秀君英
  - 赵段登调亮英 → 赵杨德亚昆娟
  - 赵四娃 → 赵玉天巧柱柱柱
  - 赵王登根人月 → 赵吴巧巧柱柱
- 赵铁小／唐仁
  - 赵海拴
  - 赵李素女女 → 赵何月得英全
  - 赵海威

表九

赵庄赵氏家族世系图谱（赵庄西院）

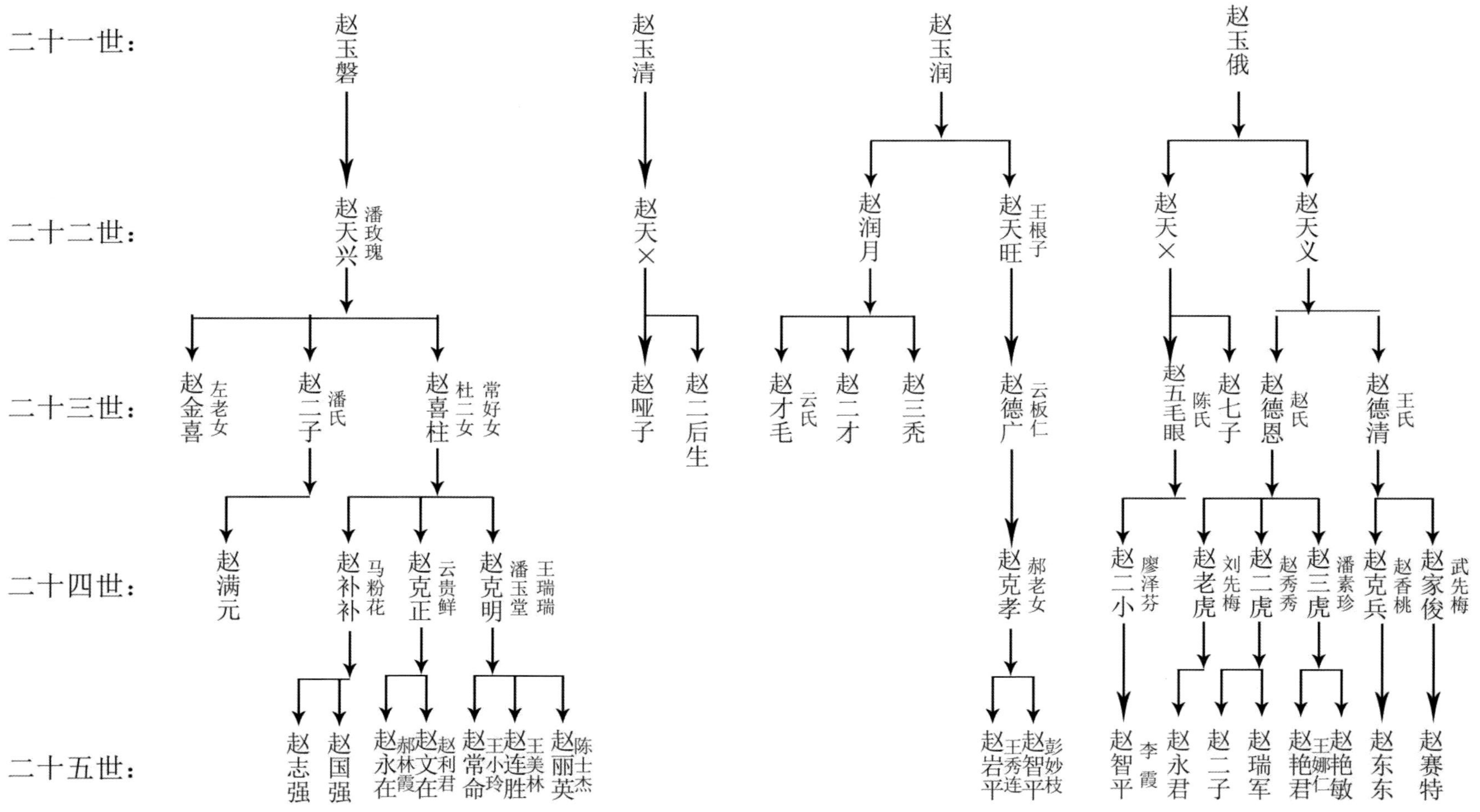

二十一世：赵玉俄 → 赵天义 → 赵德清 → 赵王氏 → 赵家俊（赵武先梅）→ 赵赛特
　　　　　　　　　　　　　　　　　　　　　　→ 赵克兵（赵香桃）→ 赵东东
　　　　　　　　　　　→ 赵德恩（赵赵氏）→ 赵三虎（赵潘素珍）→ 赵王艳君（赵潘娜艳）/ 赵赵仁敏
　　　　　　　　　　　　　　　　　　　　　　→ 赵二虎（赵秀秀）→ 赵瑞军
　　　　　　　　　　→ 赵天× → 赵七子 → 赵老虎（赵刘先梅）→ 赵二子（赵永君）
　　　　　　　　　　　　　　→ 赵五毛眼（赵陈氏）→ 赵二小（赵廖泽芬）→ 赵智平（赵李霞平）

二十一世：赵玉润 → 赵天旺（赵王根子）→ 赵德广（赵云板仁）→ 赵克孝（赵郝老女）→ 赵智平（赵王秀岩连平）/ 赵彭妙枝
　　　　　　　　→ 赵润月 → 赵三秃
　　　　　　　　　　　　→ 赵三才
　　　　　　　　　　　　→ 赵才毛（赵云氏）

二十一世：赵玉清 → 赵天× → 赵二后生
　　　　　　　　　　　→ 赵哑子

二十一世：赵玉磐 → 赵天兴（赵潘玫瑰）→ 赵喜柱（赵杜三女好女）→ 赵克明（赵潘玉堂瑞）→ 赵陈丽土/赵王连美林英杰
　　　　　　　　　　　　　　　　　　　　　　　　　　　　　　→ 赵王小连玲命胜
　　　　　　　　　　　　　　　　　　　　→ 赵克正（赵云贵鲜）→ 赵郝赵永文利在君在霞
　　　　　　　　　　　　→ 赵三子（赵潘氏）→ 赵朴朴（赵马粉花）→ 赵国强
　　　　　　　　　　　　　　　　　　　　　　　　　　　　　　→ 赵志强
　　　　　　　　　　　　　　　　　　　　→ 赵满元
　　　　　　　　　　　　→ 赵金喜（赵左老女）

二十二世：
二十三世：
二十四世：
二十五世：

表十

赵庄赵氏家族世系图谱（赵庄西院）

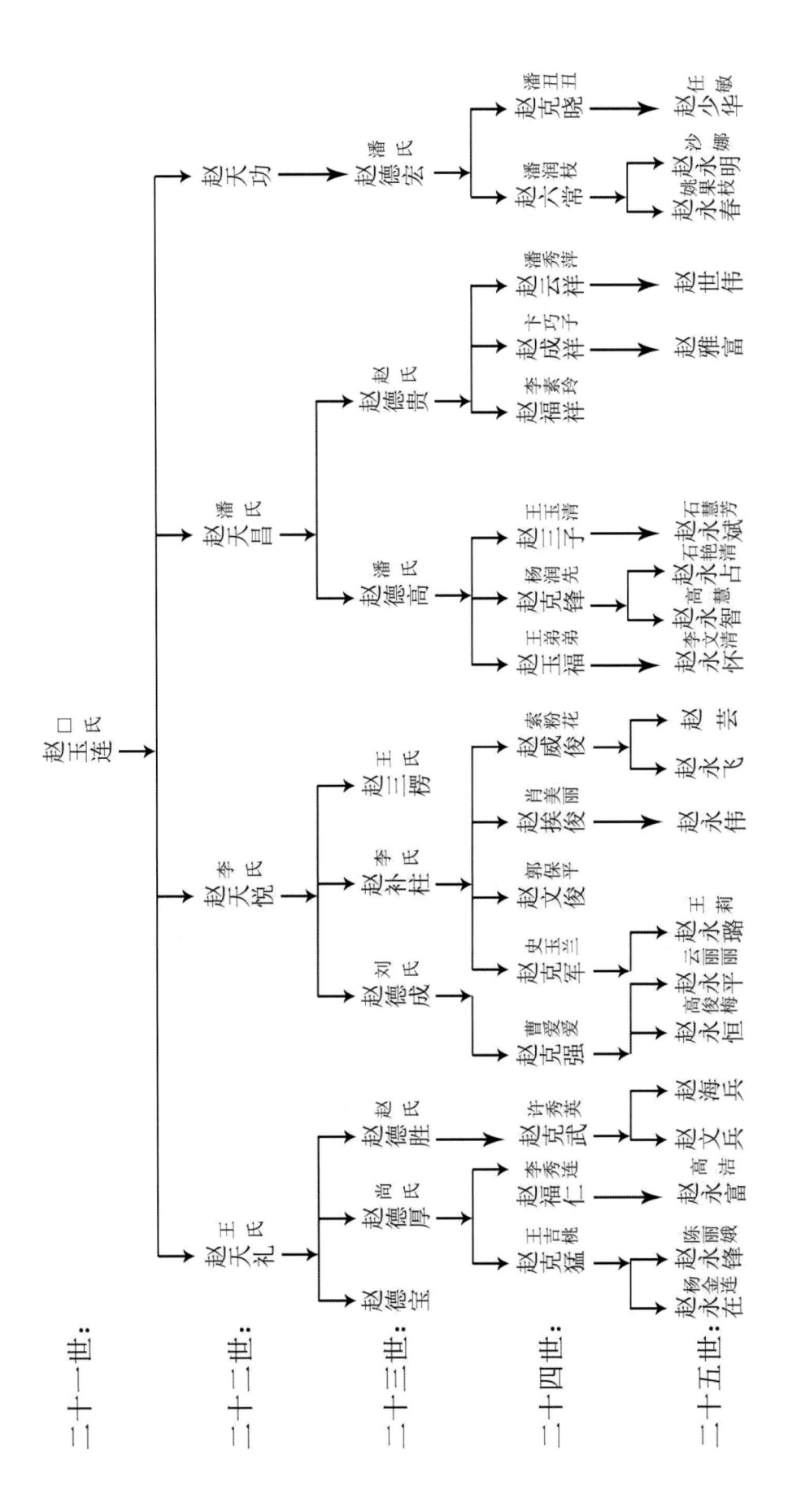

二十一世：赵□王氏莲

二十二世：
- 赵王氏 → 赵天礼
- 赵李氏 → 赵天悦
- 赵潘氏 → 赵天昌
- 赵天功

二十三世：
- 赵天礼 → 赵德胜、赵尚德厚氏、赵德宝
- 赵天悦 → 赵李氏朴柱、赵刘氏德成、赵三楞
- 赵天昌 → 赵潘氏德高、赵赵氏德贵
- 赵天功 → 赵潘氏德宏

二十四世：
- 赵德胜 → 赵许克秀武英
- 赵德厚 → 赵李福秀仁连、赵王克吉猛桃
- 赵德成 → 赵史玉克兰军、赵曹克爱强爱
- 赵朴柱 → 赵郭文保俊平、赵肖美挨丽俊、赵索威粉俊花
- 赵德高 → 赵王玉弟福、赵杨克润锋先、赵三兰子
- 赵德贵 → 赵李福素祥岭样、赵卞巧成子祥、赵潘云秀祥萍
- 赵德宏 → 赵潘六润常枝、赵潘克丑晓

二十五世：
- 赵克武 → 赵海兵、赵文兵
- 赵福仁 → 赵永吉富
- 赵克猛 → 赵杨永金在连峰、赵陈永丽锋娥
- 赵克军 → 赵云永丽梅平、赵王永璐莉
- 赵克强 → 赵永俊恒梅平
- 赵文俊 → 赵永伟
- 赵挨俊 → 赵永伟
- 赵威俊 → 赵永飞、赵芸
- 赵克锋 → 赵李赵高永文艳永慧古清智慧斌芳怀清 → 赵石赵石永永慧
- 赵成祥 → 赵雅富
- 赵云祥 → 赵世伟
- 赵六常 → 赵果永枝明、赵姚春枝
- 赵克晓 → 赵任少华敏

表十一

赵庄赵氏家族世系图谱（东厂克）

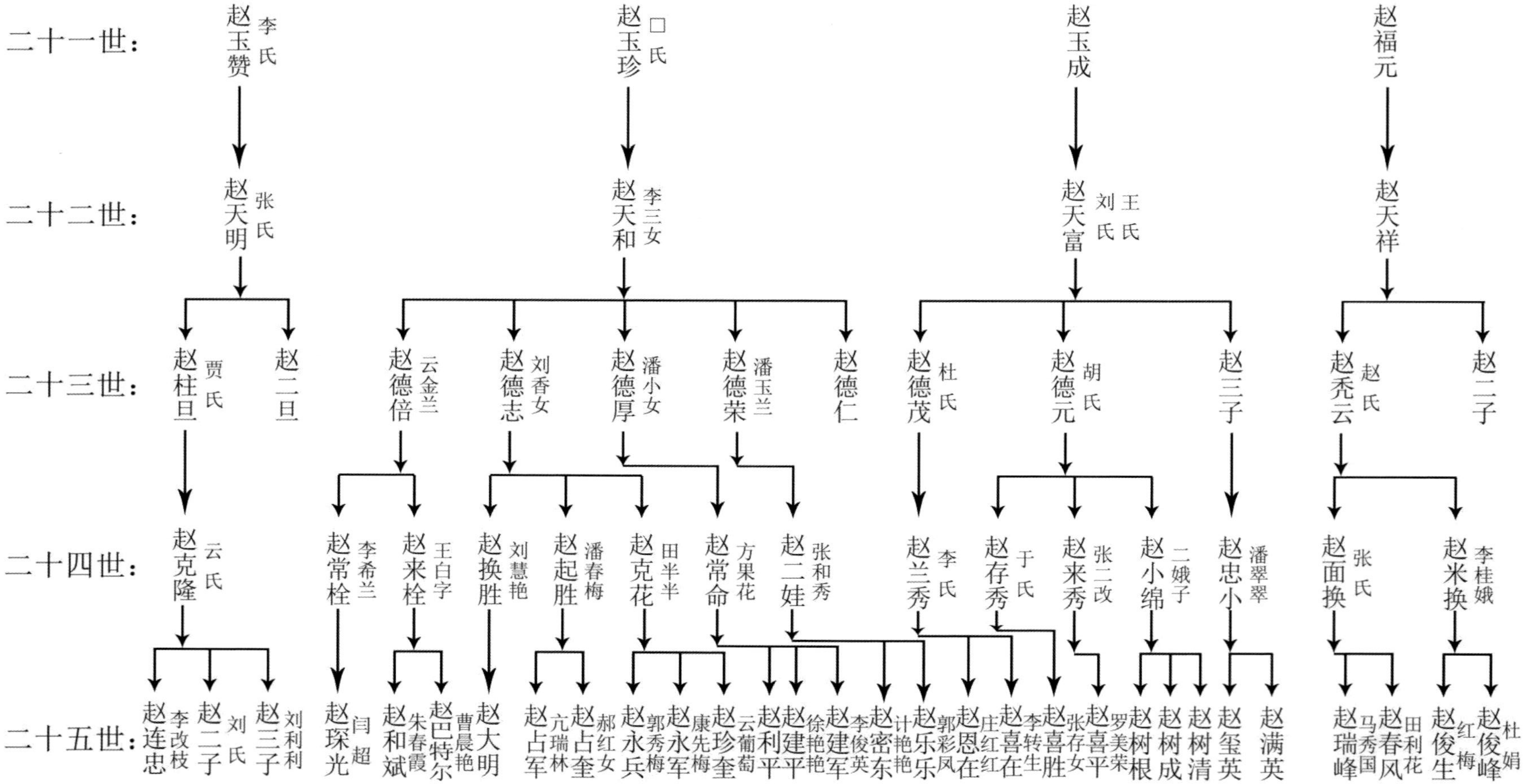

二十一世：赵福元 → 二十二世：赵天祥 → 二十三世：赵三子、赵秃云 → 二十四世：赵李桂婉（赵三子之后）、赵张氏（赵秃云之后，原名赵面换）、赵米换 → 二十五世：赵红梅、赵俊生、赵杜俊峰、赵娟峰；赵马瑞峰、赵田春花、赵秀凤、赵国花

二十一世：赵玉成 → 二十二世：赵天富（赵刘氏 王氏）→ 二十三世：赵德元（赵胡氏）、赵德茂（赵杜氏）、赵三子 → 二十四世：赵潘翠小、赵张二姑子（赵小绵子）、赵张米改（赵米秀）、赵于存秀、赵李三秀、赵忠 → 二十五世：赵满英、赵玺英、赵树清、赵树成、赵罗美树、赵张喜存、赵李喜恩、赵庄红彩艳、赵郭红凤、赵计在东、赵徐艳乐、赵李建军、赵康平梅葡萄、赵云先奎、赵永秀梅、赵郝兵女、赵鄂红军、赵六古瑞林军……

二十一世：赵口氏 → 二十二世：赵玉珍 → 二十三世：赵李三女（赵天和）→ 赵德仁、赵潘玉兰（赵德荣）、赵潘小厚（赵德厚）、赵刘香女（赵德志）、赵云金兰（赵德倍）→ 二十四世：赵张二和秀（赵二娃）、赵方果命（赵常命）、赵田半半（赵克花）、赵潘春梅（赵起胜）、赵刘慧艳（赵换胜）、赵王白字（赵来栓）、赵李希兰（赵常栓）→ 二十五世：（赵朱和斌春霞、赵曹晨大特明、赵同探光超……）

二十一世：赵李氏 → 二十二世：赵玉赞（赵天明 赵张氏）→ 二十三世：赵二旦、赵贾氏（赵柱旦）→ 二十四世：赵云氏（赵克隆）→ 二十五世：赵李克改（连忠）、赵刘二子枝、赵三利子利

五、张庄张氏族谱

张庄张氏家族是十三庄（西十庄）之一，庄头蒙古族。

张庄位于西十庄最西边的张家圈地上。

追根溯源，张氏家族的远祖为塔格少布，蒙古兀良哈部落人。元代成吉思汗部下名将兀良氏速不台千户中大家族头领、部将。在成吉思汗麾下效力，立下汗马功劳。全家族游牧于克鲁伦河沿岸草原牧场。明代，张氏家族六世祖格力木台，兀良哈朵颜卫骑兵军一头目。明末清初，张氏家族第十三世祖冠汉姓张，名曰俊凯。速不台第十三世孙王高棠为首领的兀良哈安达部成立后，我祖张俊凯成为安达部成员之一。全家族游牧于喀喇沁草原牧场的八沟一带。我十六世祖张谋（张穆），以八旗蒙古军的身份参加了西征噶尔丹的战争，立下战功。我祖张谋受清朝派遣，于康熙三十四年（1695年）三月十八日，与十三庄二十四户一起，来到了十三圈地上，建庄修宅垦田耕牧。清光绪年间更新庄主，二十一世祖张承业任张庄新庄主。张氏家族世系如下：

元朝一世：塔格少布。

明朝六世：格力木台。

明末清初十三世：张俊凯。

清康熙年十六世：张谋。

清朝年十七世：张贵权、张明权、张军权。

清朝年十八世：张福、张禄、张祯。

清朝年十九世：张德仁、张德忠、张德明、张德华。

清朝年二十世：张万成、张万山、张万庆、张万年。

清朝年二十一世：张承业、张承功、张承绩、张承龙、张承启（无后）、张承尚、张承乾、张承青。

民国年二十二世：张步威、张步武、张步和、张步福。

张庄张氏家族现当代人简介

张来义：抗日战争期间，大青山抗日游击队连指导员云根元，在一次战斗中身负重伤。当时云五子在张庄张俊、张占成两位游击队员带领下，将云指导员交给时任保甲长的张庄张氏家族张俊的哥哥张来义。张来义安排云指导员藏在张庄一家村民中秘密养伤，直至痊愈回归部队。

张银亮：包头钢铁学院本科，原呼钢分厂副厂长。

张根栓：内蒙古农牧学院本科，原呼和浩特市糖厂农艺师。

木其尔：女，上海中医药大学博士，上海中医药大学附属医院医生。

满达：内蒙古医科大学硕士，内蒙古医科大学附属医院医生。

张还在：武汉理工大学本科，呼和浩特市公路勘察设计院院长。

尼斯贺：天津医科大学本科，天津医院治疗师。

张雪：女，北京邮电大学研究生，北京外企职工。

张茹娟：女，吉林大学本科，内蒙古路桥责任公司职工。

张得鹏：江南大学本科，内蒙古路桥责任公司职工职工。

张春晓：女，兰州医科大学，内蒙古医科大学附属医院职工。

张雅琪：女，香港大学硕士，广东深圳工作。

家谱整理人：张文亮　张银亮

表一

张庄张氏家族世系图谱

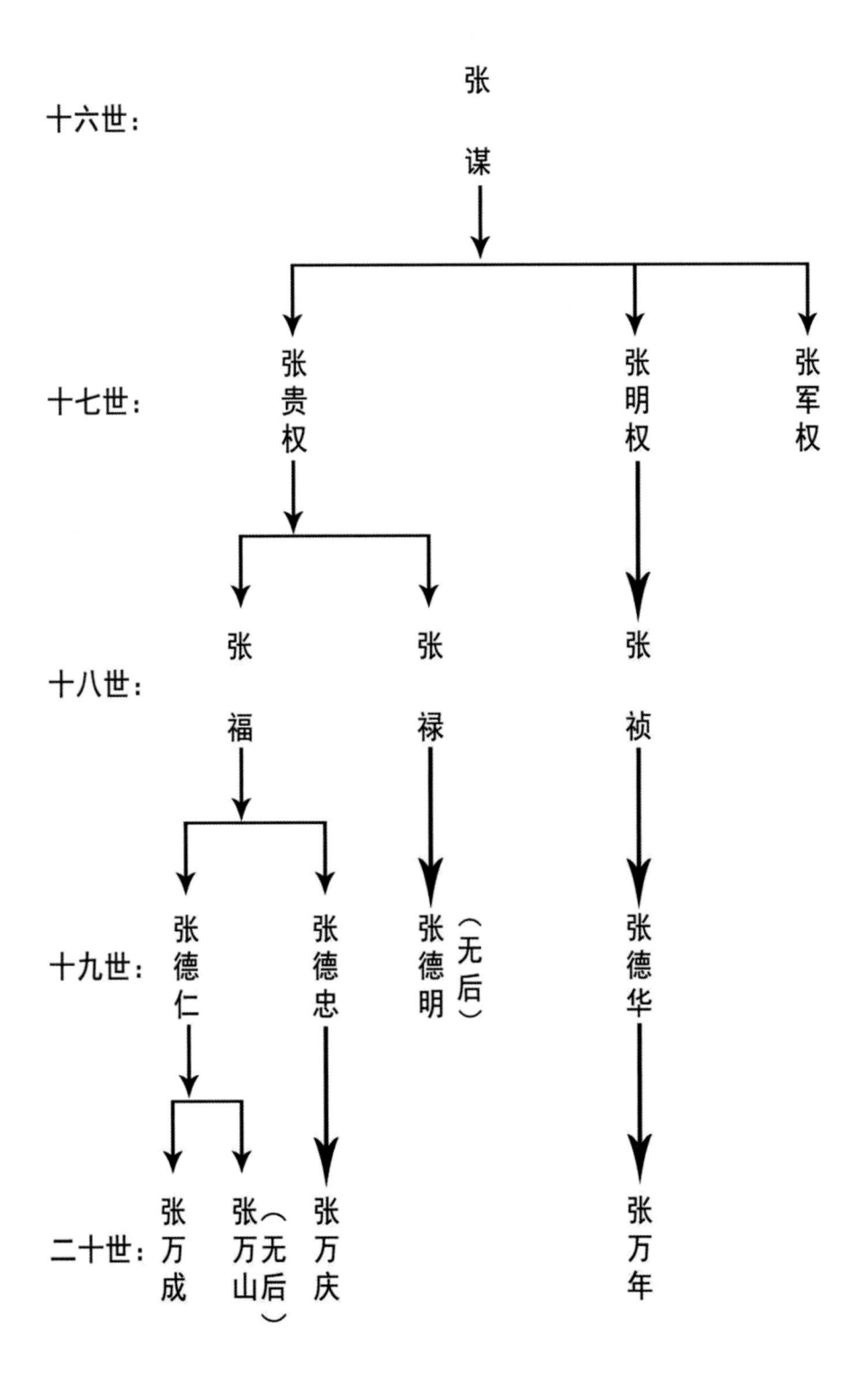

十六世：张谋

十七世：张贵权　张明权　张军权

十八世：张福　张禄　张祯

十九世：张德仁　张德忠　张德明（无后）　张德华

二十世：张万成　张万山（无后）　张万庆　张万年

表二

张庄张氏家族世系图谱

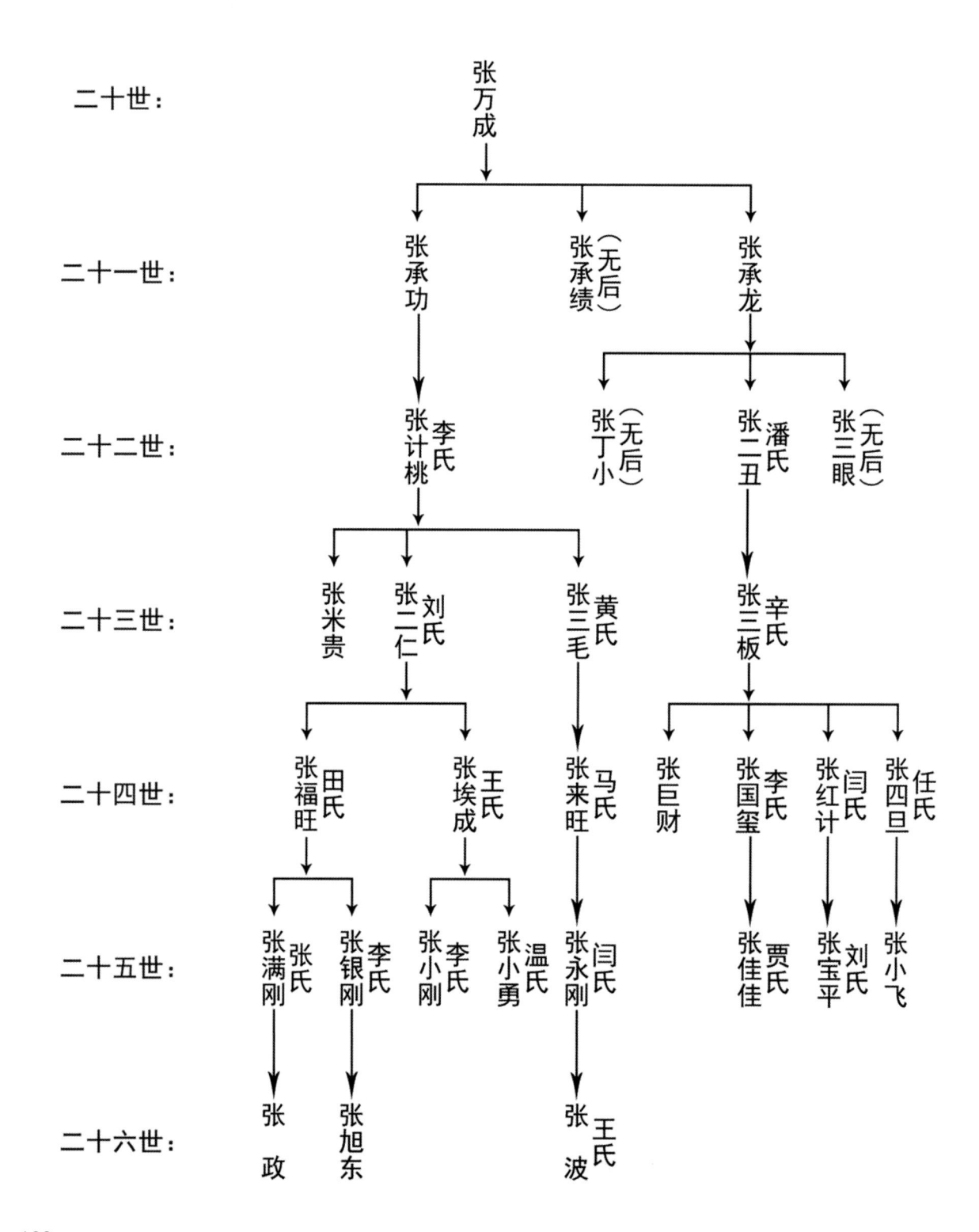

二十世：	张万成
二十一世：	张承功 — 张承绩（无后） — 张承龙
二十二世：	张计桃（李氏） ； 张丁小（无后）、张二丑（潘氏）、张三眼（无后）
二十三世：	张米贵、张二仁（刘氏）、张三毛（黄氏） ； 张三板（辛氏）
二十四世：	张福旺（田氏）、张埃成（王氏）、张来旺（马氏） ； 张巨财、张国玺（李氏）、张红计（闫氏）、张四旦（任氏）
二十五世：	张满刚（张氏）、张银刚（李氏）、张小刚（李氏）、张小勇（温氏）、张永刚（闫氏） ； 贾氏—张佳佳、刘氏—张宝平、张小飞
二十六世：	张政、张旭东、张波（王氏）

第三章　十三庄二十四户三十七家族谱

表三

张庄张氏家族世系图谱

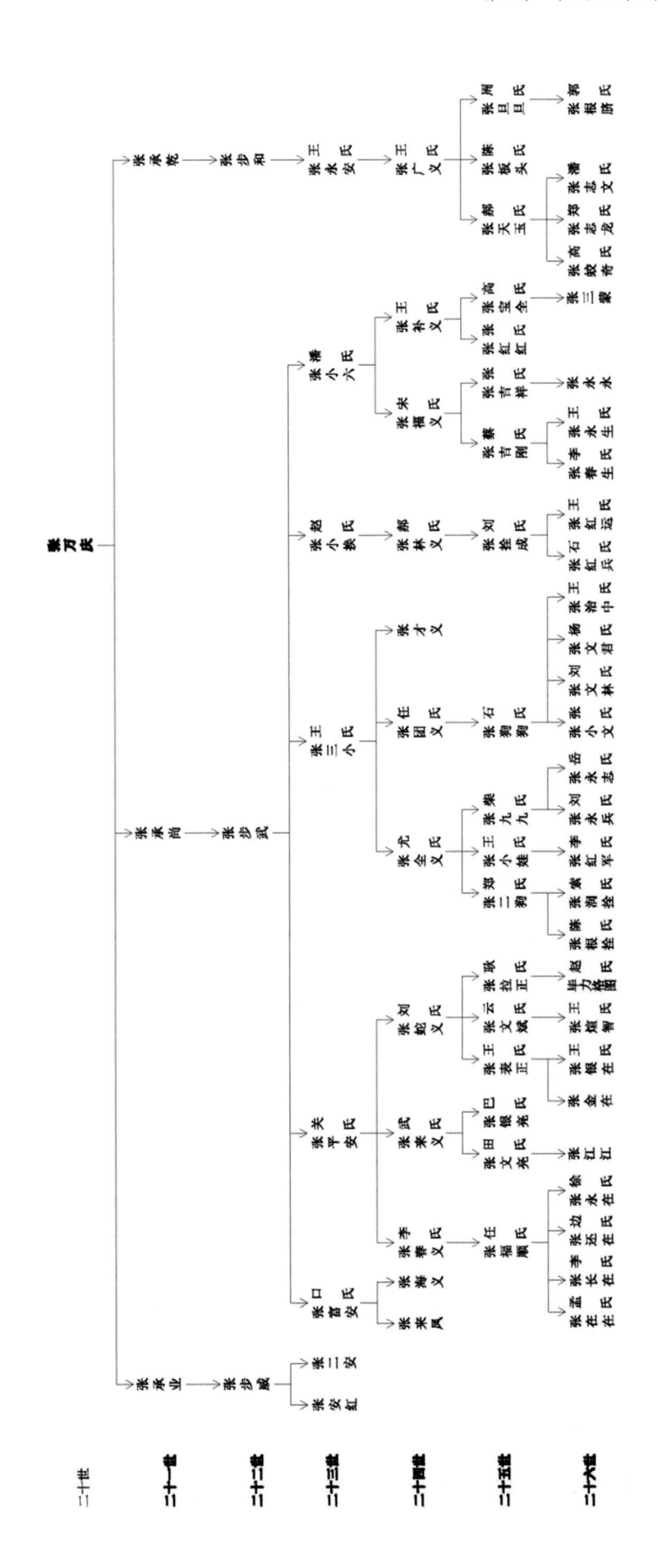

二十世：张万氏

二十一世：张承业、张承尚、张承乾

二十二世：张步威、张步武、张步和

二十三世：
- 张步威支：张三安、张安红
- 张步武支：张口菅安、张平安、张刘氏、张王三小、张怒氏
- 张步和支：张永安

二十四世：
- 张菅安支：张瀚文、张米凤
- 张平安支：张李福顺、张武义氏、张蛇义氏
- 张王三小支：张全义、张任团义、张才义
- 张怒氏支：张小换、张小六、张广义
- 张永安支：张广义

二十五世：
- 张瀚文支：张任义顺
- 张米凤支：——
- 张李福顺支：——
- 张武义氏支：张田根弟、张巴根亮氏
- 张蛇义氏支：张王正表、张文诚
- 张全义支：张郑三鞠氏、张王小娃
- 张任团义支：张石鞠鞠
- 张才义支：——
- 张小换支：张郝林义
- 张小六支：张潘义氏、张禄义氏
- 张广义支：张王氏

二十六世：
- 张永在氏、张孟长在氏、张边在氏、张徐永在氏、张金在、张红红、张王银在氏、张王银在氏、张张银在氏、张云正、张赵正、张毕力格图、张王永兵军、张黄润栓氏、张李红军氏、张刘志兵、张岳志氏、张小文氏、张林义氏、张刘文氏、张杨治君氏、张王治中氏、张石红兵氏、张刘运成氏、张王红氏、张蔡吉刚氏、张王氏、张李肇生氏、张王永生氏、张宋吉祥、张永、张张红红氏、张商齐齐氏、张三娶、张郝天玉氏、张郑志龙氏、张潘志义氏、张陈饭头氏、张旦旦、张郭根脐氏

二十一世　二十二世　二十三世　二十四世　二十五世　二十六世

表四

张庄张氏家族世系图谱

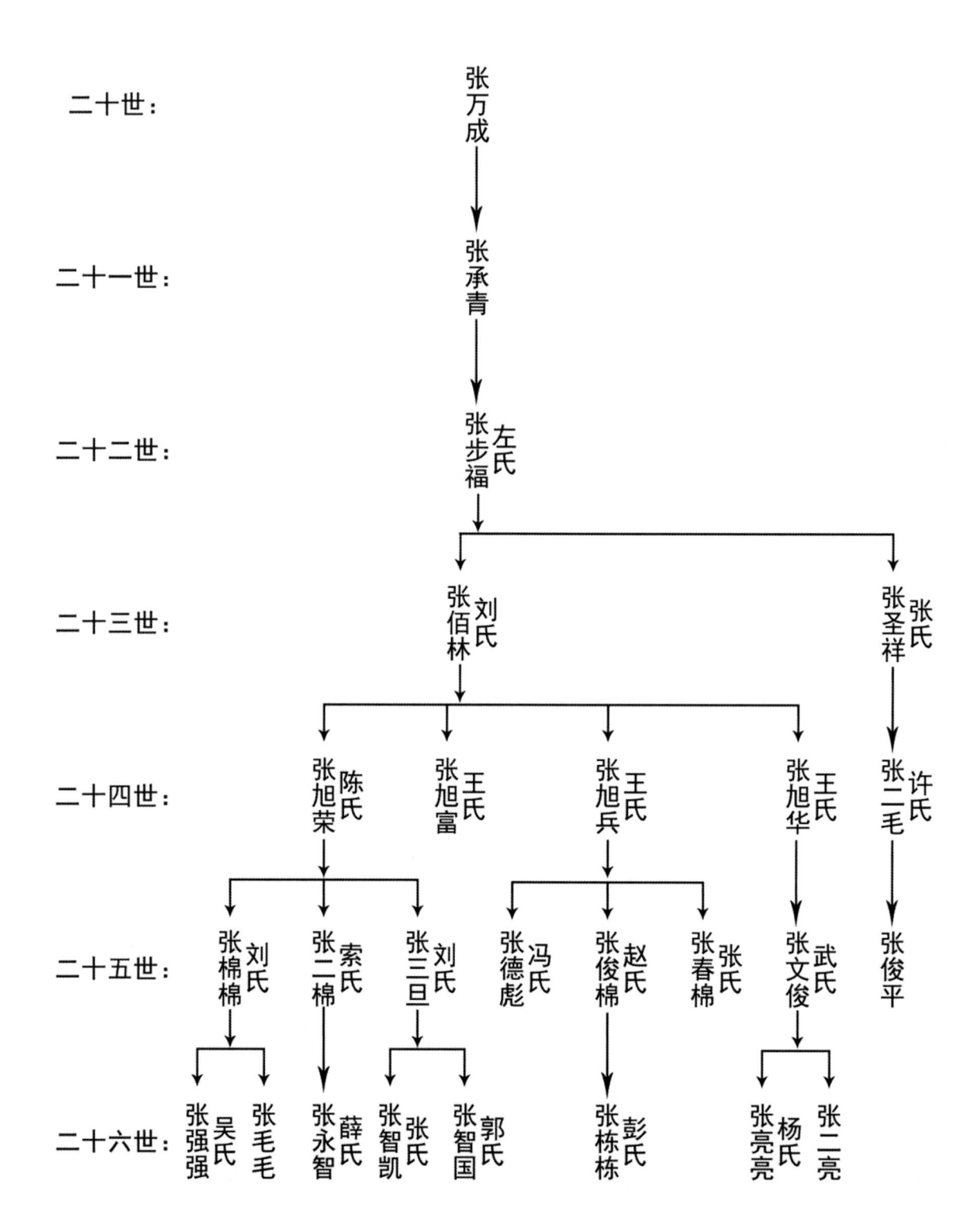

二十世：	张万成
二十一世：	张承青
二十二世：	张步福　左氏
二十三世：	张佰林　刘氏 ／ 张圣祥　张氏
二十四世：	张旭荣　陈氏 ｜ 张旭富　王氏 ｜ 张旭兵　王氏 ｜ 张旭华　王氏 ／ 张二毛　许氏
二十五世：	张棉棉　刘氏 ｜ 张二棉　索氏 ｜ 张三旦　刘氏 ｜ 张德彪　冯氏 ｜ 张俊棉　赵氏 ｜ 张春棉　张氏 ｜ 张文俊　武氏 ｜ 张俊平
二十六世：	张强强　吴氏 ｜ 张毛毛 ｜ 张永智　薛氏 ｜ 张智凯　刘氏 ｜ 张智国　郭氏 ｜ 张栋栋　彭氏 ｜ 张亮亮　杨氏 ｜ 张二亮

六、杜庄、四德堡杜氏族谱

ᠳᠦ᠋ ᠬᠠᠯᠠᠲᠤ ᠤᠭ ᠤᠨ ᠪᠢᠴᠢᠭ

十三庄之一的杜庄、四德堡杜氏家族是庄头蒙古族。

为了让后代人对前代人有一个初步了解，继承祖辈事业，弘扬民族正气，激励后人奋发图强，振兴家国大业，现将本家族简介如下。

远祖一世：图孟巴根，蒙古兀良哈部落人。成吉思汗部下名将速不台（千户长）手下任百户长。随速不台征战，为元的初建立下不朽功绩。

六世：纳吉布（图孟巴根六世孙），北元时期随速不台六世孙那木思楞在土拉河参加了保卫北元政权的岭北之役。

十三世：杜向兴，明末清初加入王高棠（速不台第十三世孙）组建的兀良哈安达部，随安达部帮后金征讨明朝，被努尔哈赤封为有功之臣。此时杜氏先祖已冠汉姓杜姓。

十四世：杜民泽，皇太极时，帮清军随安达部多次奔袭北京城四周，被顺治帝封为清建国文臣。曾参加明朝进士科举考试，落榜。

十五世：杜庆盛，正黄旗蒙古八旗军人，随清军平定南明军及"三藩之乱"，被康熙帝封为军机文臣。曾参加清进士科举考试，落榜。

从喀喇沁八沟西迁黑河浑津后杜氏家族祖先名讳开始排有字辈，为顺、锦、光、世、廷、万、春、仲（与林同辈）、玺、培。

十六世：六十四（杜顺义）妻子李发荣，康熙三十四年（1695 年）从喀喇沁八沟西迁浑津杜家圈地，立庄后取杜姓为庄名，称杜庄，六十四为杜庄第一任庄主。康熙帝特赐虎头牌匾和黑油九节钢鞭，地方官员见此物文官下轿、武官下马参拜。后虎头牌与九节钢鞭被收回。

相传，祖六十四来圈地之前，任过康熙帝六女儿恪靖公主的师爷。六十四迁来浑津圈地后不吃隔夜肉，常骑马去归化城买肉。一天在归化城大南街与皮裤裆巷交叉口遇到了坐轿游玩的恪靖公主，六十四下马准备参拜，恪靖公主拽住六十四马鞭不让参拜。问清事由后，用六十四的马鞭一指皮裤裆巷口一个肉铺赐于六十四。

祖六十四、李发荣夫妇生子杜锦文、杜锦章、杜锦灿、杜锦云、杜锦奎。此时，杜庄杜氏家族在祖六十四庄主的经营管理下，庄里城里事务繁忙，妻子李发荣主动承担起了庄子里的重担，直至代替杜庄主主持杜庄的一切事务。李发荣病故后，伊长子杜锦文杜氏家族十七世祖顶替，更名庄主为杜锦文。内务府准于更名并存档。

杜氏家族从十九世开始，从杜庄分出一支为杜锦文的后裔，他们南迁到杜家圈地的中偏南部耕作、建房、居住。居住地起名世德堡（意为世世代代德高望重的人居于此地，后写作四德堡）。到廷字辈这一代，四德堡杜氏家族杜廷兰一支系称东大柜，杜廷景一支系称正豁口，杜廷贤一支系称西大柜，杜廷舒一支系称二柜，杜廷瑞一支系称正大门，杜廷茂一支系、杜廷明一支系、杜廷繁一支系通称西院。

杜庄仍由杜锦奎的后裔留住耕作。到廷字辈这一代，杜氏家族杜廷辉一支系称西院，杜廷俊一支系称东院，杜廷康一支系、杜廷宁一支系通称中院。杜世运支系迁居四子王旗。

清光绪年间，杜万山为第二任庄主。

新中国成立后，在中国共产党的领导下，杜春秀、杜玺耀积极参加土地改革，组建互助组，成为十三圈地区成立最早、最成功的示范互助组之一。杜玺耀于1951年、杜春秀于1953年光荣地加入中国共产党。1954年，杜春秀光荣地参加了乌盟平地泉人民代表大会并出席了全国劳模会。还有杜连成，曾为内蒙古自治区第九届人大代表，获呼和浩特市、内蒙古自治区、全国三级劳动模范称号。

家谱整理人：杜仲杰　杜永威

杜庄、四德堡杜氏家族世系图谱

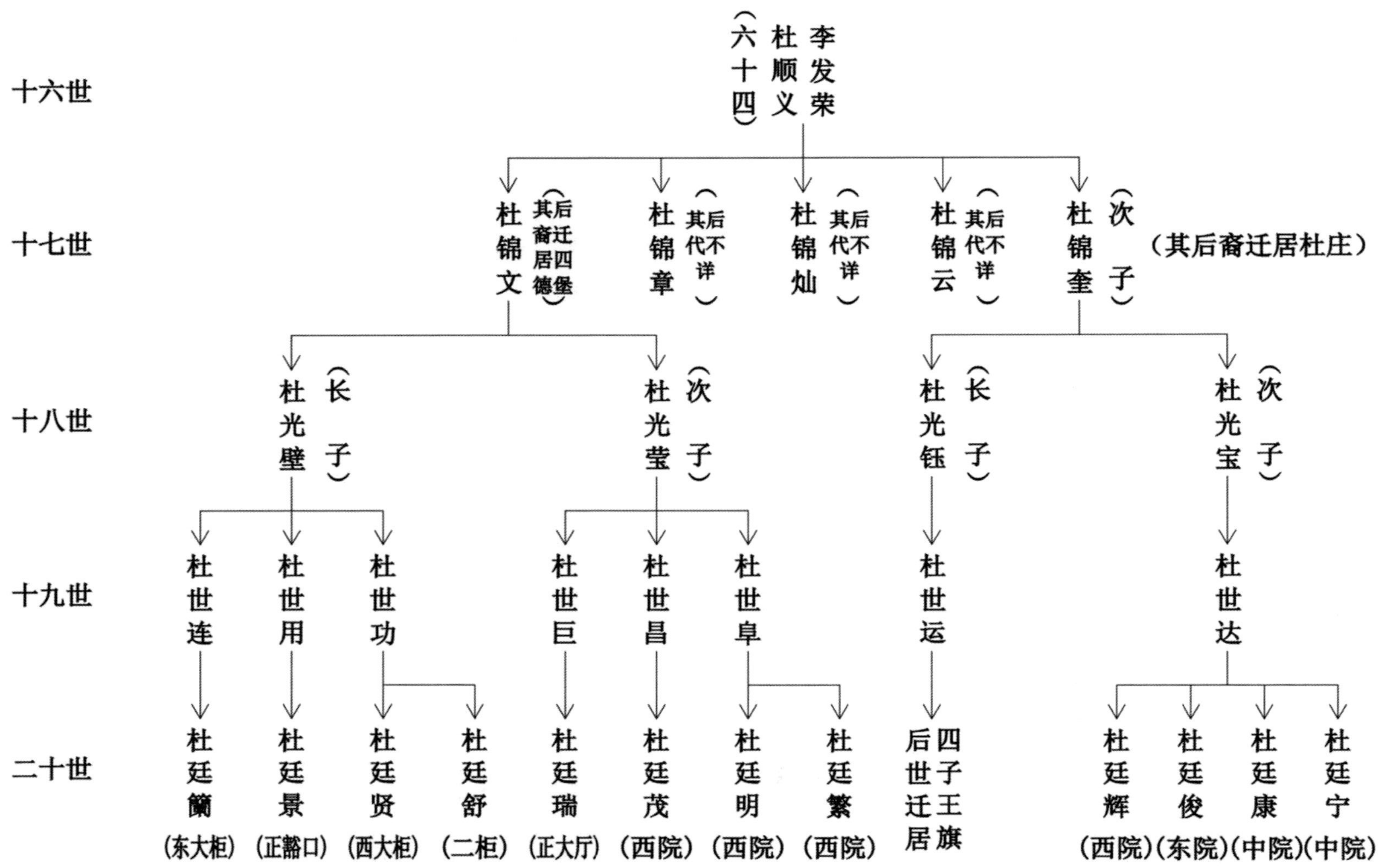

表一

十六世： 杜李顺义（六十四世发荣）

十七世：
- 杜锦文（其后裔迁居四德堡）
- 杜锦章（其后代不详）
- 杜锦灿（其后代不详）
- 杜锦云（其后代不详）
- 杜锦奎（其后裔迁居杜庄）

十八世：
- 杜光璧（长子）
- 杜光莹（次子）
- 杜光钰（长子）
- 杜光宝（次子）

十九世：
- 杜光璧 → 杜世连、杜世用、杜世功
- 杜光莹 → 杜世巨、杜世昌、杜世阜
- 杜光钰 → 杜世运
- 杜光宝 → 杜世达

二十世：
- 杜世连 → 杜廷简（东大柜）
- 杜世用 → 杜廷景（正豁口）
- 杜世功 → 杜廷贤（西大柜）、杜廷舒（二柜）
- 杜世巨 → 杜廷瑞（正大厅）
- 杜世昌 → 杜廷茂（西院）
- 杜世阜 → 杜廷明（西院）、杜廷繁（西院）
- 杜世运 → 后四世迁居王旗
- 杜世达 → 杜廷辉（西院）、杜廷俊（东院）、杜廷康（中院）、杜廷宁（中院）

表二

四德堡杜延瑞支系世系图谱

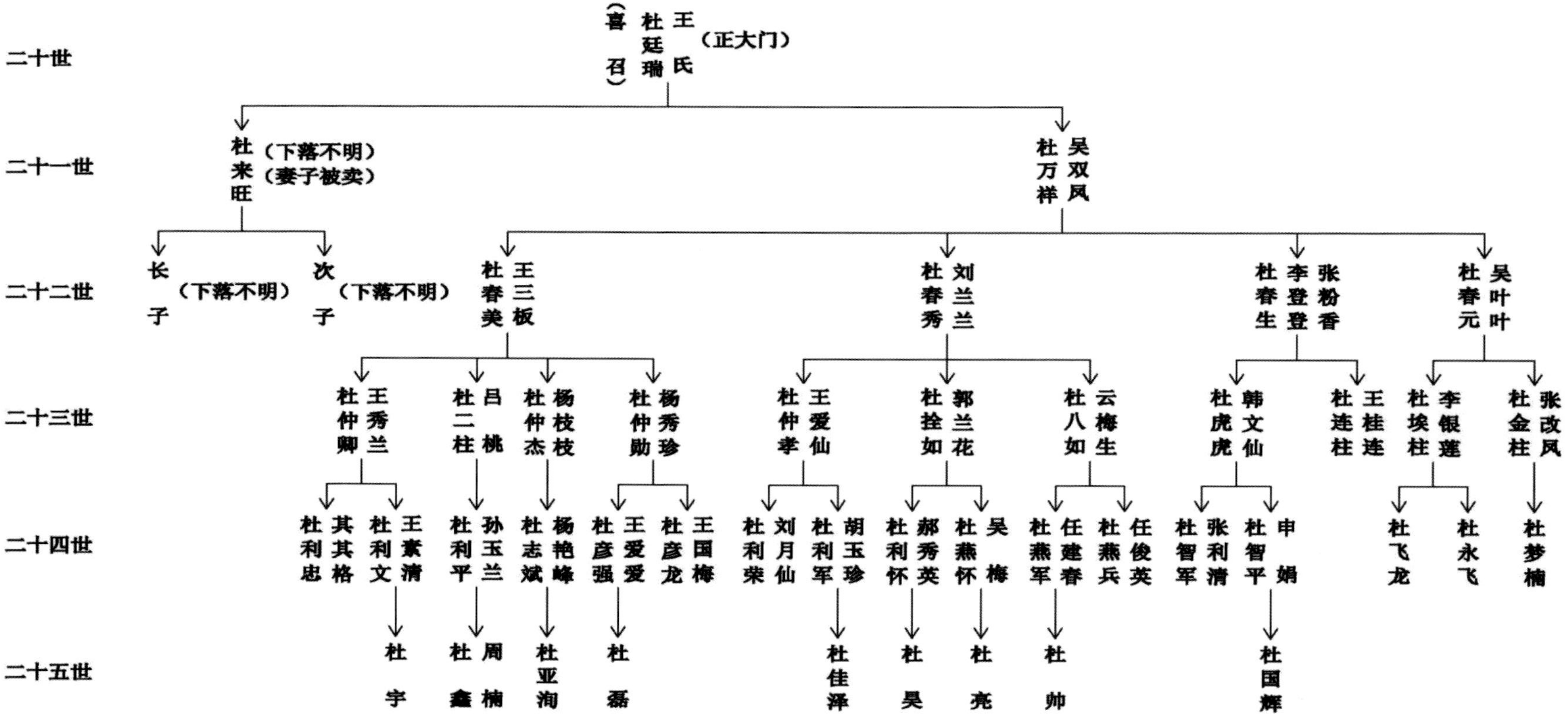

二十世	杜来旺（妻子被卖）
二十一世	长子（下落不明）；次子（下落不明）；（喜召）杜廷王氏（正大门）
二十二世	杜吴万祥凤；杜王春英；杜吴双凤
二十三世	王秀兰—杜仲卿；杜三桂兰；杜仲杰；杜杨仲勋助；王爱仙；杜仲孝兰；郭兰花；杜八如生；李张登登生；梅文仙；吴叶叶
二十四世	杜其其利忠格；杜王利素清文；杜孙玉利兰平；杜杨志艳斌梅；杜王爱爱强爱；杜刘利月柒仙；杜胡利玉军珍；杜邹利怀秀英；杜吴怀燕梅；杜任建燕春兵英；杜连桂桂连；杜张智利军清军；李杜换桂桂莲；杜金桂桂；张改凤
二十五世	杜宇；杜鑫楠；杜周；杜亚涛；杜磊；杜佳泽；杜昊；杜帅；申杜国平娟辉；杜飞龙；杜永飞；杜梦楠

表三

四德堡杜延明支系世系图谱

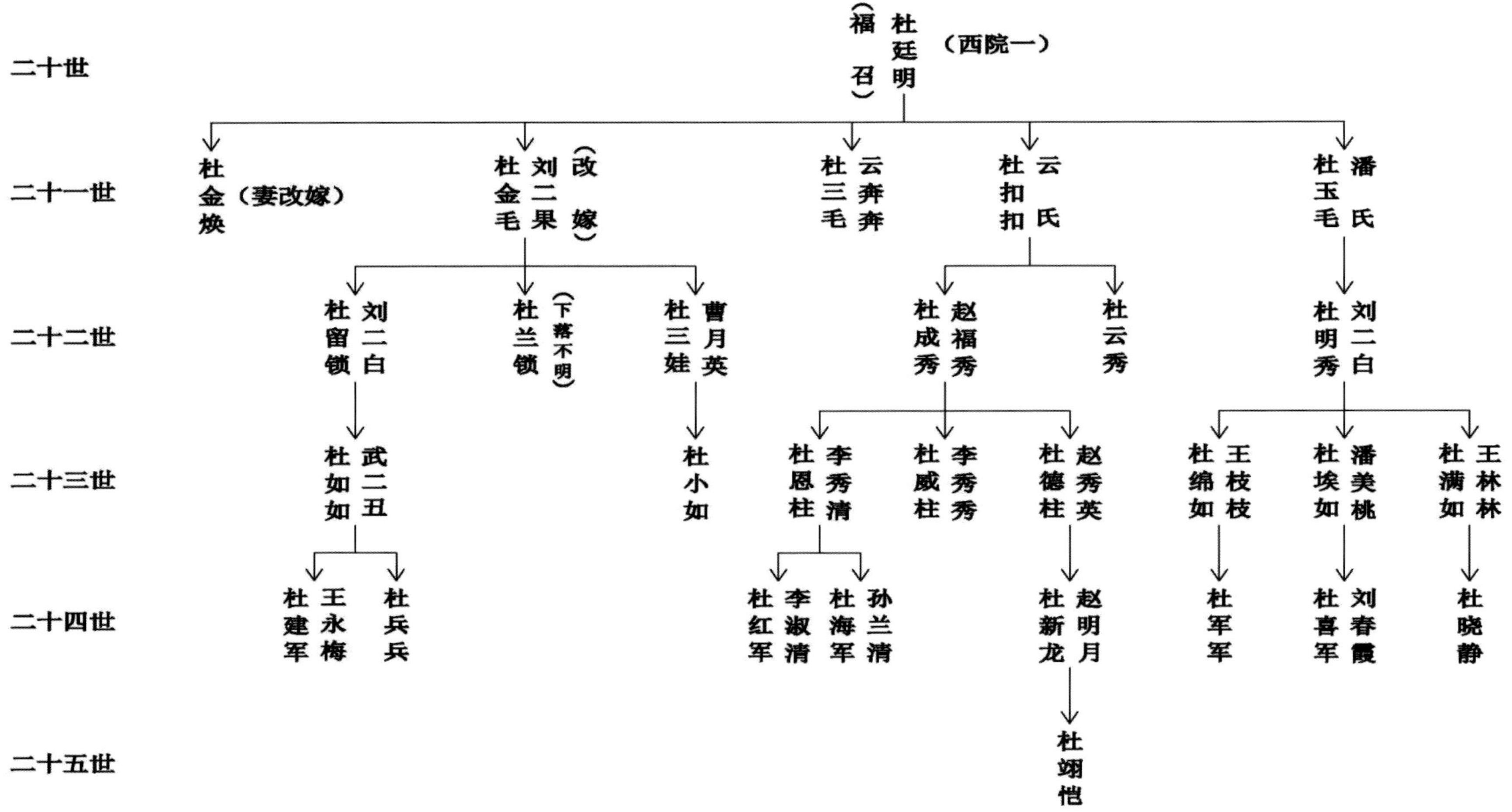

二十世	杜廷明（福召）（西院一）
二十一世	杜金焕（妻改嫁）／杜金毛（改嫁）／杜云弄 毛弄／杜云扣 扣氏／杜玉 潘毛氏
二十二世	刘三白 杜留领／杜兰领（下落不明）／曹月英 杜三娃／杜成秀 赵福秀／杜云秀／杜明白 刘三秀
二十三世	武三丑 杜如如／杜小如／杜恩清 李秀秀／杜威 李秀秀 杜秀秀／杜德秀 赵秀英／杜王枝 绵如枝／杜潘美 埃如桃／杜王林 满如林
二十四世	杜建军 王永梅 杜兵兵／李淑清 杜海军 孙兰清 杜红军／赵新龙 杜明月／杜军军／刘喜军 杜春霞／杜晓静
二十五世	杜翊恺

199

表六

四德堡杜延贤支系、杜延舒支系世系图谱

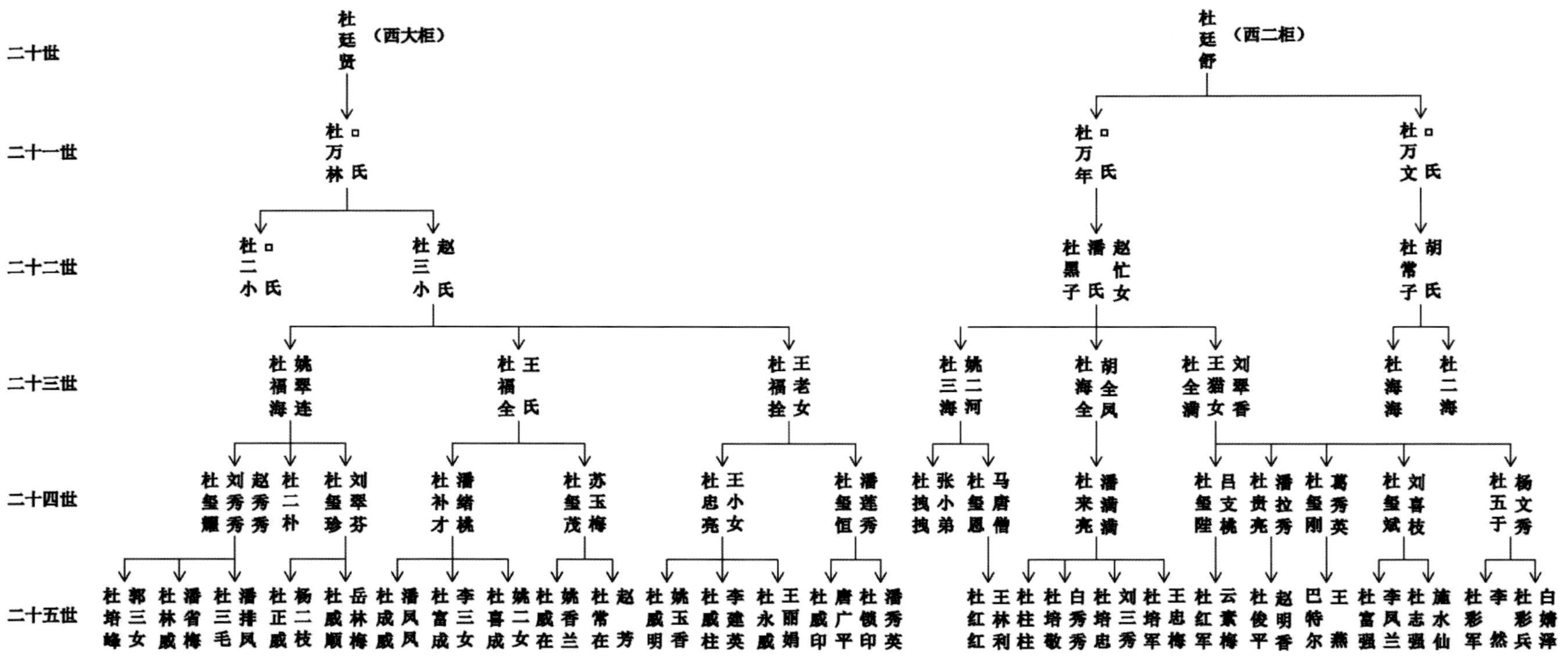

杜延贤支系（西大柜）

- 二十世：杜廷贤
- 二十一世：杜口万林 / 杜口三小氏
- 二十二世：杜赵三小氏
- 二十三世：杜福海连 / 杜王福全氏
- 二十四世：
  - 杜刘玺芬
  - 杜玺三朴秀
  - 杜潘林秀才
  - 杜苏玺玉梅
  - 杜王小志亮女
  - 杜王福登女
  - 杜玺佰秀
- 二十五世：
  - 杜刘赵三玺秀秀秀排毛威女梅女芬凤
  - 杜郭潘三林三印海女威省正凤梅女威毛凤
  - 杜杨玺三正威顺梅枝
  - 杜岳林成威梅
  - 杜潘凤成威
  - 杜潘衙三首常在兰成女兰方
  - 杜姚玉明威香芳
  - 杜李威玉建永威英香英
  - 杜王丽威永英期
  - 杜唐威广印平
  - 杜潘锁秀印英

杜延舒支系（西二柜）

- 二十世：杜廷舒
- 二十一世：杜口万文氏 / 杜口万年氏
- 二十二世：杜常子氏 / 杜黑赵忙子氏女
- 二十三世：杜三梅 / 杜海潘 / 杜潘全凤 / 杜王刘全游女清香
- 二十四世：
  - 杜马唐玺恩情
  - 杜张小弟弟
  - 杜未满兼满
  - 杜日支梅玺隆
  - 杜潘贵茂秀
  - 杜潘放俊秀平
  - 杜葛秀玺英刚
  - 杜刘玺斌枝
  - 杜杨文玺秀子
- 二十五世：
  - 杜王林红利柱红
  - 杜王白海林潘秀三秀敬军秀忠
  - 杜玺云素红梅军军
  - 杜潘俊平明
  - 杜巴王仍燕尔燕英
  - 杜富威红兰强仙水
  - 杜李广杜志梅兰强仙水
  - 杜白李杜杨彭兵泽泽然军

表七

杜庄堡杜延辉支系、杜延俊支系世系图谱

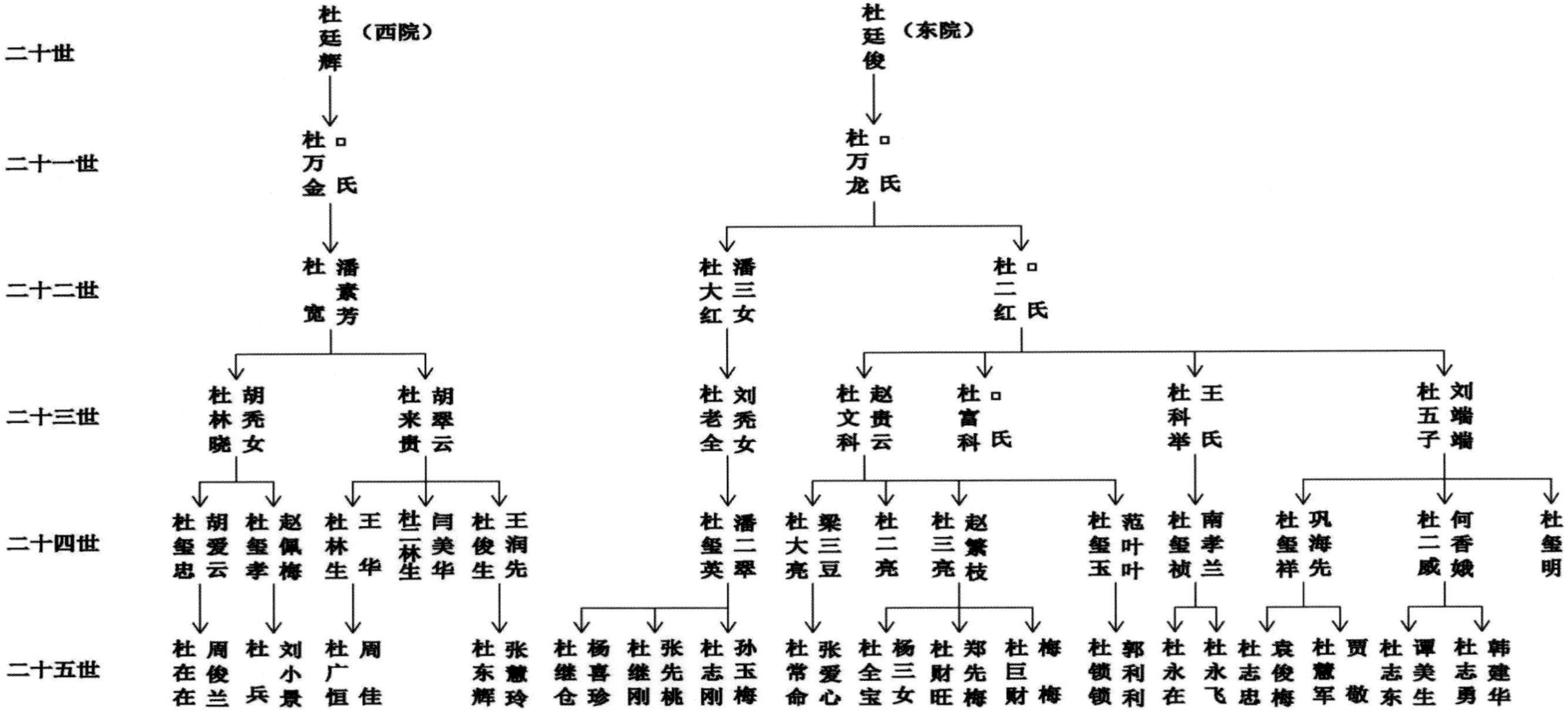

二十世：杜廷辉 / 杜廷俊

二十一世：杜口万金 / 杜口万龙氏

二十二世：
- 杜廷辉支：杜潘素芳
- 杜廷俊支：杜大红、杜口二红氏、杜潘三女

二十三世：
- 杜廷辉支：杜胡翠云（米贵云）、杜胡秀女
- 杜廷俊支：杜刘老全女、杜口雷科氏、杜口王氏、杜刘五子

二十四世：
- 杜廷辉支：杜俊生（周美华）、杜林生（王荷先）、杜玺孝（赵凤梅）、胡爱云忠
- 杜廷俊支：杜潘三翠英、杜大亮、杜文贵云科、杜三亮、杜寅科亮、杜玺叶玉叶、杜玺树、南孝兰、巩海先、杜玺祥、何三香俊、杜五威子、杜玺明

二十五世：
- 杜廷辉支：杜东辉炎、杜广佰生、周俊兰在、刘小兵英黑
- 杜廷俊支：杨继善仓、张先继刚、孙志刚梅、张爱命心、杨全宝女旺、郑财先财梅、杜巨梅、郭领领利利、杜永永在飞、袁俊敬梅、杜志慧军思、贾海先、谭美生、杜志勇建华

表八

杜庄堡杜延康支系、杜延宁支系世系图谱

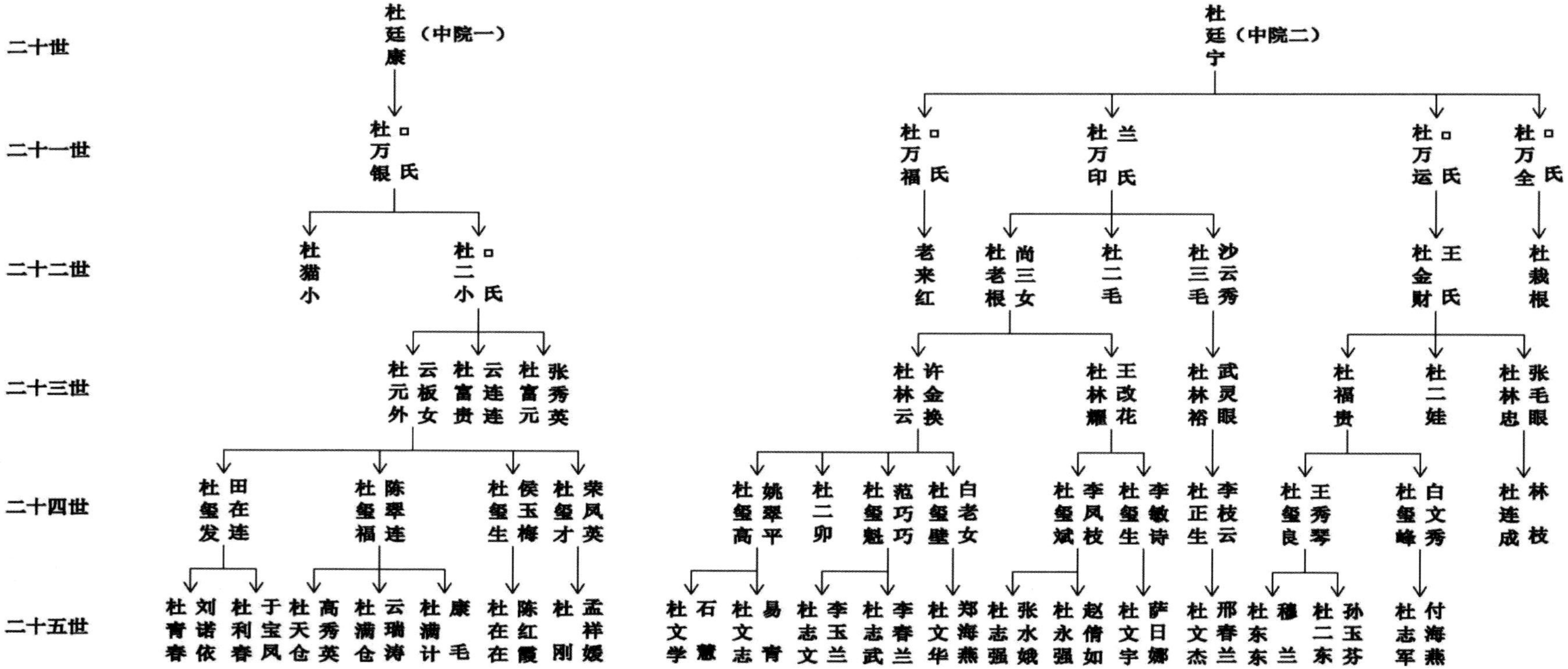

二十世：杜廷康 / 杜廷宁（中院一）/（中院二）

二十一世：
- 杜廷康 → 杜□万银氏、杜溜小
- 杜廷宁 → 杜□万福氏、杜兰万印氏、杜□万运氏、杜□万全氏

二十二世：
- 杜□万银氏 → 杜三小氏
- 杜□万福氏 → 苍来红、杜林云云换
- 杜兰万印氏 → 杜尚老三根女、杜三毛
- 杜□万运氏 → 杜三毛
- 杜□万全氏 → 杜赖根

二十三世：
- 杜三小氏 → 杜云元板女、杜云富贵、杜富贵港、张贵港
- 杜林云云换 → 许金换、杜福巧巧、杜三卯、姚翠平
- 杜三毛（印） → 杜林改粮花
- 杜三毛（运） → 杜林毛眼
- 杜赖根 → 王金财氏

二十四世：
- 杜田在发、杜陈翠福港、杜侯玉楼生、杜荣凤英
- 白老壁女、杜福巧魁、李玉兰、杜三卯、杜玺高平
- 杜正生、李枝云
- 杜林忠志
- 杜福贵、王秀琴、杜玺良、白文秀、杜三娃

二十五世：
- 杜刘在青诺利依、于天宝、杜凤仓英、商秀芳、杜云满珊、陈满计毛、康在毛、陈红在、孟祥刚霞、
- 郑满文华燕、杜志武兰、李青兰、张永强娘、赵倩如、李凤枝、杜玺敏诗、萨日娜、邢春兰、杜文杰兰
- 杜林连成枝
- 付海燕、杜志军、孙玉芬、杜三东兰、杜禄东兰

七、西刘庄刘氏族谱

西刘庄原名田庄,十三庄之一,位于原方庄(今潘庄)东、杜庄西。田庄一世祖曰圪力木图,元朝时为速不台手下一员战将,是大家族头领。六世祖曰色楞,明朝时为朵颜卫兀良哈蒙古军小头目。十三世祖曰田继元,明末清初为兀良哈安达部成员之一。十六世祖曰田达凯,清康熙三十四年(1695 年)为田庄第一任庄头,经营管理东西 2.5 里,南北 16 里,共计 60 顷的田家圈地。田达凯又名温保柱,温保柱的后代温朝彦道光年间继任田庄庄主。自此以后田家无子嗣,光绪年间更换新庄主时由其外甥刘金钟接管田庄,改田庄为刘庄,因位于大刘庄西,所以称西刘庄。

西刘庄刘氏家族为二十四户蒙古族。

明末清初刘氏家族十三世祖刘培成,是兀良哈安达部成员之一。清康熙年间刘氏家族十六世祖刘万林,以正黄旗蒙古八旗护卫营披甲武士的身份,参加了西征噶尔丹的战争。康熙三十四年(1695 年)随十三位庄主从热河八沟来到归化城南大黑河流域十三圈地上,同方家庄庄主方文正走进方庄,定居于方庄。乾隆二年(1737 年),刘氏家族刘万林之后代刘存朝与庄主方文正一起,向"搬迁进口案"查询人进言,得免搬迁,十三庄二十四户继续留在十三圈地上效力当差。方庄方文正被"纸达"后,刘存朝及其后代去了田庄生活。道光年间温朝彦继任田庄庄主(上文以提及)。光绪年间田庄庄主无子嗣,由刘氏家族第二十一世祖刘金钟接任新庄主。

西刘庄刘氏家族现当代人物简介。

刘肇基:民国年间,绥远旗务处兼计生处丈量十三圈地时,勘出西刘庄的地,登记在庄头刘肇基名下。1955 年全家搬到上田庄生活。

刘发:曾用名刘拉柱,1942 年从西刘庄迁移至四子王旗。

刘忠:年轻时参加解放军,参加了兰州解放战役。

刘耀:年轻时参加抗美援朝,在此期间加入中国共产党,获三级战功。抗美援朝胜利后,共获得三块奖牌,后回乡安度晚年。

刘财:在世时,委任茂林太乡长。

刘培祥:在村期间,曾担任潘庄村主任十九年。

刘存威:男,蒙古族,中共党员,大学文化,1960 年 2 月出生于四子王旗,籍贯内蒙古呼和浩特市土默特左旗白庙子镇西刘庄村。1979年参军入伍。1981年考入石家庄陆军学院。1984年后在部队历任排级干部、连级干部。1987年转业到呼和浩特市卫生局政工科工作，任副科长。1991年在内蒙古医学院学习。1995年调至呼和浩特市第二医院工作，任科技干部。1998年调任呼和浩特市妇幼保健医院书记，2002年任院长。曾当选为呼和浩特市玉泉区第十六届人大代表。2015年被聘为中国妇幼保健协会市（地）级工作委员会委员。2018年被聘为中国妇幼保健协会精准医学专业委员会委员。2004年被评为内蒙古自治区妇幼工作先进个人。2003年被授予呼和浩特地区抗击"非典"个人三等功。2018年被授予呼和浩特市"五一"劳动奖章。

家谱整理人：刘存威

西刘庄刘氏家族世系图谱

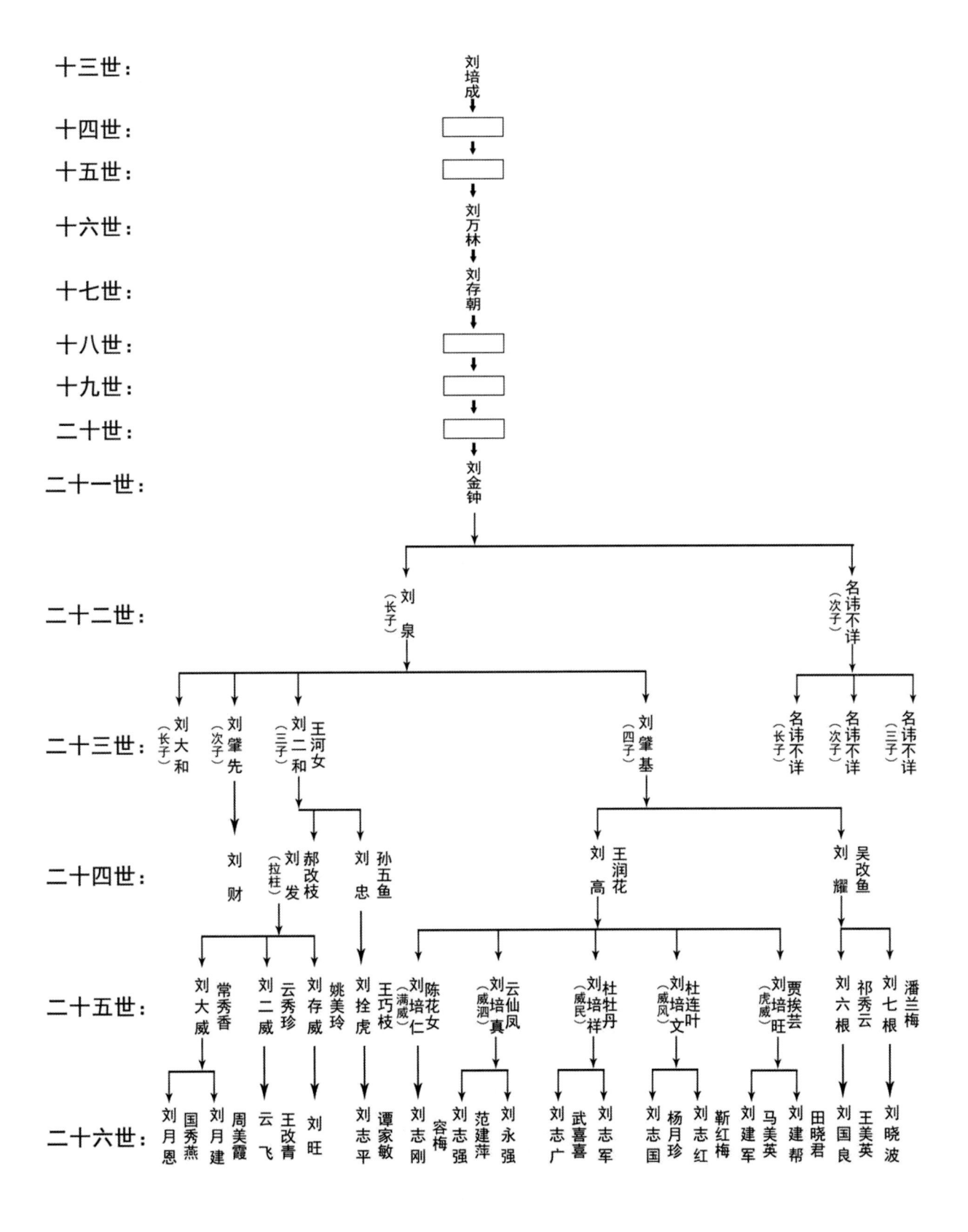

十三世：刘培成

十四世：（空）

十五世：（空）

十六世：刘万林

十七世：刘存朝

十八世：（空）

十九世：（空）

二十世：（空）

二十一世：刘金钟

二十二世：刘泉（长子）； 名讳不详（次子）

二十三世：
- 刘泉之后：刘大和（长子）、刘肇先（次子）、刘二和（三子，配王河女）、刘肇基（四子）
- 次子之后：名讳不详（长子）、名讳不详（次子）、名讳不详（三子）

二十四世：
- 刘财
- 刘发（拉柱，配郝改枝）
- 孙五鱼、刘拴虎
- 刘高（配王润花）
- 刘耀（配吴改鱼）

二十五世：
- 刘大威（配常秀香）、刘二威（配云秀珍）、刘存威（配姚美玲）
- 刘拴虎、王巧枝
- 刘培仁（满威，配陈花女）、刘培泗（威泗，配云仙真）、刘培祥（威民，配杜牡丹）、刘培文（威凤，配杜连叶）、刘培旺（虎威，配贾挨芸）
- 刘六根、祁秀云、刘七根、潘兰梅

二十六世：
- 刘月恩、国秀燕、刘月建、周美霞、云飞、王改青、刘旺、刘志平、谭家敏、刘志刚、容梅、刘志强、范建萍、刘永强、刘志广、武喜喜、刘志军、杨月珍、刘志国、靳红梅、刘志红、马美英、刘建军、刘建帮、田晓君、刘国良、王美英、刘晓波

八、刘庄刘氏族谱

刘庄刘氏和得胜营子的刘氏系一庄一家人。刘庄是蒙古族十三庄之一庄。

依口述，刘氏族人是蒙古族兀良哈部人。始徙祖图贴木尔在兀良哈部为战将，功名显赫。

刘氏家族的历代先祖从元、明、清各个不同时期仍按照蒙古族勤劳朴实的习俗繁衍生存，平时放牧，战时出征，世世代代披甲兵戈戎马，出征不计其数，迄今已有八百二十多年历史。

后在清康熙三十四年（1695年），刘氏先祖刘来带御赐土地证件，携家眷从八沟迁至归化城南大黑河南岸现住址，任御赐皇粮庄庄主。庄主属内务府管辖。还赐庄主虎头牌一只，钢鞭一把，将其物挂在庄院大门上首展示受朝廷派遣证件。清朝从山西省调用徭役人员每庄十人，帮庄主放牧，开垦耕植。产下的粮食清政府不征纳，而是自用和供随庄武士人马所用。遇灾年由清内务府拨补供给。

前事之事，后事不忘，历代先祖们以无私奉献的精神，虽经历过改朝换代的变化，但都为国家和民族的发展进步谱写下了光辉的一页。刘氏家族初只有70多人，至今已发展到340多人。其中，参加中国人民解放军14人，参加抗美援朝2人；中共党员17人，大专生10人，处级干部4人，科级干部10多人。刘氏家族的人分布在内蒙古自治区及全国各地，为祖国繁荣振兴及铸牢中华民族共同体意识做出了贡献。

家谱参写人员：刘旭　刘运　刘广林　刘喜银　刘换小

刘庄刘氏和得胜营子刘氏家族世系图谱一览表　表一

一世始徙祖：图贴木尔	注：始徙祖为兀良哈部落部将。
六世先祖：阿明布赫	注：先祖阿明布赫为兀良哈部落部将。
十三世先祖：刘锦华	注：先祖刘锦华在明朝受汉文化统治，蒙汉通商贸易用蒙古语名称及语言可与受理交易，无奈下蒙古民众为通商被迫改为汉姓汉名，回到自家用蒙古名称。先祖又在1608年受王高棠在喀喇沁召集37位族首领集会其为人物之一，共商恢复兀良哈部，在部后又加"安达"二字，统称兀良哈安达部。
十六世先祖：刘来	注：先祖刘来，其在清康熙帝三十四（1695年）年受派遣从八沟迁往归化城南的大黑河南岸（现住址）的御赐皇粮庄地，其任刘庄庄主。清政府规定庄主为世袭制，每五代更换庄主，庄主属清内务府管辖。
二十一世先祖：刘佩	注：先祖刘佩其在清光绪年间更换庄主为刘庄第二任庄主。
二十三世：刘环子、刘二环、刘埃环	注：其兄弟三人及后代另立表概述。

表二（1）

刘庄刘氏和得胜营子刘氏家族世系图谱

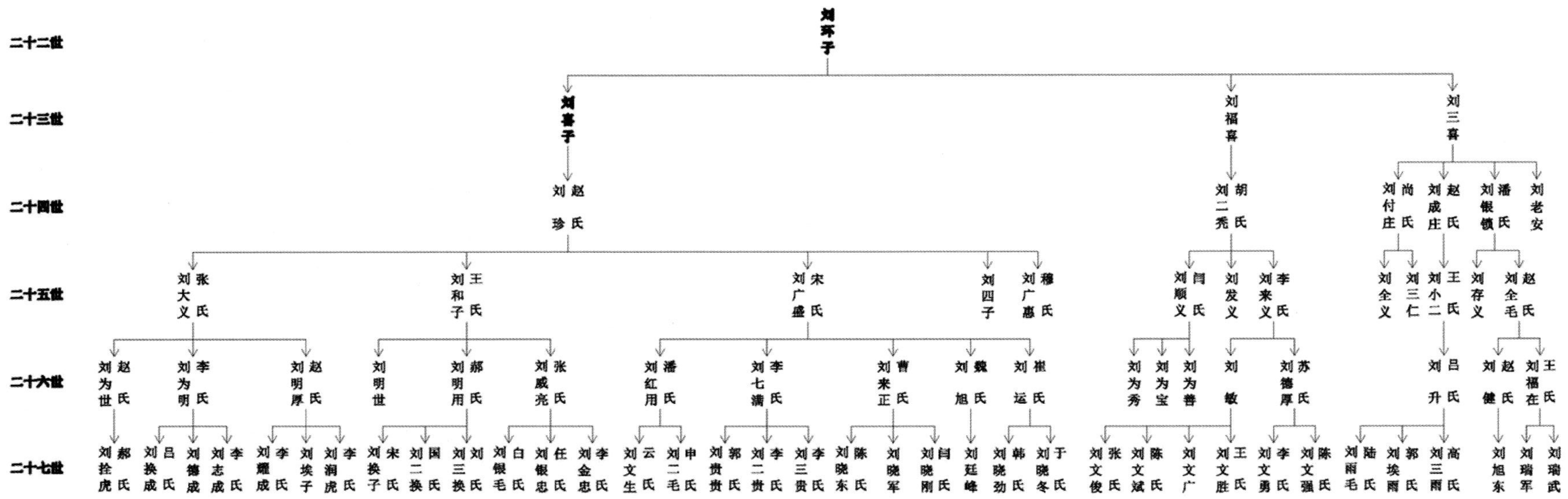

二十二世：刘乐子

二十三世：刘春子 — 刘怒（珍氏）

二十四世：
- 张大氏 → 刘大义
- 王和子
- 刘福昇 → 胡氏
- 刘三昇

二十五世及以下分支繁多，包含：刘明厚、刘志明、刘明用、刘明世、刘郁用氏、刘威冼、刘红用、刘七满、刘来正、刘曾、刘四子、刘广慈、刘二先、刘发义、刘顺义、刘全义、刘小三、刘三仁、刘存义、刘潘氏、刘根氏等后代世系。

二十二世、二十三世、二十四世、二十五世、二十六世、二十七世

表二（2）

刘庄刘氏和得胜营子刘氏家族世系图谱

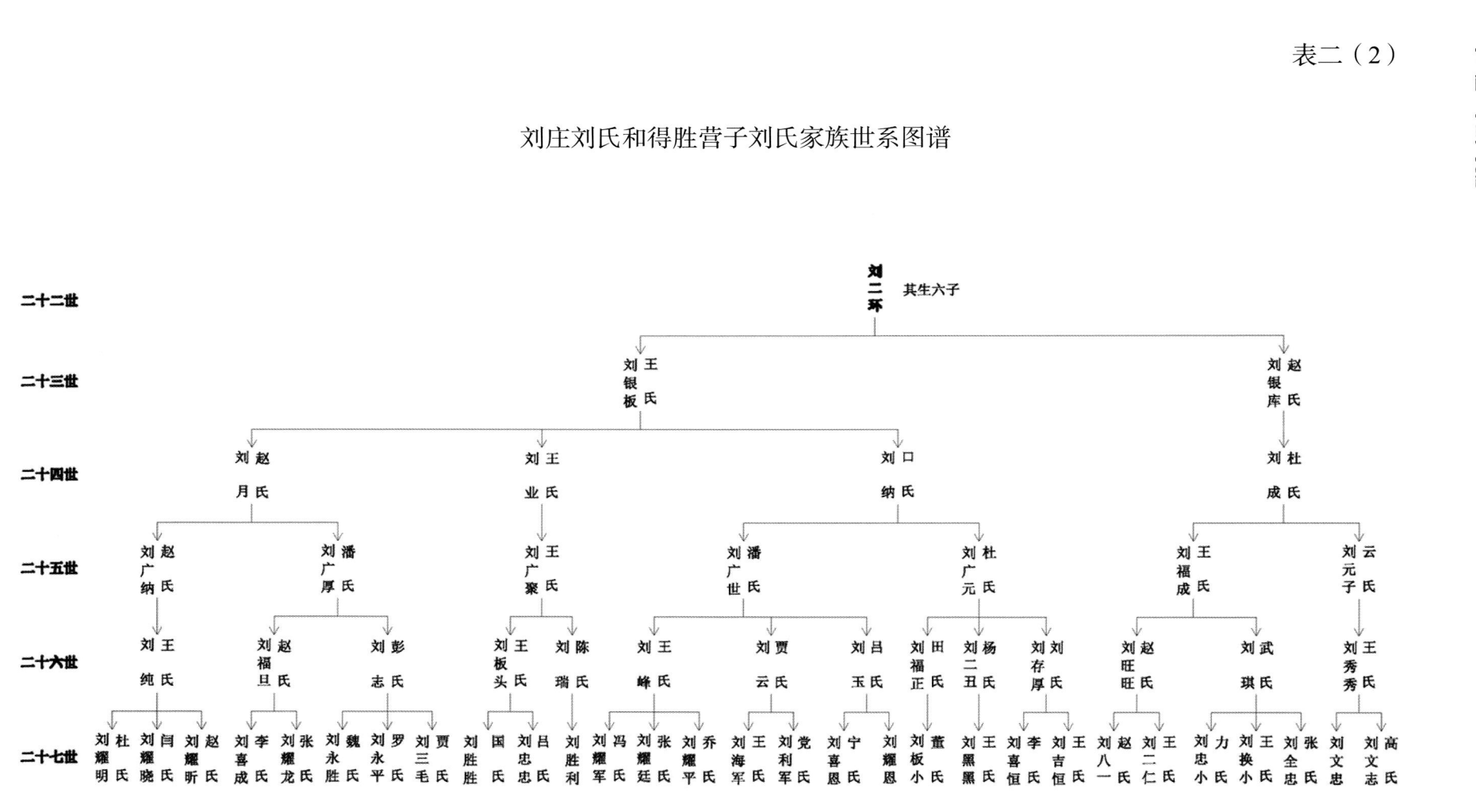

刘三乐 其生六子

二十二世	赵氏 / 王银板 / 赵银库
二十三世	刘广纳 / 刘业 / 刘口 / 刘银库
二十四世	王氏 / 王氏 / 纳氏 / 杜成氏
二十五世	刘福旦 / 刘广厚 / 刘广梁 / 刘广世 / 刘广元 / 王福成 / 刘元子
二十六世	赵氏 / 彭氏 / 王板头 / 陈瑞氏 / 峰氏 / 贾云氏 / 玉氏 / 田福正氏 / 杨氏 / 刘存厚 / 赵旺氏 / 武琪氏 / 王秀秀
二十七世	刘耀明 杜氏 / 刘耀阳 王氏 / 刘昕氏 赵氏 / 刘耀龙 张氏 / 刘喜成 李氏 / 刘永胜 魏氏 / 刘永平 罗氏 / 刘三毛 贾氏 / 刘国 王氏 / 刘昌忠 氏 / 刘胜胜 氏 / 刘耀军 冯氏 / 刘耀廷 张氏 / 刘耀平 乔氏 / 刘海军 王氏 / 刘利军 党氏 / 刘宁喜 恩氏 / 刘獾恩 王氏 / 刘三丑 杨氏 / 刘喜忙 王氏 / 刘存厚 李氏 / 刘旺旺 赵氏 / 刘仁八 王氏 / 刘一 氏 / 刘力换 小氏 / 刘忠小 氏 / 刘全 王氏 / 刘文志 尚氏 / 刘文忠

210

表二（3）

刘庄刘氏和得胜营子刘氏家族世系图谱

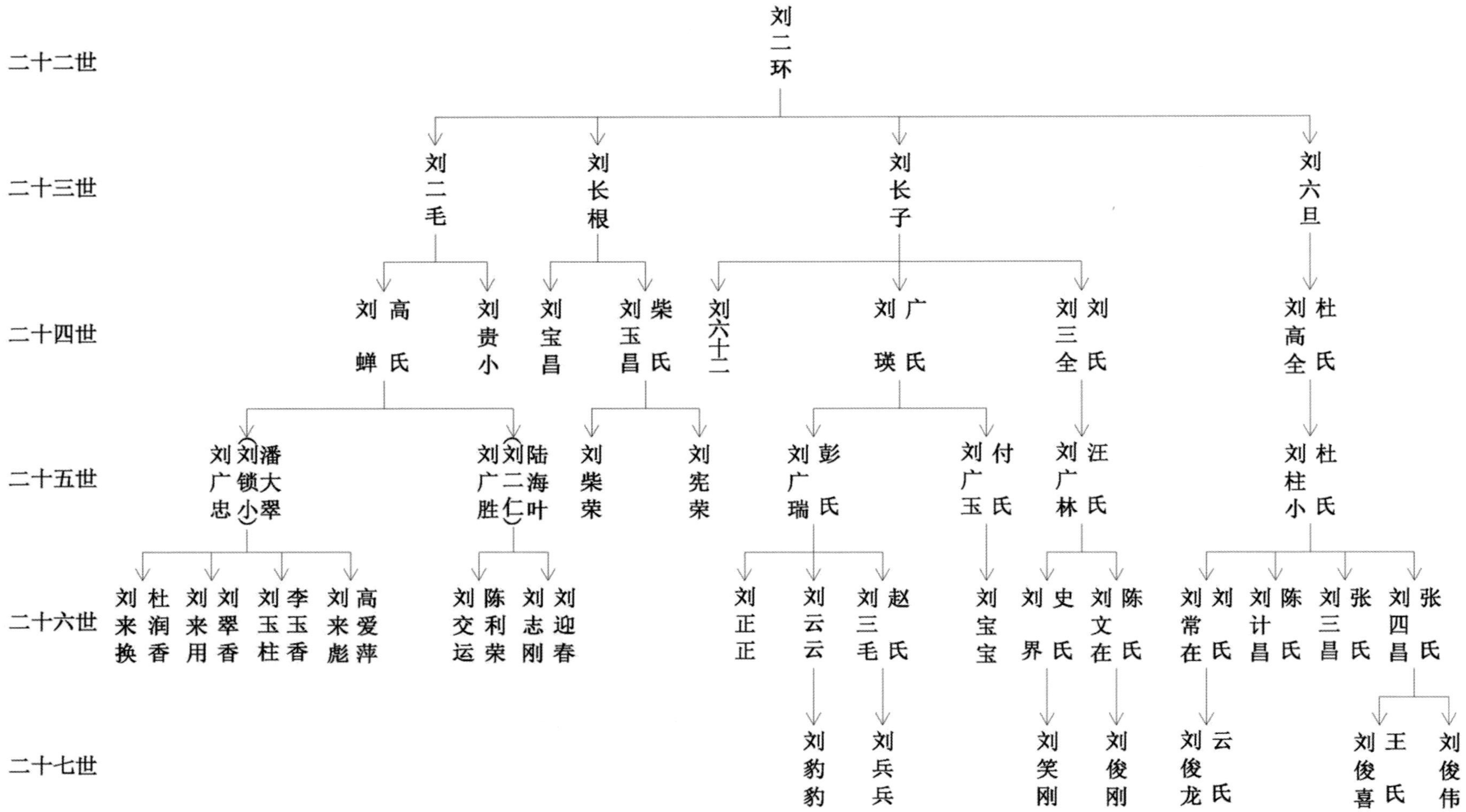

二十二世	刘三环
二十三世	刘三毛　刘长根　刘长子　刘六旦
二十四世	刘广忠—潘锁大　刘高婢氏　刘贵小　刘宝昌　刘玉昌—柴氏　刘六士　刘广瑛氏　刘三全氏　刘高全—杜氏
二十五世	刘杜来换　刘来润香　刘李玉柱香　刘玉翠用　刘来香　刘高爱彪萍　刘广胜仁—陆海叶　刘陈交利运荣　刘志迎刚春　刘宠荣　刘柴荣　刘彭瑞氏　刘付广玉氏　刘汪广林氏　刘杜小—杜氏
二十六世	刘正正　刘云云　刘赵三毛氏　刘宝宝　刘史界氏　刘文在氏　刘常在氏　刘计昌氏　刘陈昌氏　刘张昌氏　刘张四氏
二十七世	刘豹豹　刘兵兵　刘笑刚　刘俊刚　刘俊龙　刘俊薯—王氏　刘俊伟

211

表二（4）

刘庄刘氏和得胜营子刘氏家族世系图谱

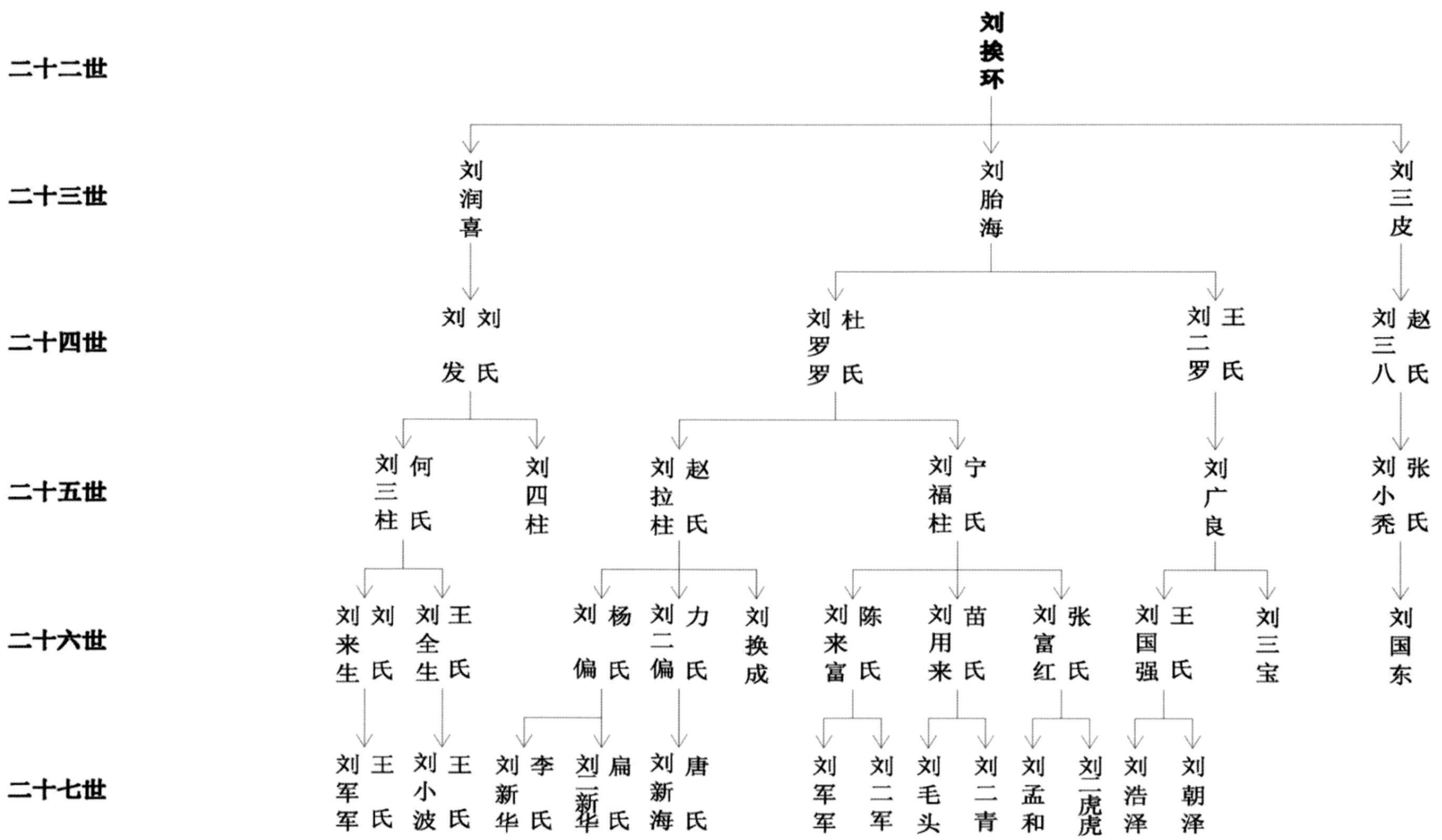
二十二世
二十三世
二十四世
二十五世
二十六世
二十七世
刘换环
刘润喜
刘胎海
刘三皮
刘发 刘氏
刘罗罗 杜氏
刘二罗 王氏
刘三八 赵氏
刘三柱 何氏
刘四柱
刘拉柱 赵氏
刘福柱 宁氏
刘广良
刘小秃 张氏
刘来生 刘氏
刘全生 王氏
刘偏 杨氏
刘二偏 力氏
刘换成
刘来富 陈氏
刘用来 苗氏
刘富红 张氏
刘国强 王氏
刘三宝
刘国东
刘军军 王氏
刘小波 王氏
刘新华 李氏
刘二新华 扁氏
刘新海 唐氏
刘军军
刘二军
刘毛头
刘二青
刘孟和
刘二虎虎
刘浩泽
刘朝泽

九、吴庄吴氏族谱

元朝一世：图孟巴雅。

明朝六世：德木图。

明末清初十三世：吴沛晨。

清康熙年十六世：吴良粥（吴庄第一任庄主）。

清朝十七世：吴××（名讳不详）。

清朝十八世：吴××（名讳不详）。

清乾隆年十九世：吴显亮（回东北）、吴显宗（继任庄主，嘉庆年间病故）。

清嘉庆年二十世：吴继文（补缺庄主）、吴继武、吴亭栋、吴亭祥。

清光绪年二十一世：吴永茂（吴庄第二任庄主）、吴二秃、吴拴罗、吴永山、吴永章（后代不详）、吴永峰（在台湾）、吴玉峰、吴永林。

家谱整理人：吴清刚　吴挨厚　吴利军

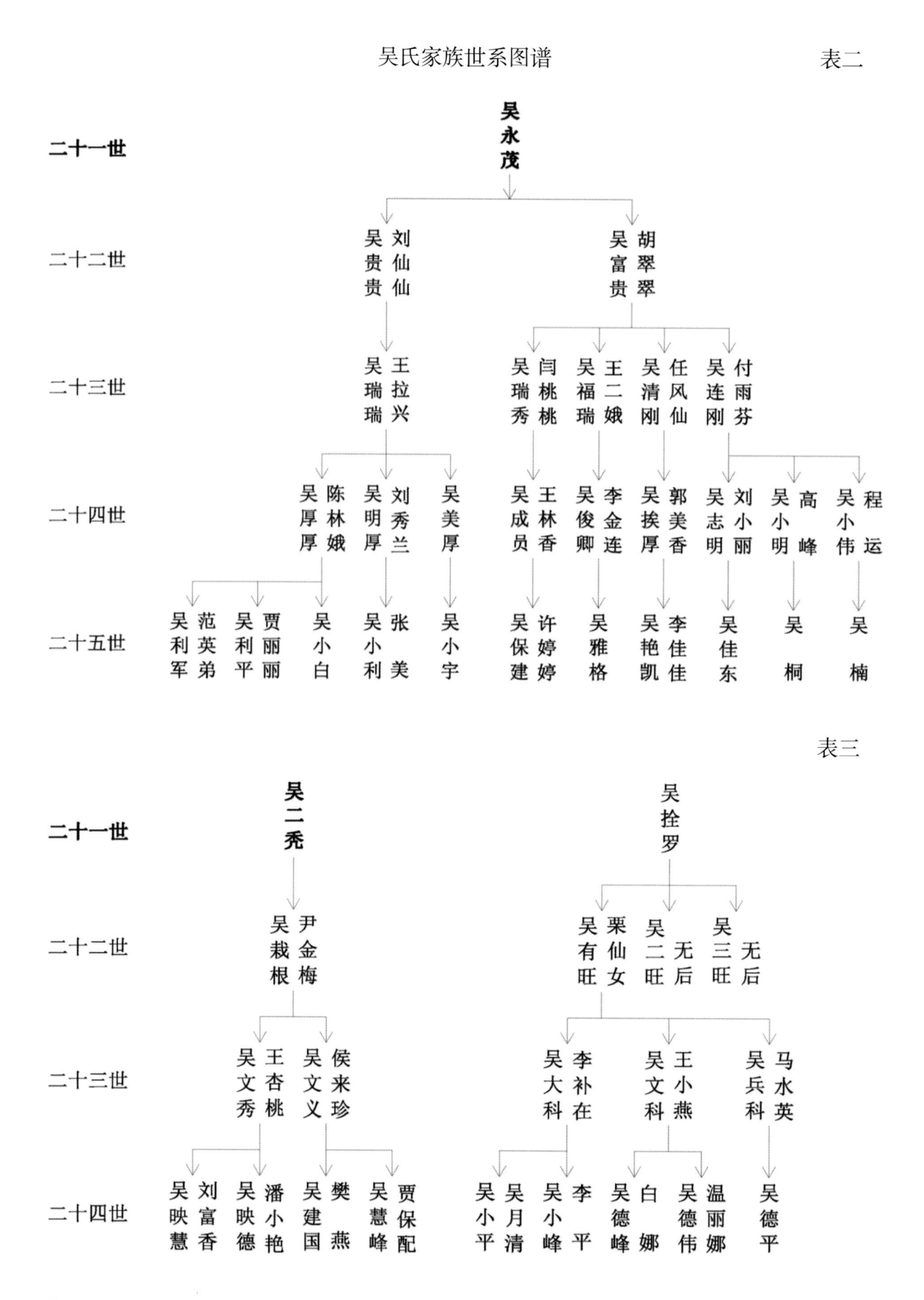

吴氏家族世系图谱　　　　表二

二十一世　　吴永茂

二十二世　　吴贵贵―刘仙仙　　吴富贵―胡翠翠

二十三世　　吴瑞瑞―王拉兴　　吴瑞秀―闫桃桃　　吴福瑞―王二娥　　吴清刚―任风仙　　吴连刚―付雨芬

二十四世　　吴厚厚―陈林娥　　刘秀兰―吴明厚　　吴美厚　　吴成员―王林香　　吴俊卿―李金连　　吴挨厚―郭美香　　吴志明―刘小丽　　吴小明―高峰　　吴小伟―程运

二十五世　　吴利军―范英弟　　吴利平―贾丽丽　　吴小白　　吴小利―张小美　　吴小宇　　吴保建―许婷婷　　吴雅格　　李艳凯　　吴佳佳东　　吴桐　　吴楠

　　　　　　　　　　表三

二十一世　　吴二秃　　　吴拴罗

二十二世　　吴栽根―尹金梅　　吴有旺―栗仙女　　吴二旺（无后）　　吴三旺（无后）

二十三世　　吴文秀―王杏桃　　侯来珍―吴文义　　吴大科―李补在　　吴文科―王小燕　　吴兵科―马水英

二十四世　　吴映慧―刘富香　　吴映德―潘小艳　　樊建国　　吴慧燕　　贾保配　　吴小平　　吴月清　　李小峰―吴德峰　　白德娜―吴德伟　　温丽娜　　吴德平

表四

吴氏家族世系图谱

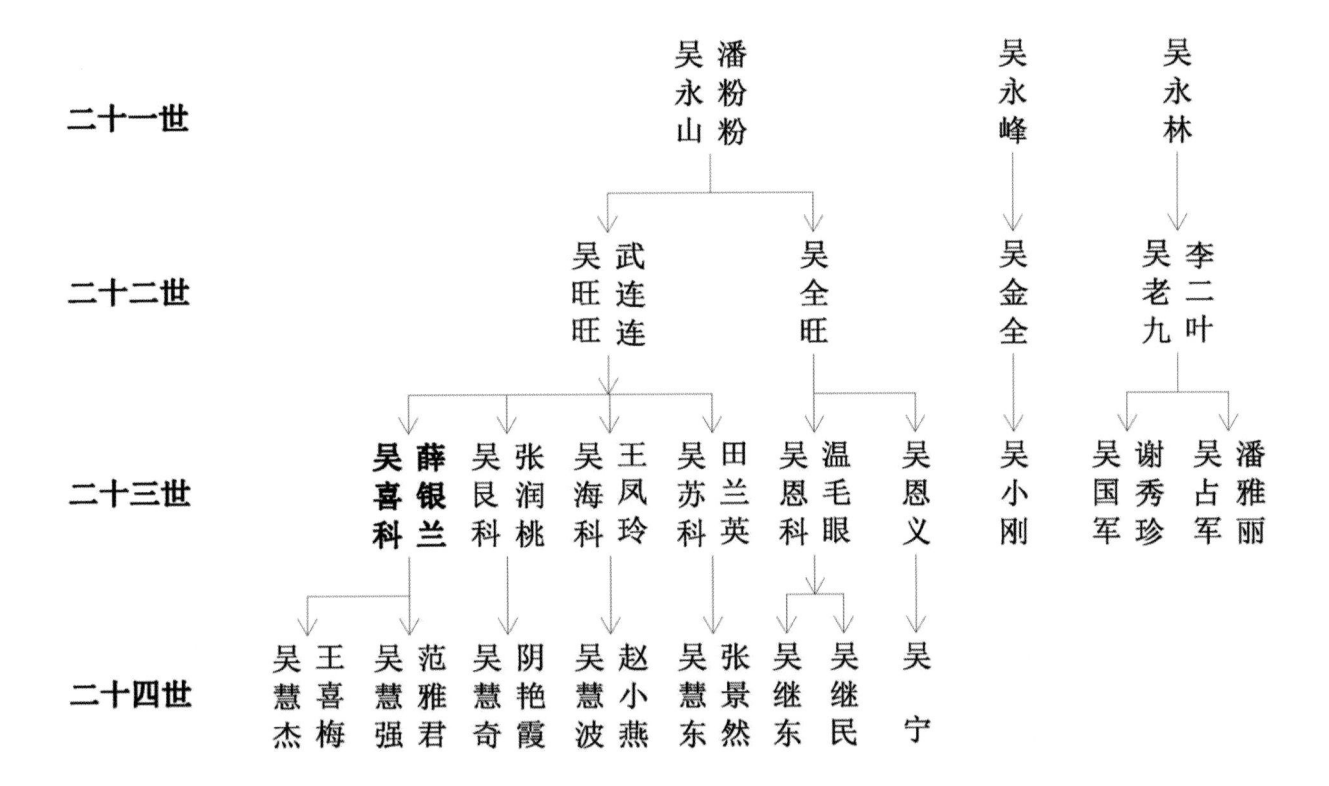

世代												
二十一世			吴永山—潘粉粉					吴永峰		吴永林		
二十二世			吴旺旺—武连连			吴全旺		吴金全		吴老九—李二叶		
二十三世	吴喜科—薛银兰	吴艮科—张润桃	吴海科—王凤玲	田兰英—吴苏科	温毛眼—吴恩科	吴恩义		吴小刚		吴国军—谢秀珍	吴占军—潘雅丽	
二十四世	吴慧杰—王喜梅	吴慧强—范雅君	吴慧奇—阴艳霞	吴慧波—赵小燕	吴慧东—张景然	吴继东	吴继民	吴宁				

十、宋庄宋氏族谱

宋庄宋氏家族为十三庄（西十庄）之一，庄头蒙古族。

宋庄位于吴庄东刘庄西，今德胜营村。

宋氏家族世系如下：

元朝一世祖：赛吉雅夫。

明朝六世祖：那森格日。

明末清初十三世祖：宋守义。

清康熙年十六世祖：宋师洛（宋庄第一任庄主）。

清乾隆年十七世祖：宋延佐（拨什库满语、领催）。

清光绪年二十一世祖：宋德胜（宋庄更换庄主的新庄主）。

清末民初二十二世祖：宋海旺。

民国年间二十三世祖：宋金元、宋昌元、宋金良。

民国年间二十四世祖：宋大正、宋伟正、宋伟成、宋丑仁。

民国年间二十五世祖：宋挨义、宋宽义。

家谱整理人：宋宽义

十一、丁庄丁氏族谱

ᠵᠣᠣ ᠤ ᠣᠪᠣᠭ ᠤ

1. 贾家营（西庄、西地）丁氏家族迁徙概况

丁庄丁氏家族，圈地十三庄（东三庄）庄头，蒙古族。

蒙古族丁氏家族，系成吉思汗帐下功臣，属兀良哈部落之一支。平时游牧，战时从征，世代披甲。

蒙古族丁氏祖先从元、明、清各阶段如何演变及以何身份进入归化城南一带，整个历史进程，前文"史话"部分已有详细论证，这里不再赘述。

此文仅以康熙三十四年（1695年）开始，对蒙古族丁氏家族的生存概况做简要叙述。

康熙三十四年（1695年），蒙古族丁氏先人奉旨随兀良哈俺答部的37名蒙古铁骑蒙臣将士携其家眷迁入归化城南黑河岸边，暂住于安乐庄（现赛罕区新营子村），先人丁茂升（丁茂盛）成为御屯皇粮庄主。同来者还有其族兄弟丁茂华、丁茂村及其叔父丁齐玉、丁齐升、丁齐元等（这在中国第一历史档案馆馆藏内务府19卷1号档案有记载）。康熙五十八年（1719年），丁茂盛之叔父丁齐升、丁齐玉因族内一案件怕连累自己，故向朝廷举报庄主丁茂盛之弟丁茂华所娶"蒙古妇女宁氏"（清内务府档案原文）系族兄丁茂村（已亡故）之妻。按清朝律规，此等情形有违人伦，是违法的。但因蒙古宁氏之父宁朝兵、其母波里皆同意此婚约，再加宁氏膝下有一7岁孩子（名七达子），孤儿寡母确实难以度日。此案经内务府及刑部反复定夺，因蒙古民间素有兄亡嫁弟之习俗，决定免涉事人员的刑罚之罪。

随着圈地范围的确定，丁氏家族所辖圈地范围为东起西庄（现玉泉区西庄村），西至西地村（现玉泉区西地村），南至百什户、达赖庄后，北至前桃花、田家营村南。因丁庄处于胡庄、李庄之西，当时习惯称之为西庄。

随着人口的不断增多，又因大部土地在西面，离丁庄较远，耕作极为不便，故决定部分丁氏族人在昭君墓西的马场地建房居住，便有了现在的西地村。

由于地多人少，又因丁氏家族由牧转农时日较短，对农耕尚不熟悉，耕种如此大片的土地实属困难，遂雇用一户贾姓汉人来庄耕种土地，年久便在圈地的中心地段建房落脚，逐渐形成了村落。因贾姓人先建房居住，故名为贾家营。

随着家族的繁衍，居住在西地村的丁家人口逐渐增多。清乾隆年间，一支丁氏族人也迁往贾家营居住。虽此村名为贾家营，但丁姓人多于贾姓人。

在此年间，庄主丁汉白势大力强，彪悍勇武，民间对其传说颇多。此人常对其兄弟们恃强凌弱，多有不恭。尤其是最小的弟弟丁氏常被其欺辱。老庄主担心这一支丁氏日后更加受气，故集巨资在大青山下买下几百亩土地和半座山斜，让丁氏这一支经营。如此，一可发展丁氏产业；二可免其被丁汉白的欺辱，保全其身。

以上就是丁氏家族自康熙三十四年（1695年）后发展概况。这里只记录了西庄、西店村的丁氏族人和迁往贾家营的一支丁氏族人的繁衍情况，还有部分丁氏族人未收集其中。

2. 丁氏家族世系谱

元朝第一代：迪木巴图。

明朝第六代：哈斯。

明末清初第十三代：丁高峰。

清康熙年第十五代：丁齐升、丁齐玉、丁齐元。

清康熙年第十六代：丁茂盛、丁茂华、丁茂村、丁茂林。

清朝第十七代：丁汉白、丁汉厚。

清朝第十八代：丁大春、丁立春、丁利春。

清朝第十九代：丁少华、丁少林、丁少海。

清朝第二十代：丁南山、丁南海、丁南柱。

清光绪年：丁开山，丁庄第六代庄主，其后人生活在西地村。

丁启武、丁松（嵩）武二人为西庄村主要人物，其后人生活在西庄村。

丁君武、丁党武、丁常武三人为贾家营丁氏主要人物，其后人生活在贾家营村，见后世图表。

丁庄丁氏家族世系图谱（清道光年至中华人民共和国成立）

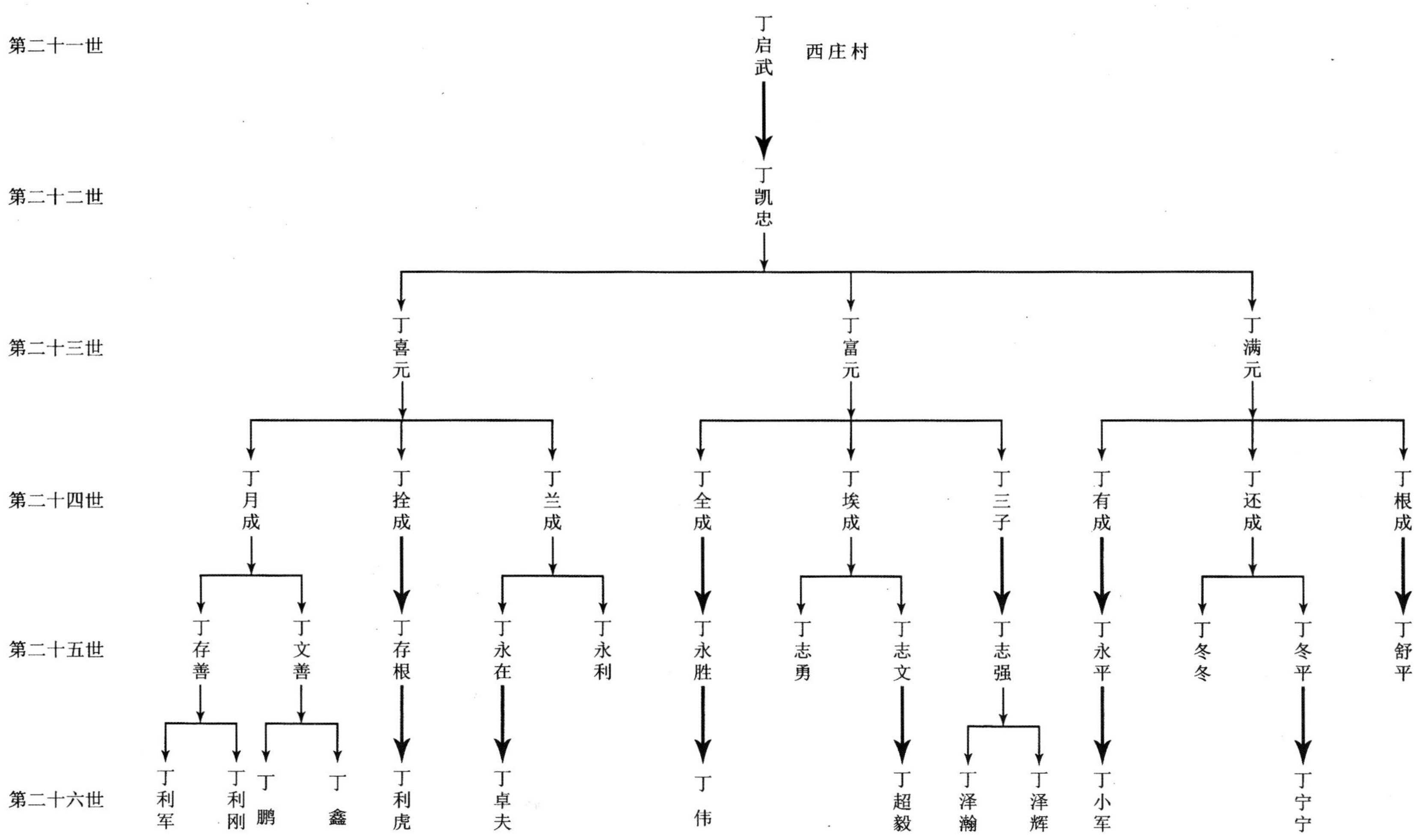

表一

第二十一世	第二十二世	第二十三世	第二十四世	第二十五世	第二十六世
丁启武	丁凯忠（西庄村）	丁满元	丁根成	丁舒平	
			丁还成	丁冬平	丁宁宁
				丁冬冬	
			丁有成	丁永平	丁小军
		丁富元	丁三子	丁志强	丁泽辉
					丁泽瀚
			丁埃成	丁志文	丁超毅
				丁志勇	
			丁全成	丁永胜	丁伟
		丁喜元	丁兰成	丁永利	
				丁永在	丁草夫
			丁拴成	丁存根	丁利虎
			丁月成	丁文善	丁鑫
					丁鹏
				丁存善	丁利刚
					丁利军

丁庄丁氏家族世系图谱（清道光年至中华人民共和国成立）

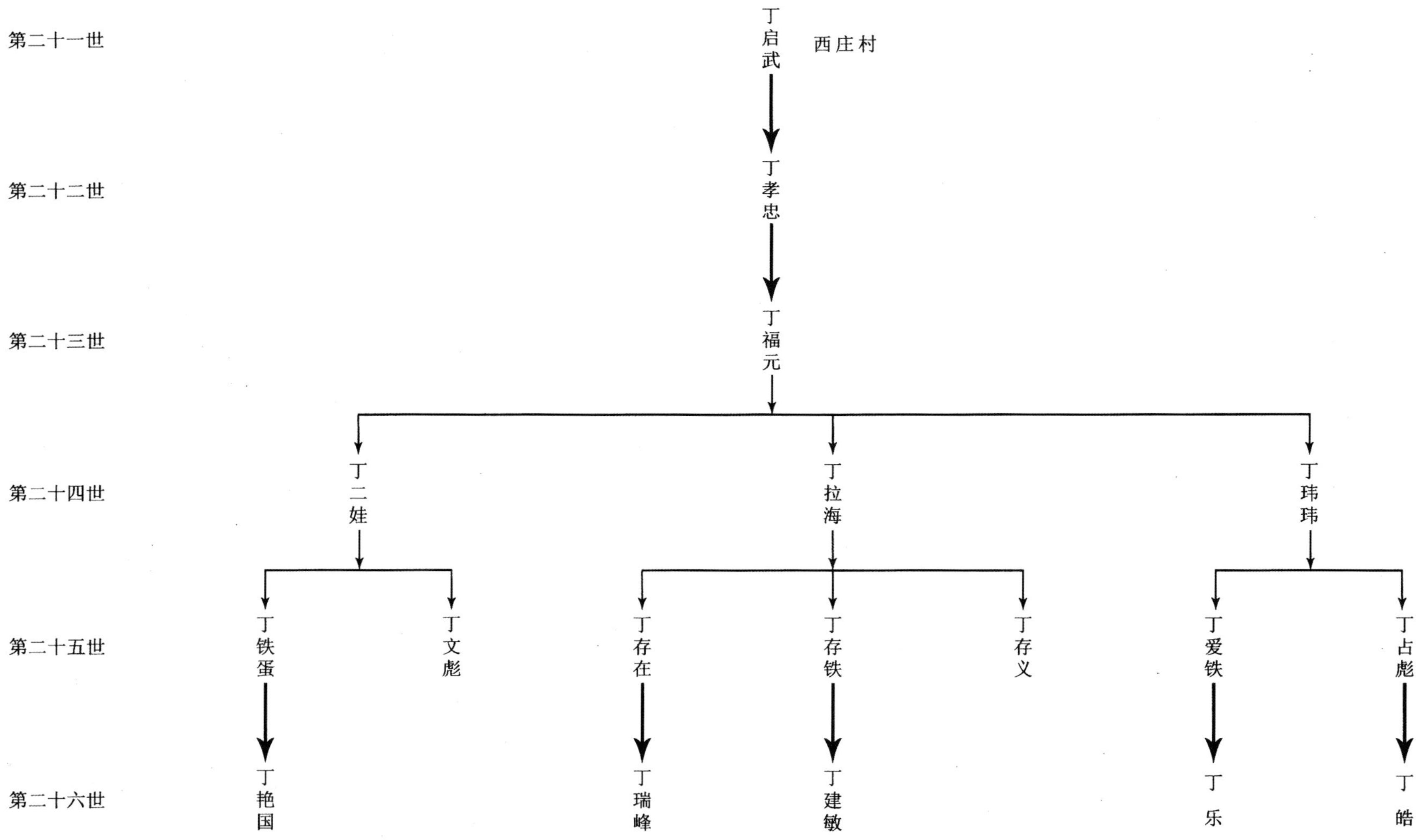

表二

世代	
第二十一世	丁启武 西庄村
第二十二世	丁孝忠
第二十三世	丁福元
第二十四世	丁三娃 ； 丁拉海 ； 丁珥珥
第二十五世	丁文彪、丁铁蛋 ； 丁存在、丁存铁、丁存义 ； 丁爱铁、丁占彪
第二十六世	丁艳国 ； 丁瑞峰、丁建敏 ； 丁乐、丁皓

表三 丁庄丁氏家族世系图谱（清道光年至中华人民共和国成立）

西庄村

```
第二十二世：丁孟小、丁大黑、丁二黑、丁海中
第二十三世：丁二孟、丁狗狗、丁秀福、丁秀成、丁满仓、丁成拉
第二十四世：丁三狗、丁付忠、丁小忠、丁连生、丁成成、丁喜成、丁福成、丁朴环、丁环根、丁保根
第二十五世：丁建峰、丁建军、丁鹏飞、丁力飞、丁智慧、丁志强、丁志勇、丁鑫鑫、丁吉军、丁海军、丁浩、丁伟
第二十六世：丁琦伟、丁字聪、丁字翰、丁字桐、丁字泽、丁扬
```

221

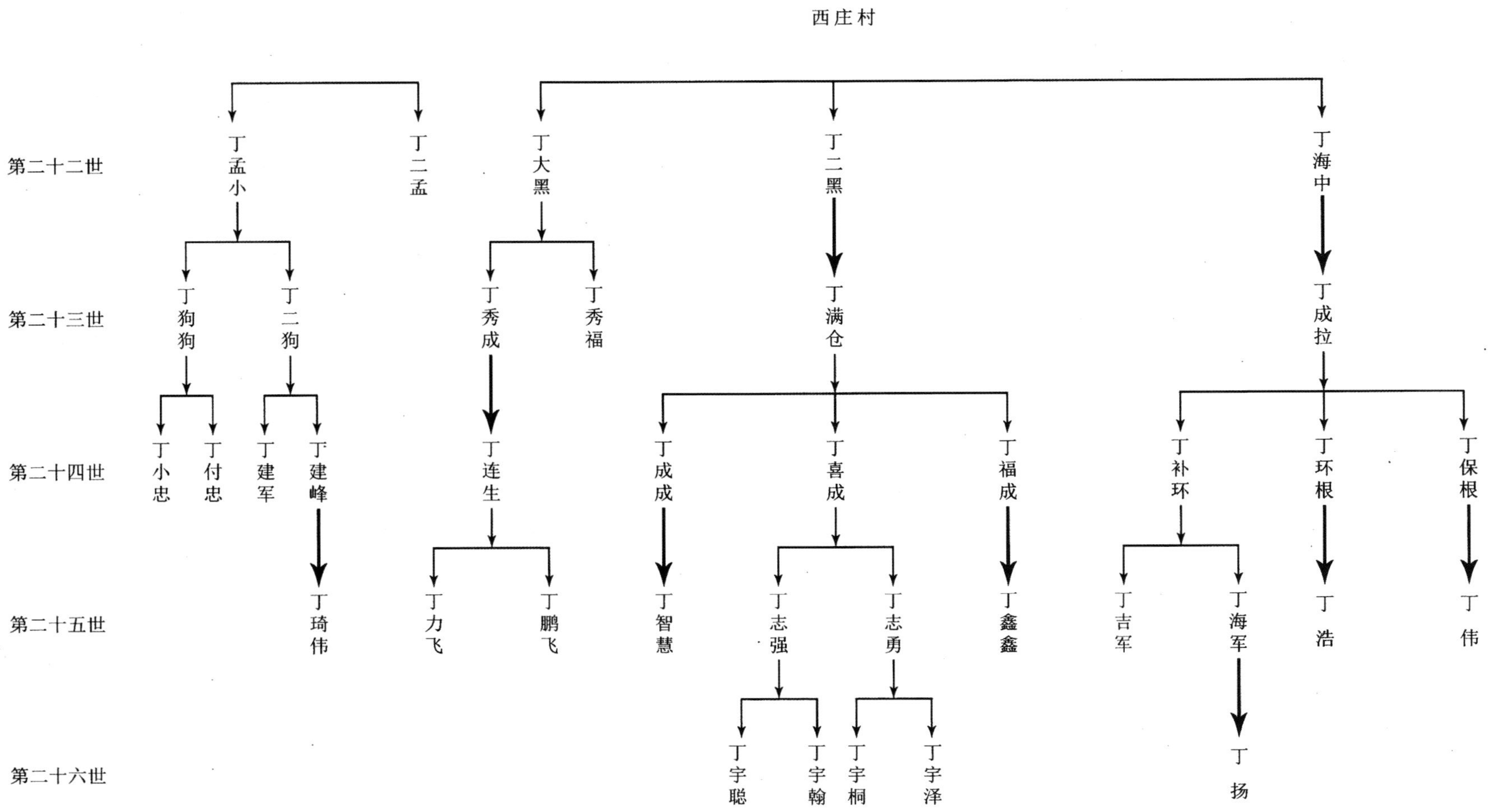

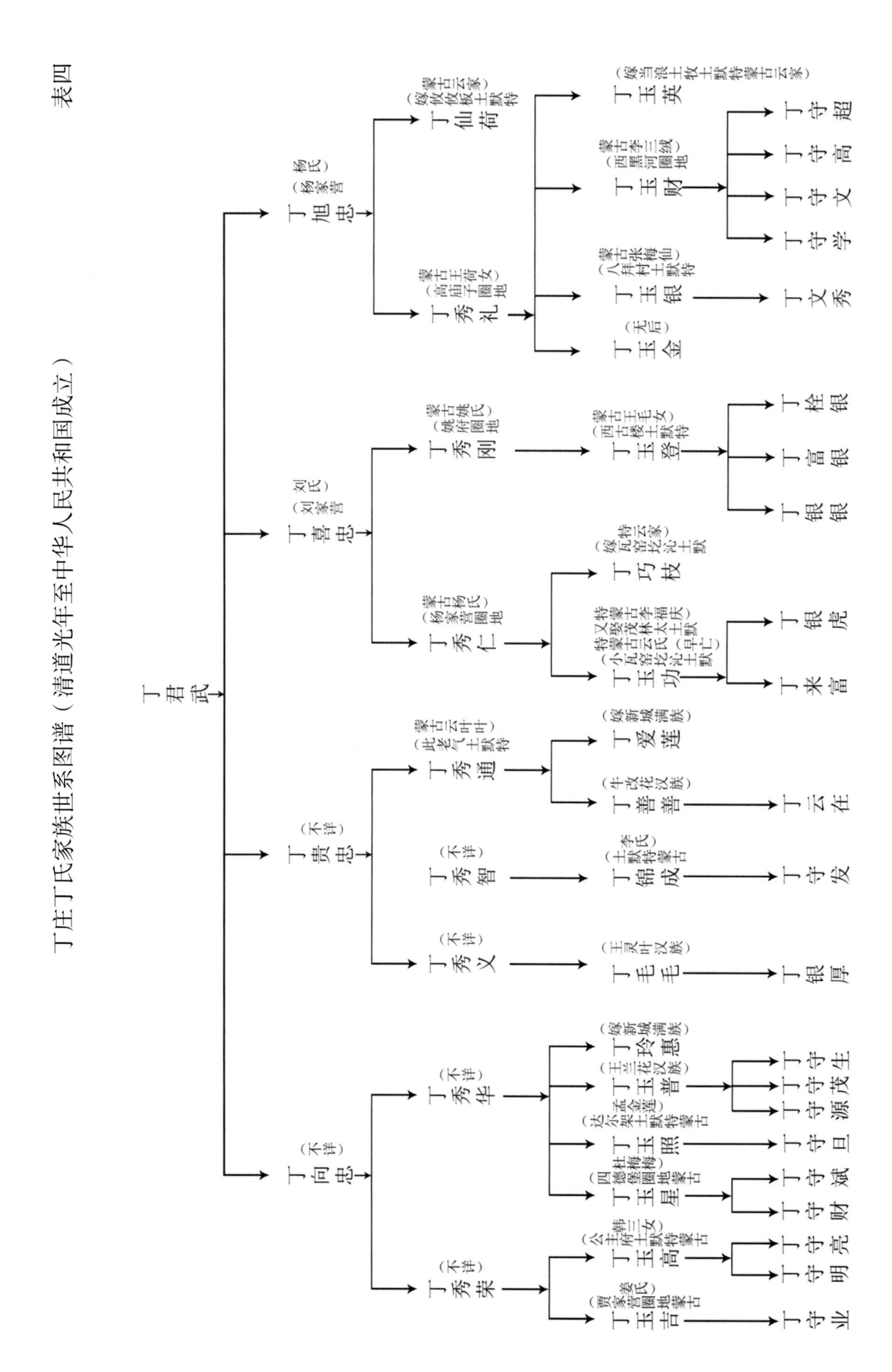

丁庄丁氏家族世系图谱（清道光年至中华人民共和国成立）

表四

```
丁君武
├── 丁向忠（不详）
│   ├── 丁秀荣
│   │   ├── 丁玉吉（贾家营圈地 蒙古）
│   │   │   ├── 丁守业
│   │   │   └── 丁守明
│   │   └── 丁玉高（公主府土默特三韩女 蒙古）
│   │       ├── 丁守亮
│   │       └── 丁守明
│   └── 丁秀华（不详）
│       ├── 丁玉星（四德堡圈地杜默蒙古梅）
│       │   ├── 丁守斌
│       │   └── 丁守财
│       ├── 丁玉照（达尔架土默特孟金蒙古）
│       │   ├── 丁守旦
│       │   └── 丁源
│       ├── 丁玉兰花（王普汉族）
│       │   ├── 丁守生
│       │   ├── 丁守茂
│       │   └── 丁源
│       └── 丁玲惠（嫁新城丁汉族）
├── 丁贵忠（不详）
│   ├── 丁秀义（不详）
│   │   └── 丁毛毛（王灵叶汉族）
│   │       └── 丁银厚
│   ├── 丁秀智（不详）
│   │   └── 丁锦成（土默特李氏蒙古）
│   │       └── 丁守发
│   └── 丁秀通（此老气土默特蒙古云叶）
│       ├── 丁善善（牛改花汉族）
│       │   └── 丁云在
│       └── 丁爱莲（嫁新城满族）
├── 丁喜忠（刘氏）刘家营
│   ├── 丁秀仁（杨家营圈地杨氏蒙古）
│   │   ├── 丁功玉（小瓦盆窑龙沁土默亡）
│   │   │   ├── 丁米富
│   │   │   └── 丁银虎
│   │   ├── 丁又特（聚蒙古林茂云李太福土默庆）
│   │   └── 丁巧枝（嫁瓦盆窑云家炫沁土默）
│   └── 丁秀刚（姚府圈地蒙古姚氏）
│       └── 丁玉登（西古楼毛土默女蒙古）
│           ├── 丁银银
│           ├── 丁富银
│           └── 丁栓银
└── 丁旭忠（杨家营 杨氏）
    ├── 丁秀礼（高商子荷地蒙古王女）
    │   ├── 丁玉金（无后）
    │   └── 丁玉银仙（八拜村土默梅蒙古张）
    │       └── 丁文秀
    └── 丁仙荷（嫁做板土默特蒙古云家）
        ├── 丁玉财（西黑河圈地李三蒙古绒）
        │   ├── 丁守学
        │   ├── 丁守文
        │   ├── 丁守高
        │   └── 丁守超
        └── 丁玉英（嫁当浪土默牧蒙古云家）
```

222

表五 丁庄丁氏家族世系图谱（清道光年至中华人民共和国成立）

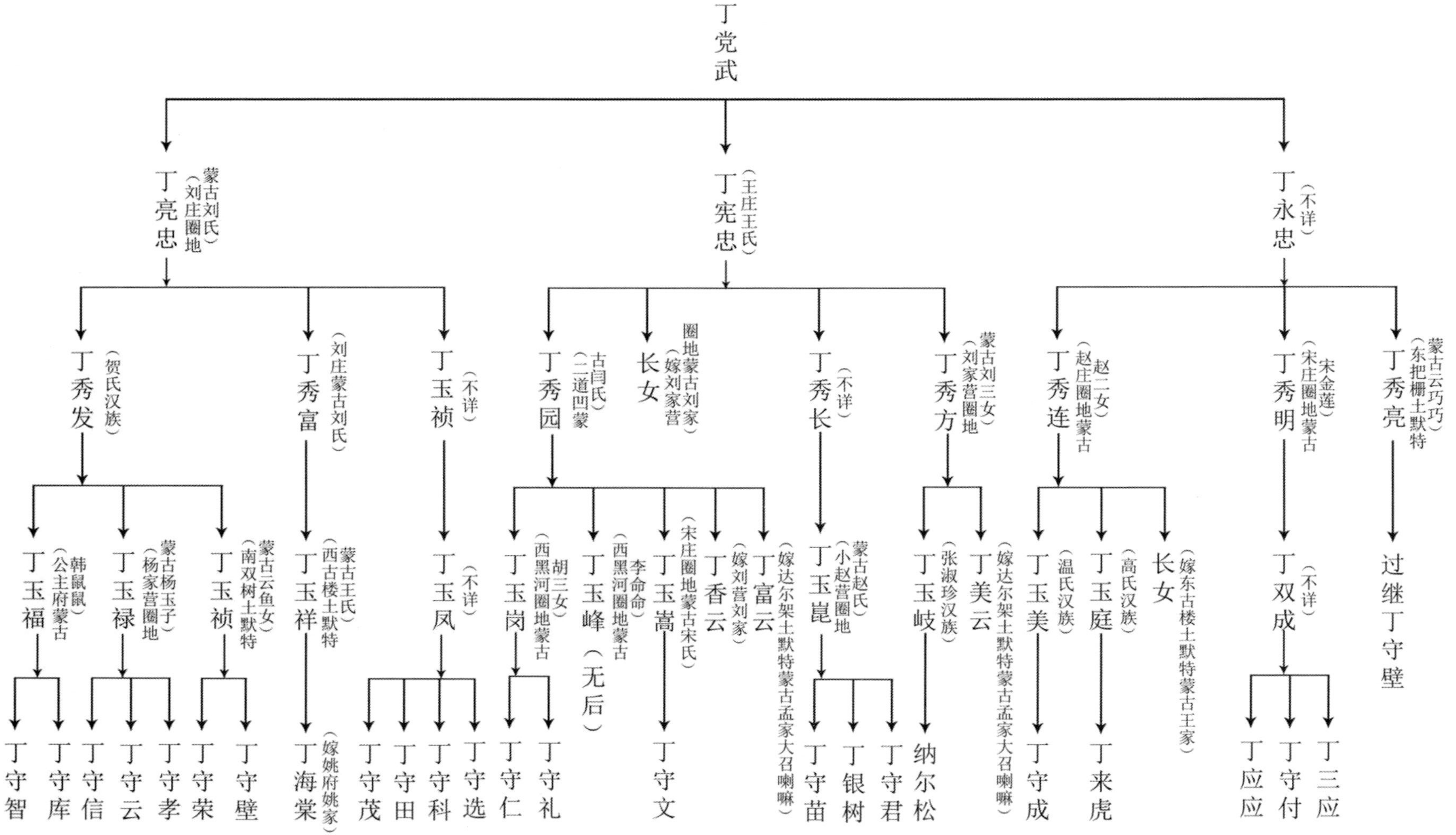

```
丁党武
├── 丁宪忠（王氏，王庄）
│   ├── 丁秀园（门氏，三道营）
│   │   ├── 丁玉峰（李氏命，西黑河圈地蒙古）— 无后
│   │   ├── 丁玉岗（胡三女，西黑河圈地蒙古）
│   │   │   ├── 丁守仁
│   │   │   └── 丁守礼
│   │   ├── 丁玉嵩（宋氏，末庄圈地蒙古）— 丁守文
│   │   ├── 丁香云（嫁刘家营刘家）
│   │   └── 丁富云（嫁达尔栗土默特蒙古孟家大召喇嘛）
│   ├── 长女（嫁刘家营蒙古刘家圈地）
│   ├── 丁秀长（不详）
│   │   └── 丁玉昆（赵氏小，蒙古营圈地）
│   │       ├── 丁苗树
│   │       ├── 丁银树
│   │       └── 丁守君（纳尔松）
│   └── 丁秀方（刘三女，蒙古刘家营圈地）
│       ├── 丁美云（嫁达尔栗土默特蒙古孟家大召喇嘛）
│       └── 丁玉岐（张淑珍汉族）— 纳尔松
│   
├── 丁永忠（不详）
│   ├── 丁秀连（赵三女，赵庄圈地蒙古）
│   │   ├── 长女（嫁东楼土默特蒙古王家）
│   │   ├── 丁玉庭（高氏汉族）— 丁来虎
│   │   └── 丁玉美（温氏汉族）— 丁守成
│   ├── 丁秀明（宋金莲，末庄圈地蒙古）
│   │   └── 丁双成（不详）
│   │       ├── 丁应三
│   │       ├── 丁守付
│   │       └── 丁应应
│   └── 丁秀亮（把云巧，东栅土默特蒙古）— 过继丁守壁
│
└── 丁亮忠（刘氏，蒙古刘庄圈地）
    ├── 丁玉祯（不详）
    │   └── 丁玉凤（不详）
    │       ├── 丁守选
    │       ├── 丁守科
    │       ├── 丁守田
    │       └── 丁守茂
    ├── 丁秀富（刘氏，蒙古刘庄）
    │   └── 丁玉祥（王氏，西楼土默特蒙古）
    │       └── 丁海棠（嫁姚府姚家）
    └── 丁秀发（贺氏汉族）
        ├── 丁玉祯（云鱼女，蒙古南双树土默特）
        │   ├── 丁守壁
        │   └── 丁守荣
        ├── 丁玉禄（杨玉子，蒙古杨家营圈地）
        │   ├── 丁守孝
        │   ├── 丁守云
        │   └── 丁守信
        └── 丁玉福（公主府鼠蒙古）
            ├── 丁守智
            └── 丁守库
```

第三章 十三庄二十四户三十七家族谱

223

表六

丁庄丁氏家族世系图谱（清道光年至中华人民共和国成立）

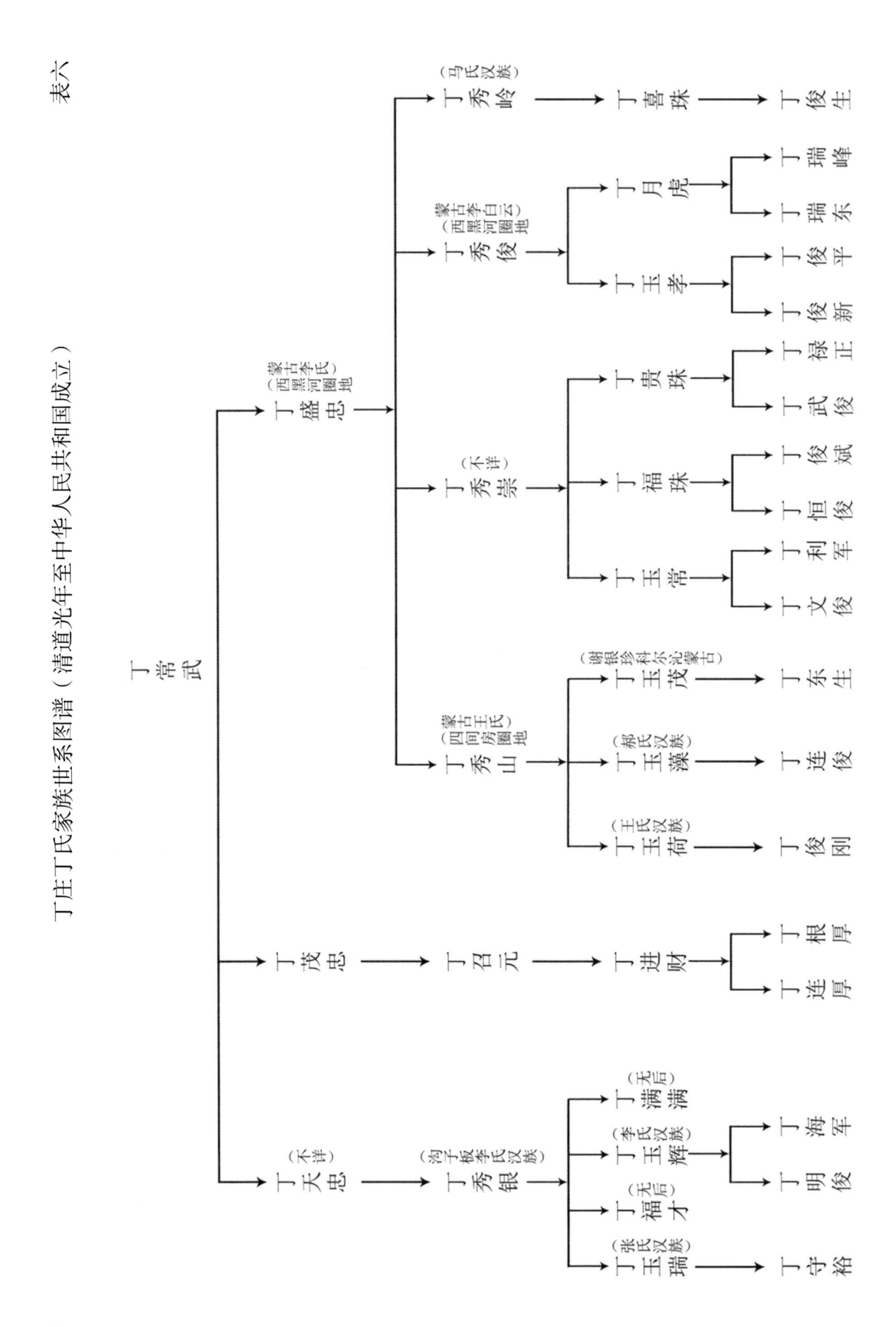

```
丁常武
├── 丁天忠（不详）
│   └── 丁秀银（沟子板李氏汉族）
│       ├── 丁玉瑞（张氏汉族） ── 丁守裕
│       ├── 丁福才（无后）
│       ├── 丁玉辉（李氏汉族） ── 丁明俊 ── 丁海军
│       └── 丁满满（无后）
├── 丁茂忠
│   └── 丁召元
│       └── 丁进财
│           ├── 丁连厚
│           └── 丁根厚
└── 丁盛忠（西黑河圈地 蒙古李氏）
    ├── 丁秀山（四同房圈地 蒙古王氏）
    │   ├── 丁玉荷（王氏汉族） ── 丁俊刚
    │   ├── 丁玉藻（郝氏汉族） ── 丁连俊
    │   └── 丁玉茂（谢银珍科尔沁蒙古） ── 丁东生
    ├── 丁秀崇（不详）
    │   ├── 丁玉常 ── 丁文俊 / 丁利军
    │   ├── 丁福珠 ── 丁恒俊 / 丁俊斌
    │   └── 丁贵珠 ── 丁武俊 / 丁禄正
    ├── 丁秀俊（西黑河圈地 蒙古李白云）
    │   ├── 丁玉孝 ── 丁俊新 / 丁俊平
    │   └── 丁月虎 ── 丁瑞东 / 丁瑞峰
    └── 丁秀岭（马氏汉族）
        └── 丁喜珠 ── 丁俊生
```

表七 丁庄丁氏家族世系图谱（清道光年至中华人民共和国成立）

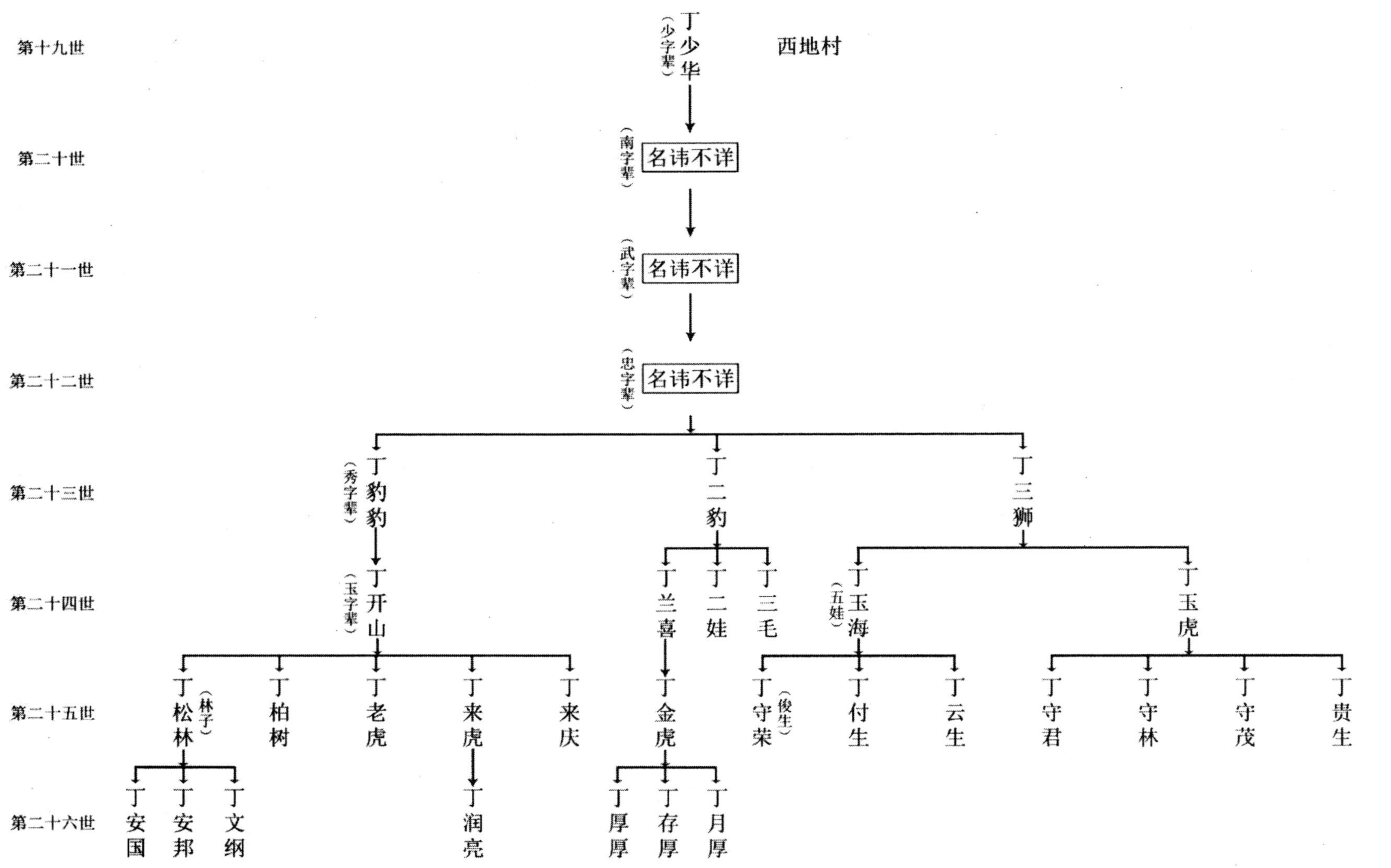

西地村

```
第十九世:  丁少华(少字辈)
第二十世:  名讳不详(南字辈)
第二十一世: 名讳不详(武字辈)
第二十二世: 名讳不详(忠字辈)
第二十三世: 丁豹豹(秀字辈) —— 丁兰喜 / 丁三豹 / 丁三狮
第二十四世:
  - 丁豹豹系: 丁开山(玉字辈)
  - 丁兰喜系: 丁金虎
  - 丁三豹系: 丁三娃、丁三毛
  - 丁三狮系: 丁玉海(五娃)、丁玉虎
第二十五世:
  - 丁开山系: 丁柏树、丁老虎、丁来虎、丁来庆
  - 丁金虎系: 丁存厚、丁月厚
  - 丁三娃系: 丁守荣(俊生)
  - 丁玉海系: 丁付生、丁云生
  - 丁玉虎系: 丁守君、丁守林、丁守茂、丁贵生
第二十六世:
  - 丁松林(林字辈): 丁安国、丁安邦、丁文纲
  - 丁来虎系: 丁润亮
  - 丁存厚系: 丁厚厚
  - 丁月厚系: 丁厚厚
```

表八

丁庄丁氏家族世系图谱（清道光年至中华人民共和国成立）丁

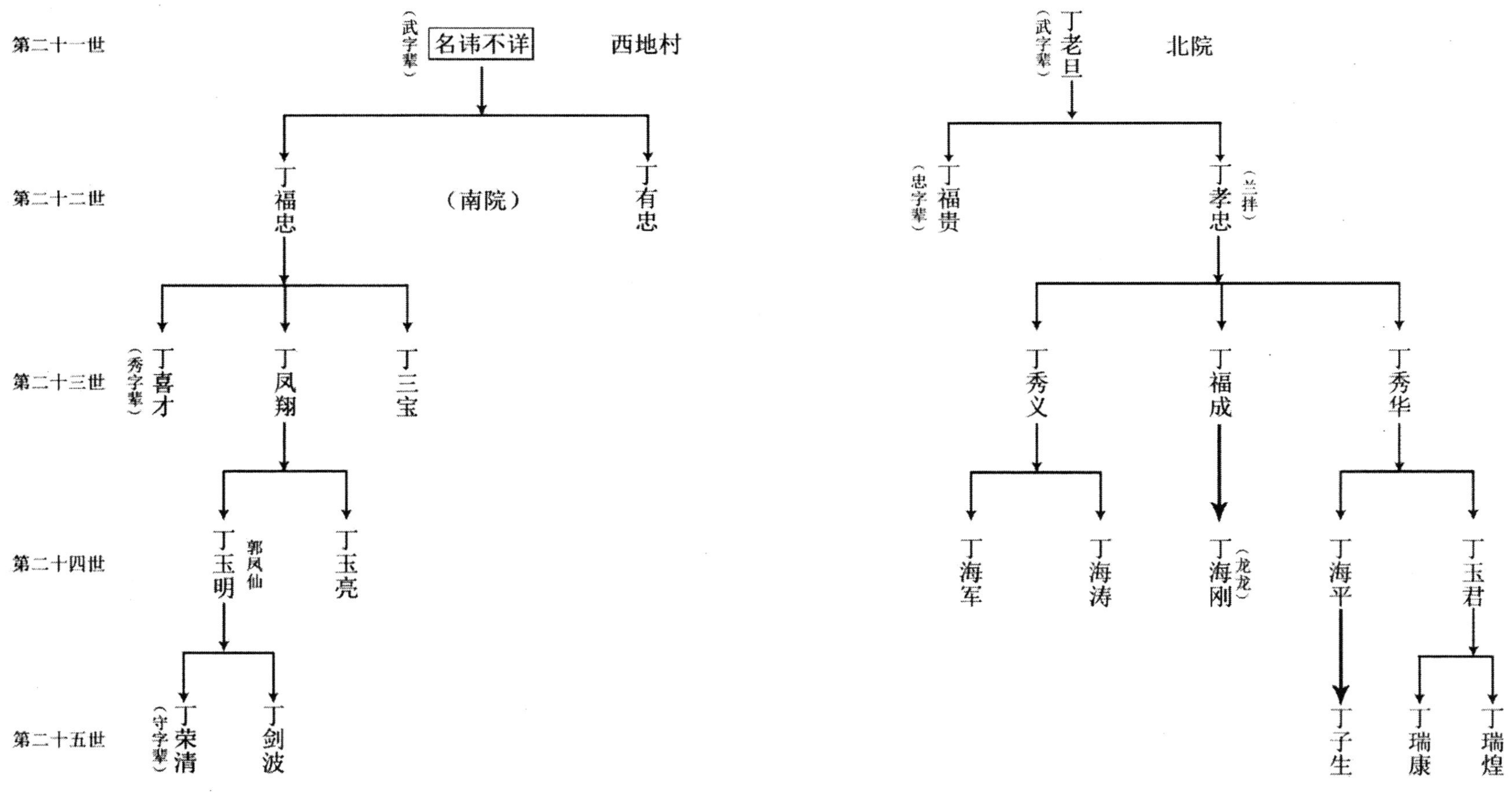

西地村

第二十一世：名讳不详（武字辈）

第二十二世：丁有忠；丁福忠（南院）

第二十三世：
- 丁福忠 → 丁三宝、丁凤翔、丁喜才（秀字辈）

第二十四世：
- 丁凤翔 → 丁玉亮、丁玉明（邹凤仙）

第二十五世：
- 丁玉明 → 丁剑波、丁荣清（守字辈）

北院

第二十一世：丁老曰（武字辈）

第二十二世：丁孝忠（兰井）；丁福贵（忠字辈）

第二十三世：
- 丁孝忠 → 丁秀华、丁福成、丁秀义

第二十四世：
- 丁秀华 → 丁玉君、丁海平
- 丁福成 → 丁海刚（龙龙）
- 丁秀义 → 丁海涛、丁海军

第二十五世：
- 丁玉君 → 丁瑞煌、丁瑞康
- 丁海平 → 丁子生

表九 丁庄丁氏家族世系图谱（清道光年至中华人民共和国成立）

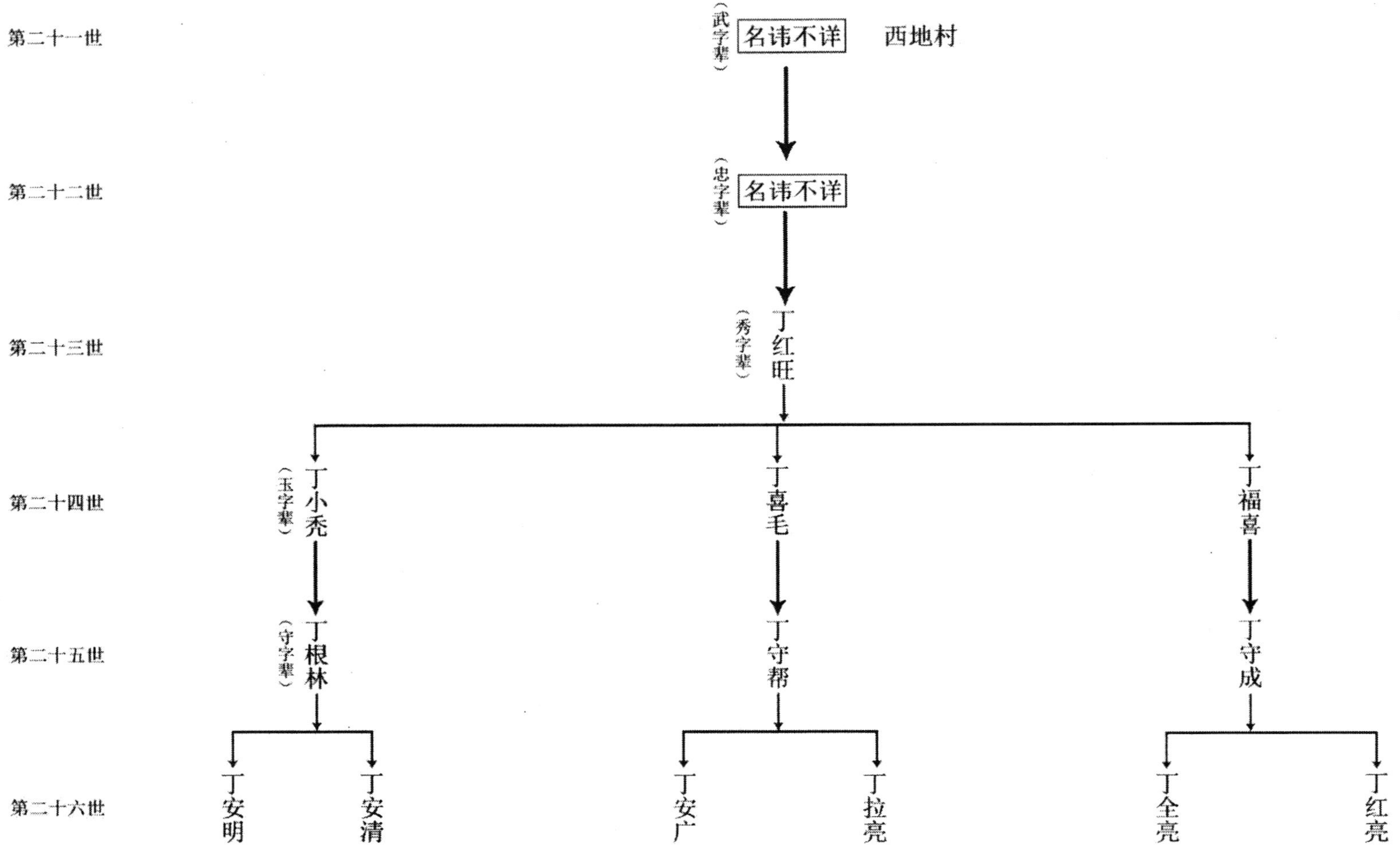

第二十一世	名讳不详（武字辈） 西地村
第二十二世	名讳不详（忠字辈）
第二十三世	丁红旺（秀字辈）
第二十四世	丁小尧（玉字辈） ／ 丁喜毛 ／ 丁福喜
第二十五世	丁根林（守字辈） ／ 丁守帮 ／ 丁守成
第二十六世	丁安清、丁安明 ／ 丁安广、丁拉亮 ／ 丁全亮、丁红亮

3. 丁氏家族现、当代人物简介

丁玉茂：内蒙古医科大学寄生虫病学研究专家、教授。

丁玉恒：原乌兰察布盟兴和县政协副主席、人大常委会主任。

丁玉岐：包头市蒙古族中学副高级教师，著名画家，中国美术家协会内蒙古分会会员。

丁毅：研究生学历，乌海市政协副主席。

丁玉婵：女，呼和浩特市轻化局高级工程师，技术科科长。

丁守荣：玉泉区西地村委会原主任，内蒙古自治区以及呼和浩特市劳动模范，也曾荣获全国少数民族模范个人称号。

丁志恒：呼和浩特市商务局副处级及助理调研员，高级工程师。

丁玉嵩：一生从事民族教育工作，白庙子乡学区主任。

丁延军（色德赫勒图）：包头二机厂后勤处处长。

丁宝元：原桃花公社党委书记。

丁润亮：内蒙古烟草专卖局（公司）正处级调研员。

丁守学：玉泉区城建系统党总支书记。

丁守壁：历任呼和浩特市文物管理处书记、呼和浩特市群众艺术馆馆长，兼任呼和浩特市电影戏剧家协会副主席、呼和浩特市民族民间文艺家协会副主席。

丁守君：呼和浩特市司法局律师事务所所长。

丁守文：巴盟乌拉特中旗财政局副局长，政协财经委员会副主任。

丁建俊：玉泉区贾家营村委会主任，呼和浩特市玉泉区人大代表。

丁爱玲：呼和浩特市农业局科长。

丁守超：内蒙古直属机关房产局劳动服务公司经理。

丁鹏飞：上海复旦大学研究生，宁波银行中管经理。

丁尔文：内蒙古毛条厂教育科长。

丁瑞清：赛罕区政协办公室主任。

丁俊龙：呼和浩特市政府秘书四科科长。

家谱供稿人：丁玉明　丁守学　丁兰成
整理人：丁守壁　丁永平

十二、胡庄胡氏族谱

ᡥᡡ ᠵᡠᠸᠠᠩ ᡥᡡ ᡥᠠᠯᠠ

胡氏家族十三庄中东三庄丁、胡、李之胡庄为庄头蒙古族。

胡庄位于大黑河（今西黑河）南侧西庄东，因与李庄几乎合为一村，所以人们习惯将两庄合称为大黑河村。

胡氏家族在元代的远祖为兀良哈部落人。明朝末年胡氏家族的祖先为喀喇沁部落人。明末清初以速不台第十三世孙王高棠为首成立了兀良哈安达部，胡氏家族十三世孙胡达旺为兀良哈安达部头领之一。清初，胡达旺的儿孙们随清军入关，成为正黄旗蒙古八旗军。康熙帝率清八旗军西征噶尔丹时，我胡氏家族十六世祖胡玺随大军参加了西征噶尔丹立下战功。康熙三十四年（1695年）被封在归化城南大黑河一带十三圈地的东三圈地上，建庄后称胡庄。胡玺为胡庄第一任庄主。清乾隆至嘉庆年间，胡氏家族先祖胡显曾、胡海、胡廷儒被大家推选为领催，管理圈地上的事务。比如，乾隆十年（1745年）李庄庄主李之良病故后，祖胡显曾与另二位领催李二辉、宋廷佐保结李之良之子李朝钦补缺接任李庄庄主；光绪年间胡氏家族二十一世祖胡建基为胡庄第二任庄主。清光绪三十三年（1907年），二十一世祖胡慎基曾与弟兄三股份"胡当家地"立契约，二十一世祖胡堇基、胡礼基是知见人画过押。民国二十五年（1936年），二十一世祖胡存基与其孙辈胡茂，曾买吴家西大黑河四至为南至胡存基，北至胡桂基（二十一世祖）的一块地立约，逐渐地胡氏家族居位方位分前街和后街。胡建基的后代居前街，胡存基的后代居后街。

胡氏家族世系如下：

明末清初十三世：胡达旺。

清康熙年十六世：胡玺。

清乾隆年十七世：胡显曾。

清乾隆、嘉庆年十八世：胡海。

清朝年十九世：胡廷儒。

清朝年二十世：胡蘂。

清光绪年二十一世：胡建基、胡慎基、胡堇基、胡礼基、胡桂基、胡存基。

清末至民国年二十二世：胡镜、胡四四、胡六六、胡老虎、胡大同、胡二同。

家谱整理人：胡兰根

表一

胡庄胡氏家族世系图谱（后街）

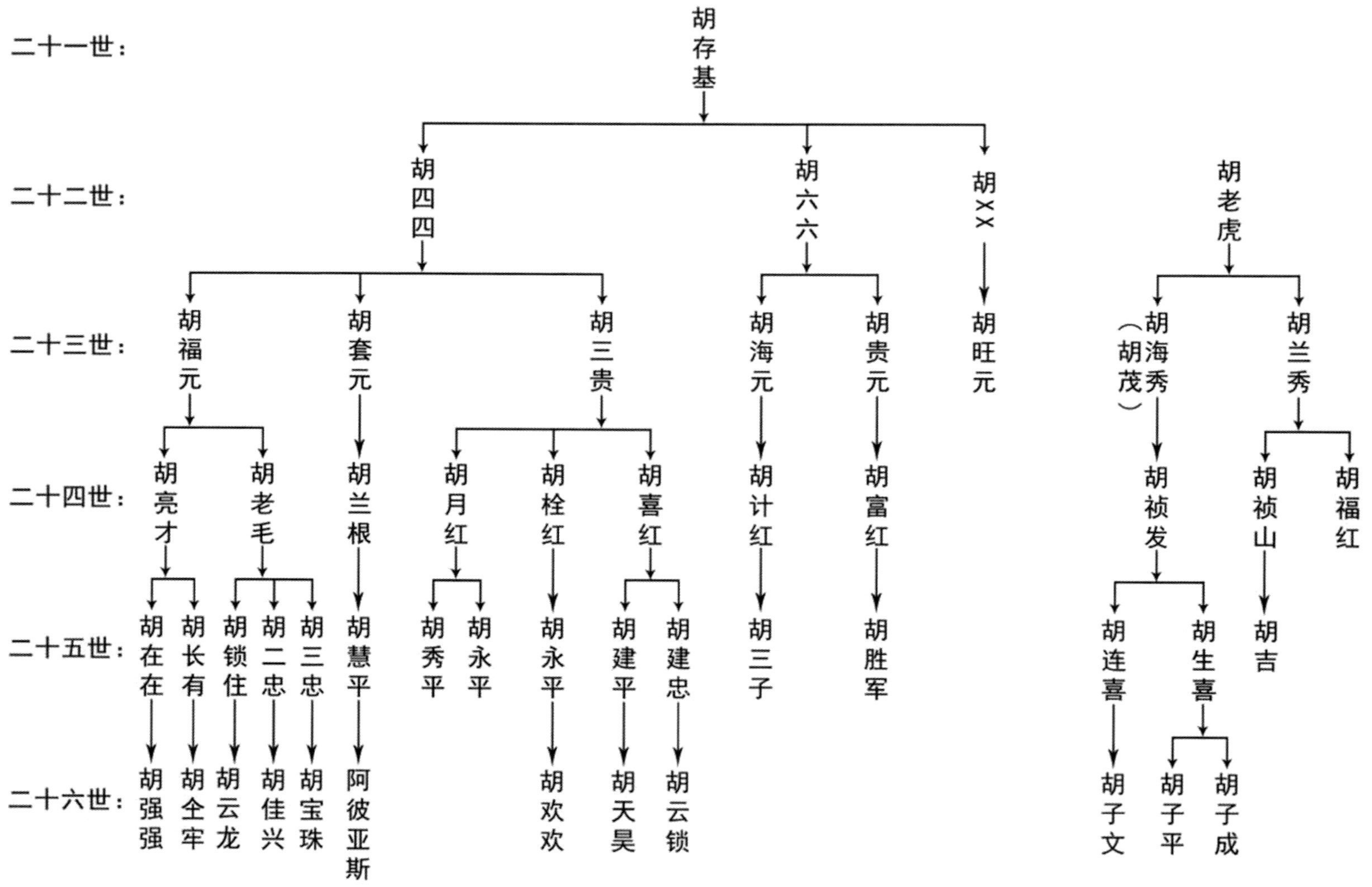

```
胡老虎 ┬─ 胡兰秀 ┬─ 胡福红
       │         └─ 胡桢山 ─ 胡吉
       └─ 胡海秀（胡茂） ─ 胡桢发 ┬─ 胡生喜 ┬─ 胡子成
                                  │         └─ 胡子平
                                  └─ 胡连喜 ─ 胡子文
```

```
胡存基 ┬─ 胡×× ─ 胡旺元
       │
       ├─ 胡六六 ┬─ 胡贵元 ─ 胡富红 ─ 胡胜军
       │         └─ 胡海元 ─ 胡计红 ─ 胡三子
       │
       └─ 胡四四 ┬─ 胡三贵 ┬─ 胡喜红 ┬─ 胡建忠 ─ 胡云锁
                 │         │         └─ 胡建平 ─ 胡天昊
                 │         ├─ 胡栓红 ─ 胡永平 ─ 胡欢欢
                 │         └─ 胡月红 ┬─ 胡永平
                 │                   └─ 胡秀平
                 ├─ 胡套元 ─ 胡兰根 ─ 胡慧平 ─ 阿彼亚斯
                 └─ 胡福元 ┬─ 胡老毛 ┬─ 胡三忠 ─ 胡宝珠
                           │         ├─ 胡二忠 ─ 胡佳兴
                           │         └─ 胡锁住 ─ 胡云龙
                           └─ 胡亮才 ┬─ 胡长有 ─ 胡全平
                                     └─ 胡在在 ─ 胡强强
```

二十一世：
二十二世：
二十三世：
二十四世：
二十五世：
二十六世：

第三章 十三庄二十四户三十七家族谱

表二

胡庄胡氏家族世系图图谱

二十二世	二十三世	二十四世	二十五世	二十六世
			胡三狗 →	胡二宝
				胡胜利
			胡二狗 → 胡全柱 →	胡红燕
		胡大狗		
		胡来喜 → 胡秀柱 →	胡嘉荣
	胡老三 →		胡根柱 →	胡奇凯
	胡二毛			胡嘉欣
		胡来狗 → 胡埃柱 →	胡振华
			胡柱柱 →	胡跃华
	胡元小			
	胡绪子 →	胡云小 → 胡建军		
			胡栓堂 →	胡虎子
	胡十毛 →	胡才才 → 胡栓根 →	胡子龙	
	胡九毛 →	胡万才 → 胡全根 → 胡润根 →	胡文亮	
		胡拉根 →	胡月明	
			胡号号 → 胡二强	
			胡永强	
	胡老八 →			
		胡二换 → 胡有根		
		胡喜根 →	胡文俊	
		胡爱根 →	胡海俊	
			胡体俊	
胡二同 →	胡海旺 →	胡毛号 → 胡爱成		
		胡六红 → 胡有红 → 胡维林		
		胡白旦		
胡大同 →	胡秃毛 →	胡宝红 → 胡栓林 →	胡二军	
			胡向军	
		胡贵红 → 胡根梅 →	胡海峰	

231

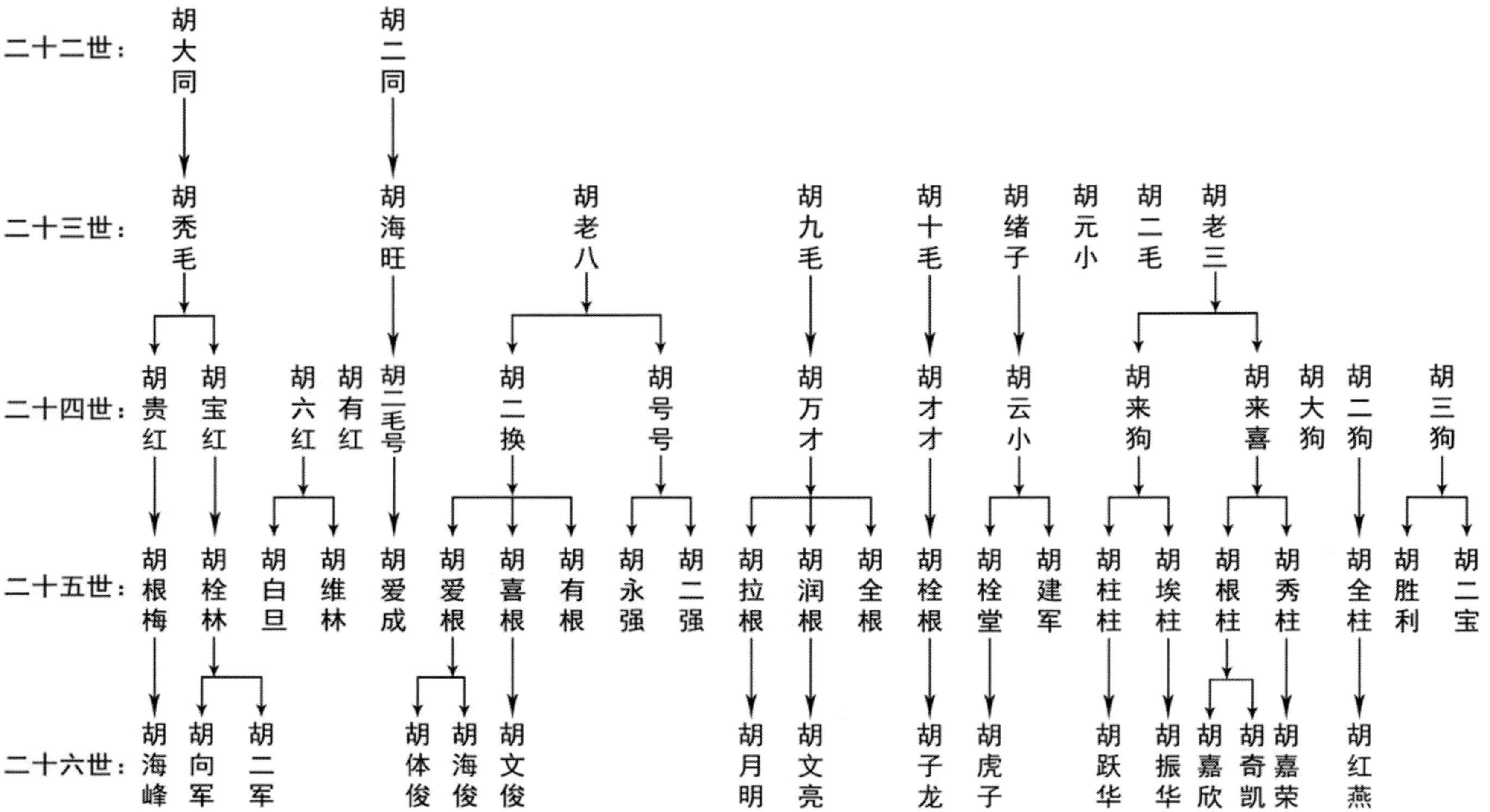

表三

胡庄胡氏家族世系图谱

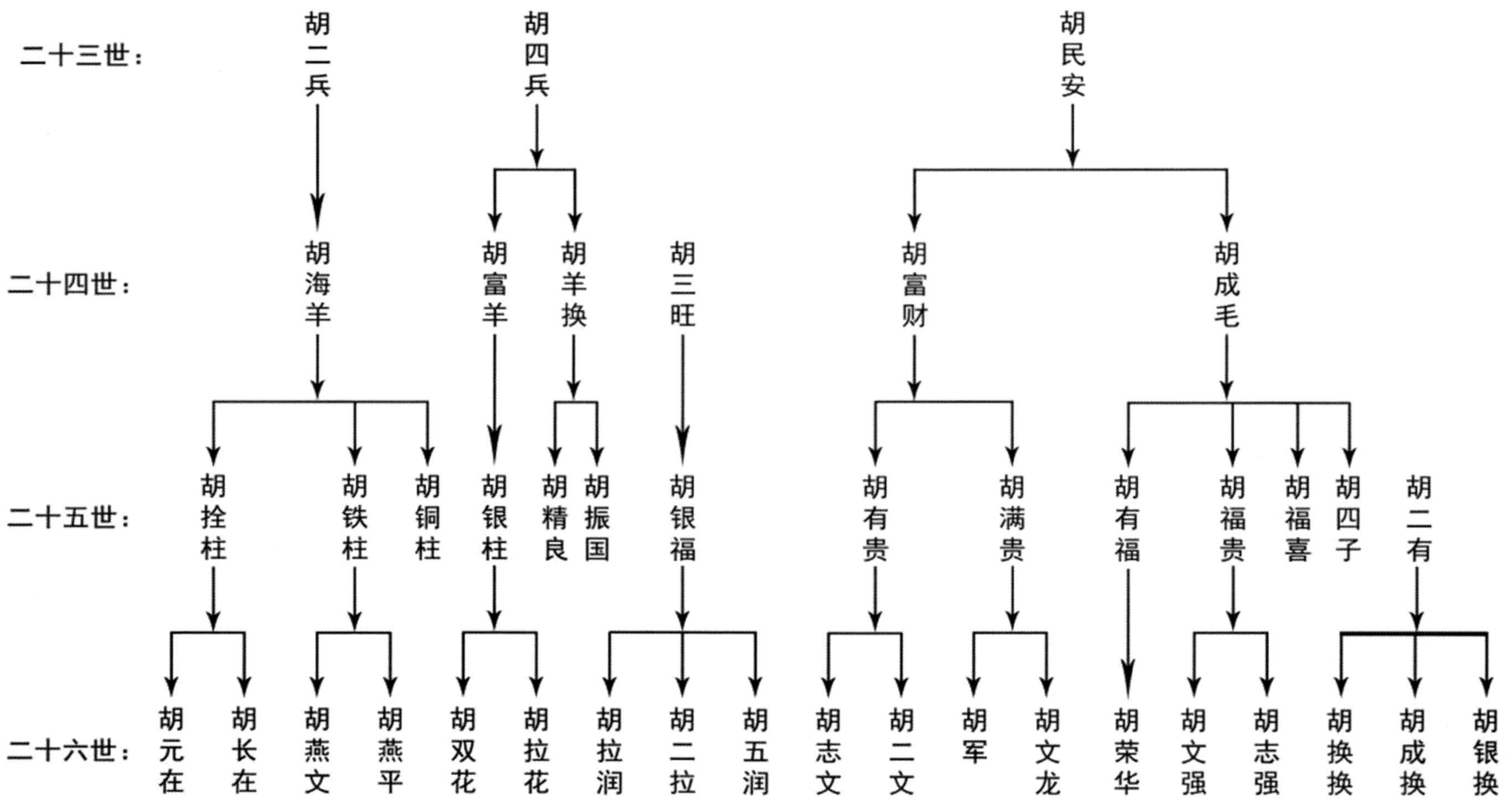

```
二十三世:   胡二兵        胡四兵              胡三旺                    胡民安
             │             │                   │                       │
二十四世:   胡海羊     ┌──胡羊换──┐          胡银福              ┌──胡富财──┐
             │        │          │             │                │          │
             │     胡富换      胡振国          │             胡有贵      胡满贵
             │                  胡精良          │                │          │
             │                                  │                │          │
          ┌──┼──┐                           ┌──┼──┐          ┌──┴──┐    ┌──┴──┐
二十五世: 胡  胡  胡                         胡  胡  胡         胡    胡   胡    胡
         栓  铁  铜                         五  二  拉         二    志   文    军
         柱  柱  柱                         润  拉  润         文    文   龙

             ┌──胡银柱──┐
          胡富丰         │
                      胡拉花
                      胡双花

                                       ┌──胡成毛──┐
                                    胡有福    胡福贵   胡福喜   胡四子──┐
                                       │        │                      │
                                    胡荣华  ┌──┴──┐              ┌────┼────┐
                                            胡文强 胡志强          胡换换 胡成换 胡银换
                                                                            │
                                                                         胡三有

二十六世: 胡元在 胡长在  胡燕文 胡燕平
```

表四

第三章 十三庄二十四户三十七家族谱

胡庄胡氏家族世系图谱

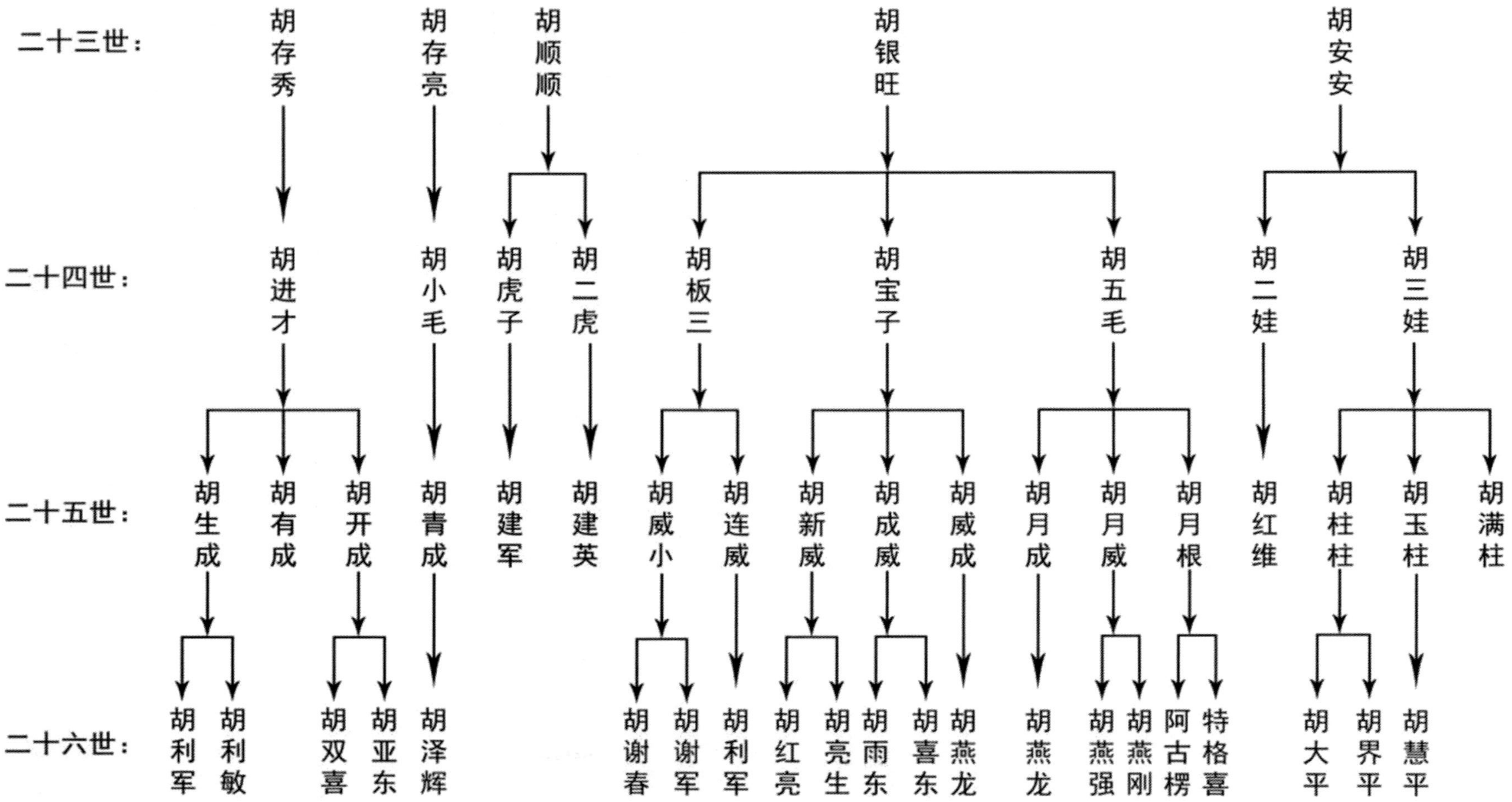

```
二十三世：胡安安
         ├─ 胡三娃
         │   ├─ 胡满柱
         │   ├─ 胡玉柱 ──→ 胡慧平
         │   └─ 胡柱柱 ──┬─ 胡界平
         │               └─ 胡太平
         └─ 胡二娃 ──→ 胡红继

       胡银旺
         ├─ 胡五毛
         │   ├─ 胡月根 ──┬─ 胡特格喜
         │   │           └─ 阿古楞喜
         │   ├─ 胡月威 ──┬─ 胡燕刚
         │   │           └─ 胡燕强
         │   └─ 胡月成 ──→ 胡燕龙
         ├─ 胡宝子
         │   ├─ 胡威成 ──→ 胡燕龙
         │   ├─ 胡成威 ──┬─ 胡喜东
         │   │           └─ 胡雨东
         │   └─ 胡新威 ──┬─ 胡亮生
         │               └─ 胡红亮
         └─ 胡板三
             ├─ 胡连威 ──→ 胡利军
             └─ 胡威小 ──┬─ 胡谢军
                         └─ 胡谢春

       胡顺顺
         ├─ 胡二虎 ──→ 胡建英
         └─ 胡虎子 ──→ 胡建军

       胡存亮 ──→ 胡小毛 ──→ 胡青成 ──→ 胡泽辉

       胡存秀 ──→ 胡进才
                    ├─ 胡有成
                    │   ├─ 胡开成 ──┬─ 胡亚东
                    │   │           └─ 胡双喜
                    └─ 胡生成 ──┬─ 胡利敏
                                └─ 胡利军
```

二十三世：
二十四世：
二十五世：
二十六世：

表五

胡庄胡氏家族世系图谱（前街）

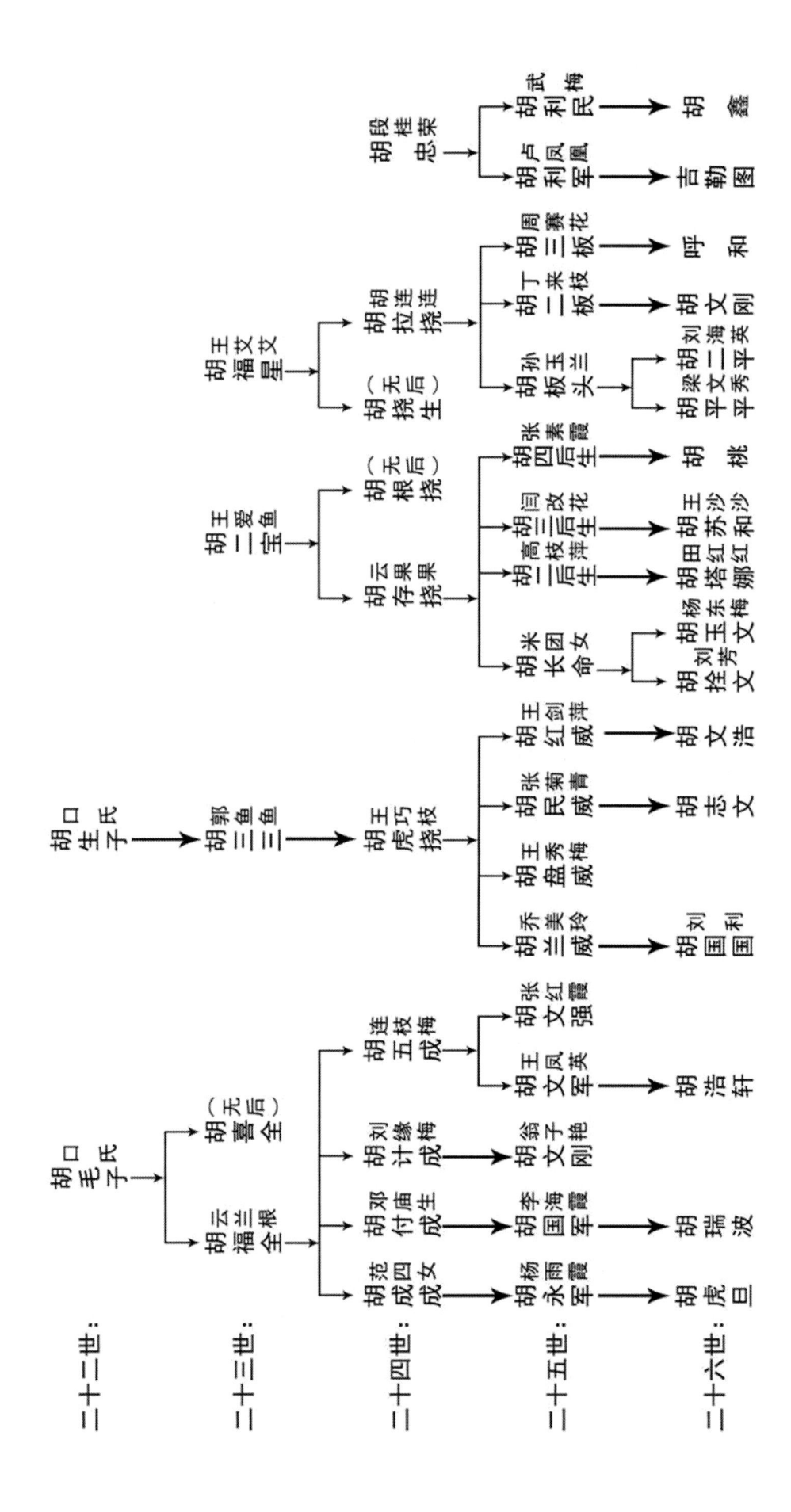

二十二世：	胡口毛氏、胡口子氏
二十三世：	胡喜全（无后）、胡云兰福全根、胡三鱼鱼郭氏
二十四世：	胡连五成枝梅、胡计缘成梅刘、胡邓付成庙生、胡范四成成女、胡王虎巧挠枝、胡乔兰美玲、胡王盘秀威梅、胡张菊民青威、胡王红剑威萍、胡米长命女、胡云存果挠果、胡王二爱宝鱼、胡根无挠后、胡王福文艾星、胡拉挠连、胡挠无生后、胡段桂忠荣
二十五世：	胡王文凤强军英霞、胡翁文子刚艳、胡李国海军霞、胡杨永雨军霞、胡刘拴玉文东芳文梅、胡高三枝后浮生、胡田改后生红花、胡胡苏红沙和沙塔娜、胡张四素后霞生、胡孙玉板兰头、胡丁二来板枝、胡周三赛板花、胡卢利凤军凰、胡利武民梅
二十六世：	胡张文红霞、胡浩轩、胡瑞波、胡虎旦、胡国利国、胡志文、胡文浩、胡杨东梅、胡桃、胡梁刘平文海秀平英刚、胡文刚、呼和、吉勒图、胡鑫

234

十三、李庄李氏族谱

李庄李氏家族是十三庄（东三庄）之一，庄头蒙古族。

李庄位于大黑河（今西黑河）南侧西庄东，故也称东庄。人们习惯称大黑河村。

元代，李氏家族为远祖嘎拉木图，兀良哈部落人。速不台千户中大家族头领之一，领本家族百户，为速不台手下百户长、战将。明代，李氏家族六世祖苏日格，兀良哈朵颜卫蒙古骑兵军头目。明末清初，李氏家族十三世祖李嘉祥在喀喇沁部牧地参加了恢复、成立兀良哈安达部"忽里勒台"，推举王高棠为兀良哈安达部首领，祖李嘉祥成了兀良哈安达部头领。此后，李嘉祥的儿孙们随清军入关，成为正黄旗蒙古八旗军。清初，李氏家族十六世祖李之良随康熙帝西征噶尔丹有功，凯旋后，封在归化城南大黑河两岸一带十三圈地上，担任李庄第一任庄主。乾隆十年（1745年），李之良病故，长子李朝钦（十七世祖）接任庄主。但当年兄弟五人年少不熟悉农务，就暂留曾在李庄务农的庄丁六十九、常山等继续在庄务农。20年后于乾隆三十二年（1767年）六月，才将其名下庄丁六十九、常山二户老少等15口人，照例奉旨"放出为民，各谋生计"。光绪年间李氏家族二十一世祖李自明为第二任庄主。民国年间李氏家族二十二世祖李遇春、李有福为李家当家的。以下为李氏家族世系。

元朝一世：嘎拉木图。

明朝六世：苏日格。

明末清初十三世：李嘉祥。

清康熙年间十六世：李之良。

清乾隆年间十七世：李朝钦、李朝功、李朝瑞、李朝阳、剩德儿。

清朝年间十八世：李××。

清朝年间十九世：李××、李学才（生四子）。

清朝年间二十世：李××、李仲×、李仲龙、李仲兴、李仲旺。

清光绪年间二十一世：李自明、李万车、李二万、李丑螺等。

民国年间二十二世：李遇春、李有福等。

家谱整理人：李润才　李爱成

表一

李庄李氏家族世系图谱

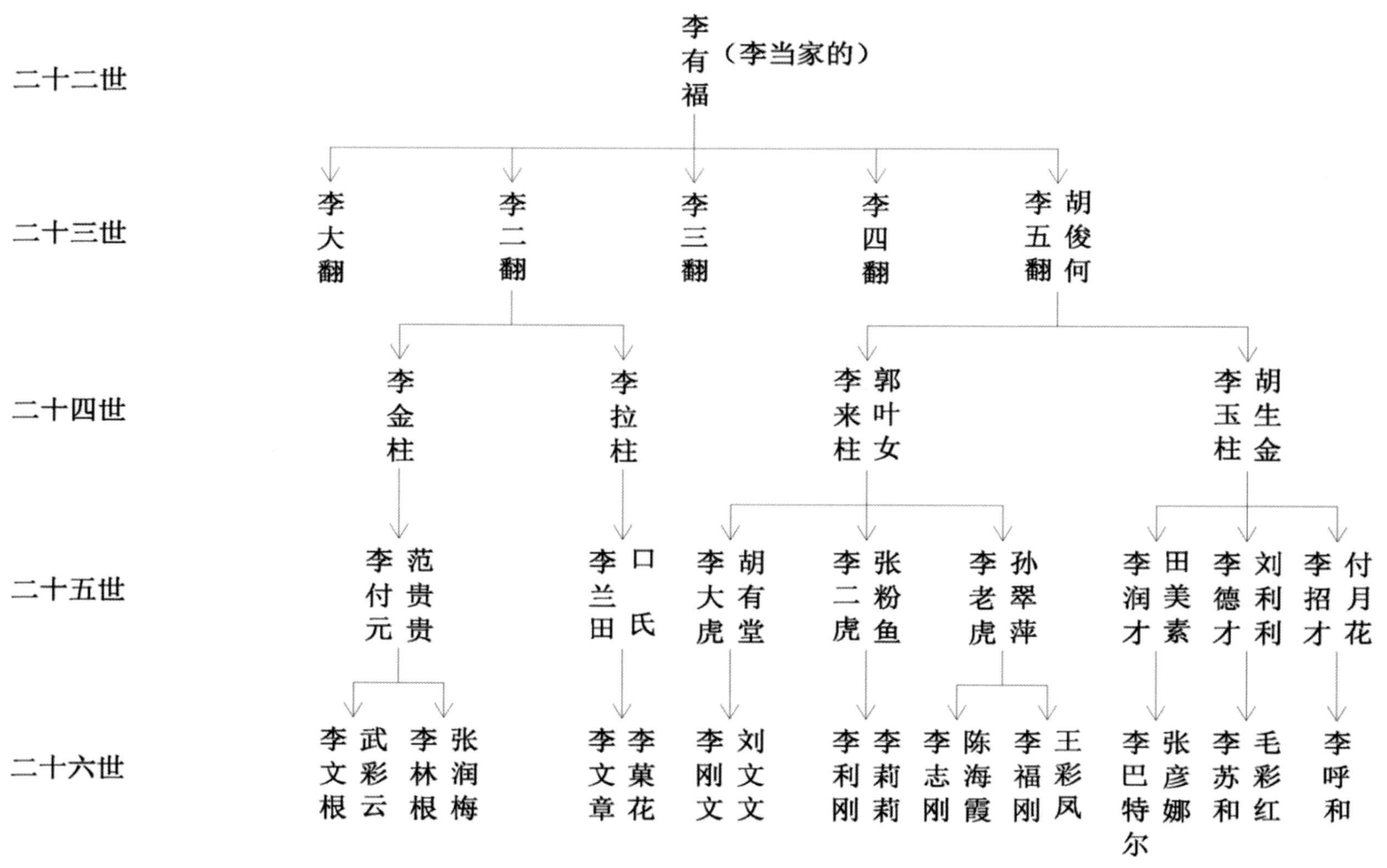

二十二世	李有福（李当家的）
二十三世	李大翻　李二翻　李三翻　李四翻　李五翻
二十四世	（李二翻之子）李金柱、李拉柱；（李三翻之子）李胡有堂、李郭叶女、李孙老虎、李胡生金、李胡俊何
二十五世	李范付元贵贵（李金柱妻）；李口兰田氏（李拉柱妻）；李刘文文（李胡有堂之子女：李大虎、李刚文）；李张粉鱼（李郭叶女之子：李二虎）；李孙翠萍（李老虎之妻）；李田美素才（李胡生金之女）、李刘利德才利、李付月招才花（李玉柱）
二十六世	李武文彩根云根、李张林润彩梅云；李文章菓花；李莉利刚莉；李陈海志刚霞刚；李王福彩刚凤；李润巴特尔、李张彦娜、李毛苏和彩红、李呼和

236

表二

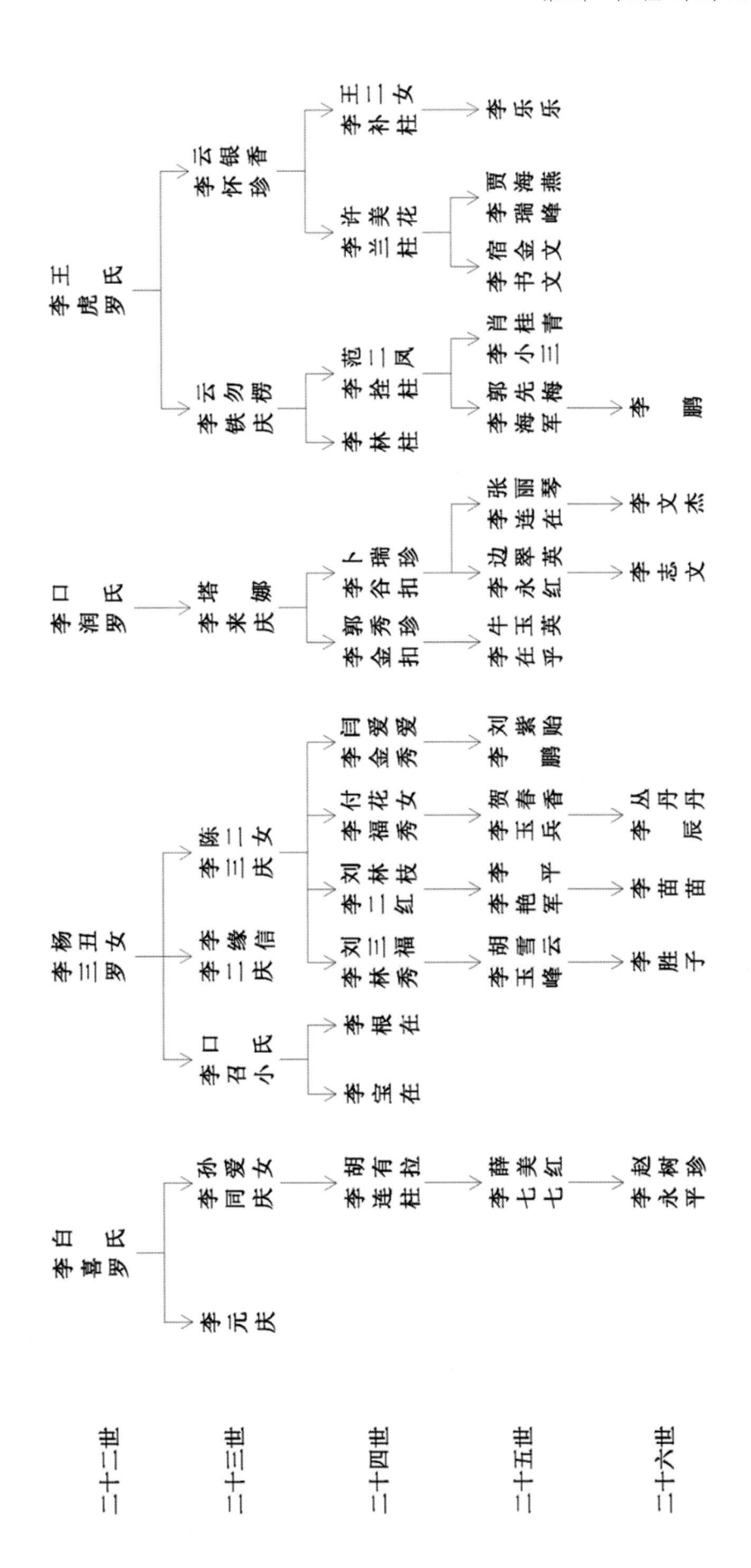

李庄李氏家族世系图谱

二十二世	李白喜 罗氏
二十三世	李同庆 孙爱女 / 李元庆 ； 李召口 口小氏 ； 李三庆 杨丑女 罗氏 ； 李润口 罗氏 ； 李虎王 罗氏
二十四世	胡连柱 李有拉 ； 李宝在 / 李根在 ； 李二缘 刘三福信 秀 ； 李三庆 陈二女 （李刘林秀枝、李付福花、李同爱女） ； 李来庆 塔娜 ； 李铁庆 云勿枌 / 李云怀珍 银香
二十五世	薛七美七红 ； 李胡雪玉云峰 ； 李艳军平 ； 李贺玉兵香 ； 李金秀女 ； 李郭金秀扣平珍 ； 李牛任玉英 ； 李边翠红英 ； 李张连丽在琴 ； 李郭海先军梅 ； 李肖小桂青 ； 李兰柱 许美花 ； 李宿金书文 ； 李贾海瑞文峰燕 ； 李王朴二桂女
二十六世	赵树珍 李永平 ； 李胜子 ； 李苗苗 ； 李丛辰丹丹 ； 李刘紫贻鹏 ； 李志文 ； 李文杰 ； 李鹏 ； 李乐乐

(表结构复杂，以原图为准)

表三

李庄李氏家族世系图谱

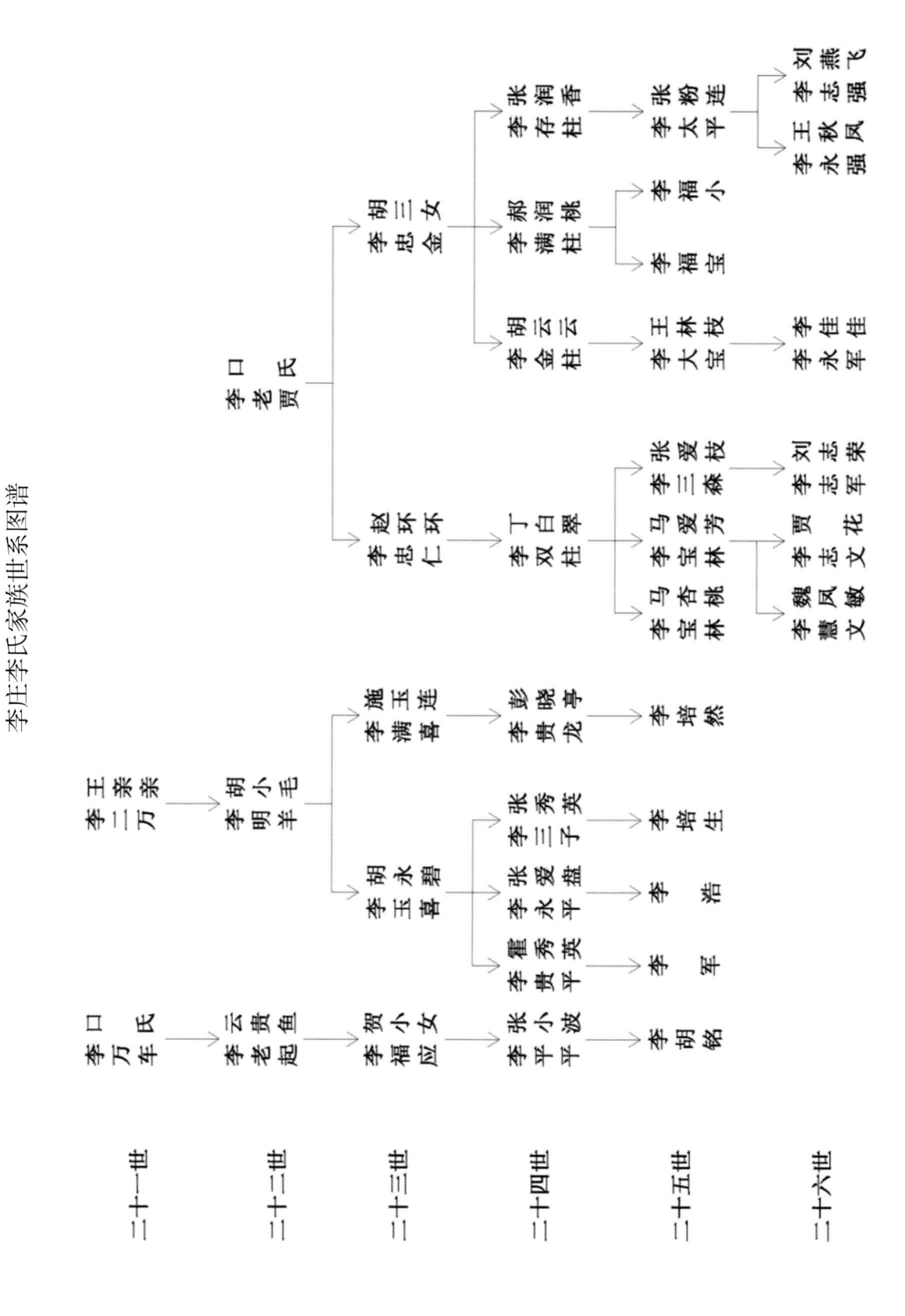

二十一世	李万年 — 口氏
二十二世	李老起 — 云贵龟；李三万 — 王亲亲
二十三世	李福应 — 贺小女；李明羊 — 胡小毛；李玉喜 — 胡永碧；李满喜 — 施玉连；李忠仁 — 赵环环；李忠金 — 胡三女
二十四世	李平平 — 张小波；李贵平 — 霍秀英；李永平 — 张爱盘；李三子 — 张秀英；李贵龙 — 彭晓亭；李双柱 — 丁白翠；李满柱 — 郝润桃；李存柱 — 张润香
二十五世	李胡铭；李军；李浩；李培生；李培然；李宝林 — 马杏桃；李爱芳 — 马宝林；李三淼 — 张爱枝；李福宝；李福小；李大宝 — 王林枝；李大平 — 张粉连
二十六世	李魏凤慧文敏；李志文花 — 贾志军；李志军 — 刘志荣；李永军 — 李佳佳；李永强 — 王秋凤；李志强 — 刘燕飞

238

表四

李庄李氏家族世系图谱

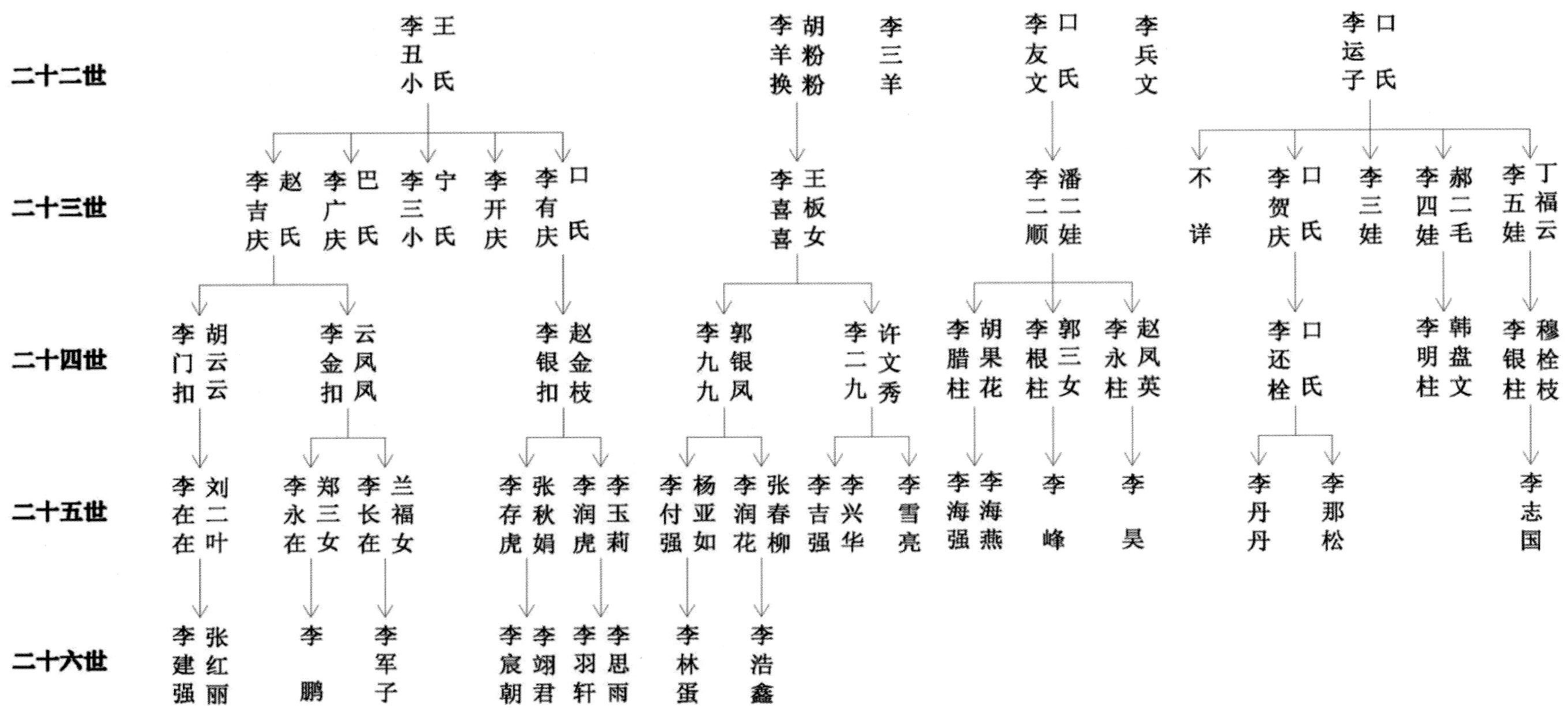

二十二世	李王氏丑小 / 李三羊 / 李兵文 / 李运子
二十三世	李赵吉氏庆 → 李巴广氏庆 → 李宁三小氏 → 李开庆 → 李有庆 / 李胡粉换粉 → 王苔喜女 / 李口友氏文 / 李口贺氏庆 → 李口还氏栓 / 李口子运氏
二十四世	李胡云门扣 / 李云金扣凤 / 赵金枝 / 许文秀 / 郭银九凤 / 潘三顺娃 / 李三娃 / 李四娃 / 李五娃
二十五世	李刘在在叶 / 李郑三在女 / 兰长福女 / 李银扣枝 / 张秋存虎娟 / 王润玉虎 / 李兴音强华 / 李雪永亮 / 胡腊果桂花 / 郭根桂文 / 赵永凤英 / 李海海燕强 / 郝三毛 / 韩明盘桂文 / 丁福云 / 穆银栓枝 / 李还栓氏
二十六世	张建红强丽 / 李鹏子 / 李军 / 李宸朝 / 李羽轩 / 李思雨 / 李浩鑫 / 李林蛋 / 李付亚强如 / 李峰 / 李昊 / 李志国 / 李丹丹 / 李那松

表五

李庄李氏家族世系图谱

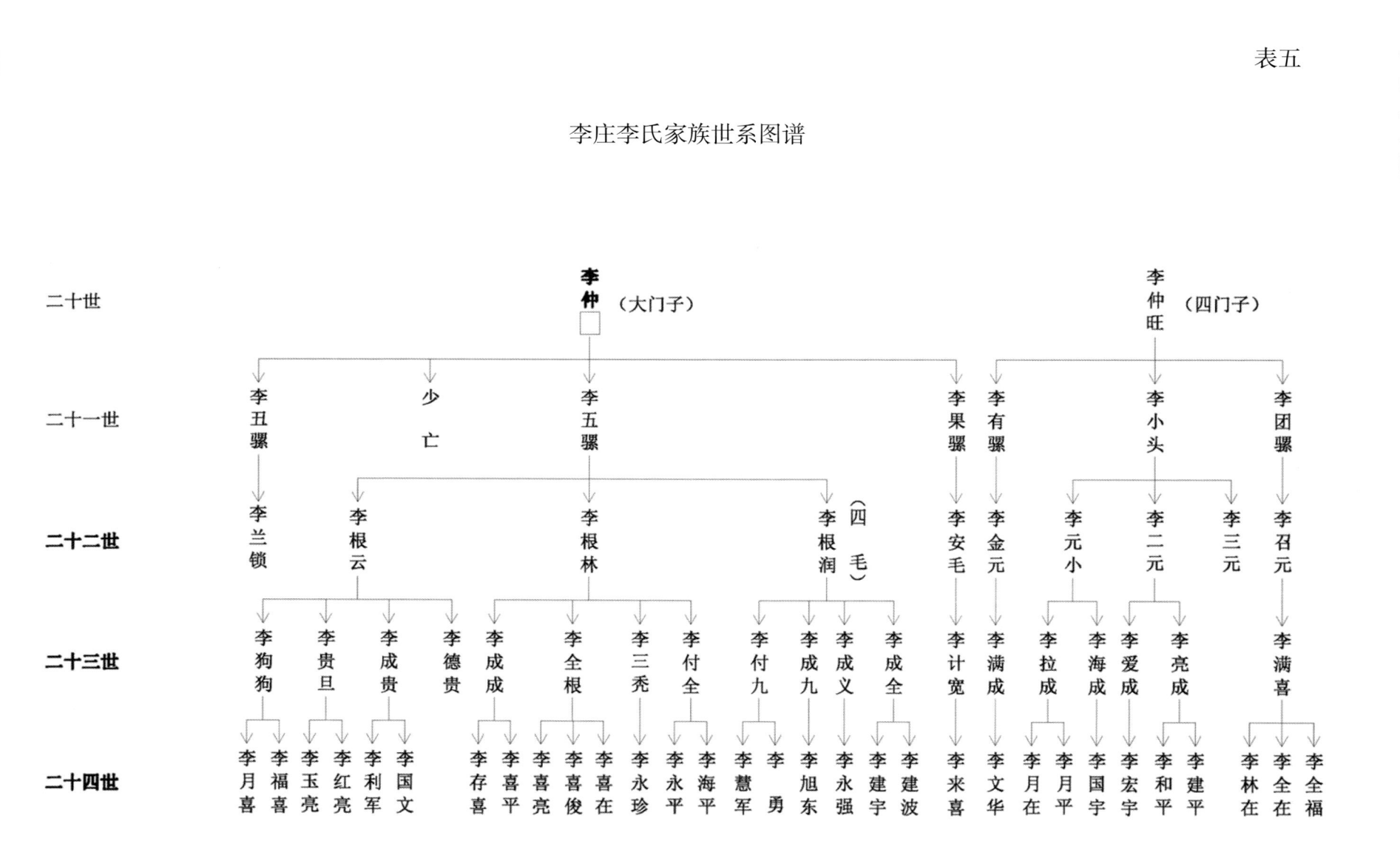

```
二十世:    李仲
           │
     ┌─────┼─────┐
二十一世: 少亡  李仲旺(四门子)  李仲□(大门子)
```

李仲旺（四门子）支系：

二十一世	二十二世	二十三世	二十四世
李团骡	李召元	李满喜	李全福 / 李全在 / 李林在
李小头	李三元	—	—
	李二元	李亮成	李建平 / 李和平
		李爱成	李安宇 / 李发宇
	李元小	李海成	李国宇
		李拉成	李月平 / 李月在 / 李平
李有骡	李金元	李满成	李文华

李仲（大门子）支系：

二十一世	二十二世	二十三世	二十四世
李果骡	李安毛	李计宽	李米喜
李五骡	李根润（四毛）	李成全	李建波 / 李建宇
		李成义	李永强
		李成九	李旭东
		李付九	李慧军 / 李勇军
	李根林	李付全	李海平 / 李永平
		李三秃	李永珍
		李全根	李喜在 / 李喜俊 / 李喜亮
		李成成	李存喜 / 李平亮
	李根云	李德贵	—
		李成贵	李利军 / 李国文
		李贵旦	李红军 / 李玉亮 / 李亮
		李狗狗	李福喜 / 李月喜
李五骡	李兰锁		

240

表六

李庄李氏家族世系图谱

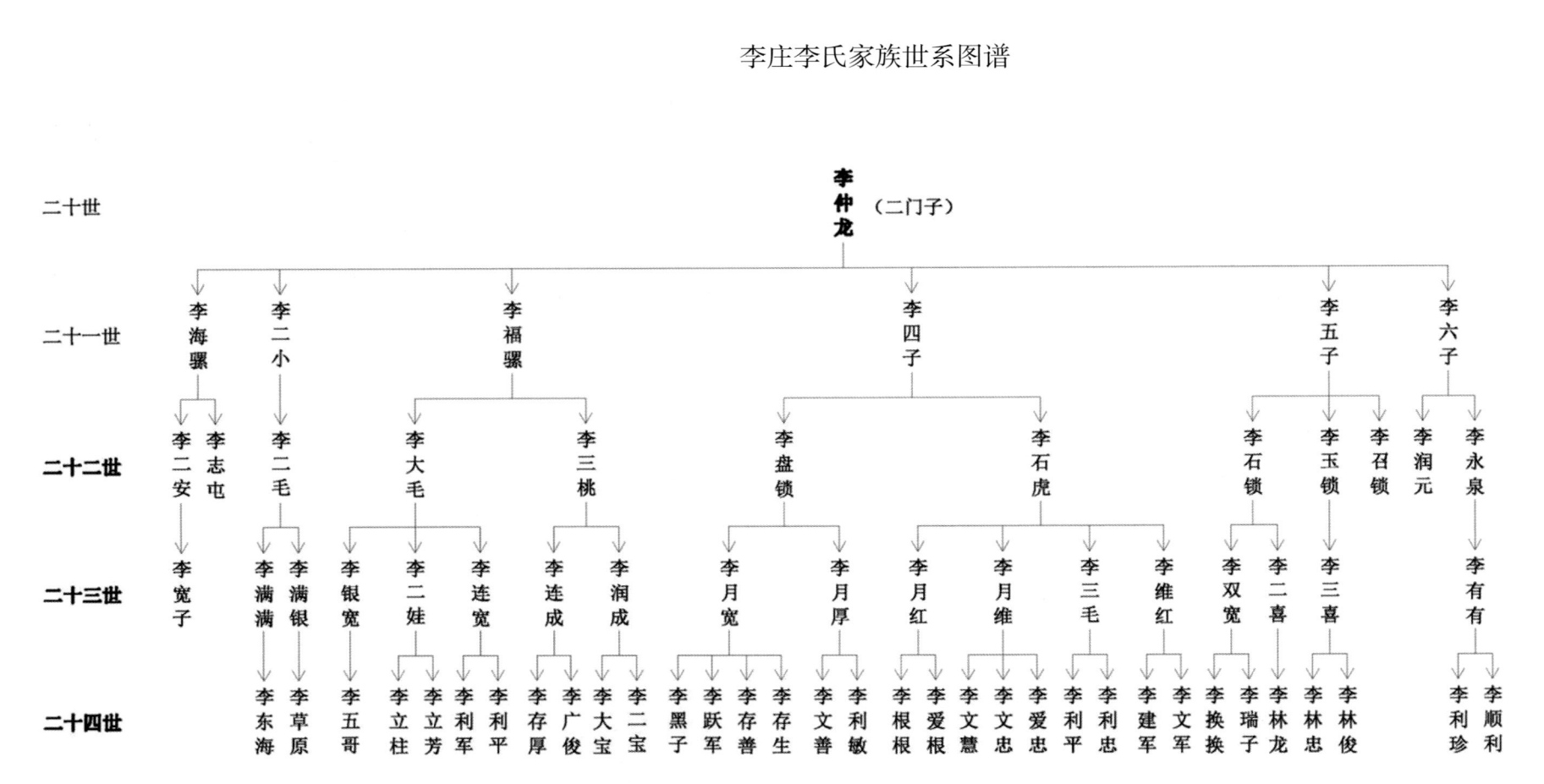

李仲龙（二门子）

二十世 — 二十一世 — 二十二世 — 二十三世 — 二十四世

- 李六子
  - 李永泉 → 李有有 → 李顺利 / 李利珍
  - 李润元
- 李五子
  - 李召锁
  - 李玉锁 → 李三善 → 李林俊 / 李林忠
  - 李石锁
    - 李三善 → 李瑞林 / 李换子 → 李军龙 / 李换军
    - 李双宽
- 李四子
  - 李石虎
    - 李维红 → 李文军 / 李建军忠
    - 李三毛 → 李利忠 / 李军平
    - 李月维 → 李月忠 / 李文慧
    - 李月红 → 李爱根 / 李文根根
  - 李盘锁
    - 李月厚 → 李利敏 / 李文善
    - 李月宽 → 李存存 / 李跃军 / 李黑子 → 李普生 / 李军 / 李子
- 李福骡
  - 李三桃
    - 李润成 → 李二宝 / 李大宝
    - 李连成 → 李广厚 / 李俊宝
  - 李大毛
    - 李连宽 → 李利军 / 李军平
    - 李三娃 → 李立芳 / 李柱军
    - 李银宽 → 李五哥
- 李三小 → 李三毛
  - 李满银 → 李草原
  - 李满满 → 李东海
- 李海骡
  - 李志屯
  - 李二安 → 李宽子

表七

李庄李氏家族世系图谱

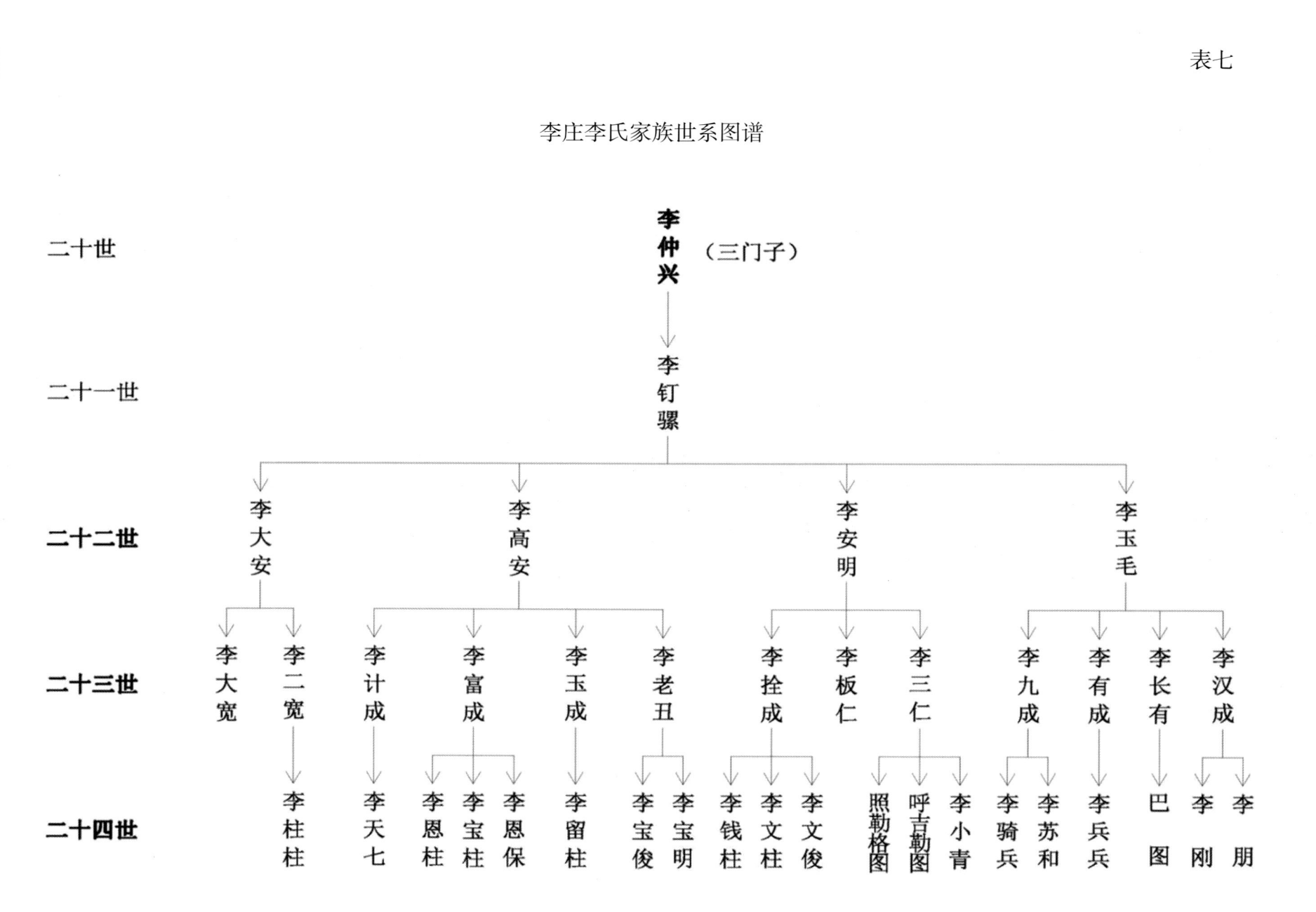

二十世	二十一世	二十二世	二十三世	二十四世
李仲兴（三门子）	李钉骡	李玉毛	李汉成	李刚朋 / 李刚
			李长有	巴图
			李有成	李兵兵
			李九成	李苏和 / 李骑兵
		李安明	李三仁	李小青 / 呼吉勒图 / 照勒格图
			李板仁	
			李拴成	李文俊 / 李文柱 / 李钱柱
		李高安	李老丑	李宝明 / 李宝俊
			李玉成	李留柱
			李恩保	
			李富成	李宝柱 / 李恩柱
			李计成	李天七
		李大安	李二宽	李柱柱
			李大宽	

242

十四、高庙子村二十四户王氏族谱

1. 高庙子王氏家族的来历及迁徙过程

高庙子王氏家族，是圈地二十四户蒙古族。先祖于康熙三十四年（1695年）从喀喇沁八沟迁徙到十三圈地上的东王庄，乾隆年中期迁居高庙子村。

王氏家族祖先最早可追溯到元朝。据《速不台后裔东王庄王家宗族谱》记载，高庙子王氏家族元代时的祖先为那木色楞，是高庙子王氏家族一世祖，蒙元时期名将速不台为首领的兀良哈部落人。王氏家祖那木色楞的家族与兀良哈部落的其他家族一起，群体游牧、居住、生活在蒙古高原中心地带的土拉河、克鲁伦河、斡难河两岸和三河源头不儿罕山草原牧场一带，以打猎、游牧为主生存。后逐步过渡到以畜养马、牛、羊为主，过着住毡包、穿皮衣、吃肉食、喝奶酒的草原游牧民的生活。平时游牧，战时出征。王氏家祖那木色楞在速不台召集的小忽里勒台会上，被众头领推举为本部护卫领兵副将。随速不台将军多次参加蒙元战争，成为一员战功显赫的战将。

王氏家族六世祖阿吉台，全家族跟随速不台后裔从不儿罕山迁徙至朵颜山兀良哈封地。明代时，成为兀良哈朵颜卫一名蒙古骑兵军小头目。

王氏家族十二世祖拱辰（吴斌），娶良氏为妻。拱辰（蒙古语名），取自"众星拱辰"一语，出自《论语·为政》"譬如北辰，居其所，而众星共（拱）之"。以此证明我祖才学之渊博、武艺之高超，文武双全。因此，汉语名叫吴斌，取兀良哈氏首字"吴"为姓，文武为斌。妻良氏取兀良哈氏第二个字"良"为姓。全家族又跟随兀良哈部落迁徙在喀喇沁草原牧场生存。

王氏家族十三世祖王山（见祖云谱原件复印件，王氏家族十三世祖王山、刘氏），世代部落护卫将领家族出身。从小喜爱骑射习武，年少时就在父母亲的教习下，整日勤学苦练，练下一身好武功，武艺超群。弓、马、刀、枪身手不凡，惯使九节钢鞭。腿脚功夫十分厉害，行走如飞，人称铁腿王山。成年时，在喀喇沁部驻牧地与兀良哈安达部刘氏家族人之女刘氏结为夫妻。1608年，王高棠（速不台第十三世孙，东王庄王氏家族第十三祖）在喀喇沁草原自家的住地，召开本部众头领参加的小忽里勒台会议。祖王山被众头领推举为兀良哈安达部领兵副将（高庙子王氏家族把领兵副将传说为总兵官），带兵打仗常任先锋。因与兀良哈安达部诺颜（部主）王高棠、主将潘发多次参加明清战争，屡建战功。努尔哈赤时，被封为抗辽飞虎大将。后来，兀良哈安达部内成员间，由"安达"（把兄弟）逐渐成为"忽达"（亲家）。

王氏家族十四世祖为王成恭，从天聪三年（1629年）开始参加明清战争，在一次战争中战死在沙场。

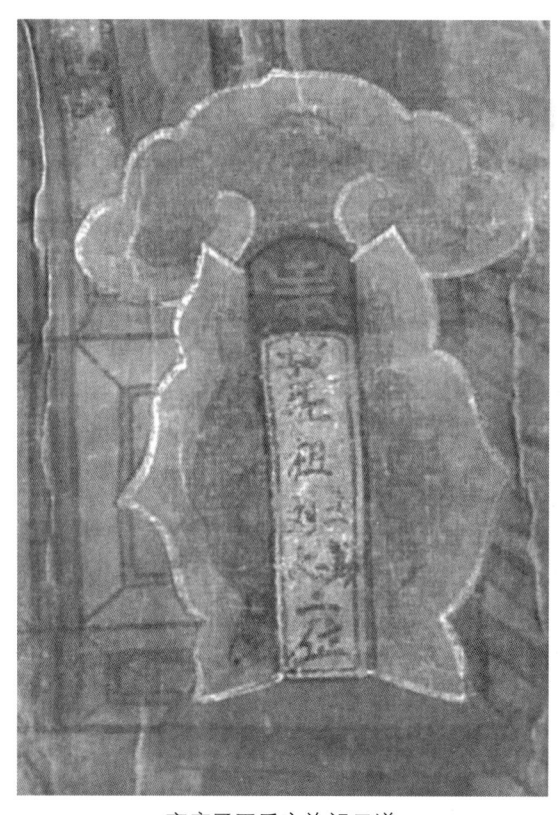

高庙子王氏家族祖云谱
王氏家族第十三世祖王山、刘氏

王氏家族十六世祖王德魁（见拍摄于东王庄村后高庙子王氏家族祖先墓碑图片）。以正黄旗蒙古八旗护军营披甲武士的身份参加了西征噶尔丹的战争，立下战功。班师回京后，康熙帝将参加西征噶尔丹的十三庄二十四户的祖先们，封在了归化城南大黑河一带的十三圈地上。祖王德魁随十三庄主从喀喇沁八沟来到十三圈地，又和东王庄庄主一起走进东王庄，定居在了东王庄，娶妻生子，为随庄而居的二十四户之一，以二十四户披甲武士的身份担负戍边任务和西十圈地的安全保卫。全家吃东王庄庄主奉旨供给的俸禄。东王庄庄主还在庄子南给王德魁全家盖了住房（今东王庄旧庄内还有遗址残基）。外出安全巡查，东王庄庄主给王德魁提供备鞍马骑。1696年9月康熙帝巡视新设"御屯"时，驻跸浑津村南的龙王庙。离开后，十三庄二十四户的人们修缮了龙王庙。祖王德魁应邀约在龙王庙东墙壁上题诗留文，颂扬康熙帝来新设"御屯"看望当年的功臣们。多少年后，祖王德魁有了一双儿子。按照蒙古人的习惯，从小时候起就教他们骑马射箭，习文练武。同时，祖王德魁连同东王庄、东刘庄、田庄、方庄、西王庄等庄子里的孩子们一起，教他们白天习文,晚上习武。因此,庄子里的人们称他为教书先生。

王氏家族十七世祖兄弟俩,学得祖传功夫十分了得,人称老大为"功夫老大"(因大名名讳不详,本谱称长兄为王大、次弟为王尔),接替父亲之职后,仍担负西十圈的安全保卫。

东王庄村后高庙子王氏家族祖先墓地

乾隆年初,西十圈土地开垦耕种面积逐渐向南扩展,安全保卫也相应向南跟进。为此,在东圐圙东南与孙独勒(今新得利)村后交界处(当年此处是潘庄潘家圈地的一部分),给边界巡查人员盖下一处临时休息点。祖王大常去边界上这一带巡查,有时候还四处走走,到孙独勒南的高家庙处喝酒会友。高家庙处(今高庙子村)原是蒙古族牧民孙独勒的草牧场地。康熙年至乾隆年期间,清朝为土默特两翼六十佐蒙古兵丁分配土地每丁五顷,以地代饷,随时从征当差,史称蒙丁地、箭丁地或户口地。土默特蒙古族兵丁孙独勒(其后代取"勒"的谐音改姓李,后代李魁元迁居北得力图村)领受一份蒙丁地为一处草滩地,位于土默特两翼六十佐的四甲五佐境内孙独勒(新得利)的地方,并定居在了此地。在孙得勒草牧场地向南延伸五里许的中心地带,设立夏季扎场放牧的营盘。所谓"营盘",就是用木栅栏围起来的羊圈、牛圈。白天在草场放牧,夜间圈入围栏内。营盘处打有人畜饮水用的旱水井,盖有祈求风调雨顺、五谷丰登、草畜兴旺的龙王小庙和放牧、种地人员的住所。高家庙东有一条贩运商、买卖人来往归化城走的路,人称跑马营路(跑马帮做买卖走的路)。

王德，妻子李氏，生三子，王万通、王万福、王万殿。

王孝，妻子房氏，生一子王万治。

王忠，妻子王氏，全部生女儿，嫁何处不详。

王明，妻子王氏，生三子王万荣（无后）、王万华、王万贵。

王崇，妻子高氏，生一子王万仲。

王安，妻子孙氏，生一子王万财。

王黑小，娶妻潘庄潘氏，有一子王万仁。

王库，妻子赵氏、张氏，生一子王萬义，生一女王荷女嫁丁庄丁家。王库手上彩西院家谱。

王玉兆，娶妻哈林召渠氏，生一子王富锁，有一女嫁哈林召村。第二十二世：王万锁，妻子李氏，生二子，王佼（俊）、王吉。

王万和，妻子□氏，生一子，王义。

王万金，妻子邢氏，生二子王秉、王清。

王万治，妻子赵氏，生四子，大老汉（无后）、朱圪旦（无后）、拉巴柱、王有。

王万祥，妻子□氏，生一子，王朋。

王万荣，无子女

王万通，娶妻什不更连氏，生二子，王文、王纲。

王万仲，妻子白氏，生三女儿，嫁何处不详。

王万福，妻子高氏，生三女儿，一女嫁新得利村常家。

王万殿，妻子田氏，生二子一女，长子王八斤（无后），次子王高计（无后）；一女王巧先，嫁丰后庄张家。

王万华，妻子□氏，生一子一女，长子王银罗（无后）；一女王先娥，嫁东厂克村。

王万贵，妻子□氏，生一子一女，长子王补全（无后），一女王芬女嫁哈林召渠家。父子俩去哈林召生活，去世后埋回高庙子。

王万财，妻子王氏，生三子，王月太（无后）、王二小（无后）、王宽海（无后）。

王万仁，娶妻西庄丁氏，过继一子王三旺（无子女），后生二子二女，长子王召旺、次子王召财（无子女）、二女，长女嫁常合理，次女王翠女嫁前朱堡王家。

王万义，娶妻班定营尹氏，生三子二女，长子王亭、次子王二旺、三子王仓（无子女），二女，长女王兰花嫁东坝什村，次女王地女嫁浑津桥村刘家。

王富锁，妻子□氏，生一女王翠云，嫁袄太村段家。

第二十三世：王佼（俊），妻子王氏，生二子，王义和、王二和。

王秉，妻子韩氏，生一子，王茂元。

王吉，妻子刘氏，生三子，王明娃、王二旦（无后）、尔什图（无后）。

王清，妻子□氏，生一子王茂车。

王大老汉，无子女。

王朱圪旦，无子女。

王拉巴柱，娶妻鞍鞴营柴氏，生二子二女。长子王拦虎、次子王二白（无子女），生活在鞍鞴营村，去世后埋回高庙子；长女王恩叶嫁西菜园村，次女王团叶嫁东坝什村。

王有，娶妻小赵营子赵氏，生二子二女。长子王润虎（无子女）、次子王拴虎；长女王大叶嫁达茂旗，次女王林叶嫁八里庄。

王义，妻子□氏，生一子王富全（无后）。

王朋，妻子□氏，生一子王河韦（无后）。

王文，娶妻董氏、张氏、张氏，生四子二女，长子王茂伟、次子王兰成（无子女）、三子王福成（无后）、四子王茂华；长女王兰叶嫁云寿村，次女王爱叶嫁贾家营村贾家。

王纲，娶妻什不更连氏，生四子三女，长子王茂丁、次子王成伟、三子王成万（无子女）、四子王茂权；长女王兰梅嫁毕克齐赵家，次女王兰英嫁常合理付家，三女王爱梅嫁本村徐家。

王八斤，妻子王氏、张氏，子女早逝。

王高计：无子女。

王月太、王二小、王宽海：无子女。

王银罗、王补全：无子女。

王亭，娶妻章盖营陈氏，生一女王爱林嫁丰后庄苗家。

王二旺，娶妻小赵营子赵氏，生一女二子，一女王林林嫁树圐圙村；长子王文善、次子王文忠。

王三旺、王召财：无子女。

王召旺，娶妻口肯板姚氏，生一子二女，长子王文林；长女王林芬嫁哈林召村王家，次女王金芬嫁前朱堡村。

王仑，妻子渠氏，无子女。

第二十四世：王义和，妻子□氏，生三子，长子王补挠、次子王有挠、三子王金挠。

王二和，妻子□氏，生一子一女，长子王计挠；一女王排鱼，嫁本村郭家。

王明娃，妻子乔富营村□氏，生二女一子，长女王金鱼嫁本村李家，次女王金玮嫁王气村；长子王金师（无后）。

王二旦、尔斯图：无子女。

王茂元，娶妻大黑河李庄李氏，生一子一女，长子王敖成（无后）；一女嫁大一家村。

王茂车，妻子夏氏，生三子，王补根（无后）、王补师（无后）、王三巴（无后）。

王拦虎，娶妻本滩儿张氏，生一子王长厚。父子俩生活在鞍鞴营，去世后埋回高庙子。

王润虎，无子女。

王富全，无子女，在南海流生活，去世后埋回高庙子。

王河韦，无子女。

王拴虎，娶妻李氏，生一子王恭。

王茂伟（王兰伟），娶妻一家村张氏，生二子一女，长子王贵仲（无子女）、次子王挨贵；一女王贵梨，嫁东地村。

王茂丁（王喜兰），娶妻王气村付家，生三子二女，长子王贵生（无后），次子王在生，三子王永在；长女王贵连嫁袄太村于家，次女王在连嫁旧圪太村索家。

王兰成，妻子苗氏，无子女。

王福成、王成万，无子女。

王成伟，娶妻潮忽闹村侯氏，生一女王贵枝，嫁店上杨家。

王茂华（王喜成），娶妻西王庄王氏，生一女二子，一女王连云，嫁一家村；长子王来生，次子王挨生。

王茂权（王成全），娶妻和林县讨速号村刘车之女刘香女，生三子一女，长子王怀宝、次子王仲生、三子王和生；长女王雨生嫁袄太村于家。

王文林，娶妻四间房村赵氏，生一女三子，长女王云香嫁王气村；长子王积吉、次子王积恩、三子王恩祥。

王文善，娶妻本滩张氏，生二子二女，长子王吉祥，次子王瑞祥；长女王福香嫁本滩张家，次女王润香嫁一家村张家。

王文忠，娶树圐圙范氏，生一子二女，长子王拥军，长女王美桃嫁本村王家，次女王香桃嫁呼和浩特市

第二十五世：（略）

3.高庙子王氏家族的祖坟茔与坟谱

高庙子王氏家族有三处祖坟茔。拱辰以上列祖列宗，按照蒙古人的安葬习俗，去世后就地深

埋不起坟垄。

热河八沟为第一处。相传安葬的祖先有拱辰良氏夫妇、王山刘氏夫妇、王成恭夫妇、王×夫妇。

东王庄村后为第二处。王德魁夫妇去世后，东王庄庄主以王德魁为有功劳的人，拨一块坟地来安葬王德魁夫妇。坟地是在东王庄王氏家族第二十三世孙王尚德先辈们分下的地内（见东王庄村北先人坟墓示意图），因此块地内埋有高庙子王氏家族祖坟，所以此块地地名叫座坟地，此坟地内现立有墓碑。

东王庄村北高庙子王姓家族祖坟茔内
安葬三代先祖的墓穴位置排布示意图

说明：坟茔位于东王庄的南北街道东，挨公路第二门脸房对正公路北民分渠沿南50米，大柳树东33米。

高庙子村西南为第三处，安葬有迁徙到高庙子的先人（见高庙子村西南祖坟茔内坟墓示意图）。

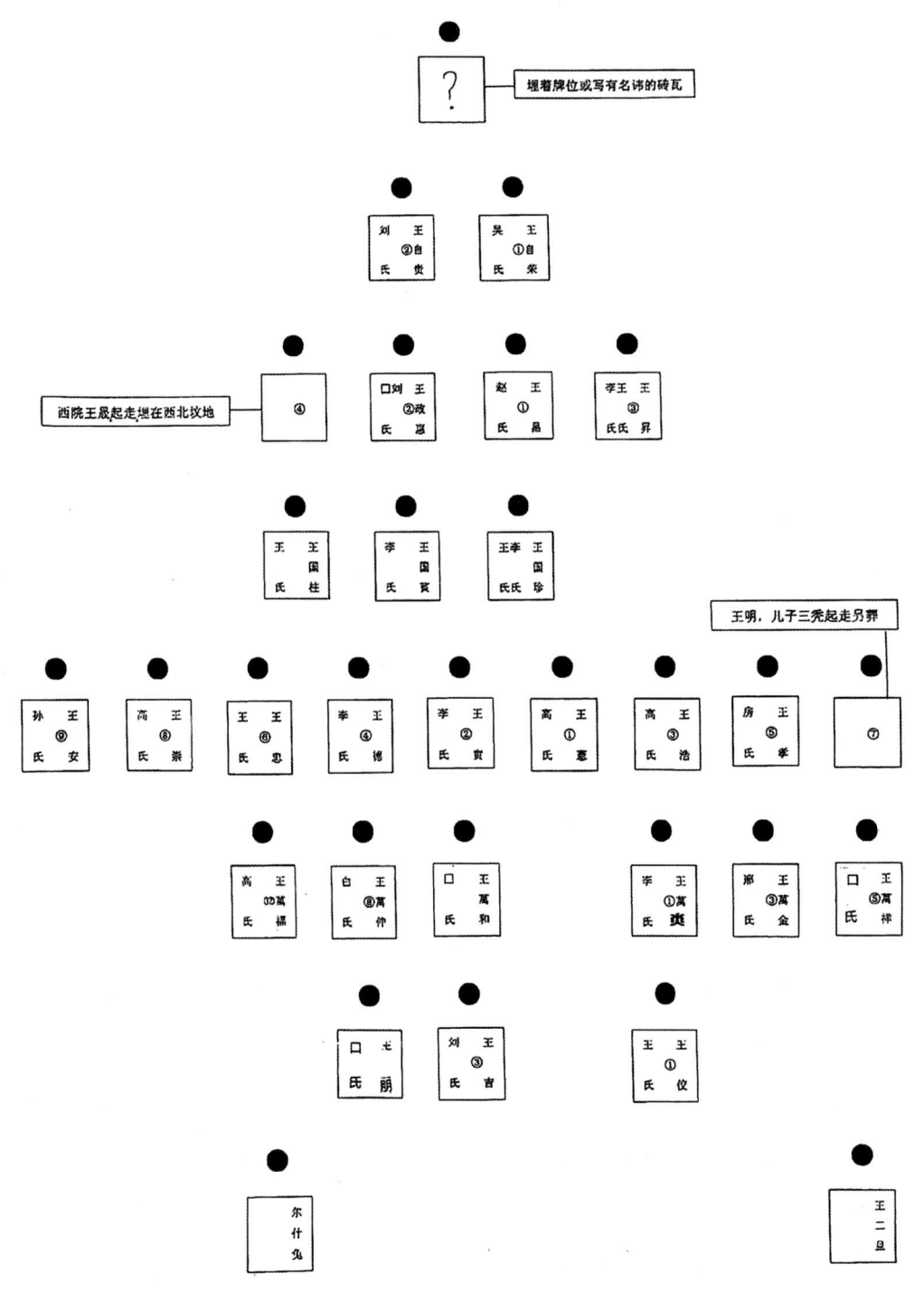

高庙子村西南祖坟

家谱整理人：王仲生　王吉祥

十五、姜家营二十四户姜氏族谱

ᠵᠢᠶᠠᠩ ᠶᠢᠨ ᠣᠪᠣᠭᠲᠠᠨ

1. 姜氏溯源

姜家营姜氏家族为圈地二十四户，蒙古族。

老人们传说："我们姜家营村的姜氏先人，是康熙年间随军征噶尔丹后，由先人的原籍热河八沟（今承德平泉县）哈尔沁（也读作喀喇沁）牧地来到此地的。"这就是姜氏先人家族历史，其他再无记载。

幸运的是，东王庄家谱和部分史料记载，我们圈地人的历史，从公元1206年成吉思汗统一蒙古部落开始就有记载，横跨了元、明、清三朝。东王庄的家谱里记载了我们的祖先，成吉思汗的大将速不台所部以及他们的后人为蒙古帝国的建立，参加大小战役和明清两朝的统一做出了不可磨灭的贡献。这些历史在东王庄的家谱里做了较为翔实的记载。这里面也记录了我们姜氏先人的片段历史。1608年在东王庄第十三世祖兀良哈氏王高棠的主持下，联合十三庄二十四户在这一时期的先人们，在喀喇沁草原上，成立了兀良哈安达部。领头人是东王庄的祖先王高棠，还留下了37位头人的姓名。此次是兀良哈部的第二次留名记载。据记载，我姜氏第十三世祖姜定基是兀良哈安达部的成员，37位头人之一。遗憾的是东王庄的家谱里没留下姜姓先人第一次记录的蒙古名。东王庄的家谱里第四次留名记载已经是康熙三十四年（1695年）。东王庄的家谱里记载了祖姜胜富，他是我姜氏家族的第十六世祖，正黄旗蒙古八旗兵，也是西征噶尔丹凯旋的二十四户蒙古护卫营披甲武士的领兵将领之一。同时也记载了祖姜胜富落居姜家营村。至此，姜氏家族再无文字可考，只有老人们口口相传，和一些姜氏家族部分残缺不全的家谱。

经过考证，老人们的传说与历史记载相吻合。平定噶尔丹后，康熙三十四年（1695年），姜氏祖先姜胜富随十三庄二十四户携家眷老小，由哈尔沁（喀喇沁）八沟迁徙到黑河两岸。最初落脚的地方是安乐庄（呼和浩特市南郊新营子村）。经内务府的分配，给祖姜胜富直接分到了莫林太马场地北界。任务是守卫北界往南五里东西十里近两万亩官滩属于（清政府所有，草滩不准买卖）马场地。

于是，祖姜胜富就定居在旧姜家营村，也就是现在的大黑河牛奶场。所处的位置是南邻瓦房院碱池（至牛奶场中干渠），东到铁旦界（牛奶场病牛队），西到一间房姜宽界（呼大公路西500

米），北到呼托公路北侧 100 米。草场东西约 5 公里，南北约 3 公里。那时也没有几户人家。先人是内务府管辖的披甲武士，担负戍边任务，也是饲养战马的牧户，衣食住行由十三庄供给，如有战事披甲上阵，平常以养马游牧为主。

20 世纪初，旧姜家营村周围的自然环境是非常好的。在旧村东南方向不远处有大片的湿地，多有泉眼常年流水不绝。湿地长着一种草叫做寸草，这种草长不高，喜水，非常稠密鲜嫩，牲口喜欢吃，今天齐根咬了，明天又齐刷刷地长出来了，马儿特别喜欢在干净的水里吃草。在村子的西南方向长着成片的马莲。夏天牛羊是不吃马莲的，马莲长得高，周边也没有什么草。到了秋天人们割马莲晾晒成捆积垛，准备在冬天喂羊。留在草滩里的马莲也是牛羊冬天最好的饲料。在旧村的东边一墩挨着一墩的芨芨草，本地人叫做"只芨"。老人们称这里是只芨湖。这里有好多出没于"只芨"湖的野生动物，如兔子、狐狸、狼等。芨芨草长得很高，柔韧性特别好。夏天雨天过后土壤松软，人们连根拔起晾干，到了秋天打草做成捆草的蒌子，将打倒的草晾干后捆起来做牛羊的冬储饲料。人们请手艺人用芨芨草打囤子。打好的囤子有一米来高，长短不限，根据需要确定。囤子在牛车或马车上围起来，拉运生火做饭用或取暖用的牛马粪，或者是在自家的院子里围起来，存放些易散乱的东西。在村子的北边是秋天打草的草滩，这里主要生长的是尖草、芦草、灰背青草等。这些草都是牲畜过冬的优质干草。每年过了五月端午，这里就不能放牧了，派专人看管草地。秋天打草前后持续一个多月，很早以前人们打草使用的是传统的扇镰，刀口小，30 厘米左右，打上几步刃刃就钝了，就得停下来磨刀。后来人们用上了洋大镰，洋大镰刀口长 70 厘米，使用起来得心应手，工作效率提高了很多，不过此活儿得有一把子力气才行。待打倒的草晾干后要成捆积垛，每垛 100 捆。到了盘草的时候，草地里布满了草垛，对于养牧的人家来说，这一幕是非常温馨的。

听上辈人讲，过去进城回家的路上，一出西口子就能看到姜家营村周边茂盛的芦苇了。可见当时的村子少，树木也少，较为空旷。村里家家户户的住房并不大，可每家的院子非常的大，都有两三亩，通常是高墙大门洞的院子。那个年代狼特别多，晚上牛羊回群都要在院子里过夜。尽管家家养着几条凶恶的大狗，但是狼叼羊的事是经常发生的。院子里还要有一处放草的圐圙（库伦）。每到夏天多数人家要做揽场的生意（替别人养牧）。本地人常说："家有千万，肚低走风的不算。"抵抗自然灾害的能力是有限的。到了晚清民国年间，动荡的年代里家家的日子都不好过。人们为了生存，开始购置耕地，尝试着农田耕作（我们姜家的先人往上数三代是不会农事的），前后大概置田三四百亩靠天吃饭的薄田。我们村周边大多是下湿盐碱地，粮食产量不高，自己也不谙耕作的活计。至此村里的人们就进入了半农半牧的生活了，可是人们依旧摆脱不了贫困的日子。

到了清末民初，村里有一部分人做起了旅蒙驼队商贸生意，还有去新疆做生意的驼商（老人们说是"走古城"。归化城常年跑新疆的驼商，来往于新疆古城子，叫走古城）。经过多年的努力，具有代表性的人物是姜亮，他的旅蒙驼商生意做得最好，当时也算是风生水起的大买卖人，他也是姜家做生意最成功、最有钱的人物了。多年以后，拉骆驼的人多了，有一支姜姓的同胞，据说是因有亲戚，后来就定居在今天四子王旗的潘庄、王庄等周边的地方。他们现在有两百人姜姓人口，这些人现在过着半农半牧的生活。还有几家做起了长途拉运的生意，自备牛车马车来往于绥远、张家口和北京之间（大南街二十四户家庙里还立有车行社——鲁班社）。可以想象当年搞运输的回报是不错的。拉运的领头人是姜补成。还有驯马高手姜补生，他把草马（未经驯化的马）的耳根处不知怎么拧一下，那3岁左右的草马就听话许多，然后骑在马上，任凭马儿怎么刨蹶子也摔不下来，骑上一乘后那草马基本上就驯服了。姜补生是民国初年人，他一生不会做农活儿。笔者所见他驯马那时已经是花甲之年了，他头扎藏蓝布方巾，腰系长布腰带，骑在马上好不威风。在他身上依然有着马背民族的遗风。

姜氏先人崇尚自然、淳朴、勤劳、善良，可是不注重文化教育，孩子从小就跟着大人牧马放羊，也许是生活的窘迫，几乎很少有人读书，最多也就是读几个冬天的私塾。家里大人告诉孩子们"吃骨头要仔细吃干净，再小的肉丝丝也比米秸秸大"，还有"手拿鞭子不能进别人的家里，不能随便打别人家的狗"等家训，至今记忆犹新。从哈尔沁（喀喇沁）来到这里只有几个人，中华人民共和国成立初成为九十多人的小村落，在这里生生息息十几代人，三个多世纪里，只留下一些传说和脚下的这片草地，这就是一个家族的记忆！

到了1954年，自治区要新建规模比较大的直属牛奶场，由于姜家营村的周边是天然的牧场地，距离呼和浩特市仅8公里，因此政府选中了姜家营村建国营牛场。

两级政府决定：（1）搬迁整个村子，新村选址在土默特左旗朱堡村附近。划拨部分土地作为定居生产生活用地。故土难离，家族人坚决不去那里。经过族人的争取，政府同意在旧村的北边2公里处购置土地，新建了现在的姜家营村。（2）征地方式是集体的牧滩草地的无偿占用，属于自家的草地则折价征用。（3）拆迁旧村子的补偿金也等同于盖新房子的费用。两年后的1956年，全村人搬到了现在的姜家营村。大黑河牛奶场成立后，我们村的行政管理自然是大黑河牛奶场了，有一部分青壮年也就成了大黑河牛奶场的职工了，他们挣着工资，吃着供应粮，日子虽然过得不富裕，生活还是比较有保障的。

1972年，大黑河牛奶场放弃了当时八个农村的管辖权，成立了小黑河人民公社。那个年月，每个人每年360斤的粮食都产不出来，还得吃政府给的返销粮，人们过着很艰难的日子。

改革开放后，各家承包了耕地草地，村里人有着传统饲养牲畜的习惯，于是家家户户开始饲养奶牛马羊等家畜。几年下来，饲养奶牛的经济效益最好，那时村里饲养着两百多头优质奶牛，在当年也是不小的数字了，姜家营村成了远近闻名的养牛专业村，极大地改善了人们的生活水平。随着改革开放的深入，多种生产模式的出现，人们的视野更开阔了，有开砖窑的、搞运输的，还有养蛋鸡的，等等。大约在2000年后退出了持续20多年饲养奶牛的这个行业。

2001年，玉泉区政府决定，在村子开阔的草地上建立裕隆工业园区。当然姜家营村的村民也得到了可观的经济补偿，从有了开发区到今天已经过了20年，姜家营村也蜕变为周围有名的富裕村了。姜家营村是目前自治区唯一通过考核验收的国家级美丽乡村标准化的试点村。

我们姜氏家族尽管在历史上没有留下显赫的功名或记载，回望历史，我们的先人来到这里，风风雨雨三百多年，先人们历经艰难困苦才有了我们美好的今天。还有我们二十四户十三庄的蒙古族同胞们，从遥远的过去一起走来，在这里要感谢我们的党，感谢我们的先祖，同时更要激励我们的后人为民族、为国家做出应有的贡献，铸牢中华民族共同体意识，共同创造美好的未来！

2. 姜氏家族世系谱

明末姜氏祖先第十三代：姜定基。

清初姜氏祖先第十六代：姜胜富。

第十七代：姜玉华，妻周氏。

第十八代：姜万福、姜万禄、姜万祯、姜万祥。

第十九代：姜成富、姜成贵、姜成润、姜成官。

第二十代：姜世阳、姜祯阳、姜举阳、姜韩阳、姜福阳、姜喜阳、姜禄阳、姜祥阳。

第二十一代：姜申、姜亮、姜财、姜元、姜祯、姜旺、姜福、姜连、姜云、姜宽、姜政、姜三兰。

第二十二代：姜巨仁、姜巨义、姜巨礼、姜巨友、姜巨轩、姜巨仓、姜巨兰、姜全全、姜平安、姜巨锦、姜巨泰、姜巨全、姜存仁、姜存义、姜存礼、姜八四、姜老四、姜毛小、姜常毛、姜万常、姜九旦。

第二十一代：姜福，生有一子，姜平安（无子嗣）。

第二十一代：姜连，生有三子。长子姜巨锦（二邦），次子姜巨泰（三邦），三子姜巨全（海安）。

姜连长子姜巨锦（第二十二代）生有三子。长子姜憨（第二十三代，无子嗣）；次子姜憨鱼（第二十三代），娶妻张梅旦生有一子一女，长女姜玉女，长子姜红运（第二十四代），娶妻张翠英，生有三女一子，长女姜秀枝，次女姜秀玲，三女姜秀根。长子姜秀龙（第二十五代），娶妻王海燕生一儿一女，长子姜可成（第二十六代），长女姜可心。三子姜侯秃（第二十三代）生有一女姜二娥。

姜连次子姜巨泰（第二十二代），娶妻韩氏生有三子三女，长女姜××、次女姜白女、三女姜秀凤。姜巨泰长子姜明（第二十三代），娶妻贾金梅生有二女一子，长女姜栓珍，次女姜二板；长子姜罗驹（第二十四代）娶妻郑氏、董氏生有三儿三女，长女姜排女，次女姜云云，三女姜秀秀。姜罗驹长子姜云再（第二十五代）娶妻田鲜叶，生有一子一女，长女姜新华，长子姜中华（第二十六代）娶妻高霞生有一子，姜沐洋（第二十七代）。姜罗驹次子姜云柱（文文）（第二十五代）娶妻宁团娥，生有二子，长子姜蒙赫（第二十六代）妻刘月丽，生有一女一子。长女姜沐妍，长子姜晟迪（第二十七代），姜云柱次子姜忠赫（第二十六代）。姜罗驹三子姜永庆（文清）（第二十五代）妻张春香，生有一女一子，长女姜晓旭、子姜晓鹏（第二十六代）。姜巨泰次子姜明厚（第二十三代），娶妻郭二玲生有四子一女，长女姜秀珍，长子姜儒平（还宝）（第二十四代），娶妻张板板生有三子一女，长女姜兰。姜儒平长子姜海（双全）（第二十五代）娶妻秦瑞珍生有一女，姜丽娜。姜儒平次子姜禄（红红）（第二十五代）娶妻乌兰呼亨，生有一子苏日图（虎旦）（第二十六代）娶妻赵静茹生有一子阿古拉（第二十七代）。姜儒平三子姜龙（第二十五代）娶妻焦艳琴生有一女姜鹤群。姜明厚次子姜二保（第二十四代），娶妻亢双鱼生有四子一女。姜二保长子姜拴柱（第二十五代），娶妻张桂芳生有一子一女。长子姜艳飞（第二十六代），长女托娅。姜二保次子姜根全（第二十五代），娶妻朱爱林生有一女一子。长子姜晓宇（第二十六代），长女姜晓雯。姜二保三子姜来仓（第二十五代）生有一子姜晓鹏（第二十六代）。姜二保第四子姜全全（第二十五代）娶妻陈改玲生有一子姜波（第二十六代）。姜二保长女姜晓红。姜明厚三子姜三保（第二十四代），娶妻赵美兰生有二子一女。姜三保长子姜志刚（第二十五代）娶妻闫凤芝生有一子姜涛。姜三保次子姜华（志强）（第二十五代）娶妻郝补元生有一子姜玉兵（第二十六代），姜三保女儿姜娜。姜明厚四子姜四保（第二十四代），生有一子二女，子姜波（第二十五代），长女姜黎宏，次女姜娟。姜巨泰三子姜德厚（第二十三代），娶妻张葡萄生有二子三女，长女姜爱鲜，次女姜改鲜，三女姜儒鲜。长子姜前保（第二十四代），娶妻云樱桃生有二女一子。长女姜云芳，次女姜慧芳，长子姜华（秃秃）（第二十五代），姜德厚次子姜九鲜（第二十四代），娶妻张淑芳生有一子姜鹏。

姜连三子姜巨全（第二十二代），娶妻刘老女生有三子三女，长女姜银花，次女姜玲花，三女姜杏花。姜巨全长子姜明旺（第二十三代）无子嗣。次子姜明元（第二十三代），娶妻田白女生有三子三女，长女姜巧女，次女姜二女，三女姜三女。姜明元长子姜拉保（第二十四代），娶妻田林香生有二女一子，长女姜芳，次女姜燕。长子姜巍（国国）（第二十五代），娶妻银慧生有二女，长女姜圣倩，次女姜美彤。姜明元次子姜根保（第二十四代），娶妻云丽生有二女一子。

长女姜国英，次女姜国清，长子姜国文（姜峰）（第二十五代），娶妻吴海燕生有一子伊特格尔（狗旦）（第二十六代）。姜明元三子姜巨保（三板）（第二十四代），娶妻刘素珍生有二女一子，长女姜燕燕，次女姜春燕，长子姜国军（第二十五代），娶妻王舒生有一子牧德力格（第二十六代）。姜巨全三子姜老八（第二十三代），娶妻郝板女生有二女三子。长女姜拉巧，次女姜巧生。姜老八长子姜拉小（第二十四代），娶妻韩素珍生有一女一子，长女姜华，长子姜涛（春雷）（第二十五代）娶妻古彤，生有一子额日其（姜迅哲）（第二十六代）。姜老八次子姜二拉（第二十四代），娶妻周云云生有二子一女。姜二拉长子姜冬亚（第二十五代），娶妻赵婧生有二女，长女敖登沙娜（姜苒苒），次女敖登塔娜（姜芽芽）。姜二拉次子姜鹏（二东）（第二十五代）娶妻徐乔鹤生有二子，长子姜第卿（阿木伦）（第二十六代），次子姜茂卿（特木勒）（第二十六代），姜二拉长女姜雪敏。姜老八三子姜拉红（第二十四代），娶妻杨小梅生有一女姜楠。

第二十一代：姜政生有三子。长子姜存仁（永安）（第二十二代），娶妻丁氏、杨氏生有二子二女，长女姜叶叶，次女姜玲叶。长子姜补成（第二十三代），娶妻刘二婵生有一女姜俊俊。姜存仁次子姜补恩（第二十三代），娶妻潘鲜花生有二女三子长女姜招娣，次女姜拉娣。姜补恩长子姜红久（第二十四代），娶娶妻曹计荷生有一子二女，长女姜春霞，次女姜海霞，长子姜海军（第二十五代），娶妻姚海沙生有一子一女，长子姜雨晨（第二十六代），长女姜雨欣。姜补恩次子姜拉久（第二十四代）生有二女，长女姜建霞，次女姜婷婷。姜补恩三子姜文（三毛）（第二十四代），娶妻杨桂枝生有一子一女，长子姜国庆（第二十五代）娶妻苗文霞生有一女姜××。姜文长女姜彩霞。

姜政次子姜存义（二白）（第二十二代）无子嗣。姜政三子姜存礼（福永）（第二十二代），娶妻张氏生有四子二女，长女姜恩花，次女姜花女。姜存礼长子姜恩和（第二十三代），娶妻杨二梅生有二女一子，长女姜俊莲，次女姜俊娥，长子姜孝东（东子）（第二十四代），娶妻郑先枝生有一子一女，长子姜雪飞（第二十五代），娶妻乌日娜生有一子一女，长子姜宇（第二十六代），长女姜凡。姜孝东长女姜雪娜。

姜存礼次子姜生和（第二十三代），娶妻王氏（无子嗣）。姜存礼三子姜春和（第二十三代）娶妻李金女生有二女一子，长女姜粉巧，次女姜巧兰，长子姜贵贵（第二十四代），娶妻许秀英生有一女一子，长女姜娜，长子姜鹏飞（塔那）（第二十五代）。姜存礼四子姜成和（第二十三代）娶妻李氏无子嗣。

第二十一代：姜三兰生有一子，姜九旦（第二十二代）生有二子，长子姜奎奎（第二十三代），次子姜奎元（第二十三代）生有二子，长子姜宝宝（第二十四代）生有二女二子，长女姜老女，次女姜老丫。

姜宝宝长子姜福运（毛旦）（第二十五代），娶妻崔润梅生有二子二女，长女姜秀芬，次女姜二秀，姜福运长子姜秀平（第二十六代），娶妻范氏生有一女姜甜甜，姜福运次子姜二平（第二十六代），娶妻某氏生有一女姜××，姜宝宝次子姜福存（三毛）（第二十五代），娶妻刘换生，生有一子二女，长女姜秀贞，次女姜秀清，长子姜秀君（第二十六代）娶妻××，生有一子姜××。

第二十一代：姜申，生有一子姜巨仁（第二十二代）生有二女一子，长女姜××嫁沙尔沁，次女姜××嫁班定营陈家。姜巨仁长子姜俊（争气儿）（第二十三代）生有一女三子，长女姜××嫁西二道，姜俊长子姜儒喜（罗罗）（第二十四代），娶妻云贵荣生有一子姜满满（姜勇）（第二十五代），娶妻韩桂风生有二子二女，姜满满长子姜国义（第二十六代），娶妻郝氏生有一子姜辉（龙龙）（第二十七代），娶妻奇娜木俊生有一女。姜满满次子姜仁义（第二十六代），娶妻荣瑞清生有一子一女，长子姜飞（飞飞）（第二十七代），长女姜齐齐。姜满满长女姜红梅，次女姜春梅。姜俊次子姜儒科（成罗）（第二十四代），娶妻韩拴珍生有二女三子，姜儒科长子姜满亮（第二十五代），娶妻侯文娟生有三女一子，长女海莉斯，次女娜日莎，三女娜赫娅。长子姜忠义（第二十六代）娶妻康慧珍生有一女阿茹含。姜儒科次子姜满锁（第二十五代），娶妻韩拉小生有二女一子，长女姜素丹，次女姜素平，长子姜中树（第二十六代）娶妻乌兰生有二子，长子希林夫（第二十七代），次子吉雅（第二十七代）。姜儒科三子姜环锁（第二十五代），娶妻王秀女生有二女一子，长女姜红霞，次女姜小红，长子姜义腾（第二十六代）。姜俊三子姜三秃（第二十四代），娶妻孙氏生有二女，长女姜改转，次女姜爱枝。

第二十一代：姜亮妻吕氏生有三子，长子姜巨义（富敦）（第二十二代）生有一子，姜斌（第二十三代），娶妻张氏生有二子三女，长女姜大妙，次女姜二妙，三女姜金梅（拉小）。姜斌长子姜儒英（成威）（第二十四代），娶妻樊扳女，生有四女二子，长女姜润莲，次女姜喜莲，三女姜金莲，四女姜改莲。姜儒英长子姜双喜（第二十五代），娶妻武凤娥，生有二子二女，姜双喜长子姜银茂（第二十六代），娶妻田二毛，生有一子姜鹏（第二十七代）。次子姜银虎（第二十六代），娶妻李保君生有一女姜雨晨。姜双喜大女儿姜银丽，二女儿姜荣丽，姜儒英次子姜润喜（第二十五代）娶妻许秀珍，生有二女一子，长女姜丽琴，次女姜燕，长子姜涛（君毛）（第二十六代）娶妻李清生有一子姜宇哲。姜斌次子姜旭成（第二十四代）娶妻张板女生有四女一子，长女姜莲枝，次女姜爱莲，三女姜香莲，四女姜巧莲，长子姜欢喜（第二十五代）娶妻岑林林生有二子，长子姜海龙（第二十六代）妻牡丹，次子姜海波（第二十六代）娶妻兰菲生有一子姜宇杨（第二十七代）。

姜亮次子姜巨礼（三柜）（第二十二代）娶妻孔鲜花生有一子姜瑞（补子）（第二十三代），娶妻王召女生有五子一女，长女姜凤英，姜瑞长子姜儒林（第二十四代）娶妻王福梅、吴月英生有一子一女，长女姜引娣（秀兰），长子姜玉（金锁）娶妻安润香生有一子一女，长女姜永荣，长子姜永胜。姜瑞次子姜儒锦（二仁）（第二十四代）娶妻马香莲，生有一子三女，长女姜存枝，次女姜润枝，三女姜存兰，长子姜聪（怀怀）（第二十五代）娶妻李俊貌生有一子一女，长女姜永霞（云云），长子姜永强（第二十六代）娶妻闫润丽生有一女姜润锦。姜瑞三子姜儒和（三仁）（第二十四代）娶妻赵玉祯生有二女一子，长女姜兰，次女姜萍，长子姜彪（虎虎）（第二十五代）娶妻陈慧霞生有一子一女，长女姜永丽，长子姜永清（第二十六代）娶妻张欣生有一女。姜瑞四子姜儒同（第二十四代）娶妻张凤英（无子嗣）。姜瑞五子姜儒孝（老根）（第二十四代）娶妻侯翠娥生有二子一女，长女姜芳（金桃），长子姜仁（金良）（第二十五代）娶妻刘培玲生有二女，长女姜姝婷，次女姜姝媛。次子姜义（存良）（第二十五代）娶妻黄银凤生有二子，长子姜文政，次子姜文博（第二十六代）。

姜亮三子姜巨友（第二十二代）娶妻王氏生有一女三子，长女姜××，姜巨友长子姜秀（补庆）（第二十三代）娶妻渠氏生有一子一女，长女姜玲玲，长子姜启运（第二十四代）娶妻刘氏、兰莲女生有三子，姜启运长子姜金钩（第二十五代）娶妻许金花，生有一女一子，长女姜苗苗，长子姜星星（第二十六代）娶妻梅群艳生有一子一女长子姜呼和（第二十七代）长女姜钰轩。姜启运次子姜正晓（第二十五代）娶妻徐巧生，生有一女二子长女姜佳佳，长子姜亮亮（第二十六代）娶妻杨瑞芳生有一女姜超琼。姜正晓次子姜鹏鹏（第二十六代）娶妻××，姜启运三子姜俊小（第二十五代）卜艳慧生有一子姜威森（伊赫）（第二十六代）。姜巨友次子姜补生（第二十三代）无子嗣。姜巨友三子姜德补（第二十三代）无子嗣。

第二十二代：姜老四生有一子一女，长女姜贵云，长子姜署福（第二十三代）生有一女三子，长女姜三果。姜署福长子姜罗罗（第二十四代），姜署福次子姜金罗（第二十四代）姜署福三子姜三毛（第二十四代）娶妻靳贵英生有二女三子，长女姜桃桃，次女姜丽丽。姜三毛长子姜伟明（第二十五代）娶妻高学梅生有一女二子，长女姜国辉，姜伟明长子姜义飞（第二十六代）娶妻黄水霞生有一子一女，长女姜苏娟，长子姜博凯（第二十七代），姜伟明次子姜箭飞（第二十六代）娶妻红格尔生有二女，长女姜苏蕊，次女姜苏涵。姜三毛三子姜兰伟（二旦）（第二十五代）娶妻朱瑞林生有二子，姜兰伟长子姜小峰（军军）（第二十六代）妻魏秀珍生有二女，长女姜柯南，次女姜雪怡。姜兰伟次子姜华（二军）（第二十六代）妻樊耀梅生有一子，姜苏洋（第二十七代），姜三毛三子姜宏伟（第二十五代）妻刘英桃生有一女一子，长女姜婷，长子姜冶（第二十六代）。

第二十二代：姜常毛生有四子，长子姜××（第二十三代）无子嗣。次子姜小二（第二十三代）无子嗣。三子姜三旺（第二十三代）生有二女，长女姜香果，次女姜香梅。姜常毛四子，姜四旦（第二十三代）无子嗣。姜万常（第二十二代）生有三子，大儿子姜存旺（第二十三代），二儿子姜银旺，兄弟二人均无后代。

第二十二代：姜毛小，生有一子一女，长女姜××，长子姜祥（旺旺）（第二十三代）娶妻邢五女，生有五子一女，长女姜××，姜祥长子姜仁（甲运）（第二十四代），生有一子姜金驹（第二十五代）生有一子，姜金驹长子，姜伟（第二十六代）××妻生有一女姜××，姜祥次子姜生荣（来运）（第二十四代）娶妻董氏生有二子一女，长女姜××，长子姜马驹（第二十五代）娶妻孙二毛生有三子二女，长女姜金莲，次女姜春莲。姜马驹长子姜培光（七六）（第二十六代）娶妻银素花生有一子一女，长子姜园（第二十七代），长女姜美云。姜马驹次子姜培亮（连奎）（第二十六代）娶妻陈焕梅生有二女，长女姜学娜，次女姜学燕。姜马驹三子姜培成（第二十六代）娶妻银香莲生有一子，长子姜旭（第二十七代）。姜生荣（来运）次子姜福如（第二十五代）娶妻魏玉英生有二子一女，长女姜建丽，姜福如长子姜建平（第二十六代）娶妻谭俊荣生有一女姜楠。姜福如次子，姜建华（第二十六代）娶妻梁玉凤生有一女姜桐（姜福如军转离休居石家庄）。姜祥三子姜三娃（第二十四代）无子嗣。姜祥四儿子姜生富（四秃）（第二十四代）生有一女姜四女；五子姜生贵（老运）（第二十四代）娶妻徐玉珍生有四子二女，长女姜龙凤，次女姜彩凤。姜生贵长子姜卫生（第二十五代）××妻生有三子一女，长子姜星亮（第二十六代），次子姜星河（第二十六代），三子姜星平（第二十六代），长女姜月枝。姜生贵次子姜发（安生）（第二十五代）××妻生有一子姜星建（第二十六代），姜生贵三子姜钢林（第二十五代）××妻生有一女姜锡丽。姜生贵四子姜福林（第二十五代）××妻生有一子姜星成（第二十六代）。

第二十三代：姜亮（亮小）移居土左旗讨尔号村，生有三子长子姜罗罗（第二十四代），次子姜二罗（第二十四代）均无子嗣。姜亮三子姜润娃（第二四代）生有二女一子，长女姜改枝，次女姜鲜枝，长子姜有文（第二十五代）娶妻高氏生有一子姜占钢（第二十六代）妻郝丽丽生有二女一子，长女姜慧敏，次女姜慧楠，长子姜慧凯（第二十七代）。

第二十二代：姜八四，生有一子姜太平（第二十三代），姜太平生有四子二女，长女姜红果，次女姜二果，姜太平长子少亡（第二十四代），次子姜二丑无子嗣（第二十四代），三子姜三保无子嗣（第二十四代），姜太平四子姜德明（小片）（第二十四代）娶妻郝桂花生有二子二女，姜德明长子姜三小（第二十五代），次子姜满义（第二十五代）娶妻周翠英生有一子一女，长女姜婷，长子姜磊（第二十六代）娶妻景卉生有一子姜博涵（第二十七代），姜德明长女姜丫头，次女姜梅梅。

第二十一代姜旺，姜旺后人大多移居四子王旗，姜旺长子姜巨轩（第二十二代），次子姜巨仓（第二十二代），三子姜巨兰（第二十二代），长女姜老女。姜旺孙子（第二十三代）依次是：姜套小、姜二拉、姜三拉、姜四拉、姜五白、姜六小、姜七小、姜八、姜九、姜鱼。姜套小，姜二拉均无子嗣。

第二十三代：姜三拉娶妻贾氏生有一女，姜秀英（四斤）。

第二十三代：姜四拉娶妻孙氏生有一子二女，长女姜大粉，次女姜二粉，长子姜孝荣（第二十四代）娶妻年老女生有五女二子，长女姜鱼女，次女姜板鱼，三女姜花鱼，四女姜五鱼，五女姜六鱼。姜孝荣长子姜润小（第二十五代）娶妻于板女生有二子一女，长女姜兰梅，姜润小长子姜坤平（第二十六代）娶妻叶辛生有二女一子，长女姜彩玲，次女姜俊玲，长子姜琛（第二十七代），姜润小次子姜利平（第二十六代）娶妻王秀荣生有一子一女，长子姜裕（第二十七代），长女姜凤玲。姜孝荣次子姜润根（第二十五代）娶妻李玉梨生有一子一女，长女姜云霞，长子姜云飞（第二十六代）娶妻聂荣霞生有一女姜雅琴。

第二十三代：姜五白无子嗣。

第二十三代：姜河（六小）娶妻王果女生有三子二女，长女姜女，次女姜改改。姜河长子姜孝海（元小）（第二十四代）娶妻李秀莲生有一子二女，长女姜巧叶，姜孝海长子姜裕（来运）（第二十五代）娶妻赵月英生有四子一女，长女姜秀芳，姜裕长子姜树平（第二十六代）娶妻兰凤英生有一女姜玲，一子姜彬（第二十七代）娶妻刘小红生有一女姜美君。姜裕次子姜保平（第二十六代）娶妻张凤英生有一子姜猛（第二十七代），姜裕三子姜志平（第二十六代）娶妻赵美荣生有一女姜婷婷。姜裕四子姜换荣（第二十六代）娶妻韩建华生有一子姜帅（第二十七代）。姜孝海（元小）次子姜茂（第二十五代）娶妻潘改叶生有三子一女，长女姜彩霞，姜茂长子姜永平（第二十六代）娶妻郭彩花生有一子姜智博（第二十七代），姜茂次子姜永伟（第二十六代）娶妻李九妹生有一子一女，长子姜浩龙（第二十七代），长女姜凤。姜茂三子姜永红（第二十六代）娶妻陈艳辉生有一子一女，长子姜佳东（第二十七代），长女姜佳怡。姜河次子姜毛小（孝水）（第二十四代）娶妻张美云生有三子二女，长女姜秀（引娣），次女姜莉，姜毛小长子姜福（铁锁）（第二十五代）娶妻张四仁生有三女，长女姜图娅，次女姜苏木亚，三女姜娜拉。姜毛小次子姜华（第二十五代）无子嗣。姜毛小三子姜克（福锁）（第二十五代）娶妻刘燕生有一子，姜家辉（第二十六代）。第二十三代姜河三子姜孝成（三娃）无子嗣。

第二十三代：姜七娶妻闫氏生有四子三女（三个女儿名字不详）。姜七长子姜元贵（第二十四代）娶妻张拴珍生有四女三子，长女姜粉叶，次女姜丽珍，三女姜金叶，四女姜四白。姜元贵长子姜二成（第二十五代）居四子王旗江岸，娶妻武粉梅生有三子，姜二成长子姜根兰（存兰）（第二十六代）娶妻张月英。姜二成次子姜永红（存柱）（第二十六代）娶妻李红梅。姜二成三子姜继红（第二十六代）娶妻龚海霞生有一子一女，长子姜绪（第二十七代），长女姜楠。姜元贵次子姜三成（第二十五代）娶妻郑巧香生有二子一女，长女姜文兰，姜三成长子姜文亮（第二十六代）娶妻赵秀清生有一子一女，长子姜东（第二十七代）娶妻兰慧芳，长女姜慧。姜三成次子姜文斌（第二十六代）娶妻哈斯生有一子姜琪（第二十七代）。姜元贵三子姜喜成（第二十五代）娶妻刘秀英生有二子一女，长女姜佳，姜喜成长子姜华伟（第二十六代）娶妻罗文丽生有一子姜宇（第二十七代），姜喜成次子姜华强（第二十六代）。姜七三子姜三毛（第二四代）娶妻昝三女生有三女，长女姜转鱼，次女姜爱鱼，三女姜桂鱼。姜七四子姜四毛（贤贵）（第二十四代）娶妻张三佩生有二子二女，长女姜粉团，次女姜粉桃。姜四毛长子姜云（锁锁）（第二十五代）娶妻高秀兰生有一女一子，长女姜林豆长子姜金豆（第二十六代）娶妻蔡丽丽生有一子，姜昊（第二十七代）。姜四毛次子姜××（第二十五代）。

第二十三代：姜八。

第二十三代：姜九，娶妻刘氏生有二女二子，长女姜桂花，次女姜鲜花，姜九长子姜孝和（大毛）（第二十四代）娶妻李玉兰生有二女，长女姜根叶，次女姜枝叶。姜九次子姜小毛（第二十四代）。

第二十三代：姜鱼，娶妻闫改生生有二子二女，长女姜丑丑，次女姜玉英，姜鱼长子姜兰贵（第二十四代）娶妻陈莲女生有二子二女，长女姜杏叶，次女姜秀玲，姜兰贵长子姜铁锁（第二十五代）无子嗣。姜兰贵次子姜润锁（移居王庄）（第二十五代）娶妻王翠平生有一子一女，长女姜素芳，长子姜永伟（第二十六代）娶妻张月。姜鱼次子姜二娃（第二十三代）无子嗣。

第二十二代：姜全全（移居四子王旗潘庄），姜全全长子姜荣（第二十三代），姜荣生有一子姜国亮（第二十四代），姜国亮生有一子姜波（第二十五代）。

家谱整理人：姜满锁　姜环锁　姜满义

十六、杨家营二十四户杨氏族谱

ᠶᠠᠩ ᠵᠢᠶᠠ ᠢᠢᠨ

1. 杨家营杨氏家族史概况

杨家营杨氏家族为二十四户蒙古族。

依据老人口口相传和现在已查阅的资料追溯，明末清初，兀良哈氏人杨氏家族已经融入喀喇沁部。由东王庄第十三世祖王高棠聚集，成立了兀良哈安达部，杨氏祖先杨志高成为兀良哈安达部成员。祖杨志高的儿孙们（名讳不详）随清军入关后，成了八旗蒙古军。康熙二十九年（1690年）七月，康熙皇帝第一次征讨噶尔丹部，杨氏祖先杨宏旺成为清大军中的八旗蒙古护卫军。在征讨噶尔丹部的著名乌兰布通战役中，与八旗蒙古护卫军中的二十四个安达（结拜兄弟），随抚远大将军裕亲王福全参加了此次战役。康熙皇帝第一次征讨噶尔丹部大获全胜，在乌兰布统战役中我祖杨宏旺等立有大功，康熙皇帝赐给蒙古二十四户先祖们"朱批诏书、玉帛黄缎"一块（据老人描述：黄色绸缎上绣两龙，写满、蒙古、汉三种文字，大体内容是，热河×××蒙古，×××护卫军，参加×××战争，盖有大印）。1953年，居住在安乐庄的王氏、宁氏、张氏、赵氏、李氏，杨家营的杨氏、王氏、宁氏、闫氏，姚府的姚氏等二十四户，由杨友梅、王锁汉、王玉、王小富、姚忠义、圣连喇嘛等编写申请书，还有土默特蒙古二至三人帮忙收集材料，向国家民委申请确定蒙古族成分时，"朱批诏书、玉帛黄缎"作为依据被用在申请书中，并被当时政府认可。当时的政府派人深入当地调查，派调查员去东北宁城、八沟等地调查，上报了中央政府。中央根据报告，认定当时已过上了农耕生活的二十四户为蒙古族。"朱批诏书、玉帛黄缎"一直在蒙古二十四户的杨家营杨氏家族中流传保存，后在"文化大革命"中丢失。老人们口口相传的事实与历史记载基本吻合。

经考证，蒙古二十四户杨宏旺为来到圈地的第一代杨氏祖先，在康熙三十四年（1695年）平定噶尔丹叛乱后，由热河宁城（当时热河宁城与热河八沟两牧场地南北相连，同属喀喇沁牧场地，宁城靠北，八沟靠南）迁徙至当时的归化城南安乐庄（今呼和浩特市南郊新营子村）戍边。迁徙至归化城南安乐庄戍边的二十四户还有王氏、赵氏、宁氏、李氏、徐（许）氏、张氏、吴氏，为归化城南十三圈地上戍边的蒙古披甲武士。当时的安乐庄南北占地七里，东西占地八里。

蒙古二十四户中从安乐庄迁居在杨家营村的就有三户，分别是杨氏家族，王氏家族（王氏家族世系图谱附杨家营杨氏家族谱后，王氏家族在安乐庄旧址新房子西有二至三代祖坟），李氏家族，并都在此按照当时朝廷命令，划拨给各户一部分马场地，分得的马场地可牧可耕，供三户生活所需，其他还有官滩自己可用。杨家营村东是归化城通往和林格尔的驿站古道（清末呼和浩特地区地图载有此驿站古道），村南是大黑河（现大黑河为1929年改道至后桃花村），村东是土默特右翼都统托博克家族陵园，可以说当时的杨家营村既是归化城交通要道的必经之地，又是土地肥沃水草丰盛可耕可牧之地。

康熙三十五年（1696年）十月十三日，康熙皇帝第二次北巡到达归化城。此次北巡达到了对噶尔丹残部驱赶和全面剿灭的目的，至此漠南草原再无战事。

作为当时披甲武士的蒙古二十四户，因为已无战事，加之康熙为减少军费开销，决定对这些随军征讨噶尔丹的有功之臣，不再发放军饷俸禄，改为以土地（划拨草牧场地）养兵的政策。雍正末年始随场而居的蒙古二十四户披甲武士渐渐过上了以耕牧为主的生活。

蒙古二十四户中的姜氏迁徙至现呼和浩特市姜家营子村；尹氏、陈氏、刘氏迁徙至现呼和浩特市班定营子村；姚氏迁徙至现呼和浩特市姚府村；闫氏、冯氏、杨氏迁徙至现呼和浩特市南二道凹村。

雍正年间，为让戍边迁徙至归化城的蒙古二十四户维持生计，安心扎根戍边归化城，雍正皇帝谕旨将归化城南门外大南街南至南茶坊以北一带的房产（包括南茶坊关帝庙）和地产以及卓资县的牛角川和包头市黄河畔的六股梁赐给了蒙古二十四户族人；赐黄龙绞缎图一块，上写雍正皇帝御赐的房产和地产。黄缎由圣连喇嘛保管，圣连喇嘛去世后，黄缎等物被家庙中的小喇嘛私自带走。

雍正十三年（1735年）至乾隆初年（1736年），修缮后的关帝庙有正庭五间、配房六间，共十一间，其他房间也有很多，则是供喇嘛居住。该庙山门外有旗杆，院内东面有戏台，进入山门两侧有六块碑，大约在2米以内。其中三块碑已在公主府院内找到，当中两块碑文记载着乾隆年间修缮南茶房关帝庙山门、院墙、喇嘛所用的厨房和三间小院；另一块记事碑均已模糊。另三块，其中一块碑据圣连喇嘛说，正反面用蒙汉碑文记雕刻着"蒙古二十四户……"，另一块碑记载着蒙古二十四户的历史和蒙古二十四户祖先的姓名，第二块碑记载着捐款人姓名。

修缮后的关帝庙正殿供奉着关公塑像，西配殿供奉着二十四户的先祖；正殿内有雍正帝所赐给二十四户的一块朱批诏书、黄龙绞缎图，上面记载着蒙古二十四户在城南的房、地财产及二十四户分到的草地面积。每逢农历正月十五、四月二十，蒙古二十四户的后人都会对雍正帝所赐给的朱批诏书、黄龙绞缎图，进行拜祭活动，此项活动一直延续到清末。

从雍正十三年至乾隆初年，赐予蒙古二十四户的南茶坊关帝庙修缮后，该庙中一直配有喇嘛

表三

蒙古族二十四户杨家营杨氏家族世系图谱

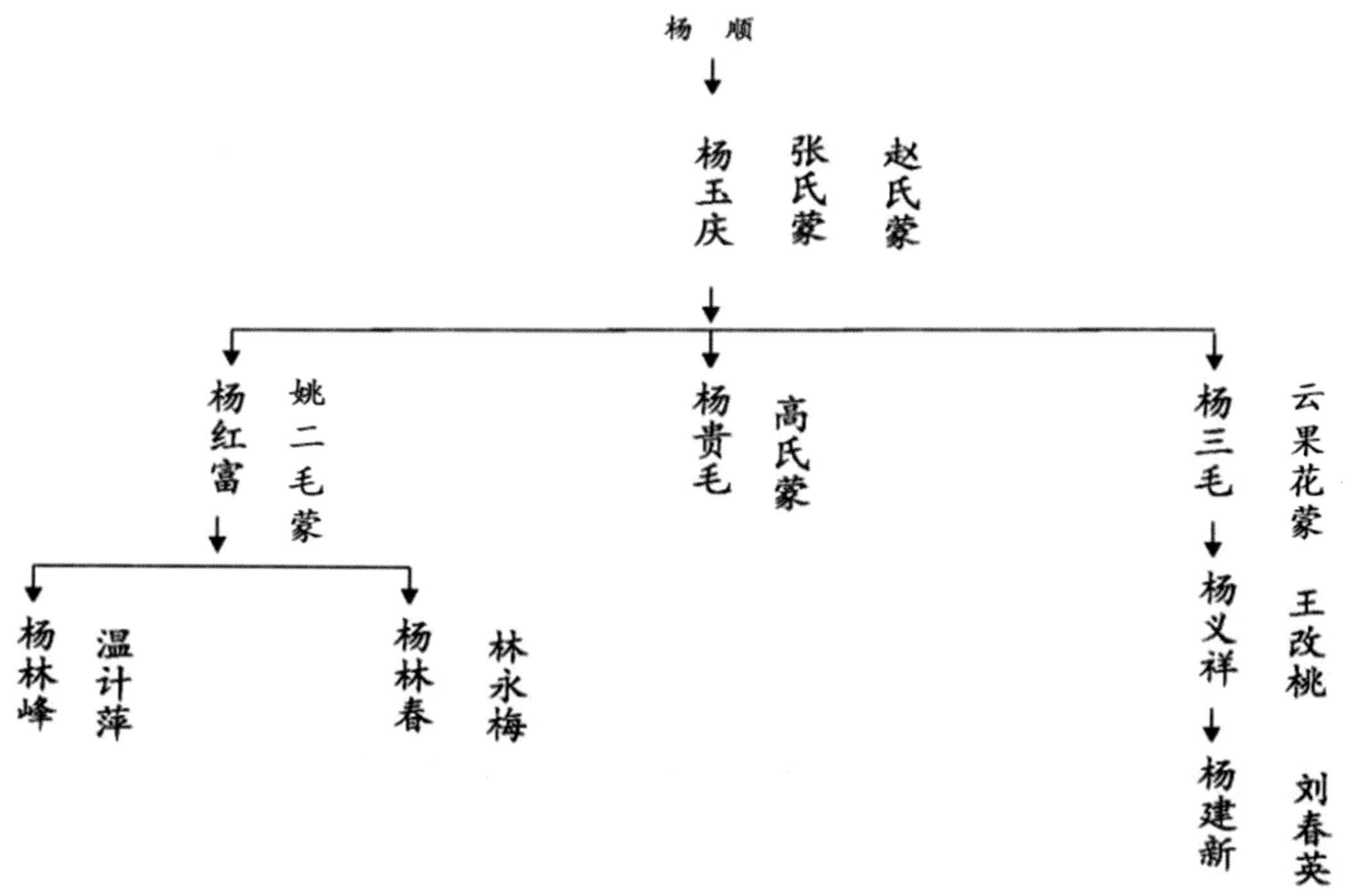

```
杨顺 → 杨玉庆 ─┬─ 张氏蒙
              │   赵氏蒙
              │
              └→ 杨贵毛蒙 ── 高氏蒙
                  │
                  ├→ 杨三毛 → 杨义祥 → 杨建新
                  │   云果花蒙  王改桃  刘春英
                  │
                  └→ 杨红富蒙 ──姚二毛蒙
                      │
                      ├→ 杨林春
                      │   杨林永梅
                      │
                      └→ 杨林峰
                          温计萍
```

蒙古族二十四户杨家营杨氏家族世系图谱

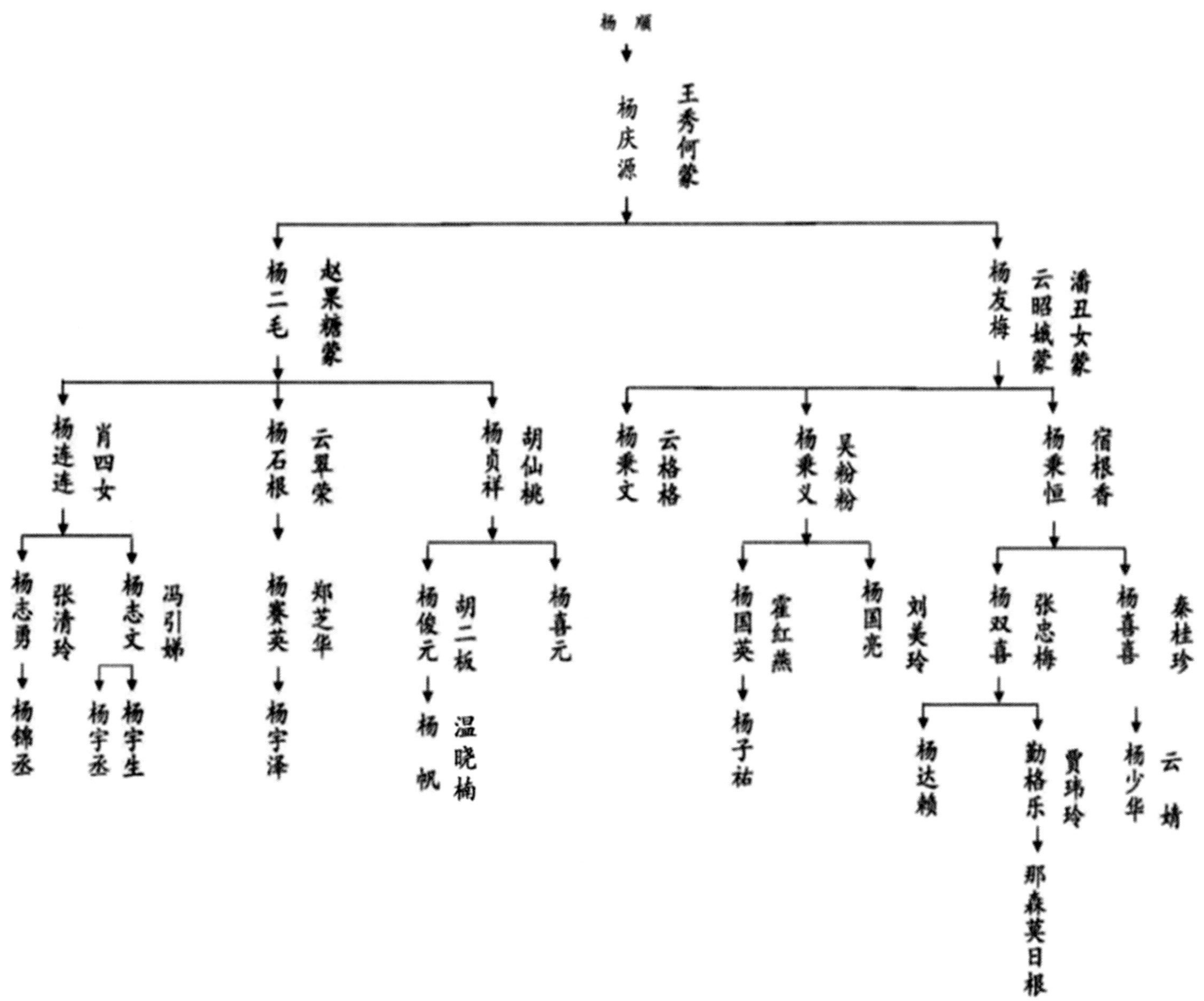

表四

杨顺 → 杨庆源（王秀荷氏）
├── 杨友梅（潘丑女氏 / 云照娥氏）
│   ├── 杨素恒（宿根香）
│   │   ├── 杨事事（秦桂珍）→ 杨少华（云树）
│   │   └── 杨双李（张志梅）
│   │   ├── 勒格乐 → 那森美日根（贾弟玲）
│   │   └── 杨达赖
│   ├── 杨素文（吴粉粉）
│   │   ├── 杨国亮（刘美玲）
│   │   └── 杨国英（雷红燕）→ 杨子祐
│   └── 杨素文（云格格）
└── 杨三毛（赵素荣氏）
    ├── 杨石根（云翠荣）
    │   └── 杨素英（靳圣华）→ 杨子泽
    ├── 杨贵祥（胡仙桃）
    │   ├── 杨事元
    │   └── 杨俊元（胡三板 温晓枫）→ 杨帆
    └── 杨连连（肖四女）
        ├── 杨志文（冯引梅）
        │   ├── 杨子生
        │   └── 杨子丞
        └── 杨志勇（张清玲）→ 杨樽丞

271

十七、杨家营二十四户王氏族谱

表一

杨家营蒙古族二十四户王氏家族谱

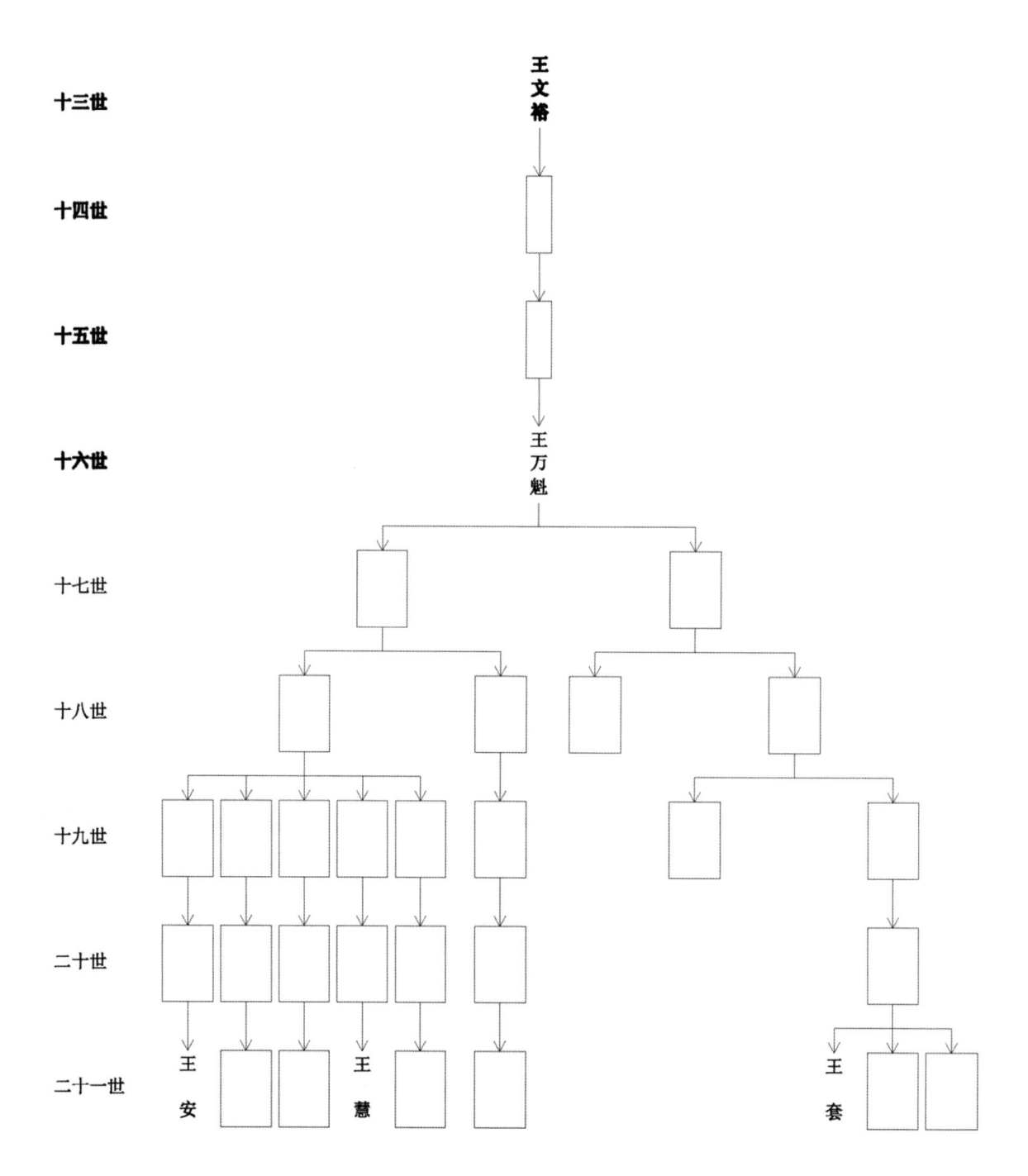

十三世　王文裕

十四世

十五世

十六世　王万魁

十七世

十八世

十九世

二十世

二十一世　王安　王慧　王套

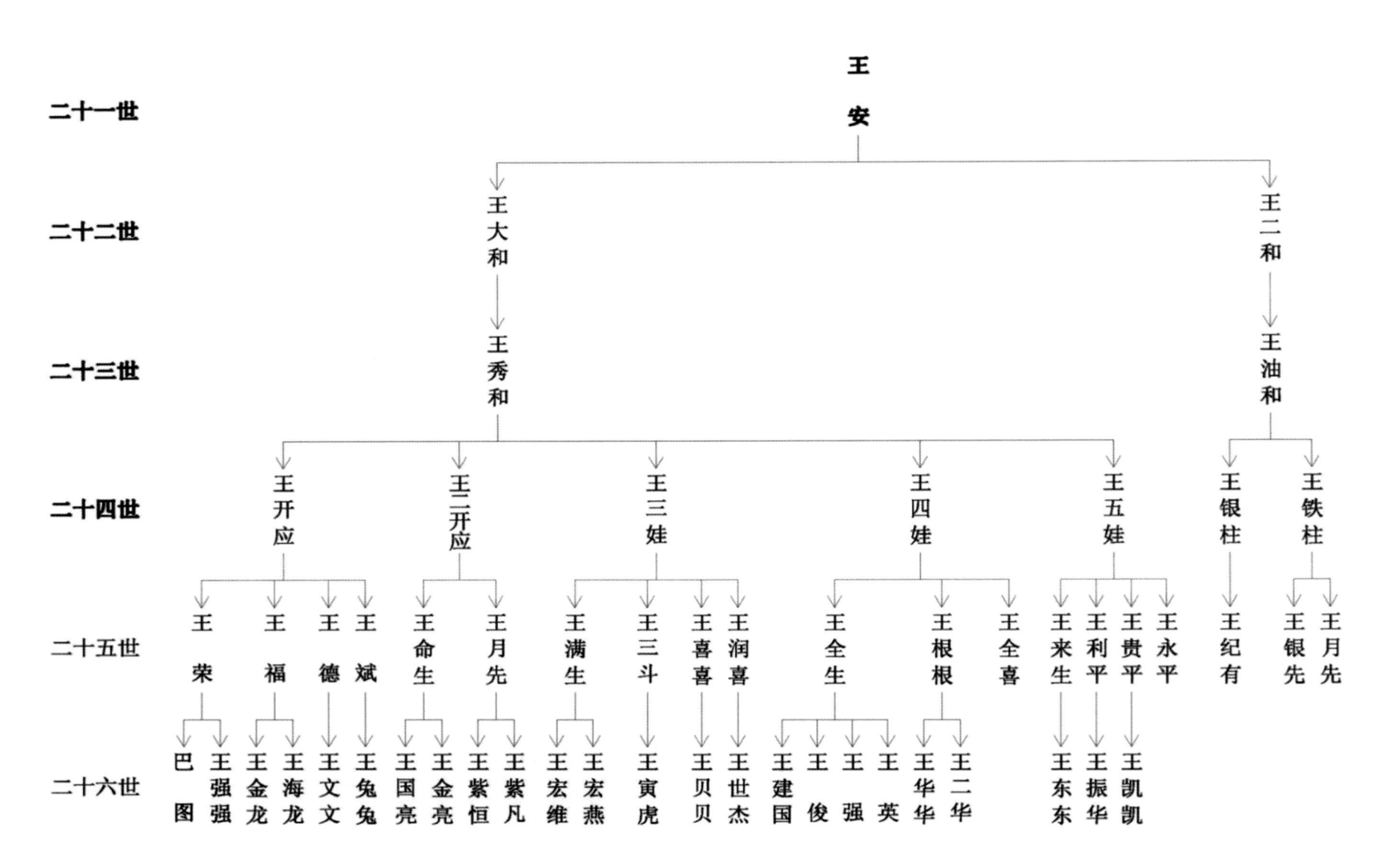

第三章 十三庄二十四户三十七家族谱

王氏家族世系图谱

```
王安
├─ 王大和 ─ 王秀和
│   ├─ 王三娃
│   │   └─ 王油和
│   │       ├─ 王铁柱 ─┬─ 王月先
│   │       │         └─ 王银先
│   │       └─ 王银柱 ── 王纪有
│   ├─ 王五娃
│   │   ├─ 王永平
│   │   ├─ 王贵平 ── 王凯凯
│   │   ├─ 王利平 ── 王振华
│   │   └─ 王来生 ── 王东华
│   ├─ 王四娃
│   │   ├─ 王全喜
│   │   ├─ 王根根 ─┬─ 王二华
│   │   │         └─ 王华华
│   │   └─ 王全生 ─┬─ 王英
│   │             ├─ 王强强
│   │             ├─ 王俊俊
│   │             └─ 王建国
│   ├─ 王三娃
│   │   ├─ 王润喜 ── 王世杰
│   │   ├─ 王喜喜 ── 王贝贝
│   │   ├─ 王三斗 ── 王寅虎
│   │   └─ 王满生 ─┬─ 王宏维
│   │             └─ 王宏燕
│   ├─ 王开应
│   │   ├─ 王月先 ─┬─ 王紫佰
│   │   │         └─ 王紫凡
│   │   └─ 王命生 ─┬─ 王金亮
│   │             └─ 王国亮
│   └─ 王开应
│       ├─ 王德斌 ── 王兔兔
│       ├─ 王德福 ── 王文文
│       ├─ 王福 ─┬─ 王海龙
│       │       └─ 王金龙
│       └─ 王荣 ─┬─ 王巴图
│                ├─ 王强强
│                └─ 王强图
```

二十一世
二十二世
二十三世
二十四世
二十五世
二十六世

王氏家族世系图谱

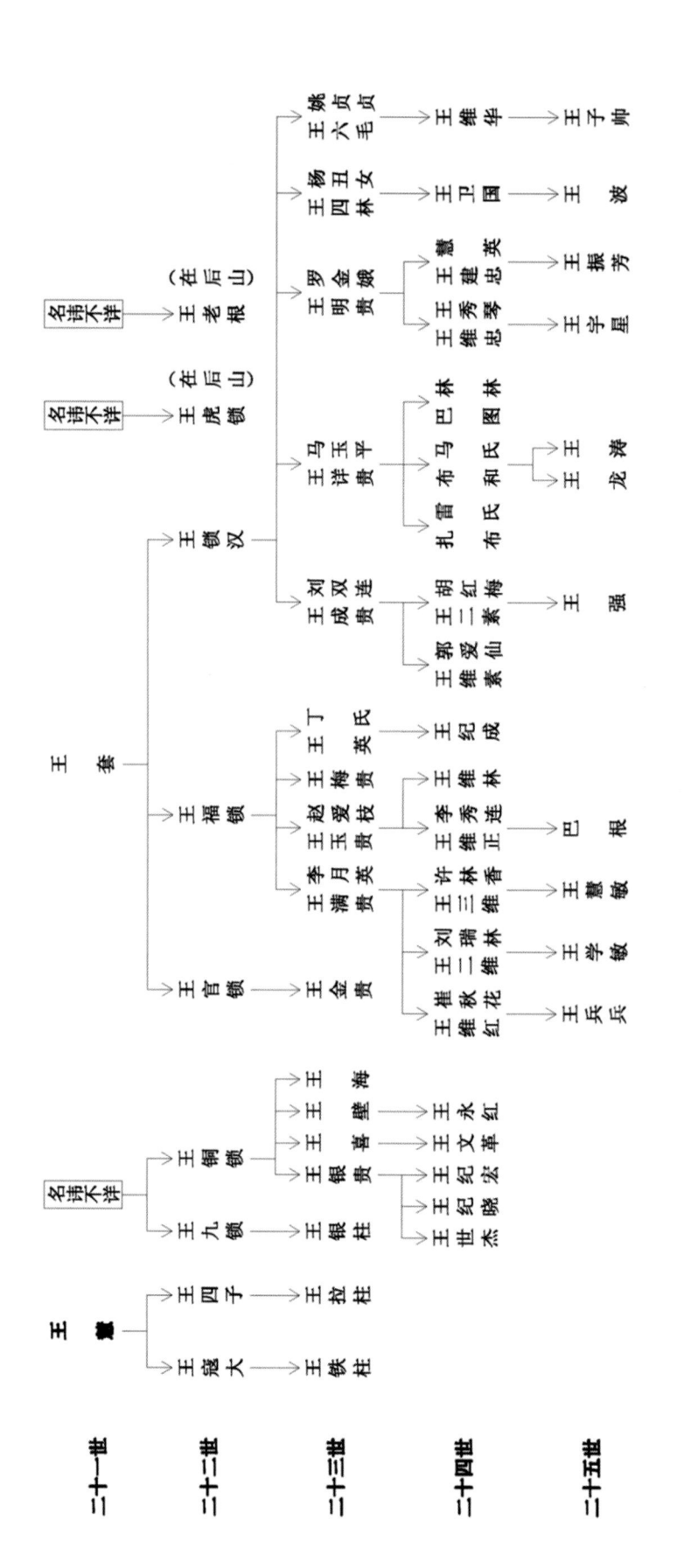

二十一世	名讳不详 → 王在后山（王老根） 名讳不详 → 王在后山（王虎锁） 王奎 名讳不详 王慧
二十二世	王老根 王虎锁 王锁双、王福锁、王官锁 王铜锁、王九锁 王四子、王寇大
二十三世	王老根—（王姚六毛贞） 王老根—（王杨四林丑女） 王锁双—王明贵（罗金娥）、王详贵（马玉平）、王成贵（刘双连） 王福锁—王丁英（丁氏）、王梅贵（赵爱枝）、王玉贵（李月英）、王满贵（李许英） 王官锁—王金贵（王崔秋花） 王铜锁—王银贵（王银喜、王璧、王海） 王九锁—王银柱 王四子—王拉柱 王寇大—王铁柱
二十四世	王维华、王卫国 王建英、王秀琴（王维忠） 马巴图林布、王和氏 王胡三素梅、王鄂爱素仙（王维） 王纪成、王维林（李秀连）、王维正连、王维香（许三林）、王瑞林（刘二）、王维花（崔红） 王纪宏、王文革、王永红、王世杰、王纪晓
二十五世	王子帅、王波、王振芳、王学星、王强、王龙涛、王巴根、王慧敏、王学敏、王兵兵

家谱整理人：王维素

十八、小阿哥营二十四户杨氏族谱

小阿哥营杨氏家族为二十四户蒙古族。

据传，我祖杨红义和杨××（名讳不详）兄弟俩原籍热河八沟，在热河八沟以游牧为主居住生活。康熙三十四年（1695年）迁徙至归化城南安东庄。后我祖杨红义被分配到莫林太马场地南界驻守守卫。康熙三十五年（1696年）康熙帝北巡至归化城，过黄河征剿噶尔丹。凯旋途经二十家子（今和林格尔）至杀虎口驿道回京。调当时在莫林太马场地南界即萨勒沁（今沙尔沁）驿站至和林格尔驿站北的二道凹一带守卫的二十四户披甲武士我祖杨红义，还有二十四户披甲武士闫玺臣、冯培哲上和林格尔至杀虎口驿站上护路，护送康熙皇帝从和林格尔至杀虎口驿站回到京城。此后，杨、闫、冯三家就直接留在杀虎口至和林格尔至萨勒沁至归化城驿路上护路，正式成为守台站兵勇和护路兵。

清政府在萨勒沁驿站以北至二道凹水草较为好一点的一带设置了驿站军马场，拨二十四顷牧场地专供军马场养驿马使用。我杨家和闫家、冯家在军马场养马驯马，为来往官员、信使专用。在驿站、驿道上和土默特驿站役丁一道，从事接待来往官员、信使工作。后三家就固定在二道凹居住、生活。我杨家先人们曾经居住过的旧址，现在二道凹的人们还叫杨家圪旦，我杨家老坟还在二道凹。乾隆三年（1738年），由于家人口增加才开始陆续迁往小阿哥营，最后定居下来。

我先人只会习武不懂习文，没有文化，因此详细情况没有留下文字记载，只有一代又一代的口口相传的传说。

我祖从第三世开始分门。大门、二门、四门、六门、八门、九门，共六门人现还生活在小阿哥营。三门、五门、七门、十门没有记载。据说五门子的人在武川县毛黑子沟，吉成奎有二门子的人，灯笼素乡召上也有。土默特左旗白庙子镇白皮营、沙尔沁东河村都有杨氏后代，随母姓姓云，不清楚是哪一门。

我杨氏家族在外工作的有60人，政府、学校、医院等部门都有。

注：政府确定我杨氏家族为蒙古族，当时在大召存有相关资料和档案。

家谱供稿人：杨森　杨月善

缮了旧关帝庙为二十四户的家庙。据说家庙中还供奉着一幅雍正皇帝赐予的黄缎子图，上面画了二十四户在城南的房产和地产图，后去向不明。

家族的历史要代代相传，教育后人清楚地知道，自己是什么人，是从哪里来，要到哪里去；不管到哪里去，一定要爱国，不管做的事大与小，一定不做有损于国家和民族的事。

从先祖吴永胜（十六世）至太祖吴连盛（二十二世）相隔七辈子，这七辈先人，均安葬在安乐庄的吴氏家族祖坟茔内，名讳不详。

太祖吴连盛，清朝晚期人，是先祖吴永胜的第七辈孙，太奶奶的籍贯、姓名及生育不详，生四子一女。

长子吴国栋，次子吴国梁，三子吴国玺，四子吴国太，长女吴××嫁至贾家营（丁庄）的丁××为妻。

吴国栋：清朝末年至民国初年家族长，娶妻刘氏，班定营村人（二十四户蒙古人），生二子一女，长子吴三锁，次子吴六斤，女吴××。

吴三锁：1903—1956年，家族长，娶妻王××，鞍鞯营村人（西王庄庄头人）。王氏一生没有生育，抱养一女叫吴润花。吴润花，嫁兵州亥村李五八为妻。

吴六斤：1900—1927年，娶妻赵小婵，小赵营村人（赵庄庄头人）。生两子一女，长子英年早逝，次子吴二用，女吴爱花。

吴××：嫁至毕克齐南沟子板村于氏家族为媳。

吴二用：1920—2001年，家族长。吴二用责任心强，办事公平，在家族中威信强，备受家族尊重。娶妻杨小女，杨家营村人（二十四户人）。生二子三女，长子吴拴子，次子吴兰拴，长女吴培生，次女吴培红，三女吴培枝。

吴爱花：嫁至什不更村云耀光（蒙古族）为妻。

吴拴子：生于1948年，家族长。办事耐心真诚，政治面貌为中共党员。1985年至2016年连任三届村委会主任。娶妻付桃桃，本滩村人（汉族）。所生二子一女：长子吴建军，次子吴挨军，长女吴建英。

吴兰拴：生于1952年，做事细心，认真有诚信。娶妻左召弟，潘庄村人（蒙古族）。所生一子三女：长子吴军威，长女吴亚芹，次女吴玉芹，三女吴月芹。

吴培生：嫁后巧报村马云（蒙古族）为妻。

吴培仁：嫁章盖营村云伟俊（蒙古族）为妻。

吴培枝：嫁呼和浩特商五子（汉族）为妻。

吴建军：生于1970年，娶妻王海花，本村人，原籍朱堡（二十四户蒙古族）。所生两子，长子吴琼，次子吴楠。

吴挨军：生于1971年，娶妻杜晓青，四德堡村（杜庄庄头蒙古族）。所生两女，长女吴静，次女吴雪。

次子吴国梁：清朝末年至民国初年生，娶妻名讳不详。所生两子一女。长子吴三全，次子吴二皮，长女吴××嫁阿哥营（姓名不详）为妻。

吴三全：民国末年至1967年，一生务农，娶妻姓名不详。所生一子吴启运。

吴二皮：1902—1972年，一生务农，娶妻王贵莲，毕克齐人（蒙古族）。所生两子，抱养一女，长子吴满用，次子吴满喜，女吴芳芳。

吴启运：1925—1999年，一生务农。由于家贫中年娶妻腾兰兰，河北省人（汉族），所生一子一女。现有三子一女，长子吴来拴，次子吴拴虎，三子吴埃虎，女儿吴培萍。

吴来拴：生于1957年，娶妻闫玉兰，乌兰察布盟人（汉族），所生一子一女，长子吴占军，女吴青子。

吴拴虎：生于1965年，娶妻贾双凤，所生一子一女，长子吴飞飞，女吴慧。

吴挨虎：生于1970年，娶妻王凤玲，乌兰察布盟人（汉族）。夫妻双双经商发家致富，为家族勤劳致富树立了榜样。所生一子，现有两子，长子吴燕飞，次子吴杰。

吴培萍嫁至新营子村赵召有为妻。

吴满用：生于1932年，一生务农，中年娶妻崔润花，所生两子两女，长子吴计拴，次子吴计刚，长女吴改梅，次女吴培梅。

吴满喜：生于1938年，爱好农机，在大集体时期是拖拉机手。娶妻王果香，小刘庄人（汉族），所生一子三女，长子吴利平，长女吴培珍，次女吴培凤，三女吴利珍。

吴芳芳：嫁本村刘三亿为妻（二十四户）蒙古族。

吴计拴：生于1973年，经商已见成效。娶妻索海燕，甲兰营村人（汉族），生一女吴凡。

吴计刚：生于1978年，在家经商。妻魏鲜梅，浑津桥人（汉族），所生一子吴仁智。

吴改梅：嫁本滩村姚挨柱为妻。

吴培梅：嫁赵献忠，河北人，汉族。

吴利平：生于1964年，经商有方家庭经济超小康。娶妻梁粉粉，西甲兰营人，汉族，所生一子一女，长子吴锦荣，女吴颖欣。

吴培珍：嫁班定营尚绪绪为妻（尚绪绪是二十四户蒙古族）。

吴培凤：嫁至西八里庄云吉图为妻（蒙古族）。

吴利珍：嫁至呼和浩特市石清玉为妻（汉族）。

三子吴国玺（清朝末年人），娶妻赵氏，东厂克村（赵庄庄头人，蒙古族），所生三子，过房一女。长子吴金锁，次子吴金海，三子吴三海，女吴香女。

吴金锁：1899—1957年，一生务农。娶妻赵灵心，白皮营村（赵庄庄头人，蒙古族）。所生两子两女，长子吴有亮（吴巨巩），次子吴巨魁（吴福亮），长女吴桂花，次女吴兰花。

吴金海：1906—1986年，一生务农。新中国成立初期，担任过农会主任，为党的土地改革工作做过贡献。娶妻赵氏，本村人，原籍忽尔格气人（蒙古族），所生两子。长子吴有明（吴巨固），次子吴巨光（吴明亮）。续妻乔果桃，清水河县人，一生未生育。

吴三海：1911—1958年，一生信佛，年轻时就出家了。

吴香女：嫁至贾家营村（丁庄）丁秀齐为妻。

吴有亮：1931—2011年，一生务农，在大集体年代曾担任过生产队队长，政治面貌中共党员。

吴巨魁：生于1946年，从教39年，曾担任过白庙子中学校长，沙尔营学区书记兼主任。政治面貌是中共党员。娶妻张爱玲，和林县巧尔什营人氏（汉族），所生两子两女。长子吴振斌，次子吴振宇，长女吴雪梅，次女吴雪莲。

吴桂花：嫁至白皮营村黄玉才为妻。

吴兰花：嫁至贾家营（丁庄头）丁守阆为妻。

吴有明：1934—2009年，一生务农。娶妻李三女，牛牛营村（蒙古族），所生一子两女，长子吴占胜，长女吴枝子，次女吴二枝。

吴巨光：1940—1997年，一生爱好文学和演讲。娶妻贾齐，呼和浩特市人，汉族，所生一子；离婚后续妻岳二莲，黑沙图人，汉族，所生一子三女。现排行，长子吴连生，次子吴雪刚，长女吴雪峰，次女吴雪清，三女吴雪春。

吴震斌：生于1970年，在河西公司工作，技术尖子。娶妻韩素青，二十家村人，汉族，所生一女一子，一女吴优，一子吴君含。

吴振宇：生于1974年，呼和浩特卷烟厂工作。娶妻武婷，武川人，汉族，所生一子一女，长子吴绍祖，女吴伊凡。

吴雪梅：嫁至赤峰喀喇沁旗齐志民为妻，工作在呼和浩特市。

吴雪莲：嫁至呼和浩特王帅为妻，原籍乌兰察布盟，汉族。

吴占胜：生于1957年，娶妻胡二桃，车轴营人，汉族，抱养一女叫吴晓瑞。

吴连生：生于1963年，青年时参加中国人民解放军，转业后务农，政治面貌中共党员，曾担任过刘家营村委会两届主任，是村里红白喜事代东不可多得的主持人。娶妻杜美秀，四德堡（杜庄庄头蒙古族）。所生一子二女，长子吴动博，长女吴慧慧，次女吴慧平。

吴雪刚：生于1970年，伊盟东胜电力公司副总，是电力行业较有成就的管理人才。娶妻贾翠平，乌盟人（汉族），所生二子，长子吴泽鹏，次子吴岸乘。

吴雪峰：嫁浑津桥（田庄庄头人）田劲为妻。

吴雪清：嫁包头市杨爱利为妻。

四子吴国太：清朝末年至1969年，农民对当地各民族礼仪较通达，口才好，爱红火，为各民族红白喜事中当司仪。娶妻赵氏，赵庄庄头人。所生两子一女，长子吴根晓，次子吴老头，女吴香女。

吴根晓：1914—1999年，一生务农，娶妻王福秀，有一过房子，吴润成，英年早逝。

吴老头：1916—2004年，一生务农。娶妻于兰兰，1926—2016年，呼和浩特市人（满族）。所生三子两女。现身边有两子两女：长子吴润元，次子吴常民，长女吴俊花，次女吴果花。

吴润元：生于1960年，一生务农。娶妻潘秀清，潘庄村人（二十四户蒙古族），所生一子一女，长子吴龙龙，长女吴燕。

吴常民：生于1969年，娶妻田利利，四道渠人（汉族），抱养一女吴鸿雁。

吴俊花：嫁至本滩常文明为妻。

吴果花：嫁至黑兰不塔村赵全有为妻。

吴雁龙：生于1984年，娶妻谢英，籍贯不详，生一子吴脉呈。

二太祖吴挨盛，清朝晚期人，吴连盛弟弟。二太祖奶的姓名、籍贯等情况不详。所生两子，长子吴银忠，次子吴富仓。

长子吴银忠：清朝末年人，娶妻姓名、籍贯记载不详，所生女名叫吴省梅。吴省梅嫁四间房（东王庄庄头）王××为妻。

次子吴富仓，记载不明。

（二）吴万金、吴万银、吴有才三人是亲兄弟。与吴连盛、吴挨盛是叔伯兄弟。

吴家三兄弟之长兄吴万金，生一子叫吴银计。

吴银计生四子，长子吴富锁，次子吴二锁（单身无后），三子吴板嘴（单身无后），四子吴四娃（单身无后）。

吴富锁娶妻刘团女，本乡白皮营村人。生一子一女，长子吴福云，单身无后，长女吴贵云，嫁补圪图村，生三子一女。

吴家三兄弟之老二吴万银，生二子，长子吴小秃，次子吴铁计。

吴小秃娶妻王兰玉，生二子，长子吴三威（英年早逝），次子吴付红。

吴付红娶本村刘林棠为妻，生二子二女。长子吴永刚，次子吴永生，长女吴爱枝嫁瓦房院村，次女吴爱珍嫁呼和浩特市。

吴永刚生于1970年，娶妻侯荣，生一女吴怡。吴永生生于1982年，娶妻□氏，生一女吴保怡。

吴铁计娶妻瓦房院村李氏，生三子二女，长子吴威威（早逝），次子吴二威，三子吴四威，长女吴俊哥，次女吴二女。

吴二威娶妻忽尔格气村赵丑仁，生四子一女，长子吴巨程，次子吴巨潮，三子吴云喜（早逝），四子吴巨轮（未婚），长女吴板板，生一子二女。

吴巨程生于1948年（干部），娶妻张庄村张改云，生二子二女，长子乌力吉，生于1975年，次子巴特尔，生于1980年。长女吴晓燕，嫁呼和浩特市，生一子吴江，次女吴燕春，嫁呼和浩特市，生一子吴小雨。

乌力吉生于1975年，娶妻呼和浩特市张利荣，生一子赛夫。

巴特尔娶妻杨雪芹，生一子一女，长子阿吉斯，长女赛音。

吴巨程续妻齐贵桃，女方带一子一女。

次子吴巨潮，生于1951年，就读于呼和浩特市土默特中学，后毕业于呼和浩特市教育学院。历任土默特左旗紫砂陶瓷厂厂长、国营印刷厂副厂长，土默特左旗文广局干部。职称为内蒙古工艺美术师，曾担任土默特左旗书法家协会会员，土默特左旗美术家协会会员。代表作品，陶瓷浮雕九龙壁，被陕西省黄帝陵、辽宁阜新市、丰镇市等地采用。

吴巨潮娶妻呼和浩特市玉泉区姚府村姚枝梅，生一子一女，长子乌尔图，生于1978年，长女乌登华。乌尔图娶妻察素齐董丽君，生一子一女，长子巴德拉胡，长女卓拉。

吴四威娶妻西甲兰村赵兰巧，生一子一女，长子吴林禧，长女吴林枝嫁呼和浩特市，生一女。

吴林禧生于1957年，教育系统工作，历任白庙子镇学区主任、校长。娶妻玉泉区一间房村姜应梅（教师），生二子一女，长子吴沛航生于1986年，娶妻冯乐乐，生一女吴禹杉；次子吴星成生于1988年，娶妻武婧；吴林禧长女吴佼佼，嫁呼和浩特市，生一子。

吴家三兄弟之老三吴有才，生三子二女，长子吴计元、次子吴计婵、三子吴三小，均英年早逝。长女吴婵婵，嫁姜家营村，生二女，次女吴二婵，嫁赵庄，生一子二女。

我先祖，吴永胜，跟随十三庄，二十四户的首领于公元1695年，康熙（34年）受清政府内务府派遣，从热河喀拉沁旗迁至归绥丰洲南段安落庄（现呼和浩特市赛罕区巧报镇新营村），垦荒种地，纳贡军粮。

我吴氏家族在安落庄繁衍生息七代之久。约一百六十多年，大约在1855年前后，我吴氏家族受命迁往西圈地刘家营村定居耕作，一直至今。

家谱整理人：吴巨魁　吴巨潮　吴林喜

刘家营吴氏家族世系图谱

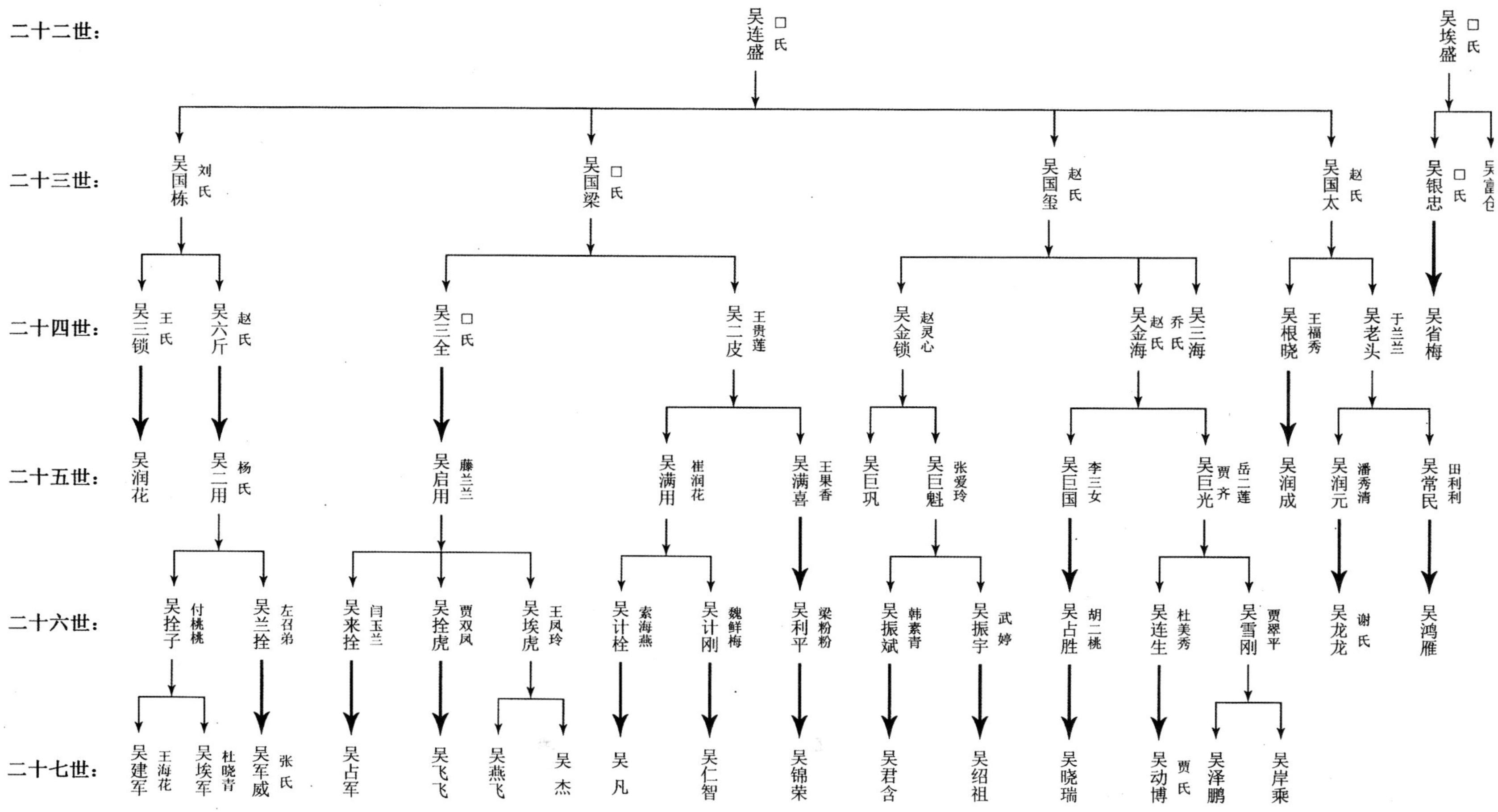

表一

```
二十二世  二十三世   二十四世   二十五世   二十六世   二十七世

                   ┌ 吴□氏 → 吴壹仓
         吴埃盛 ──┤
                   └ 吴银忠 → 吴省梅 ┬ 吴常民 → 吴鸿雁
                                     │  于兰兰
                                     ├ 吴老头
                                     │        └ 吴润元 → 吴谢氏 → 吴龙龙
                                     │  潘秀清
         吴国太 ──┤ 王福秀
                   └ 吴根晓 → 吴润成
                                              ┌ 贾翠平 → 吴雪刚 ┬ 吴岸梁
                                              │                  └ 吴泽鹏
                              吴岳连
                              ┌ 吴巨光 ┤
         吴赵乔氏氏            │        └ 杜美秀 → 吴连生 → 贾氏 → 吴动博
         吴金海 ──────┤
                              │  李三女
         吴国玺 ──┤            └ 吴巨国 → 吴占胜 → 吴胡三桃 → 吴晓瑞
                                              ┌ 张爱玲 → 吴振宇 → 武婷 → 吴绍祖
                              赵灵心
                              ┌ 吴巨魁 ┤
         吴金锁 ────┤          │        └ 韩素菁 → 吴振斌 → 吴君合
吴□氏                         │
吴连盛 ──┤                     └ 吴巨巩
                              王果香
                              ┌ 吴满喜 → 吴利平 → 梁粉粉 → 吴锦荣
                   王费莲
         吴国梁 ──┤ 吴三皮 ┤                   ┌ 鲫鲜梅 → 吴计刚 → 吴仁智
                   崔润花    └ 吴满用 ┤
                                       └ 素海燕 → 吴计栓 → 吴凡

                              廉兰兰                  ┌ 吴杰
                              ┌ 吴启用 ┬ 吴埃虎 ┤
         吴□氏              │         │          └ 吴燕飞
         吴三全 ─────┤        │  贾双凤
                              │        └ 吴拴虎 → 吴飞
                              │  闫玉兰
                              └ 吴来拴 → 吴占军

                                        杨氏        ┌ 左召弟
                              赵氏      ┌ 吴兰桂 ┤ → 吴军威 → 张氏
                   刘氏      ┌ 吴六斤 ┤          │
         吴国栋 ──┤          │  吴三用 │  付桃桃
                   └         │        └ 吴拴子 ┬ 吴埃军 → 杜晓青
                             │                  └ 吴建军 → 王海花
                             └ 吴三锁 → 吴润花
                                王氏
```

表一

刘家营刘氏家族世系图谱

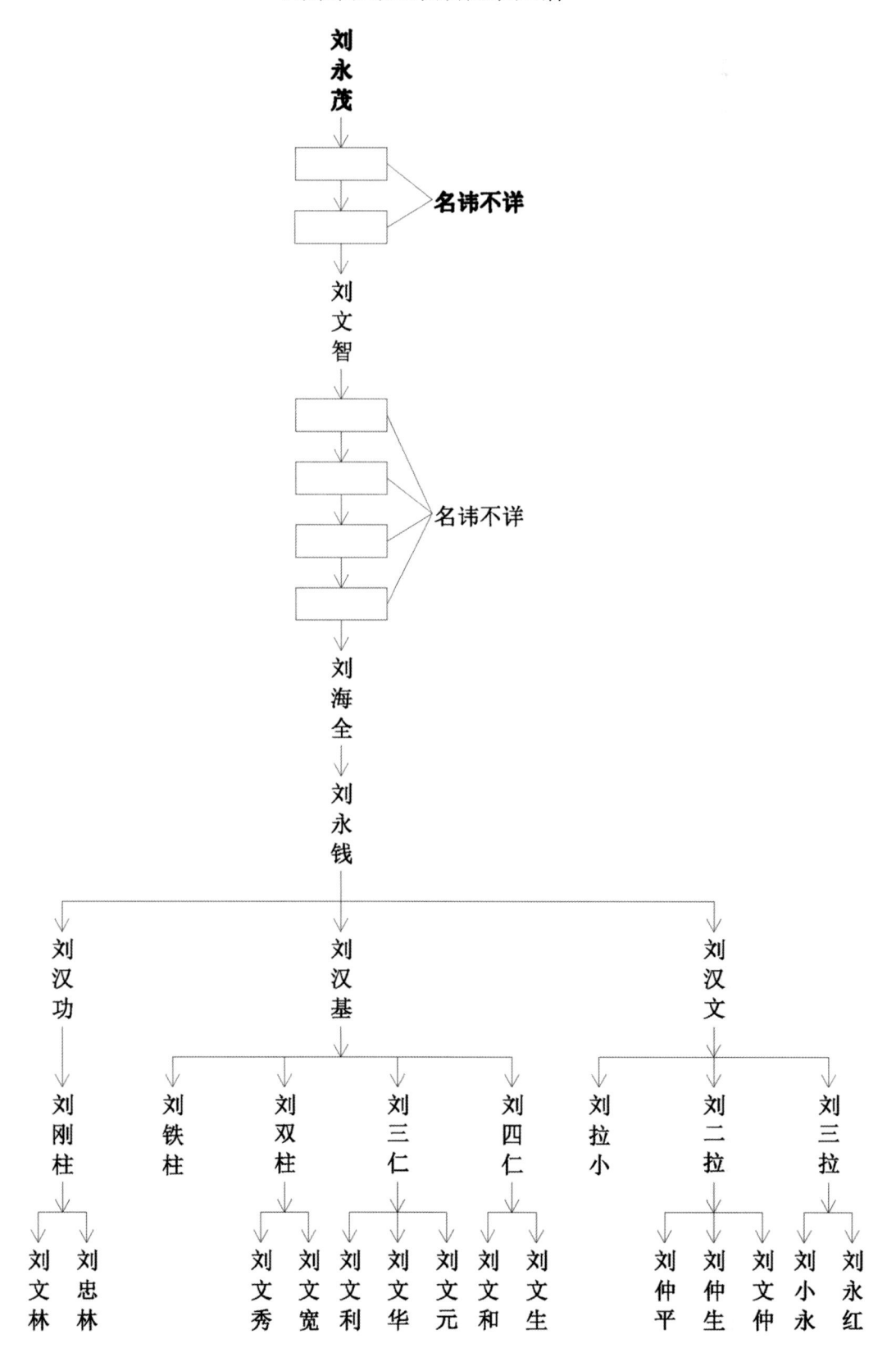

刘永茂
↓
□ 名讳不详
□
↓
刘文智
↓
□
□ 名讳不详
□
□
↓
刘海全
↓
刘永钱
├── 刘汉功
│   └── 刘刚柱
│   ├── 刘文林
│   └── 刘忠林
├── 刘汉基
│   ├── 刘铁柱
│   │   ├── 刘文秀
│   │   └── 刘文宽
│   ├── 刘双柱
│   ├── 刘三仁
│   │   ├── 刘文利
│   │   └── 刘文华
│   └── 刘四仁
│   ├── 刘文元
│   ├── 刘文和
│   └── 刘文生
└── 刘汉文
     ├── 刘拉小
     ├── 刘二拉
     │   ├── 刘仲平
     │   └── 刘仲生
     └── 刘三拉
          ├── 刘文仲
          ├── 刘小永
          └── 刘永红

表二

刘家营刘氏家族世系图谱

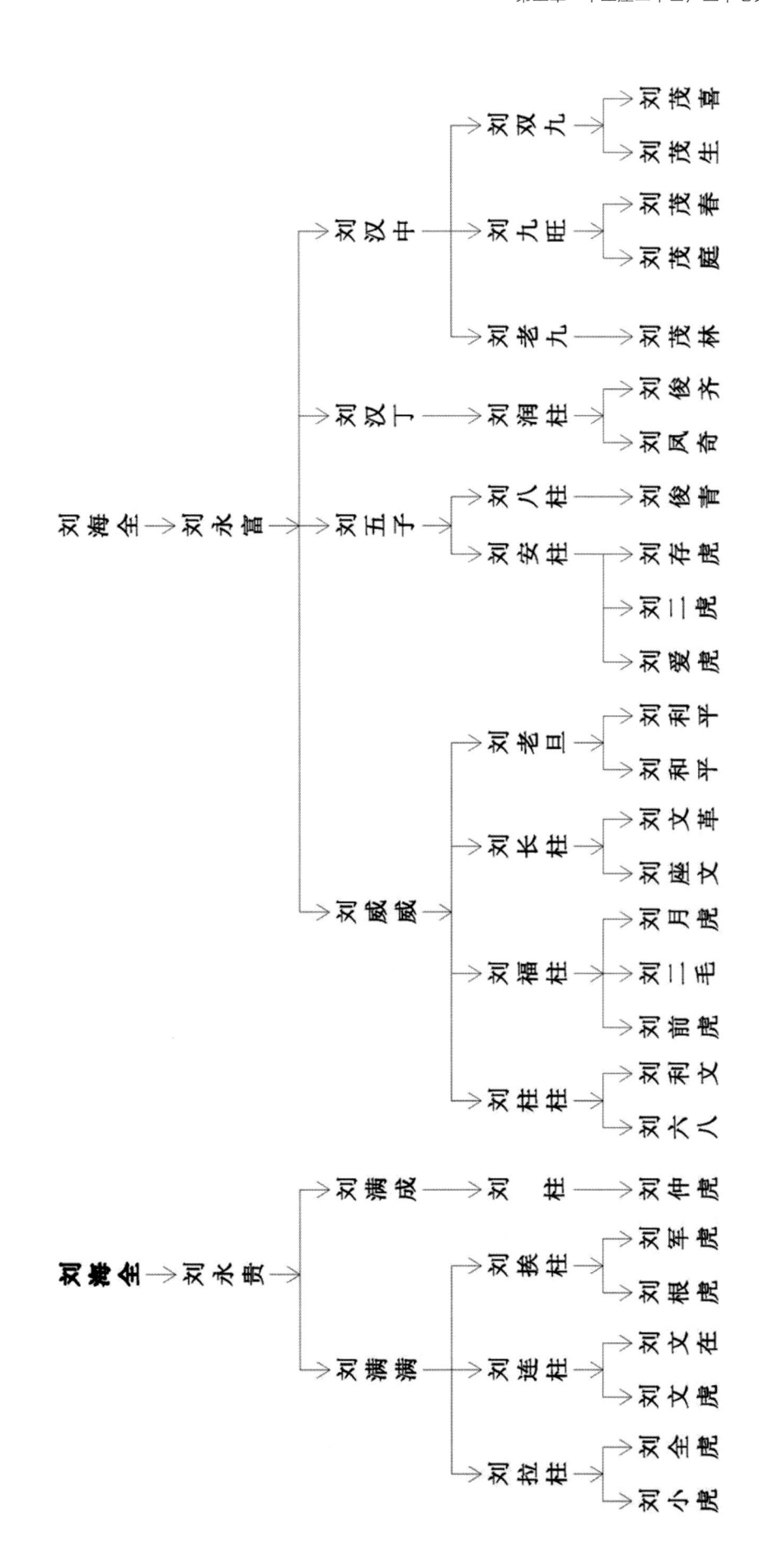

```
刘海全 → 刘永富 ┬→ 刘汉中 ┬→ 刘双九 ┬→ 刘茂喜
              │          │         └→ 刘茂生
              │          ├→ 刘九旺 ┬→ 刘茂春
              │          │         └→ 刘茂庭
              │          └→ 刘老九 → 刘茂林
              ├→ 刘汉丁 → 刘润柱 ┬→ 刘俊齐
              │                    └→ 刘凤奇
              ├→ 刘五子 ┬→ 刘八柱 → 刘俊青
              │          └→ 刘安柱 ┬→ 刘存虎
              │                     ├→ 刘二虎
              │                     └→ 刘爱虎
              └→ 刘威威 ┬→ 刘老旦 ┬→ 刘利平
                         │          └→ 刘和平
                         ├→ 刘长柱 ┬→ 刘文革
                         │          └→ 刘座文
                         ├→ 刘福柱 ┬→ 刘月虎
                         │          ├→ 刘三毛
                         │          └→ 刘前虎
                         └→ 刘柱柱 ┬→ 刘利文
                                    └→ 刘六八

刘海全 → 刘永贵 ┬→ 刘满成 → 刘柱 → 刘仲虎
              └→ 刘满满 ┬→ 刘挨柱 ┬→ 刘军虎
                         │          └→ 刘根虎
                         ├→ 刘连柱 ┬→ 刘文在
                         │          └→ 刘文虎
                         └→ 刘拉柱 ┬→ 刘全虎
                                    └→ 刘小虎
```

二十一、三贤庄二十四户李氏族谱

三贤庄李氏家族是二十四户蒙古族。

1608年，我李氏祖先李培成成为以王高棠为首领的兀良哈安达部成员之一，全家族游牧生活在喀喇沁八沟。随着部落的逐步发展壮大，李氏祖先为保卫部落的人畜安全做出过很大的贡献。

康熙三十四年（1695年），李氏祖先李承业随十三庄而来，先着落在安乐庄，经分配来到东王庄安居，为驻庄二十四户披甲武士。其后人奉旨来三贤庄建基立业。

我李氏家族为人和善，为了和当地村民加强团结，适应当地的一些生活习惯，由游牧生活改为半农半牧生活。我们的生活方式得到了当地其他民族的赞同。因此，全村各民族团结和睦，幸福安居。

家谱整理人：李永宽

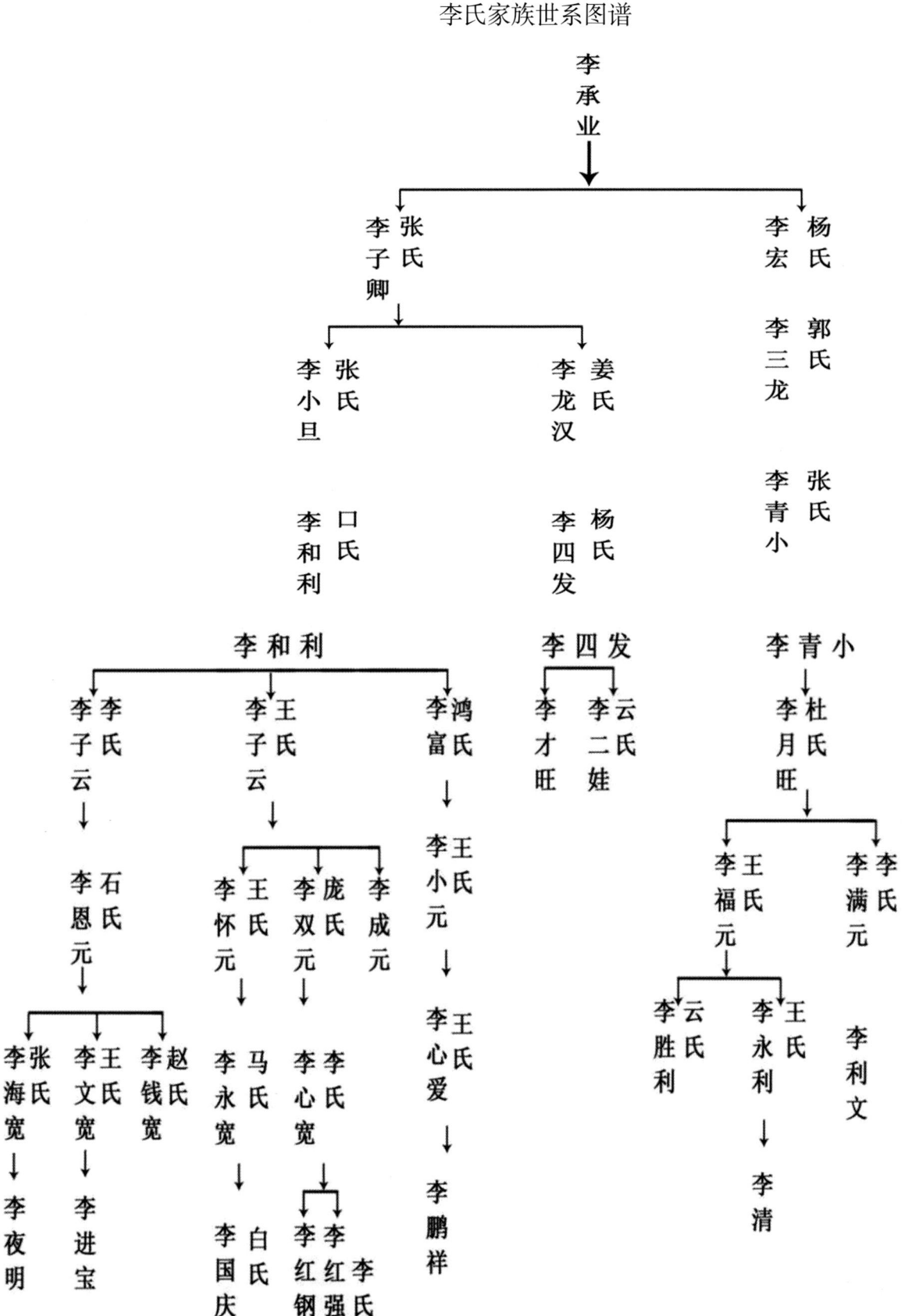

表一

李氏家族世系图谱

```
                                        李承业
                    ┌───────────────────────┴───────────────────────┐
                  李张                                              李杨
                  子氏                                              宏氏
                  卿
         ┌────────┴────────┐
        李张              李姜                                     李郭
        小氏              龙氏                                     三氏
        旦                汉                                       龙

        李口              李杨                                     李张
        和氏              四氏                                     青氏
        利                发                                       小

              李和利                        李四发                  李青小
      ┌────────┼────────┐              ┌────┴────┐                  ↓
    李李      李王      李鸿          李   李                      李杜
    子氏      子氏      富氏          才   云                      月氏
    云        云        ↓            旺   二                      旺
     ↓        ↓       李王                娃              ┌────────┴────────┐
    李石     ┌─┼─┐    小氏                               李王              李李
    恩氏    李王李庞李李  元                               福氏              满氏
    元      怀氏双氏成     ↓                              元                元
     ↓      元   元 元   李王                              ↓                ↓
   ┌──┼──┐   ↓        心氏                            ┌────┴────┐
  李李李    李马       爱                             李云      李王        李
  张王赵    永氏        ↓                             胜氏      永氏        利
  海文钱    宽         李鹏                           利        利          文
  氏氏氏     ↓         祥                                       ↓
  宽宽宽    李白                                                李
   ↓  ↓    国氏                                                清
  李李    庆  ┌──┐
  夜进       李李
  明宝       红红
             钢强
              李氏
```

二十二、大黑河新营子二十四户宁氏族谱

宁氏家族，大黑河新营子二十四户，蒙古族。

我宁氏家族十三世祖名讳宁可伟。明末清初时，带领全家族与十三庄二十四户这一时期的祖先们一样，在喀喇沁草原牧场游牧生存。以东王庄十三世祖王高棠为部主的兀良哈安达部成立后，我祖宁可伟为兀良哈安达部成员之一，随部主王高棠等参加过明清战争。宁可伟的儿孙们，顺治时随清军入北京城，成为正黄旗蒙古八旗军。我十六世祖宁德臣蒙古八旗军护军营披甲武士之一，随康熙帝率领的清十万八旗军西征噶尔丹，因战功卓著，皇帝封赏，被封在了归化城（今呼和浩特）南的十三圈地上。康熙三十四年（1695年）与十三庄二十四户的祖先们一起，从祖籍热河八沟来到了大黑河南岸的安落庄（安乐庄）居住。

安落庄，现大黑河新营子，位于大黑河南岸，西黑河村东偏南三四里的地方，是十三庄二十四户的先人们，于康熙三十四年（1695年）三月十八日从热河八沟初来之时的安身落脚之处。当时此地一片荒草滩，因近有大黑河水，所以成了先人们初选落脚之处。人们在这片空地上搭起从八沟带过来的毡包居住。从八沟赶过来的马、牛、羊群在帐篷周围的草滩上放牧。经一年左右的时间，十三家庄主走进各自的圈地，住进各自的庄子。部分二十四户也随庄主住进了庄子，另一部分二十四户到了各自管护的马场地北界、南届居住。还有七八户二十四户，仍留在原地放牧生活，其中就有我宁氏家族。慢慢地人们就把此地叫成安落社了，形成村庄后就叫成安落庄，后改成安乐庄。

雍正年间，随着宁氏家族等二十四户人口的增长，部分草滩地被开垦种粮，使本就是次地的草滩地和垦荒地，由于连年耕种、放牧，出现了严重的砂化、盐碱化，只长芦苇不产粮，造成居住在安落庄的二十四户的人们的生活十分困难。因此就发生了因土地争执的纠纷事件。吴姓兄弟（刘家营二十四户吴氏家族，当时在安落庄居住，后搬迁至刘家营）拦马头告状，告到宫里吴娘娘那儿。吴娘娘知道了二十四户连油灯都点不亮，可想这些二十四户穷娘舅家亲人们生活肯定十分穷困，光景过得不如意，故心中不安，就上奏了雍正皇帝。雍正帝为解决二十四户这些穷亲戚们的生活困难，于雍正十三年（1735年）下谕旨将归化城大南街一带的房产（包括南茶房关帝庙）和东部卓资县境内的牛角川、旗下营、拐角铺，西部黄河畔的西虎湾，北面的南茶房以南，南面

杀虎口以北的地产赐给了二十四户人家，并赐标有房地产的黄龙绞锻大小图各一块。到乾隆帝即位后才正式落地实施。房产地产分到"里外姑舅"们（二十四户）名下后，二十四户在南茶房关帝庙内修建了家庙，将赐予的土地刻在了黑石碑上（新中国成立后宁补有还见到过黑石碑）。将黄龙绞锻大图为保险起见存入当铺，小图放到家庙里。

乾隆年间，官方将宁氏家族等二十四户已开垦的土地和草滩地分给并固定给了各家各户。我宁氏家族也从原来的沙化地盐碱地上移动到分下的土地上。从此，我宁氏家族的光景好起来了。到宁氏家族第二十三世孙宁二润宝这一代，还将我们宁家元宝借给杨家营杨氏家族第二十二世孙杨顺做买卖。

新中国成立后，住二十四户家庙的圣连喇嘛将两卷二十四户的珍贵史料交给二十四户王氏家族的王玉，王玉转交给宁九小，宁九小又将此史料给了杨家营王锁汉。上述经过我（宁彩铃）的奶奶（于翠翠老人）曾亲眼所见，可作证（当年我奶奶是妇救会主任）。

新中国成立后，二十四户家庙，即南茶房关帝庙，成了安乐庄（现新营子）杨家营的车马大店。后庙被拆，拆下的杆檩木料盖了新营子村饲养院。我家分到两间房的木料。

以下是宁氏家族世系图谱。

明末清初：十三世宁可伟。

清康熙年：十六世宁德臣。

十七世宁××。

十八世宁××。

十九世宁××。

二十世宁××

二十一世宁××、宁××、宁××、宁××。

清光绪年：二十二世宁万银、宁××、宁××、宁××、宁××、宁××。

讲述人：宁双凤　宁彩玲；

整理人：宁兴旺

表三

大黑河新营子宁氏家族世系图谱

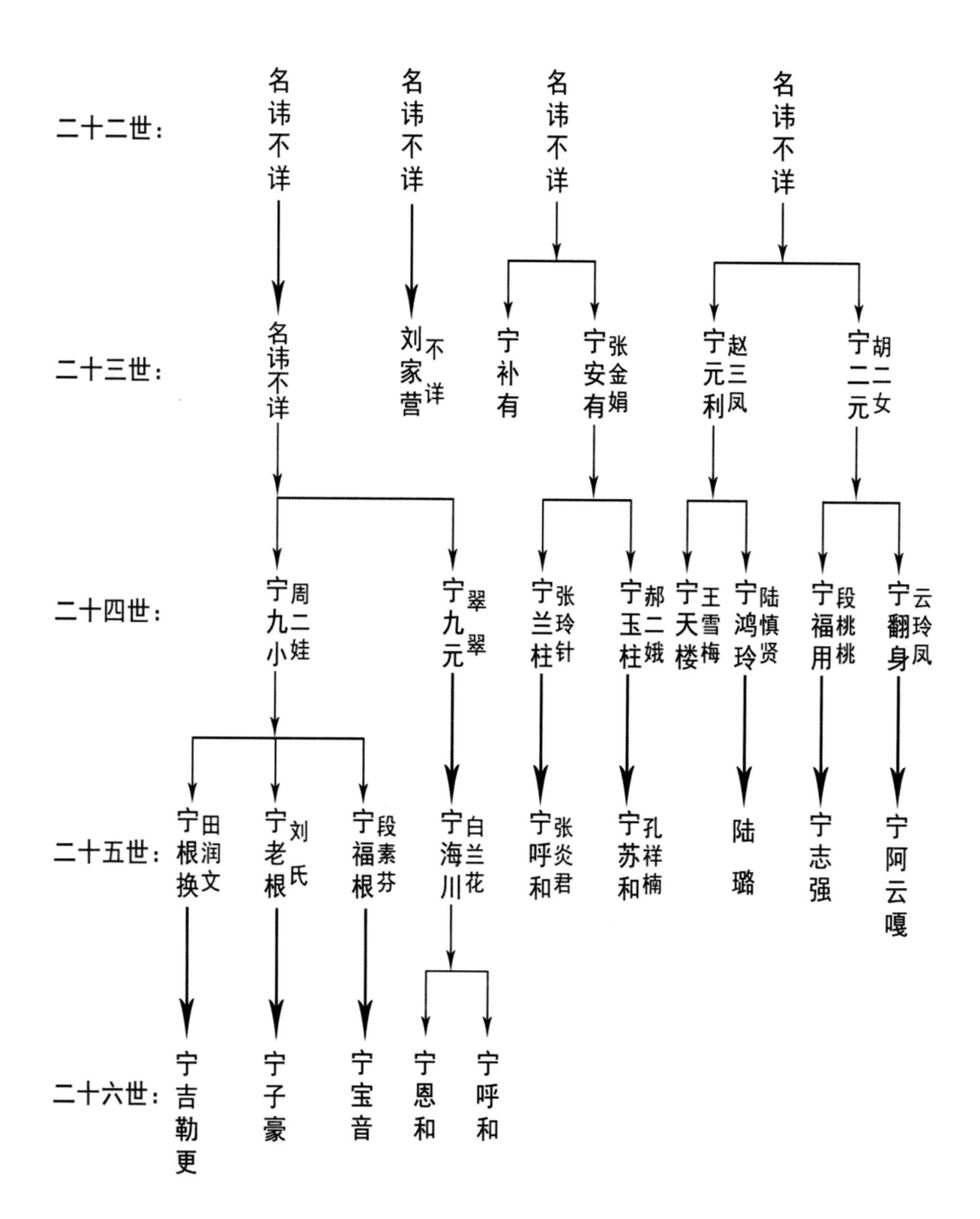

二十二世：	名讳不详		名讳不详		名讳不详		名讳不详		
二十三世：	名讳不详		刘家营 不详		宁补有	宁安有 张金娟	宁元利 赵三凤	宁二元 胡二女	
二十四世：	宁九小 周二娃		宁九元 翠翠		宁张兰柱 玲针	宁玉柱 郝二娥	宁天楼 王雪梅	宁鸿玲 陆慎贤	宁福用 段桃桃	宁翻身 云玲凤
二十五世：	宁根换 田润文	宁老根 刘氏	宁福根 段素芬	宁海川 白兰花	宁张呼炎和君	宁孔苏祥和楠		陆璐	宁志强	宁阿云嘎
二十六世：	宁吉勒更	宁子豪	宁宝音	宁恩和	宁呼和					

人物

《中国民族报》报道军医鸿玲的
事迹版面。

军医鸿玲接受《新华网》采访。

《科技日报》2011年1月22日报道军医鸿玲版面。

军医鸿玲：聆听每一个生命的律动

一身笔挺的绿军装，一头平直的短发，一张粉黛不施的素净脸庞，一双炯炯有神的眼睛……这就是军医鸿玲，简洁、清爽、利落，显示出军人朴素干练的气质。她曾是草原上几被遗弃的"小东西"，如今却因成功地挽救许多挣扎在生死线上的癌症病人，被冠以"神医"之名。

2013年春节前，蒙古族军医鸿玲收到了一封来自呼和浩特的信。写信人云萍在信中表达了发自肺腑的感谢——"我母亲自从吃了您的药后，病情得到了稳定，情况良好。我们这种家庭去大医院看病真的很困难，可您考虑到我们的实际情况，为我们送来了您自己做的药，并且连成本费也没收……当今社会没有钱什么也做不成，可您却舍弃了自己的收入，把病人放在心中，让我们体会到了医者心。"

这已经不知是鸿玲收到的多少封感谢信之一了。这些年来，鸿玲用蒙医蒙药为走投无路、身患癌症的乡亲们治病，让那些被大医院宣判"死刑"的病人起死回生，早已经在她的家乡传开了。俗话说："酒香不怕巷子深。"虽然身在北京，但慕名从内蒙古、辽宁乃至蒙古国、欧洲辗转找到鸿玲的癌症病人纷至沓来。许多病人经过鸿玲的救治，大大延长了生命，缓解了痛苦，因而称她为"神医"——尽管她不是什么肿瘤医院的权威专家，只是部队干休所的一名专事保健工作的军医。"我不是专门攻克肿瘤的，更不是什么'神医'，但作为医生，我一辈子都在探索，怎样让人的生命变得更健康，让人活得更有尊严。"鸿玲说。

不平凡的童年。鸿玲的前半辈子极富传奇性。她是父母高龄的产物，与哥哥姐姐年龄相去甚远，差点被遗弃；她从小机灵，运气极好，幸运地得以读到大学；她事亲至孝，大学时代读书时就带着生病的母亲，结婚后又带着患癌症的婆婆生活了17年……在别人看来难以想象的困难，鸿玲似乎轻描淡写地就渡过来了。

其实，这些曲折艰辛的经历都沉淀在鸿玲的记忆里，又塑造了她坚毅的性格。她还记得，自己很小就开始搓绳子、纳鞋底，干许多家务活，年纪很大了还没有名字，只被唤作"小东西"，也从没睡过正炕。在她幼小的心里，直觉自己是被捡来的"多余人"，唯有埋头干活，才能讨得大人的欢喜。

直到鸿玲长大了，才知道原来自己是被当做"瘤子"从母亲肚子里取出来的。那时，母亲已五十出头了，到医院看肚子里的大"瘤子"，想不到剖出来一个早产的女婴。这个孩子的到来，让父母惶惑失措。那时，鸿玲的父亲已经六十多了，还在以放羊为生，考虑到年事已高，家庭贫困，就将襁褓中的鸿玲送了人。

不久，草原上的一个喇嘛碰见鸿玲的父亲，问他："听说你得了个老闺女？"鸿玲的父亲点点头，告诉他女孩已经送给别人抚养了。喇嘛一听，说："这个老闺女可送不得啊，她可是你们全家的救星！"父亲一向很相信喇嘛的话，遂把鸿玲抱回了家。

后来，这个机警且早熟的女孩，果真"应验"了喇嘛的话，一次次地救家庭于水火之中："四清"运动时，哥哥糊里糊涂地受牵连，是十来岁的鸿玲大胆地找到工作组，说明情况，还哥哥以清白；母亲常年抱病，鸿玲从看老蒙医开方子，到自己学会配药、碾药；读大学的几年间，她边读书边带母亲看病；参加工作后，她照顾父亲，一直伺候他到90多岁去世。

由于和父母像是隔代人，鸿玲在家中的身份颇为尴尬，但老天对这个女孩却似乎格外眷顾：1962年，内蒙古培养民族干部的土默特学校招生，六岁半的鸿玲大胆地报名，竟然一考就中，获得了助学金，从而告别了牧区生活，成为村里人人羡慕的"未来的干部"。

想不到，"文化大革命"爆发后，在土默特学校就读的学生统统被打成"黑崽子"，鸿玲也被迫回乡接受"劳动改造"。她养过鸡，拉过磨，晕倒过，摔掉过两颗牙，但生活的磨砺没让这个十来岁的姑娘消沉，反而让她更倔强、刚强！

乌云总会过去。1972年，为贯彻中央培养少数民族干部的精神，在农村表现出色的鸿玲被组织上选送到内蒙古医学院附属医院蒙医医训班学习，从此，开始与医学结缘。

带着母亲上学工作。1973年，结束内蒙古医学院的学习后，鸿玲被分配到包头市电业局医务室任医士。第二年，好运不期而至，因为工作努力，鸿玲被推荐到苏州医学院读书。

刚上大学的鸿玲，觉得自卑而茫然——由于只念过小学，拿起教科书，里面三分之一的字都不认识，更别说那些艰深的医学术语了。不仅听课困难，记笔记也费劲。不过，鸿玲是那种越有困难越能激发韧劲的人，倔强的她宁肯比别人多花两倍、三倍的功夫，也不肯轻言放弃。

勤能补拙，更何况鸿玲并不拙。就是靠每天多学点、多问点、多思考点，鸿玲的成绩有了大幅度的提升。到1977年大学毕业时，鉴于鸿玲优异的成绩，学校领导已决定让她留校做研究了，而她实习的常熟人民医院，也发函到学校要求录用她。

但是，鸿玲却出人意料地选择了参军，到浙江金华843部队医院当一名眼科大夫。鸿玲的想法很单纯：自己是推荐上大学的工农兵学员，底子差，在大学做研究功力不够；当兵呢，最重要的是能吃苦，而这一点自己是能办到的。此外，部队里管吃管住，自己就更有条件照顾父母了。

作为父母的"老闺女"，又从小给患肺气肿的母亲端药送水，鸿玲总感觉自己陪伴父母的时间不会太长。刚上大学时，她老会做母亲撒手人寰，而她不在身边的噩梦。梦醒后，她总忍不住心悸流泪。到了大一下学期，鸿玲做出一个决定：在学校旁边租个房子给母亲住，边上学边照顾母亲！

带母亲读书的3年，是鸿玲尽孝的3年，也是她将母亲作为病案，仔细观察、积累经验的3年。用什么药、用多少药，能让母亲身体更舒适；说什么话，能让母亲精神更愉悦，鸿玲都铭记在心——这也成为她当好一名医生的开端。

1983年，鸿玲结婚了。到上海第一次见婆婆，她就被吓住了。婆婆牵着她的手，偷偷撩起自己的衣服，给她看自己的胸脯，说："丫头，你看，我病成这样了，估计活不长了，你们要好好过啊。"

看见婆婆的乳房已肿胀溃烂，鸿玲又难过又焦急：公公已不在人世，婆婆得了乳腺癌都不敢声张，怕给亲人添麻烦，这是多么忍辱负重的母亲啊！"妈，您跟着我们吧！"鸿玲恳切地说。自己的母亲已经离世了，有什么理由不把另一位病重的母亲带在身边呢？就这样，鸿玲带着婆婆来到了北京。那时，她刚从浙江调到北京，在基建工程兵门诊部工作。在北京的诊治，给婆婆下了"只能活3个月"的判断。但鸿玲不信这个邪，开始从改变婆婆的饮食起居和用药上入手。

鸿玲将夫妻俩的工资全部交给婆婆，让她自主安排一家人的吃穿用度，使老人在有事可干的充实生活中保持精神的愉快；她根据婆婆的体质安排食谱，又配制了蒙药让她服用，通过观察疗效来确定药量的增减。在适当的时机，她才让老人接受了手术。

谁也没想到，被判只有3个月生命的老人，竟活了17年！这17年，鸿玲与婆婆在同一个屋檐下相依相伴，从没红过脸，老人开心地度过晚年，直感叹摊上了个好儿媳、好医生。

"保健"研究出大名堂。 1990年，由于部门调整，鸿玲调到总政白石桥干管处第六干休所，从事保健工作。起初，她很失落：自己本来是一名有经验的眼科大夫，现在却要丢掉专业，搞"无关痛痒"的保健工作，这能有什么作为呢？

但很快，鸿玲发现保健里有大文章。她在干休所面对的老干部，全是在战争年代立下过赫赫战功的军人，他们经过了金戈铁马，如今却被岁月打垮了，疾病缠身。而保健，是提高他们晚年生活质量的重要保障，能让他们活得更有尊严、更快乐。

鸿玲开始沉下心来，研究她的病人们最需要什么。她发现，心脑血管病和癌症是威胁老人健康的两大克星，而她从小就接触的蒙医蒙药正好在治疗心脑血管和肿瘤疾病方面有独特疗效。她从母亲早年服用的"血疙瘩方"开始，琢磨其中的药理，并有意识地向老蒙医求方子。

对搜集到的民间蒙药方剂，鸿玲不是盲目采用，而是反复试验。"老祖宗的东西，只有我研究明白了，才真正变成我自己的东西。"鸿玲认为，蒙医药知识在长期流传过程中，难免出现讹传、纰漏，需要不断修正。更何况，现代人的体质和生活环境都大大异于过去的蒙古族人，需要在药剂配方、药量上改进。

鸿玲的试验最先在患乳腺癌的婆婆身上收到疗效。按她的药方进行调理，婆婆的脸色明显红润了，身板硬朗了，癌症得到控制。有些病入沉疴的老干部用鸿玲的蒙药方子治疗后，居然收到了在大医院花费巨额医药费也收不到的疗效，大家对鸿玲的信任与日愈增。

一次，一个老干部因为心脏不好而被紧急送往医院抢救。老人的家属对这闹了20多年的心脏病犯愁不已。鸿玲对他们说："如果你们相信我，就让我用别的方法来治一治。"

原来，经过长期研究和观察，鸿玲发现许多所谓的心脏病人其实病根并不在心脏上。鸿玲认为，这个老干部的病可能由神经焦虑引起，便配制了一些蒙药，竟奇迹般地治好了老人隔三差五要犯的病。

鸿玲治癌症和疑难杂症有神奇疗效的消息不胫而走，许多人托朋友的关系找到她。"这些人都是被大医院'判了死刑'的，找到我是'死马当活马医'。我每治一个病人方法都不同，因为每个人都是独特的个体。"鸿玲说。

来自内蒙古的马维（化名），是有名的收藏家。患上淋巴癌后，马维经过几次化疗，毛发尽脱，看到他的人无不惋惜：这样一个家财万贯的人，就要不久于人世了啊！马维自己也悲观厌世，一度将收藏品赠与他人。

自从遇见鸿玲，马维的命运出现了转机：服用了鸿玲专门为他配制的蒙药后，他感到生命与活力又渐渐回到了自己身上，毛发长出来了，脸色不再苍白，他甚至兴致勃勃地重拾收藏事业。

对待癌症等疾病，鸿玲有自己的哲学生命观："治癌症就像与癌细胞斗心眼。你狠他也狠，你打他就躲，你压他就反弹。在无法彻底消灭他的时候，只有避其锋芒，麻痹他，才能为自己赢得时间。"因此，鸿玲的治疗绝不是集中摧毁癌细胞，而是培养壮大有生细胞的战斗力，从而抑制病菌的生长。

现在，在鸿玲手上的癌症病人，有高官富贾，也有平民百姓，但对她而言，都是平等的、有着生命渴求的病人。她能利用的一点小小"职权"是：请那些愿为治病一掷千金的富人，为那些看不起病的穷人承担一些药费，而她自己则无偿帮人医治。就是这如今社会不多见的善意举动，为鸿玲赢得了良好的口碑。"良医需要高超的医术和良好的医德。我只是想做一名良医而已。"鸿玲说。她的愿望是，退休后回家乡为乡亲们诊治，让更多看不起病的穷人重扬生命之帆。

来源：中国民族报

二十三、大黑河新营子二十四户王氏族谱

表一

大黑河新营子蒙古族二十四户王氏家族谱

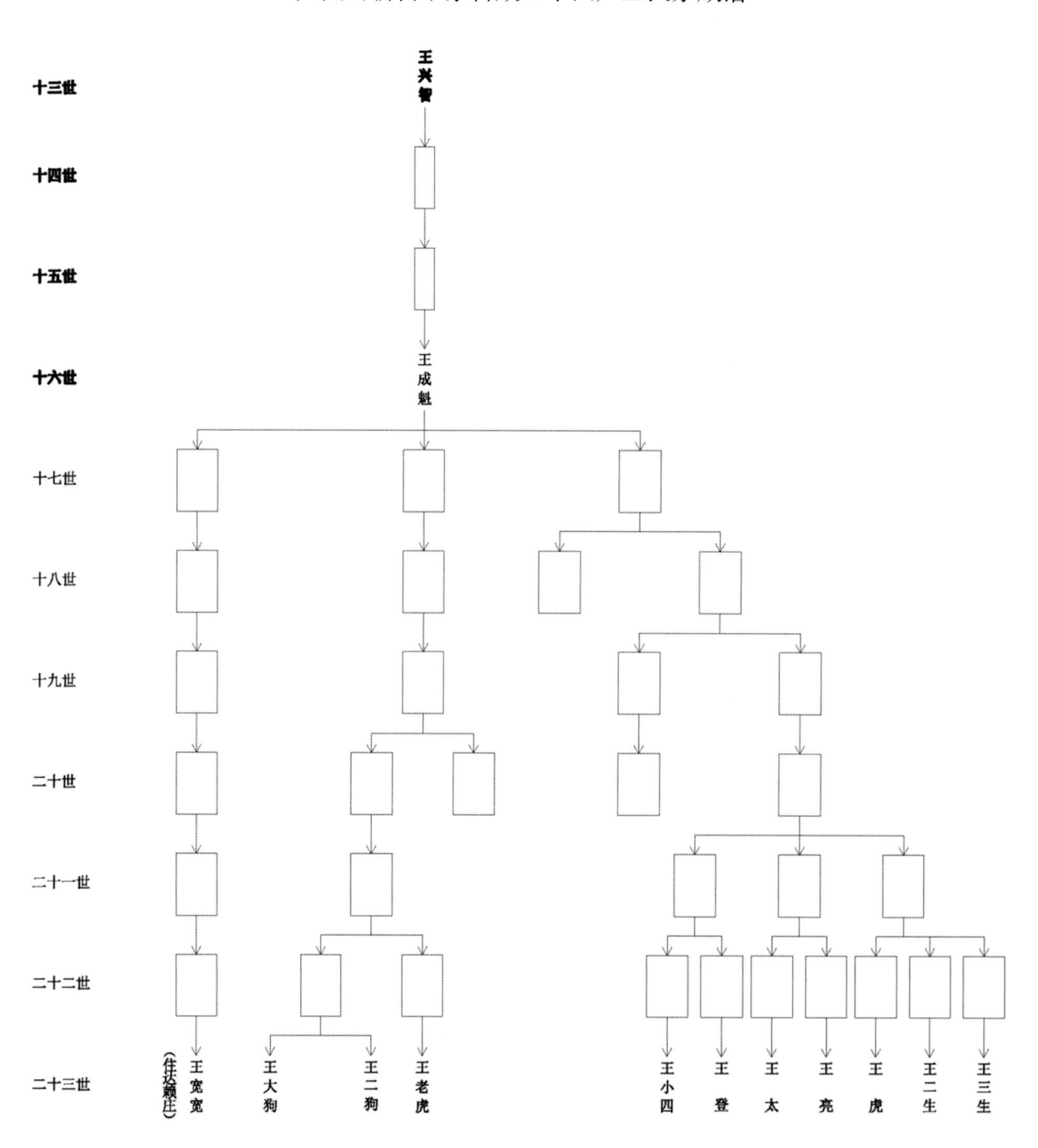

十三世	王关智
十四世	
十五世	
十六世	王成魁
十七世	
十八世	
十九世	
二十世	
二十一世	
二十二世	
二十三世	王宽宽(住法赖庄)　王大狗　王二狗　王老虎　王小四　王登　王太　王亮　王虎　王二生　王三生

第三章 十三庄二十四户三十七家族谱

表二

大黑河新营子蒙古族二十四户王氏家族世系图谱

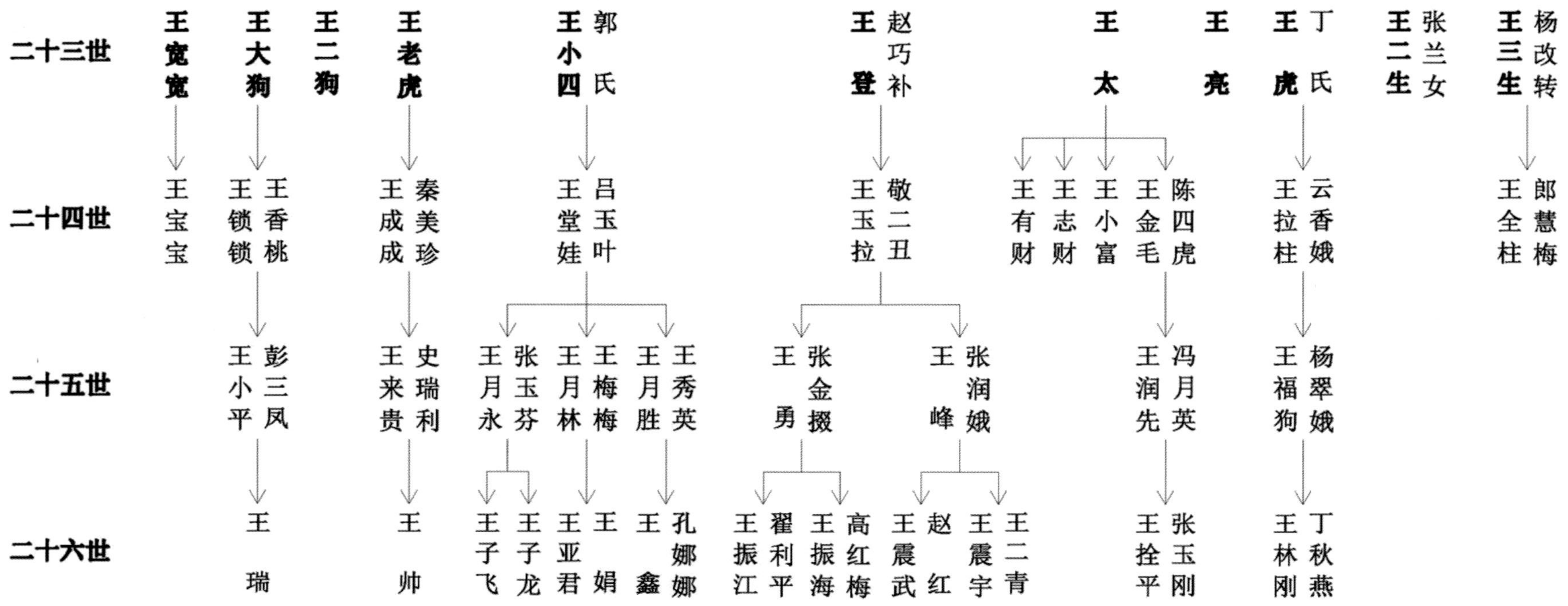

二十三世	二十四世	二十五世	二十六世
王宽宽	王宝宝		
王大狗	王锁锁 香桃	王小平 彭三凤	王瑞
王二狗			
王老虎	王成成 秦美珍	王史来 瑞贵利	王帅
王小四 郭氏	王昌堂 玉娃叶	→王张月永 玉芬 →王月林 梅 →王月梅 胜 →王秀英	→王子飞 子龙 →王亚君 娟 →王孔娜 鑫娜
王赵巧登朴	王敬玉 二拉丑	→王张润峰 娥 →王张金勇 拨	→王赵震武 红梅 →王震宇 二青 →王瞿振江 利平 →王高振海 红梅
王 太	→王王金富 毛虎 →王志财 财 →王有财	王陈月英 四虎 王冯润先 月娥	王拴平 玉刚
王 亮			
王 虎 丁氏	王云拉香柱 娥	王杨福狗 翠娥	王丁林刚 秋燕
王三生 张兰女			
王三生 杨改转	王全柱 郎慧梅		

二十四、大黑河新营子二十四户李氏族谱

大黑河新营子蒙古族二十四户李氏家族谱

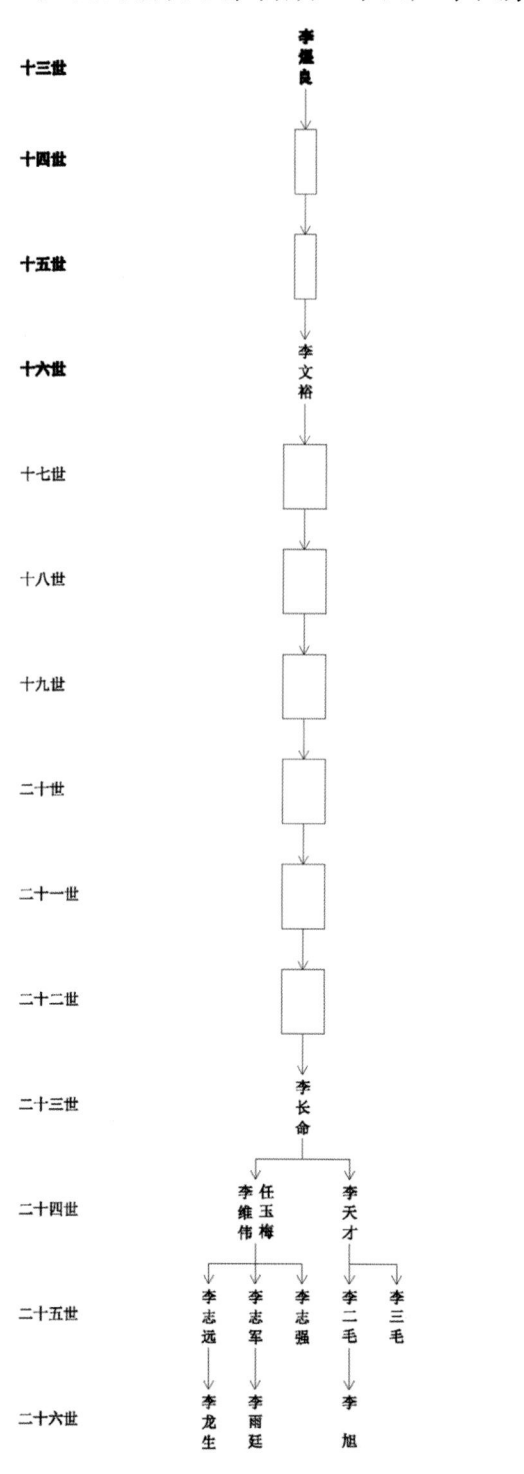

十三世	李继良
十四世	
十五世	
十六世	李文裕
十七世	
十八世	
十九世	
二十世	
二十一世	
二十二世	
二十三世	李长命
二十四世	李维伟　任玉梅　李天才
二十五世	李志远　李志军　李志强　李二毛　李三毛
二十六世	李龙生　李雨廷　　　　　李旭

二十五、前朱堡二十四户王氏族谱

前朱堡、刘家营、兵州亥二十四户王氏家族，为蒙古族。

该王氏家族第十三世祖名曰王纯靖，明末清初时为东王庄十三世祖王高棠为部主的兀良哈安达部成员之一。当年三十几位蒙古族兄弟结为"安达"（蒙古语意为"好兄弟"），并留下"金兰拜谱"，直到新中国成立后"金兰拜谱"还在王氏家族第二十四世祖王百岁手中保存。第十六世祖王连魁于康熙三十四年（1695年）随十三家庄主来到十三圈地上，又随张庄庄主张谋居住在张庄，担负西十圈地的保卫任务，为驻庄二十四户披甲武士。祖王连魁夫妇及其儿孙去世后安葬在张庄村后，现张庄村后仍有我王氏家族祖坟。乾隆年间，王氏家族奉旨搬迁到前朱堡居住生活。后王氏家族有几支系分别从前朱堡迁居刘家营、兵州亥村等地居住生活。

家谱整理人：王金柱

表一

前朱堡二十四户王氏家族世系图谱

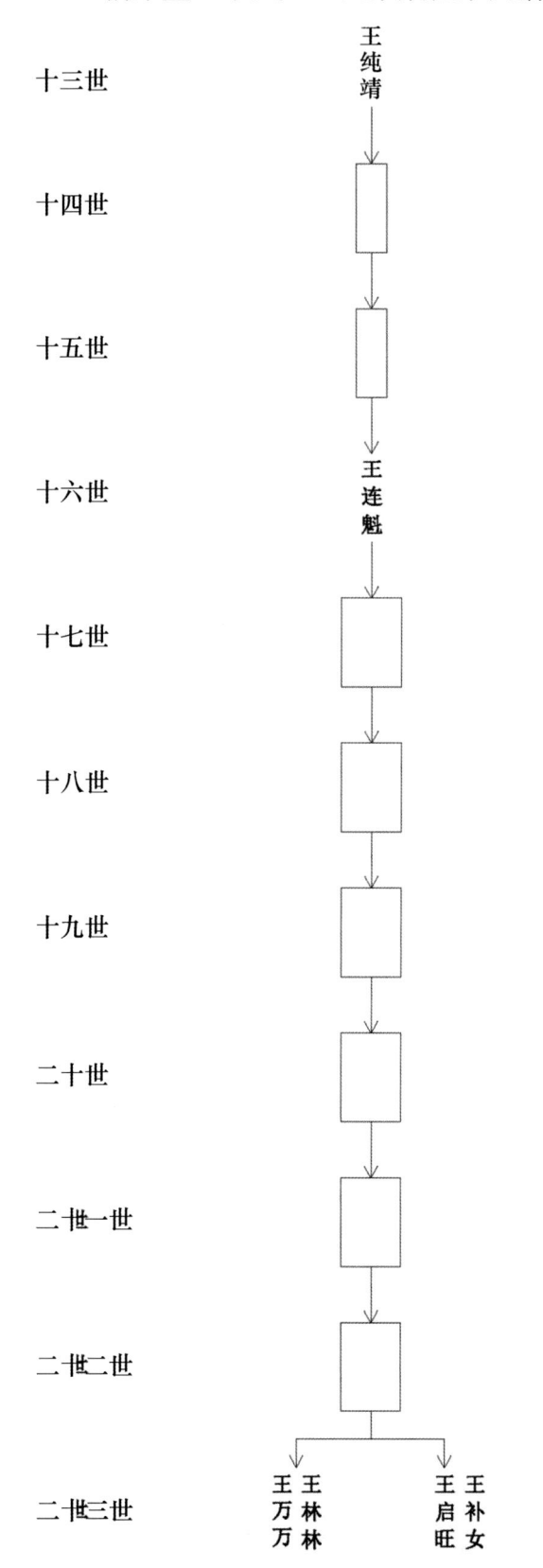

```
十三世        王纯靖
               ↓
十四世         □
               ↓
十五世         □
               ↓
十六世        王连魁
               ↓
十七世         □
               ↓
十八世         □
               ↓
十九世         □
               ↓
二十世         □
               ↓
二十一世       □
               ↓
二十二世       □
              ┌┴┐
二十三世    王万万林 王林林  王启旺 王补女
```

第三章　十三庄二十四户三十七家族谱

表二

前朱堡二十四户王氏家族世系图谱

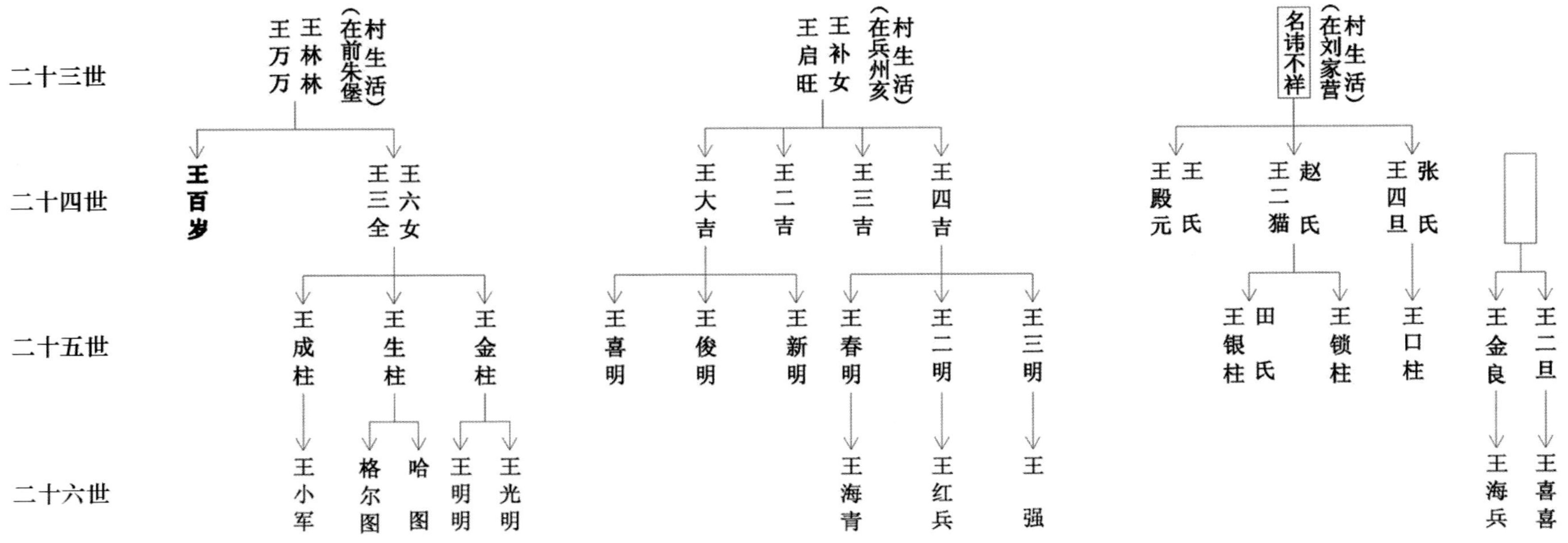

二十三世

王万林（王万林在村前朱堡生活）
　└→ 王百岁

二十四世

王百岁
├→ 王三全女
├→ 王六女
└→ （名讳不祥，在村刘家营生活）
　　├→ 王殿元（王元氏）
　　├→ 王三猫（王赵猫氏）
　　│　├→ 王锁柱
　　│　└→ 王银柱（王田银氏）
　　└→ 王四旦（王张四旦氏）
　　　　└→ 王口柱

王启旺（王朴女，在兵州亥语生活）
├→ 王大吉 → 王俊明
├→ 王二吉 → 王新明
├→ 王三吉 → 王春明 → 王海菁
├→ 王四吉 → 王三明 → 王红兵
│　　　　　　王三明 → 王　强
└→ 王暮明

（名讳不祥）
├→ 王三旦 → 王喜喜
└→ 王金良 → 王海兵

二十五世

王成柱
王生柱
王金柱

二十六世

王小军
哈格图 / 格尔图
王光明 / 王明明

族谱整理人：王金柱

305

表三

前朱堡二十四户王氏家族世系图谱

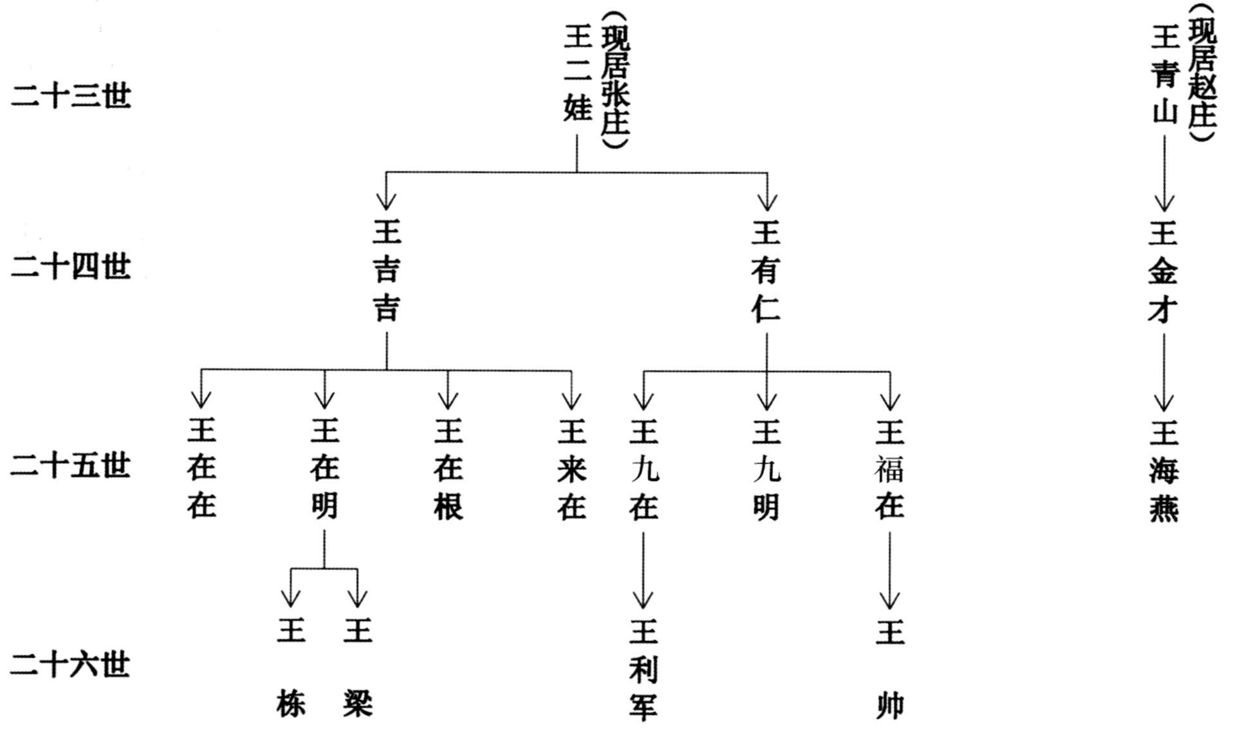

（现居赵庄）
王菁山 ——→ 王金才 ——→ 王海燕

```
                                    ┌→ 王福在 ——→ 王  帅
                        ┌→ 王有仁 ──┼→ 王九明
                        │           └→ 王九在 ——→ 王利军
（现居张庄）             │           ┌→ 王来在
王三娃 ──┤              │           │
         │              │           ├→ 王在根
         └→ 王吉吉 ─────┤           │           ┌→ 王 梁
                        │           ├→ 王在明 ──┤
                        │           │           └→ 王栋梁
                        │           │
                        └→ 王在在
```

二十三世

二十四世

二十五世

二十六世

306

二十六、东本滩、新营子二十四户张氏族谱

东本滩、新营子二十四户张氏家族，为蒙古族。

张氏家族第十三世祖名曰张建业，明末清初时为东王庄十三世祖王高棠为首领的兀良哈安达部成员之一。张建业的儿孙们及我十四世、十五世祖（名讳不详），随顺治皇帝进入北京，成为八旗蒙古军护卫营披甲武士，驻卫在京都北正黄旗军营营地。十六世祖张如琛随康熙帝西征噶尔丹立下战功，被封在十三圈地上。康熙三十四年（1695年）三月十八日，他与十三庄二十四户一起来到安乐庄临时落脚后，分配到大黑河南岸吴庄西北的一片小草滩上，建村后得名"巴格塔拉"，后演变为"本滩"。乾隆年间张氏家族的一支返回安乐庄（今大黑河新营子）居住生活。

张氏家族第二十四世孙张满金，大学本科学历，高级建筑师。1969年入伍后晋升为军分区后勤部部长，上校军衔，1999年退役。

张氏家族第二十五世孙张明，中共党员，研究生，现任内蒙古大学服务中心总经理。

家谱整理人：张金旺

表三

大黑河新营子张氏家族世系图谱

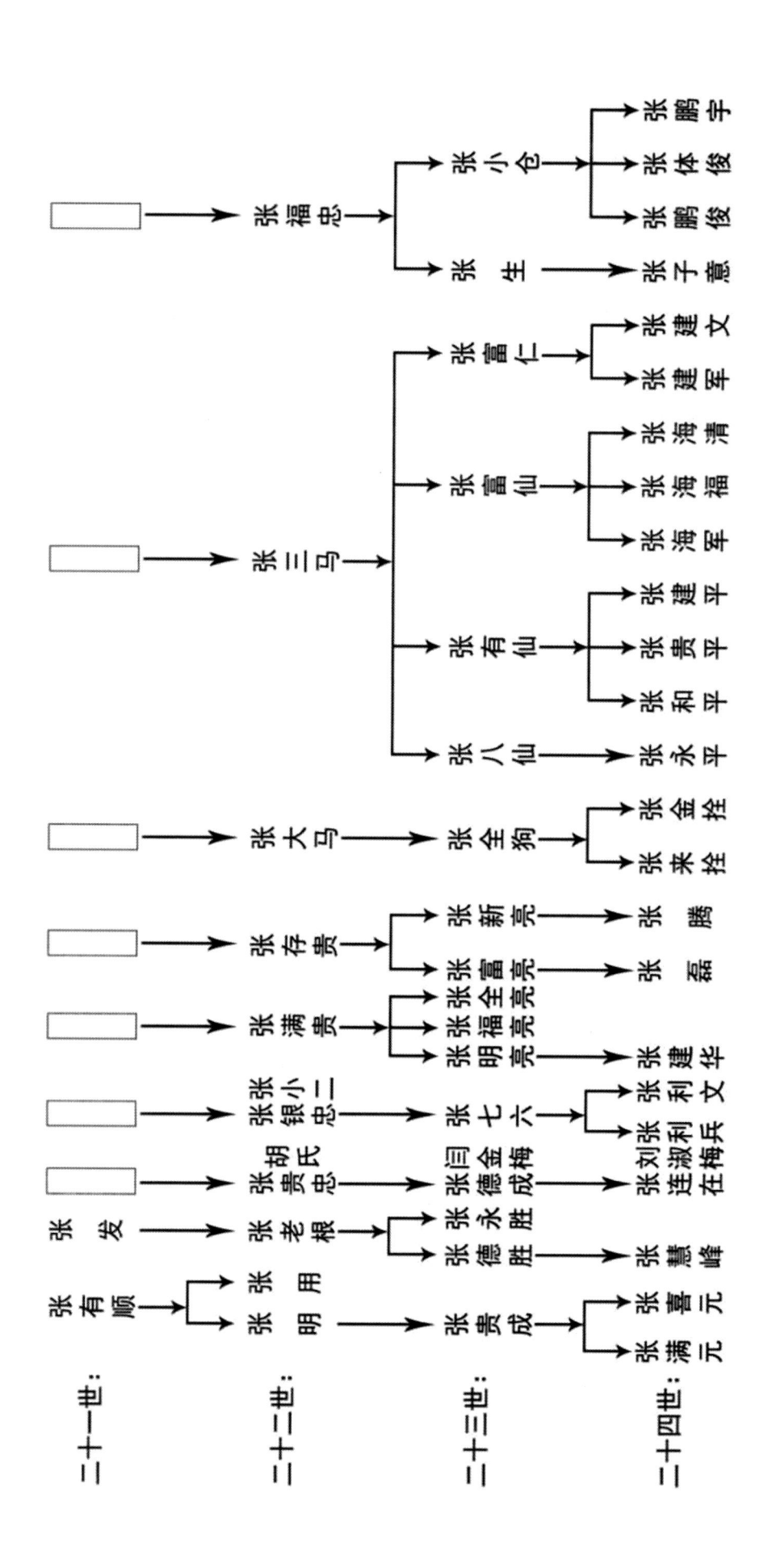

二十一世	二十二世	二十三世	二十四世
□	张福忠	张小仓	张鹏宇 / 张体俊 / 张鹏俊
		张生	张子慧
□	张三马	张富仁	张建文 / 张建军
		张富仙	张海清 / 张海福 / 张海军
		张有仙	张建平 / 张贵平 / 张和平
		张八仙	张永平
□	张大马	张全狗	张金拴 / 张来拴
□	张存贵	张新亮	张腾
		张全亮 / 张富亮	张磊
□	张满贵	张全亮 / 张福亮 / 张明亮	张建华
□	张银忠 / 张小二	张七六	张利兵 / 张利文
□	张贵忠 / 胡氏	张闫金梅 / 张德成	张连梅 / 刘淑梅 / 张在兵
张发	张老根	张永胜 / 张德胜	张慧峰
张有顺	张明用 / 张明	张贵成	张喜元 / 张满元

十三庄二十四户史话

310

二十七、班定营二十四户陈氏、尹氏、刘氏、尚氏族谱

班定营陈氏、尹氏、刘氏、尚氏家族十三世祖陈守业、尹万通、刘万顺、尚志魁为兀良哈安达部成员之一。十六世祖陈永茂、尹如臣、刘培壁、尚永富随十三家庄主来到十三圈地上。其中陈永茂、尹如臣、刘培壁到莫林太马场地北界守卫,因是二十四户居住地,形成村庄后就叫班定营子。尚永富和赵庄赵庄主一同走进赵庄,为驻庄二十四户披甲武士。乾隆年间尚氏家族离开赵庄搬迁到班定营居住生活。在嘉庆三年(1798年)有尚氏家族尚五子担任过拨什库(满语"领催")。

二十八、田家营二十四户田氏、徐(许)氏族谱

田家营田氏、徐(许)氏家族十三世祖田永宽、徐宏伟为兀良哈安达部成员之一,其十六世祖田高峰、徐建业从征噶尔丹后,被封在十三圈地上。田高峰(无后)先去了草场地北边居住生活,因是二十四户田氏家族居住地,形成村庄后就叫田家营。二十四户徐(许)氏家族乾隆二年(1737年)从安乐庄迁至田家营村西的徐(许)家小营子,后来徐(许)家小营子和田家营连成一村,都称田家营。徐(许)家在新营子还有祖坟。

二十九、姚府二十四户姚氏族谱

姚府姚氏家族十三世祖姚焕智为兀良哈安达部成员之一,其十六世祖姚纯哲从征噶尔丹后,与十三家庄主来到安乐庄,到莫林太马场地的东边(今达赖庄一带)居住生活。后迁到今姚府处

定居。因姚氏家族在此建宅居住，形成村庄后得名姚府村。

三十、二道凹二十四户闫氏、冯氏族谱

ᠠᠢᠮᠠᠭ ᠤᠨ ᠤᠭ ᠤᠨ ᠪᠢᠴᠢᠭ

　　二道凹闫氏、冯氏家族十三世祖闫茂盛、冯乃琦为兀良哈安达部成员之一。十六世祖闫玺臣、冯培哲从征噶尔丹后，受清政府派遣来到大黑河沿岸一带的莫林太马场地南界二道凹居住生活。1696年康熙帝出京北巡，从归化城去往黄河南鄂尔多斯。返京时走和林格尔至杀虎口至京城驿道。二十四户披甲武士闫玺臣、冯培哲在驿道上护送康熙帝回京。后就留在萨尔沁驿站一带养驿马，接待来往官员。乾隆年间闫氏家族、冯氏家族固定在二道凹居住生活。

附 录

中国共产党中央蒙绥分局统一战线工作部文件
（手抄本摘录）

"绥远省归绥县第三区黑河南岸浑津、黑河十三圈即十三个庄头（含二十四户），住有庄头人约681户3301人，占当地总人口的44%。他们聚居在横约50华里，纵约7华里的土地上，现以农业为生。此外，还有散居在其他地区的庄头人（有高庙子王家，前朱堡王家，东厂克赵家，姜家营姜家，二道凹阎家、冯家，小阿哥营杨家皆未计入总户数和总人数内，见统计表）。因这六个村其时不属第三区管辖。"新中国成立后，浑津十三圈庄头向内蒙古民委提出民族成分问题，内蒙古民委组织工作队进行了实地调查，召开座谈会听取各方面反映搜集，考查了有关历史书籍。调查材料见"浑津十三圈调查报告之一至五"。十三庄二十四户皆系"皇粮庄头"。十三庄"庄头人原是东蒙人（指蒙古族人——编者注，下同）"，"听老人们传说是来自热河八沟"，"庄头人中的二十四户，也是从热河八沟来的……是兵丁"。

"庄头人的风俗习惯证明是蒙古族。如服装与蒙古人（土默特等蒙古族，下同）近似，女人梳两半头，穿长袍。男人戴皮帽、穿马靴、结发辫。老年妇女至今当头还梳一个髻，妇女大脚。本姓不婚，与满蒙通婚，不与汉人通婚。结婚时男方给女方洋布八尺，绵羊一只，三根肋肢，四色礼，新娘上轿不穿鞋，新郎骑马，有上下马酒。准格尔的王爷，土默特的王爷等许多蒙古族人与庄头通婚多年。"

庄头人"信仰喇嘛教，有的当喇嘛，如白皮营的卜音山（在席力图召）和潘庄的图孟（在巧尔齐召）。在语言上潘玉贵的祖父蒙古语说得很好。庄头人从前吃炒米。他们和蒙古人一样落后。他们在思想上，民族感情上都倾向蒙古民族，同时按其风俗习惯与蒙古人通婚以及宗教信仰与蒙古人相同，应承认其蒙古族比较妥当。……"

以上意见是否妥当，请审查批示。

中国共产党中央蒙绥分局统一战线工作部（印）

1953年1月2日

——摘抄自土左旗档案馆归绥县委1953年长期卷1号

近四十年来内蒙古土默特地区蒙汉家族的系谱编修与族际交往

田宓[①]

摘要： 内蒙古土默特地区的蒙汉家族存在多样态的系谱记录方式，并随着时间推移而不断发生变动。这表明系谱资料在生产过程中，不断融入制度、文化等诸多要素。近些年来，汉人系谱发生了由简单世系向"门"（"柜"）型系谱和"支系"系谱的变化。蒙古系谱经历了由官入私的改变。同时，在汉人与蒙古人的共同参与下，土默特地区的家族系谱呈现出蒙汉融汇的特征。探讨内蒙古土默特地区蒙汉家族系谱编修的独特历史进程，可以让我们从"蒙地"的视角，丰富对中国社会家族演变和各民族交往交流交融过程的认识。

关键词： 土默特；蒙古家族；汉人家族；系谱；族际交往

系谱编修一直是中国宗族研究中的一项重要内容。陈其南、孔迈隆（Myron L.Cohen）、钱杭等学者都对这一问题进行了深入研究。其中，陈其南立足台湾社会和西方中国人类学研究提出强调"房—族"异辈纵向关系的系谱编修原则。[②] 孔迈隆指出，在中国北方宗族系谱编写中存在两种模式，即"父系亲属固定系谱模式"和"父系亲属团结模式"，前者强调纵向的长子继嗣制度，后者强调宗族世系的平等性。[③] 钱杭在山西沁县家谱中发现了侧重同辈横向关系的"门"型系谱结构。[④] 不过，这些讨论大都基于学者们对汉人社会的观察。在多民族共生共存的区域，不同民族家谱系谱的编修情况如何？怎样相互融汇？这一问题还需要更多讨论。

土默特地区（今呼和浩特市、包头市一带）是内蒙古西部一个蒙汉杂居区域。伴随着"走西口"的历史进程，山西汉人把"口里"的修谱传统带到了"口外"。受经济条件、识字水平和文

---

① 田宓：云南大学历史与档案学院副教授，历史学博士，主要研究方向：区域社会史、历史人类学。
② 陈其南：《家族与社会》，中国台湾台北市，联经出版事业公司，1990。
③ [美] 孔迈隆：《中国北方的宗族组织》，夏也译，见中国社会科学院社会学研究所：《家庭与性别评论》（第4辑），北京，163页，社会科学文献出版社，2013；Myron L. Cohen, "Lineage Organization in North China", *The Journal of Asian Studies*, Vol.49, No.3 (Aug. 1990), p.511.
④ 钱杭：《沁县族谱中的"门"与"门"型系谱——兼论中国宗族世系学的两种实践类型》，载《历史研究》，2016（6）。

化传统等因素影响，这些记载汉人家族世系的资料载体不一、形制各异、内容有别，与迁出地山西的家谱相比，有同有异。钱杭在山西沁县发现的强调同辈关系的"门"型系谱，在土默特地区也有发现。① 但在"门"型系谱之外，还有按照大宗谱法原则编修的"支系"系谱。前者注重强化迁居口外汉人的家族团结，后者侧重加强"口里"与"口外"汉人的家族整合。因此，探讨土默特地区汉人家族的系谱书写，不仅可以阐析汉人系谱的地域实践过程，还可以进一步分析"口里"和"口外"的汉人如何通过家族谱系编修实现更大范围内的跨地域整合。

内蒙古地区保留着一些清代贵族和世职家族的官修世系谱。② 这些世系谱的出现和流传，与清代盟旗制度有紧密联系。它们是清政府为掌握蒙古贵族或世职家族内部情况，确定承袭次序，令其编写而成。不过，1949 年以后，随着盟旗制度的变化，这些官修世系谱失去了赖以存在的社会基础。近些年来蒙古人家谱编修出现了由官到私的新动向，其家族世系的记录方式也随之改变。在中国汉人社会的家谱研究中，宋代以来伴随着中国社会宗族庶民化的趋势，"族谱"发生由官而私的变化，家族谱系也呈现新的表现方式，这一观点已经是学术界的共识。潘光旦、多贺秋伍郎、常建华、陈爽等学者都对这一历史过程进行了深入探讨。③ 然而，对于非汉人社会的人群来说，他们的族谱发展有着与汉人社会不同的节律。因此，本文拟探讨蒙古人家谱的演变轨迹，希望从多维时空层次观察中国社会宗族的历史面貌。

与此同时，在土默特这一多民族共生共存、相辅相依的边疆地区，随着蒙汉民众日常生活中频繁的互动往来，其家族系谱编修也呈现出蒙汉文化融汇的特征与趋同现象。因此，考察土默特地区蒙汉家族系谱书写的具体实践，能够使我们从"蒙地"的视角，了解民族交往交流交融的历史过程，进而促进对中国社会多元一体格局形成的深入理解。

笔者近年来多次在土默特地区进行田野考察，在历次田野考察中，都注意收集家谱资料。目前共收集清末以来各种类型的世系谱、容、家谱等资料共 55 份，主要包括记录于笔记本或麻纸上的世系谱 2 份，打印本世系谱 1 份，墓碑世系谱 2 份，容 22 份，手抄本家谱 4 份，打印本家谱 5 份，正式出版家谱 19 份。此外，笔者还跟访正在编修的家谱 3 部。在这些资料中，有 2 份墓地世系谱，3 份已出版家谱，1 份打印世系谱，2 份正在编修家谱属于蒙古家族，其余均属于汉人家族。这些资料展现了土默特地区蒙汉家族系谱编修的独特历史进程，为本文的研究奠定了资料基础。

---

① 钱杭：《沁县族谱中的"门"与"门"型系谱——兼论中国宗族世系学的两种实践类型》，载《历史研究》，2016（6）。
② 参见李金花：《从〈中国蒙古文古籍总目〉分析蒙古族家谱特点》，见王华北：《少数民族谱牒研究》，北京，中央民族大学出版社，2013；伯苏金高娃：《蒙古族家谱的收藏与特点》，见王鹤鸣、王洪治等：《中国少数民族家谱通论》，上海，上海古籍出版社，2018。
③ 参见潘光旦：《中国家谱学略史》，载《东方杂志》，1929 年第 26 卷第 1 号；［日］多贺秋五郎：《中国宗谱の研究》，日本學術振興會，1981；［日］多贺秋五郎：《中国宗谱》，周芳玲、阎明广编译，中国社会出版社，2008；常建华：《中华文化通志·宗族志》，上海，上海人民出版社，1998；陈爽：《出土墓志所见中古谱牒研究》，上海，学林出版社，2015。

托县城整理。一九八二年五月十日。①

由上可知，这份家谱是在1982年根据两份"功牌"和族中老人伏老石口述资料整理而成。伏氏族人在清代曾有人获过军功，但无人担任世职，此前家中也没有编写家谱，所以，这是一份从无到有的私谱。其在家族世系的记录方式上，与上述《承袭因病辞职世管佐领阿尔宾之遗缺家谱》存在较大差异。《伏氏家谱》，最上方为人名"哈斯（哈计）"，以下是连续七代世系，记录包括男女全部族人姓名。显然，《伏氏家谱》在家族世系的范围上具有更强的包容性。

在定居化的历史进程中，蒙古人大约在乾隆年间逐渐改变了天葬习俗，开始了土葬传统。在土默特地区，一般蒙古人家都有家族墓地。而家族墓地的坟茔次序，也成为一些没有留下文字资料的蒙古人追记祖先、连缀系谱的重要依凭。2006年出版的托克托县《富荣家族宗谱》，就是根据坟地情况和族人口传追溯的家族世系。富荣家是驻守五十家子台站的蒙古兵丁，康熙三十一年（1692年）从沙尔沁搬到了五十家子。家族世系在乾隆末年土葬之前，已无法确定。其老坟共埋葬六代人，分为富、荣两门。富氏一门在土葬后的四代无法查考，只能看出是四代单传。到第五代才有人名传世。荣氏一门土葬前和土葬后二代无法考察，唯能看到是二代单传。第三代以后方有人名流传。对此，家谱主修人佟格拉感叹道："家族土葬前的历史不清；而土葬后4代前的情况也不了解，使《宗谱》只能'厚今薄古'。"②

近年来，一些蒙古人还在家族坟地立碑，追记祖先世系。托克托县满水井村的王氏蒙古人就是其中一例。王氏家族先祖铁甲半乾隆年间因军功受封满水井村。此后族人在这里兼营农牧业和旅店业，至今已繁衍十代人。该家族于2007年4月5日，在家族墓地竖立了一座钝角三角形大理石石碑。正面镌刻宝塔形的家族世系，从铁甲半开始共记七代。从名称上看，应该只录入了男性先人。背面则简要地记录了家族历史。在墓地西北角还立有一座敖包，使整个墓园呈现蒙汉文化交融的样貌。③

上述几份世系谱和家谱，姜姓家族祖上拥有世职，留有官谱。族人在这份官谱的基础之上，又续修了新谱，其余世系谱和家谱均是祖上没有世职的普通蒙古人于近年新修。两者共同反映了因应盟旗制度的变化，蒙古人家谱由官而私的变动趋势。家谱在各个时代承担着不同的社会功能，其在形制和内容上存在较大差异。总的来说，私谱比官谱具有更大的丰富性和包容性。

---

① 《伏氏家谱》，笔者2011年11月11日在托克托县收集。引文中伏老石、伏成义、伏占元三人的年岁标记为原文。另，"民间文书整理与研究"微信群的诸位师友曾帮助辨识文中字迹，谨致谢忱。此引文中"同治四年"为1865年，"光绪元年"为1875年。
② 佟格拉主修：《富荣家族宗谱》，2页、25页、26页、179页，2006。
③ 王家墓碑系谱，笔者2012年4月15日在托克托县满水井村拍照采集。

二、汉人家族的系谱编修

民人（百姓）从山西等地迁至口里，早期大多单身前来，久而久之，在口外定居，不断生息繁衍，从个人发展为家族。在家族的发展过程中，谱系的记录和传承是一项必不可少的重要内容。他们主要通过"麻纸谱单""容""家谱账簿""家谱"等形式记录其祖先谱系。此外，墓地坟茔的排列也反映了家族世系。这些多样化的记录方式是在长期的历史中形成的，体现了土默特汉人家族的发展历程。

（一）坟地上的家族系谱

汉人在口外落地生根的重要标志之一是立坟，但汉人从初至口外到扎根塞上，往往经历数代人才完成。2016年出版的善岱镇董家营村《董氏宗谱》记录了这一过程："董姓祖坟分布在董家营村周边，祖坟里埋的最高辈分是才字辈。才字辈以上先祖的遗骨都运回祖籍崞县大莫村安葬。由于当时生活艰难，立足未稳，究竟能不能扎根，长久定居，先人们还在犹豫不决。他们眷恋故土，不愿意抛尸他乡。"[1] 董家是乾隆时期从口内迁至口外，其至口外第一人是五世祖董荐国，引文中的"才"字辈，已是第九世，也就是说，从董荐国后，又过了三代，董家才从心理层面上在口外生根。这一过程直到近年还在发生。武川县邓先生的祖父在民国年间，从山西右玉县来武川县做长工谋生。祖父过世之后，拉回口里埋葬。但其父亲过世之后则葬在口外。[2]

汉人的家族墓地一般呈三角形排列。最顶端的坟茔有时是一个衣冠冢，是在口外定居埋葬的立世祖向上追溯的祖先，实际并没有来过或者葬于口外。立世祖以下按照世代顺序依次分层排列。当一块墓地土地用尽或族人外迁时，家族便另外开辟新的坟地。因此，一般土默特地区的家族都有不止一块墓地。坟地实际上就是铺在大地上的一幅家族世系图。[3] 2012年修成的《王氏成林之宗谱》记载了家族的白武营坟地坟茔排列情况：

> 第一层安葬王成林，第二层安葬永字辈五子，第三层润字辈15人中安葬了9位，东起第一坟葬润礼，第三坟葬润C[4]（按脚下埋王德高而定），第八坟葬润稷，最西一坟葬润泽。第四层东起第一坟葬德广，第四坟葬迁往古城的德高，第七坟葬德厚。第五层东起第二坟葬有发（大挠），第三坟葬迁往把栅的二挠，第四坟葬古城善小。第六层东起第一坟葬世昌，第二坟葬世汉。茔地纵、横各40米，占地2.4亩。……王三挠在长征[5]

---

[1] 董进华、董进和执笔：《董氏宗谱》，12—13页，2017。
[2] 访谈对象：邓先生；访谈人：田宓；访谈时间：2019年8月11日；访谈地点：武川县城。
[3] ［美］孔迈隆：《中国北方的宗族组织》，夏也译，见中国社会科学院社会学研究所：《家庭与性别评论》（第4辑），163页，北京，社会科学文献出版社，2013。
[4] 原字如此。
[5] 原字如此。

地祖坟东起坟，西距祖茔百米。王世威另起坟茔，在村东长畛地西庙湾地，东距祖茔三四百米。把栅王世兰在村东呼大二级公路东叫大地的地方另起坟，远离祖茔东，基本在东西一条线上。①

《王氏成林之宗谱》表达墓地坟茔次序时，经常使用"第×层"，"层"指不同的代际。比照《王氏成林之宗谱》中的家族世系表，可以发现这处坟地正是按照代际排序。由于坟地占地面积的限制以及家族人口的繁衍，也不断有族人另起坟地。汉人家族族人在每年清明节、阴历七月十五、十月初一、腊月三十和正月初三上坟，这些仪式活动不断地强化着家族认同。

（二）笔记本、麻纸上的家族系谱

呼和浩特市土默特左旗沙尔沁乡六犋牛村石家保留着一份记录在笔记本上的祖先世系。②笔记本第一行写着"供俸"③二字，其下自上而下共列有石生洞、石傅、石召恒、石岱、石如太、石旺六代六个人名。石先生介绍家族祖先石生洞和其子石儒从忻州迁居口外谋生。二人过世后，由石生洞的孙子石召恒送回原籍埋葬。至石召恒时，才在六犋牛立坟。④因此，这份家谱应该是石先生直系祖先的名字。这份祖先世系内容浅易单一，字迹横趔竖仰，显示记录人文化水平不高。但这恰恰反映了那些没有机会接受更多教育的普罗大众希望记住自己祖先的朴素情感。

和林格尔县巧尔气营子村石先生家中珍藏着一份谱单，用毛笔书写于麻纸之上。⑤从书写工具和纸张判断，这张谱单应该是家族成员较早记录下来的家族世系。谱系从立世先祖石都开始，共记录了八代。从立世祖石都至第五代石进府都是单系。在石进府之后，子嗣呈宝塔状分布。这表明谱单侧重记录石进府一系的后代。祖先世系的最后两行有故父、故显考父、故兄、故堂兄等字样，说明只有故去的人，才登录其上。石先生介绍，石家是从第八代石富移居口外，谱单的左下角写着"故显考父石富"，所以，这份谱单应该是由石富的后代所记，其意在保留石富以上的家族谱系。

无论是形制还是内容，这些笔记本和麻纸上的祖先世系记录都相当简单。而编修形制和内容更为复杂丰富的窬和家谱，需要相对稳定的社会环境、一定的经济条件与相当的文化水平。当这些客观条件不具备，人们又有记录自己祖先的意愿时，族中粗通文墨的人便会采用这样的形式记住自己的祖先。

---

① 《王氏成林之宗谱》编纂委员会：《王氏成林之宗谱》，92页，2012。
② 石家笔记本系谱，笔者2011年12月23日在土默特左旗沙尔沁乡六犋牛村收集。
③ 原字如此。
④ 访谈对象：石先生；访谈人：田宓；访谈时间：2011年12月23日；访谈地点：土默特左旗沙尔沁乡六犋牛村。
⑤ 石家谱单，笔者2011年11月21日在和林格尔县巧尔气营子村收集。

（三）容、家谱账簿上的家族系谱

容普遍流行于甘肃、山西、河南、河北、山东各省，是中国北方家族构建过程的重要载体。[①] 土默特地区的容，又称"云""云谱"，由山西民人（百姓）带入，逐步在当地广为传布。"容"一般记录家族中过世先人的名字。上述和林格尔县巧尔气营子村石家，于1964年11月23日立容。石家的容，绘制了一座祠堂，祠堂入门牌坊上书"祖光堂"，祠堂中间供奉高祖石富、刘氏画像。祠堂上悬挂楹联，横批为"光前裕后"，上联为"绚彩灿烂守祖德"，下联为"香烟缭绕承宗恩"。右上角画了一口钟，钟上写有"一九六四年十一月廿三日"。容上共有五代祖先，第一代是"高祖石富之位"，以下又有四代。[②] 如前所述，石富是石家移居口外和林格尔巧尔气营子的第一人。与前述石家麻纸谱单重在记录石富之前的系谱不同，这份"容"重在记录石富以后的家族系谱。

除了"容"以外，土默特地区的汉人还利用简易的"家谱"来记录祖先的世系。乾隆年间，张维春、张维屏兄弟二人从山西忻州市马义县，移居今土默特右旗威俊村。张维春过世之后，由弟张维屏将其遗骸运回口里埋葬。张维屏及其后人则在土默特落地生根。[③] 在今族人张先生家中收藏着一份"家谱"，这是一份记录在麻纸本子上的简单世系谱，没有标注成谱时间。在旧谱之上，又于1981年重新接续了部分内容。旧谱共记录至十五代，接续部分记录十六、十七、十八代。

家谱第一页是封面，第二页至第三页为1981年重写誊写的内容，第二页首先写立世先祖"张讳彦连、妣王氏"和四位二世祖"敬贤、敬先、敬礼、敬名"的名称，第三页则是四位二世祖和三世祖的名称。从第四页开始，纸张破旧，为旧谱，下面分别是立世祖和二世祖的名称，此后各页是历代世系，共记录十八世。[④] 2012年，张氏家族根据这份家谱又制作了《张氏家族家谱》。这份家谱是一张大幅打印纸，左侧小字自下而上记录了一世先祖张彦莲至十二世先祖张安仁，每代记录一人；中间是宝塔式谱系；最上方书"先祖张安仁"，其下是张维屏。从前述内容可知，张氏家族是从张维屏开始移居口外，在写立此份家谱时，立谱人在张维屏以上又往前追溯了一代。家谱共记录了九代家族男性成员。[⑤]《张氏家族家谱》形制上与"容"类似，但并不像"容"一样，只登录家族中过世先人的名字，而是记录全体家族成员。

托克托县大北窑村的王家，其先人王成林在乾隆年间从原籍寿阳县迁入口外。在今族人王先

---

① 参见韩朝建：《华北的容与宗族：以山西代县为中心》，载《民俗研究》，2012（5）；龙圣：《多元祭祀与礼俗互动：明清杨家埠家堂画特点探析》，载《南京艺术学院学报（美术与设计）》，2018（1）；王爱侠、李平：《家堂：平面的祠堂——以山东昌邑玉皇庙村为例》，载《民俗研究》，2020（1）。
② 石家"容"，笔者2011年11月21日在和林格尔县巧尔气营子村收集。
③ 土默特右旗沟门镇威俊村编委会编：《威俊村史》，18页、19页，2013。
④ 《张氏家谱》，笔者2015年4月7日在土默特右旗威俊村收集。
⑤ 《张氏家族家谱》，笔者2015年4月7日在土默特右旗威俊村收集。

生家中保存着一份《家普①账簿》。②这份《家普账簿》由家族的第五世（王成林为一世）王缵绪于民国三十三年（1944年）记录。王缵绪生于光绪十二年（1886年），亡于1962年。其人颇通文墨，曾做过村社中的记账先生。

《家普账簿》只记载了家族的谱系。从高祖王昱武记起，共收录六代。从王成林以上有高祖、曾祖、祖、父四代，王成林以下两代。王成林以上世系有无法接续的情况。世系表首先记载高祖王昱武，下有曾祖三人王汝材、王汝含、王汝曾。祖父五人王贵发、王贵富、王贵德、王贵花、王贵青。父亲王贵富有王成山、王成海、王成林三子。家谱中没有具体标明曾祖到祖父之间的关系，即无法知道贵字辈五人的父亲是汝字辈中的哪一个。而从王成林以后，则世系清晰。这也表明王成林应为家族迁往口外第一人。族中王先生根据其家传契约、口述资料和家谱账簿对此推断："关于何祖外迁的问题无口传，更无记载。但完全可定为王成林。从王缵绪老人笔抄家谱账簿看出，从王成林以后，其下辈有传人，世系清楚。……从所留地契老约中也可窥见一斑，唯王成林一人辈分最高，再无他人。"③这份家谱只是一份简要的世系谱，却成为后世编撰家谱的重要依据。2009年，王先生据此谱记载，回原籍查访，于2012年编修出版了《王氏成林之宗谱》④。

"容"与"家谱账簿"相较"笔记本"和"麻纸"，其记录的祖先世系内容更为复杂。在无力修谱的情况下，"容"与"家谱账谱"显然是土默特地区汉人家族凝聚认同的重要凭借。同时"容""家谱"又是人们创修内容更为翔实的"家谱"的主要依据。

（四）家谱中的"门""柜"与"支系"

20世纪80年代以来，土默特地区的汉人开始积极编修家谱。这些家谱中的相当一部分是在原来"世系谱""容"或者"旧谱"的基础上修撰而成。乾隆初年，曲家先人曲国孝从山西五台县迁居土默特左旗沿河村。曲氏家族中曾保留三个"容谱"，分别修于1930年之前、1930年左右和1973年，前两个"容"因自然损毁和政治运动，都已湮没无存。到1973年重修容谱时，所能依凭的只有族人手抄于白麻纸上的简要遗谱。曲家根据这份简要遗谱，加上家族保留的修井单、契约以及口传资料，于2009年修成并出版了家谱。⑤

沿河村曲家曲国贤、曲国孝兄弟二人最早移居口外。曲国贤生一子曲富银，父子二人后来回到口里。曲国孝一脉则定居口外。曲国孝生有一子曲富成，曲富成生有曲长德、曲长发、曲长富、曲长成、曲长财五子。这五子分为长、次、三、四、五门。次门"门祖"曲长发生有曲文宴、曲文殿、曲文科三子。曲文宴生凤仪、凤祥二子。曲文殿无子嗣。曲文科生凤春、凤林二子。曲凤

---

① 原字如此，下同。
② 王氏《家普账簿》，笔者2011年12月24日在托克托县收集。
③ 《王氏成林之宗谱》编纂委员会：《王氏成林之宗谱》，6页，2012。
④ 《王氏成林之宗谱》编纂委员会：《王氏成林之宗谱》，6页，2012。
⑤ 曲胜利：《曲氏宗谱》，1页，何林工作室，2009。

仪一家，家境富裕、人丁兴旺，生韩音、皋音、世音、忠音四子，此后开始立柜，分为大柜、二柜、三柜、四柜，而其余同父兄弟或表兄弟凤祥、凤春、凤林仍称"次门"。[①] 曲氏家族从在口外立祖，到第三代"立门"，再跃二代曲凤祥"立柜"，表明家族系谱出现了非均衡裂变。

《陈氏家谱续》也是依据家中先人流传的内容较为简单的"家谱册"等资料修成。陈氏家族的先人陈玉龙、陈玉风大约在乾隆末年到嘉庆初年，从山西朔州迁居今土默特左旗二十家子村。族人陈功在1935年以前曾撰写一部《家谱册》，这是其家族最早较为完整地保存家族历史的文字资料。此后因为战乱等没再续写。家族第六代国富曾撰写草稿，但未能完成，其将草稿遗交于第七代陈森。20世纪80年代以后，第七代陈彬开始撰写家谱，1995年完成印刷。2003年后再次续谱，2006年完成《陈氏家谱续》。[②] 陈氏家族以"柜"区分支系。光绪二十九年（1903年），家族按照陈健明、陈健亮、陈健昌三支分家，分别称"大柜""二柜""三柜"。民国二年（1913年），"三柜"内部陈钧（当时已经去世）、陈镒、陈跃弟兄三人再次分家，陈钧仍然为"三柜"，陈镒和陈跃分立"四柜"。民国十四年（1925年），"大柜"内部陈功和陈峻分家，陈功仍然为"大柜"，陈峻成为"五柜"。同时，二柜内部因陈巍是从大柜过继的，称"小二柜"，而陈岗是陈健亮亲生，因此称"老二柜"。从此便有了"大柜""老二柜""小二柜""三柜""四柜""五柜"的称呼。[③] 由此可见，家族第一次立柜时，强调的是陈健明、陈健亮、陈健昌三人的关系。此后三人子侄辈分家重组，三个柜横向裂变为五个柜，但仍然强调横向同辈关系。这一裂变过程和系谱特征与钱杭先生在沁县对"门"的观察是一致的。[④]

山西汉族人从口里迁至口外，一些家族中的有力之人每有"汇谱"之举，即力图将口内和口外的宗亲汇为一谱。早在民国时期，在口外的山西人便有联结口内外族人，理清家族世系的行动。山西河曲县巡检村任家，从乾隆年间从原籍来口外谋生，逐渐各处开枝散叶。民国时期，族人任全熙到绥远读中学，此后一直留在当地工作生活。他感叹："每有族人询及世系，不敢贸然解答。窃思余尝遍及绥远各县，本族世系尚不明白，何以与族人联络感情？"[⑤] 为此，任全熙亲赴包头、萨拉齐、河套等地，逐处询查，搜求家谱，依次排辈，终成"西谱"，并与山西原籍的"东谱"汇于一处，这就是任氏家族最早版本的1934年汇谱。

2011年，任氏家族针对1934年旧谱存在的虽为合编实则合印、实际排辈与相延称呼矛盾、家谱中断等"三不足"，重新续谱。家族成员借助"登广告、发短信、上网开微博"等现代化通信手段联络族人，还驱车四处访查，"循着当年雁行人走西口之足迹，跑遍大后套"，在各地设立

[①] 曲胜利：《曲氏宗谱》，19—67页，何林工作室，2009。
[②] 陈孝达：《陈氏家谱续》，1—6页，内蒙古国税局印刷厂，2006。
[③] 陈孝达：《陈氏家谱续》，27页，内蒙古国税局印刷厂，2006。
[④] 钱杭：《沁县族谱中的"门"与"门"型系谱——兼论中国宗族世系学的两种实践类型》，载《历史研究》，2016（6）。
[⑤] 任全熙：《汇谱缘起》，见任存弼主编：《晋北巡检司任氏宗谱》，15页，太原，三晋出版社，2012。

"续谱召集人"，2012年终于修成了《晋北巡检司任氏族谱》。[1] 该谱弥补了1934年旧谱的"不足"，合并东西两院，以系相称，依例顺排。原东院谱称君瑞系，西院谱称君旺系，系下分支，自第九世起，分为义、祥、海、恭、温、伟六支，共记录了口里口外三十四代，收入族人1.7万余位，仍有族人限于家谱截稿日期，未能尽数收录。修谱人寄望家族后人"赓续我辈未竟（实不能竟）之事业，将我任氏族人一辈辈谱写下去"。[2] 由此看来，口内外汇谱的目的是不限家族世代，囊括全部族人，以此实现家族整合。

土默特地区的汉人家谱，存在按"门""柜""支系"等编排系谱的情况。其中"门""柜"内涵基本一致，强调家族中平行的同辈关系。这一系谱编排原则强化了移居口外家族的内部的团结。同时，汉人家族还存在遵循大宗谱法原则编排的"支系"。这种编排方式一般出现在联结"口里""口外"两边家族的汇谱之中。大宗谱法强调宗族始祖的来源、宗族直系主干的延续且不限制宗系世代，[3] 这无疑更加有利于凝聚"口里""口外"的家族认同。

三、从D先生的修谱活动看系谱编写与族际交往

在土默特地区，蒙汉民众共处同一地域空间，彼此依存，相互交融，这在修谱活动中得以具体呈现。土默特左旗D先生的修谱事迹就是一个实例。[4] D先生是土默特左旗旗志办的退休人员。退休之后，返回家乡沿河村居住，曾主持或参与自家以及乡里多个蒙汉家族的修谱活动。D先生的修谱活动始于自家修谱。他尝谓"其一曰小说报国；二曰方志报乡；三曰家谱报乡。此外欲修博物园变乡为旅游区，此为老朽垂死之志"。[5] 早在1956年，他就制成中股世系图表；1971年为西股画容；1985年开始全面收集资料；1995年完成初稿；2002年付之梨枣。[6] 此后，D先生多次参与乡里其他家族修谱。除自家家谱和母族家谱以外，他还参与编修家谱6部，其中汉族4部、蒙古族2部，有些已经出版，有些还在编修。

在D先生的修谱活动中，值得注意的是他为三个蒙古族人家修谱的事迹。这三个蒙古家族分别为与D先生同村的李家、刘家和外村的云家，下面重点讨论李家。李家在清代是平民蒙古人，乾隆年间领受户口地，自此以后在沿河村居住生活。2011年修成的《蒙古李氏家谱》是李氏家族第一次纂修家谱。该谱主要由D先生执笔书写。[7]《蒙古李氏族谱》记载：

---

[1] 任存弼:《晋北巡检司任氏宗谱》，7页，太原，三晋出版社，2012。
[2] 任存弼:《晋北巡检司任氏宗谱》，498页，太原，三晋出版社，2012。
[3] 钱杭:《血缘与地缘之间——中国历史上的联宗与联宗组织》，207页，上海，上海社会科学院出版社。
[4] 笔者对D先生的相关信息进行了技术处理。
[5] D先生画作:《十字架上的忏悔》之《画作题词》，土默特左旗沿河村D先生收藏，2018。
[6] D先生:《D氏族谱志》，1—5页，2002。
[7] 李老虎、李长在、李宝财:《蒙古李氏家谱》，53页，何林工作室，2012。

蒙古族，除上层王公贵族有谱而外，普通平民是无谱的。《土默特志》除了几家台吉、世管佐领留谱而外，还有几家平民，这已经够特殊的了。李氏蒙古族谱的出现，这也是个好的创举，这也是土默特蒙古族由马背民族，多年以来定居农耕的结果。这也是蒙古族走向现代文明，为地方文明和土默特蒙古族文化，添写的一章画卷。①

这段话反映了近些年蒙古族平民编修家谱的社会背景和变动趋势。《蒙古李氏族谱》在形制和内容上融合了蒙汉两种元素。谱书前附图片十页：第一页是成吉思汗像；第二页是一幅水墨骏马图；第三页是世祖乌拉与妻子的画像，下方空白处是双龙戏珠图；第四页是一幅题字，"开民族谱志先河，载游牧定居文明，筑蒙汉血肉长城，建天骄为国雄风。二零一一年十一月十二日"，下方空白处则绘有孤舟垂钓图；其余六页则是初稿、契约、道路、井、石碾、旧宅、新居的照片。谱书正文包括"前言、世系传略简介、世系表、李氏全家福、李氏阴宅概况、李氏阴宅、土默特蒙古风俗习惯、后记、捐款花名"等九个部分。其涵盖的内容与一般汉人家谱大同小异。所不同者，有"土默特蒙古风俗习惯"专章。这一章内容，主要从时令、服饰、饮食、住宿、婚姻、丧葬、宗教、生育、教子等方面介绍土默特蒙古人的风俗习惯。D先生曾参与新修《土默特志》的编修工作，谙熟地方历史。在家谱中加入这一内容，意在彰显李家蒙古人的社会身份。总之，在执笔人D与倡修人李家的共同参与下，《蒙古李氏家谱》蒙汉文化交相映衬，这在李家家族系谱书写中也有所呈现。

蒙古平民修谱最大的困难在于追溯祖先世系。由于大部分蒙古平民对祖先世系记忆模糊。因此，在族中倡修家谱时，首先要解决的问题是祖先世系的连缀。《蒙古李氏族谱》在前言中提道：

　　关于我系一族，在初稿中追述在乾隆朝，但由于世系连不起来，我们也不敢肯定。相传我族并非沿河村土著，依军功从西南迁徙而来，并领有户口地。吾拉约为迁来第一人，在村中胡氏契约中有记载。乌拉墓下有三丘，即三个儿子：拉莫古楞、五十一、另一子不知名字。今修谱我族以五十一立祖。为了保存材料，我们只得将吾拉一祖提出，吾拉是嘉庆道光朝人，五十一在其略后，至光绪朝初期仍在世，这是没问题的。②

由此可见，修谱者根据D先生提供的契约和自家家族墓地，追溯到了家族中最早迁入沿河

---

① 李老虎、李长在、李宝财：《蒙古李氏族谱》，1页，何林工作室，2012。
② 李老虎、李长在、李宝财：《蒙古李氏家谱》，1页，何林工作室，2012。

村的祖先乌拉，但对乌拉以前的情况，以及乌拉除五十一以外的其他子嗣情况，则并不清楚。同时，由于家谱的倡修者是五十一的后人，因此这份家谱以五十一为一世祖，共记录八世。五十一的资料则主要取自村中七圣庙碑刻、契约以及族中耆老的口传资料。《蒙古李氏族谱》一世为五十一，二世四人分别为长子根宝、次子（出家无名）、三子录录、四子万象（绝嗣），其家族世系表以四子各为一门，由于次子出家，四子绝嗣。因此家谱只记录"长门"和"三门"的后代。前述《富荣家族宗谱》也是依据坟茔排布情况，以墓地埋葬的兄弟二人各为一门，即富门、荣门。此外，今呼和浩特市新城区保合少镇古路板村的蒙古卜家，其坟地分为"东柜"和"西柜"二柜。① 按照"门"、"柜"来记录家族世系的方式，显然是受到了汉人的影响。而且，在修成家谱之前，蒙古人很可能已经在日常生活中普遍用"门"来区分家族世系了。不过，由于蒙古家族的世代较浅，根据目前已有的资料还无法看到家族的系谱分门裂变情况。

《蒙古李氏族谱》是 D 先生主修的第一部蒙古族家谱。此外，他还在 2017 年帮助外村蒙古族云先生编修家谱，目前这份家谱仍在撰写，还未出版。② 同时，他还协助同村蒙古族刘姓整理了家族世系。可以说，正是借着蒙汉民众日常生活中频繁的交往交流，蒙古族新修家谱才呈现出蒙汉文化交织交融的样貌。

四、结语

内蒙古土默特地区蒙汉家族系谱存在多样态的表现形式。有石材、麻纸、布帛、打印纸等多类材质；有手写、印刷等多种版本；有蒙汉两种文字，有不同的编写原则。这种多样性恰恰表明，在家谱生生不息的生产过程中，不断融入制度、文化等各个层面的诸多要素。这为研究者透过家族系谱编修阐释其背后的社会意涵提供了可能。

土默特地区蒙汉家族的系谱编修，从侧面反映了中国"多元一体"的社会结构如何在多重时空维度中渐进地形成。以中原地区汉族人社会为研究对象，学者们观察到自宋代以来伴随宗族组织的庶民化，家谱出现了"由官而私，由公开而私密"的发展趋势。③ 而对于清代以来才与内地逐步实现一体化的"蒙古地方"，因应社会结构从藩部到民族自治区的转变，蒙古家族也像宋代以来的内地汉人家族一样，其家谱的编修出现从官到私的转变，并且不断受到汉文化的影响。这一类似历史过程在不同时空场域中的铺展延伸，生动地诠释了中国"多元一体"社会结构的形成机理。

土默特地区汉人家族系谱中并存"门"（"柜"）与"支系"两种编修方式。钱杭先生指出，

---

① 访谈对象：卜先生；访谈人：田宓；访谈时间：2021 年 4 月 13 日；访谈方式：微信访谈。
② 笔者 2020 年 4 月 21 日打电话向云先生咨询家谱编修进度情况。
③ 潘光旦：《中国家谱学略史》，载《东方杂志》，1929 年第 26 卷第 1 号。

"目前似乎只有在沁县族谱中才能完整地、普遍地见到本文所定义的'门'及'门'型系谱"[1]。通过本文讨论可知，作为山西移民迁入地的土默特地区，也存在与沁县类似的、能够更加有效地实现家族整合的"门"（"柜"）型系谱。[2] 这一观察扩展了"门"型系谱实践范围的认识，也反映了在口外落地生根的汉人家族如何通过系谱编修加强内部团结。但还需注意的是，本文中"支系"的存在表明，当口外与口里族人汇谱时，谱系的编写原则更倾向于强调纵向异辈关系的大宗谱法，这一编修方式无疑更加能够彰显两边家族同源同族，一脉相承的关系，有利于超越口外与口里的时空阻隔，形成更具包容性的家族团结。

在土默特这一蒙汉杂居地区，山西汉人的"门"型系谱编修方式，还深刻地影响了蒙古人的家族观念。近年来，蒙古人在日常生活和家谱编修时，也用"门"来编排家族世系。因此，编修系谱这一具体活动，呈现了民族边疆地区不同民族之间自然而然的交往互动和相辅相依的共生关系，而这也正是"中华民族共同体意识"凝成和铸牢的重要现实基础。

总而言之，中国社会各地的家族系谱从形制到内容都有所区别，而在地域社会不同人群频繁的交往中，系谱编写逐渐呈现越来越多的融合性。正如孔迈隆所说："在关于中国地方的研究资料依然匮乏的时候，现在与其考虑宗族是什么不是什么，不如关注如何更加全面地展现中国社会中有组织的男系亲属群体的各个维度。"[3] 这一说法，也同样适用于作为家族发展重要内容的系谱编修。就此而言，本文所讨论的土默特地区系谱多样态书写的演变过程，为增进对中国宗族和各民族交往交流交融历程的全面认识，提供了一个可供比较的"蒙地"维度。

---

[1] 钱杭：《沁县族谱中的"门"与"门"型系谱——兼论中国宗族世系学的两种实践类型》，载《历史研究》，2016（6）。
[2] 此外，任雅萱研究了山东莱芜地区的"门"型系谱。参见任雅萱：《分"门"系谱与宗族构建——以明代山东中国山区莱芜县亓氏为例》，载《中国社会经济史研究》，2017（2）。
[3] [美]孔迈隆：《中国北方的宗族组织》，夏也译，见中国社会科学院社会学研究所：《家庭与性别评论》（第4辑），184页，北京，社会科学文献出版社，2013。

浑津、黑河圈内十三庄二十四户述考

韩国栋[①]

在土默特左旗十三庄蒙古文化研究会的努力下，经过三年多的资料查访及整理，《十三庄二十四户史话》付梓出版了，这是土默特历史文化建设方面的又一可喜成果，也是土默特历史文化的重要组成部分。当我们读着这部饱含编者心血的族源史，仿佛走进了十三庄二十四户的时空隧道，不得不感叹如梭的岁月带给人们的回忆，当我们蓦然回眸，各种感慨随之涌上心头。

根据白庙子镇王德柱老人提供的族谱资料整理及各庄的资料，形成的《十三庄二十四户史话》，首先阐明了十三庄二十四户蒙古族的先祖来自成吉思汗的"四獒"之一，兀良哈部速不台及其部众的后裔，这一资料纠正了个别人长期以来对十三庄二十四户蒙古族的偏颇。特别是族谱根据他们源于兀良哈部蒙古族的这一依据，整理出了十三庄二十四户在蒙古历史舞台上充当过的重要角色，以及清康熙三十四年（1695年），他们作为十三皇庄庄主，为开发土默川做出的贡献。

据《土默特史》载，兀良哈是古老的北方部落名称，又译作乌良孩、乌梁罕、乌浪汉、乌梁海等。在《元朝秘史》中，成吉思汗远祖朵奔蔑儿干时也有这一部落名称。蒙元时代，兀良哈一称用来泛指居于森林中以狩猎为生的民众，叫做"林木中百姓"，但改变了生活状态从事畜牧业生产的一部分兀良哈人仍然被习惯地称作"林木中百姓"。成吉思汗时，从事畜牧业生产的兀良哈人中出现了辅佐成吉思汗屡建功勋的者勒蔑、速不台等一些叱咤风云的人物。

在元代，者勒蔑的后人率领一部分兀良哈部人，居住在今内蒙古扎赉特旗境内的朵颜山、绰尔河一带。1316年（延祐三年），以他们为核心还有少部分的乃蛮人和塔塔尔人，在此建立了朵因（颜）温都儿兀良哈千户所。明洪武、永乐年间，他们又成为明朝的羁縻卫——朵颜卫，至景泰年间（1450—1456年）南下古北口、喜峰口与明朝为邻。

元朝政权退回草原后，兀良哈人归附了明朝，明政府分别设置成为"朵颜""泰宁""福余"三个卫所，明朝统称三卫为"兀良哈三卫"或"朵颜三卫"。但是不久，兀良哈三卫又归附北元，明朝派兵讨伐，双方关系断绝。

[①] 韩国栋：呼和浩特市土默特历史文化研究会会长、呼和浩特市作家协会理事、土默特左旗历史文化研究会副会长、土默特左旗蒙古文化研究会副会长。

而仍然居住在漠北地区的兀良哈人，在成吉思汗时代，出现了一个名叫兀答赤的千夫长，成吉思汗去世后，他的子孙带着自家的千户世代守卫不儿罕合勒敦（今蒙古国乌兰巴托市东肯特山）地方成吉思汗陵寝，史称大禁地兀良哈。

到了蒙古大汗达延汗（1479—1517年）在位时期，将漠南、漠北蒙古部落、部族合并为六个万户，其中大禁地兀良哈人建立为兀良哈万户。但六个万户中的兀良哈万户并未将朵颜兀良哈人纳入其中。而是采取联姻等方式纳入了自己的统治之下。据《土默特史》记载，达延汗建立六万户时，分封自己的儿孙到各万户及万户之下的各部担任领主，确立成吉思汗——忽必烈黄金家族对东蒙古的牢固统治，但唯独没有向兀良哈万户派遣儿孙，所以兀良哈万户与东蒙古各万户的统治者既无血缘关系，也缺乏政治和经济上的密切关系。

16世纪30—40年代，土默特部实力迅速强大，在与明朝处于长期对峙状态时，漠南蒙古各部为了取得自己不能生产的生活必需品时，常常在长城脚下绵延数千里的地带为获得生活必需品与明朝扬鞭征战。这时，兀良哈（万户）人则趁蒙古军队南下之机，偷袭他们的后方老营，劫掠财物和妇女、儿童。当时蒙古各部为了解除兀良哈这个后顾之忧，联合各部对兀良哈进行了征讨。

于是蒙古大汗博迪汗下旨要求鄂尔多斯万户衮必里克、土默特万户阿勒坦率军作战，这一年阿勒坦只有18岁，其兄衮必里克只有19岁。

征服兀良哈的军事行动共进行了六次，这场旷日持久的征讨用时长达20年，开始时阿勒坦配合蒙古大汗博迪汗及长兄衮必里克进行的，后来的两次由阿勒坦独立完成，并彻底降服兀良哈。

在强大的黄金家族后人的轮番进攻下，兀良罕人一步步退入落败的境地，《阿勒坦汗传》中对征讨兀良哈的情形有过详细的记载。

1541年（嘉靖二十年）及1544年（嘉靖二十三年），阿勒坦汗单独进行了第五次、第六次征伐兀良哈战事，这两次是在前几次基础上的征伐，此时兀良哈的势力已被大大削弱，因此尚未被彻底歼灭和归附的部分兀良哈属于"残余的兀良哈"。这两次征伐是其兄衮必里克去世后，阿勒坦汗独立进行的，在第六次征伐中，阿勒坦汗降服了莽海锡格津，令其恭敬地守护额真的白室，即充当成吉思汗斡耳朵的守护者。

1548年（嘉靖二十七年）后，北元达赉逊汗为躲避右翼阿勒坦汗对中央汗廷的威胁，向东迁徙到兀良哈三卫驻牧地区，吞并了福余、泰宁二卫。继达赉逊库登汗之后，喀喇沁右翼之封建主巴雅思哈勒（阿勒坦汗弟弟）又从开平徙至今昭乌达盟巴力嘎苏台。

1549年（嘉靖二十八年）左右，阿勒坦汗率右翼诸部征服朵颜卫影克等，阿勒坦汗将其赐予其弟昆都仑汗（即巴雅思哈勒），土默特部和喀喇沁部进一步向东扩展，朵颜、泰宁、福余三卫中的朵颜卫部众收归右翼之下。这一时期，原驻牧宣府大同以北与喀喇沁为邻的阿勒坦汗长子僧格都隆洪台吉向东扩展势力时，采取了联姻政策。此间，土默特部的阿勒坦汗将其女儿许配给济拉玛（者勒篾十代曾孙）猛古歹之子为妻。阿勒坦汗之子僧格都隆，将女儿许配给兀良哈的炒蛮为妻。僧格都隆本人的三个妻妾，均娶自兀良哈部，其中就有兀良哈部巴音达来之女。僧格都隆有十一个儿子，其中的六个儿子（噶勒图、朝克图、土勒嘎图、道罗木图、巴颜、明安台吉）是兀良哈氏夫人所生。从此，土默特部以姻亲的方式，将朵颜卫兀良哈之猛克、猛古歹、斡抹秃、伯颜帖忽思、把兔孛罗、伯思哈儿、板卜等部归附。而僧格都隆的六个儿子（噶勒图、朝克图、土勒嘎图、道罗木图、巴颜、明安台吉）均随母驻牧于该地，因而形成了土默特部与朵颜兀良哈人之间兀爱营，使朵颜兀良哈部的势力逐渐走向了解体。

僧格都隆于1582年西去土默特继父之汗位，他的儿子噶勒图成为兀爱营首领。这一时期，蒙古勒津数万部众从土默特部东徙，与噶勒图一起游牧。1615年（万历四十三年），噶勒图去世，其子鄂木布楚琥尔接管其领地。1627年（天启七年），蒙古大汗林丹汗在后金的军事威胁下，率部向右翼蒙古进发，先后击败了喀喇沁、土默特等部。随着博硕克图汗去世、那木尔台吉被杀，土默特万户各部纷纷奔逃，自寻出路。如杭锦等部依附了鄂尔多斯，蒙古勒津部投奔原兀爱营的塔布囊，成了其后东土默特右翼旗的主要部众，另有些部落则成了清政府支持的呼图克图的部众，只有土默特部残存的部众仍守在故地。第二年鄂木布楚琥尔与喀喇沁的苏布地联合土默特等部，曾败林丹汗于土默特之赵城。鄂、苏在归途中再败林丹汗赴张家口的请赏之兵三千。

1629年，驻牧于满桃一带的土默特之鄂木布楚琥尔和兀良哈的善巴二人因惧林丹汗势力，投附了后金皇太极。1630年按皇太极的旨谕，率领各自的部众东迁朝阳、阜新（今辽宁朝阳、阜新）地区。

1632年（天聪六年，明崇祯五年），后金国主皇太极率军追击林丹汗，皇太极占据库库和屯（今呼和浩特市）后，令满洲军队对土默特部众"逃者尽俘之，杀其男子，俘其妇女"，又命部下"所至村堡悉焚其庐舍，蹂躏其粮米"，这就是史载的"皇四子烧绝板升"，结果是完全毁灭了土默特部的社会经济。土默特部领主俄木布洪台吉率余部投附了后金。后金皇太极虽然要求俄木布保持原状，心里却对土默特部曾与明朝的友好而耿耿于怀，1635年以"谋叛罪"将俄木布送至盛京（沈阳）关押。1636年（清崇德元年，崇祯九年），后金改国号为大清。清太宗皇太极废掉土默特部的王爵，贬俄木布为庶人。6月，将俄木布交给古禄格等，带回土默特部管束。接着编土默特部为左右两翼，每翼一旗，设置了都统、副都统、参领、佐领等官，定两翼旗为内属旗，由清政府直辖管控，从此土默特两翼旗便没有了王爷。

顺治三年（1646年），清政府在土默特北境安插了原驻牧于呼伦贝尔之四子部落，是为四子王旗；顺治五年（1648年），在土默特部的西境、西北境安插原游牧呼伦贝尔一带乌拉特三公旗；

顺治十年（1653年）、康熙三年（1664年），分别安插达尔罕贝勒旗、呼伦贝尔之茂明安部于土默特北境、西北境，是为达尔罕贝勒旗和茂明安旗；康熙十四年（1675年），清政府平定布尔尼之乱后，又将察哈尔部由锦、义地区迁至土默特东境，建立了察哈尔八旗。这样，土默特部就被圈定在狭小的范围之内了。清康熙三十四年（1695年），清军在与噶尔丹经过几十年战争后，清王朝的统治获得巩固。土默川的牧地受到康熙的关注，决定予以开发。

康熙三十四年（1695年），康熙帝在征噶尔丹期间给皇太子雍礽上谕曰："二十六日驻跸于达尔罕拜星，自离归化城向南西行，地皆宽坦，新设御屯于此，所辟地亩耕之不尽……于是，奉康熙之命，十三庄的祖先从热河八沟迁来归化城南、西南戍边。同年的3月18日，十三家庄头和二十四户的蒙古族在横约五十华里的大黑河南岸定居生存。

据十三庄耆老回忆，十三家庄主被清廷设为浑津、黑河十三庄后，当时天寒地冻、粮食缺乏、生活极为窘迫。而佐证这一窘况的则是乾隆十九年（1754年）的《移修龙王庙始末原由》碑志记载。该记载说，十三庄二十四户的蒙古族刚来土默川时，衣食难保，生活极为痛苦。为了发展与生存，改变现状，解决温饱问题，他们在康熙四十二年（1703年）奉旨与清廷委派的山西民工开垦荒滩，开挖了"将军渠"，用来灌溉土地，发展农业生产。经过四十年的发展，即乾隆初年（1736年）十三圈已开垦出2600余顷肥沃的土地，生活得到了明显的改善。

雍正十三年（1735年），兵部尚书通智曾把十三家庄头改为"民种升科"，等于革退了十三家庄主，降低了身份。乾隆元年（1736年）经清政府总理处王大臣上奏朝廷："归化城一带不便改为民种升科"，得到朝廷恩准后，给十三庄恢复了庄头待遇，通智被革职。随后清廷任命瞻岱负责建城事务。乾隆四年（1739年），绥远城建成后，将驻扎山西右卫建威将军与驻防八旗在城内屯驻就绪，这就需要更多的粮食来供应驻防绥远城的八旗兵及家眷。当时，十三庄已开垦的2600顷地，但官府只给十三圈每庄留18顷地，让交200仓石粮，其余土地交地方招租赋来承担，这就说明，庄头人的赋税是非常重的。

乾隆元年（1736年）二月，张谋（张庄庄主）等十二家庄头因所种地亩上年遭旱灾粮食无收，不能缴纳，呈文恳宽缴纳，但未得到清廷的回复（呈文见土左旗档案馆卷号码1836复印原件）。

为此乾隆元年（1736年）九月，十三庄庄头等呈称："与其只留我等十八顷耕种，其余交亩地招民垦种，不如将所种地亩情愿交官搬迁进口内生存（中国第一历史档案馆馆藏内务府档案11卷15号）。"

这个档案至少说明，当时官府给出的政策是留18顷地，交200石粮。对这一苛政，十三庄二十四户不但无法办到，而且他们的家眷也是无法生活的，所以他们要回老家八沟去生存，这就是乾隆元年（1736年）发生"搬移进口案"的起因。尽管十三庄二十四户提出了这样的请求，但他们对于经营了四十余年的这块热土，实属难以割舍。以致当时内务府的档案记载：乾隆元年十月搬迁进口内安插交于内务府官约束十三庄头施行。但今（乾隆二年）庄头等因何复有推诿拖延之处，其中恐有别的什么原因正在查询。后根据方庄方文正庄主、刘存朝庄丁等建议，都统王常、副都统瞻岱了解情况后，提出解决方案并呈报清政府总理事务处："十三圈庄头、庄丁等名下男妇家口共有一千一百八十六名，若令交地进口实系安土重迁，若每庄只给地十八顷，既不敷缴纳当差，也不能养瞻家口，况搬移口里的应拨地安插。而交出的地亩又须交民耕种，与其多费周折，不如稍微变通处理。正确的方案为：浑津黑河两处庄头（庄主）十三名，每人名下给地六十顷，每年交米二百石，每亩交米计三升三合零。其余地亩仍照议招民耕种，新城驻兵等均无违碍（中国第一历史档案馆馆藏内务府档案11卷15号）。"

王常将军、副都统瞻岱所呈奏文后，清政府总理事务处得以通过，并回复："归化城外十三名庄头搬移进口安插一案应如副都统瞻岱所呈，停其进口，每名给其地亩令其当差，其余地亩招民耕种（中国第一历史档案馆馆藏内务府档案11卷15号）。"

至此，十三庄庄头人在圈地内有了合法的土地经营权，即每庄给地60顷，每年仍交粮200石（每亩3升3合）。后因历年水冲沙压，耕地有所减少。为了弥补这部分损失，嘉庆七年（1802年），从大青山后四旗空闲地内又拨补庄头地790余顷，于是，每年按照清政府的规定从山西调拨富有耕作经验的农民及各类匠人15～20人，进入圈地内。这些汉族农民和各类匠人按照清政府的规定，每年三月三日来，九月九日归。并规定不准携带家眷、不准落户，更不准与当地蒙古族通婚。这些从山西来的汉族农民不仅为圈地内带来了先进的农业技术、文化及建筑、医药等方面知识，同时促进了经济、文化方面的繁荣。经过长时间的交往，他们与圈地蒙古粮庄增进了友谊和感情。

三百余年来，十三庄二十四户生活在土默川上，据清政府内务府档案记载："十三庄二十四户属清政府内务府管辖"，由此可见，他们的隶属关系一直属清政府内务府管辖。1912年1月1日，清朝被推翻，民国建立。3月10日，袁世凯接任临时大总统，北洋军阀的统治就此开始。4月，北洋政府将归绥等各厅改县，同时将土默特两翼合为一旗，十三庄二十四户属归绥县管辖。民国二十三年（1934rh），荣祥继任土默特旗总管，改其名为土默特特别旗。自从改为土默特特别旗后，西十圈十三村庄头民众代表刘财、吴斌、宋金良呈文土默特特别旗总管：同意、自愿将男女老幼1367口户口，地亩157顷72亩一并归入土默特特别旗籍，发给执照。

但该呈文未获批准，直至新中国成立后，1953年3月，撤销归绥县后，十三庄划归土默特旗管辖。

据十三庄二十四户耆老回忆，他们来到土默川上一直使用蒙古语言文字进行各种交流活动。但乾隆之后，受走西口汉族农民的影响，逐渐使用汉语、汉字，到清末已完全汉化了。

在通婚方面，按照清政府的法律，蒙古族只能与自己的民族及满族通婚。时至中华民国肇建，十三庄二十四户蒙古族开始与汉族通婚、逐渐融为了一体。

除此而外，十三庄二十四户蒙古族在保家护国方面历史也是有据可查的。

1900年，八国联军进京烧杀抢掠、横行无度，据《清实录》记载：归化城圈地内的十三庄二十四户的蒙古族从莫林泰（今茂林太）挑选膘肥体壮的好马、出骑兵200人去保卫北京。他们这种行为充分体现了一种爱国精神。

抗日战争时期，党中央开辟大青山抗日根据地，八路军一二〇师李井泉支队挺进大青山，西王庄的憨小子（烈士）、张庄的张占成、张俊、潘庄的潘生发、潘巨德、赵庄的赵拉柱、兵州亥村的王大吉等同志，他们都加入了大青山抗日游击队，为抗日战争的胜利做出了贡献。解放战争时期，十三庄二十四户一些热血青年积极投身解放事业，西王庄的邓图、刘忠，贾家营村的丁义忠、东刘庄的刘玉昌等同志都参加了解放战争。1950年10月，抗美援朝战争爆发，潘庄的潘步恩同志、东刘庄刘拉柱同志、东王庄的王纪国同志、贾家营的丁守志、丁红红、西黑河村的张小平、大黑河新营子村的张德成、宁黑秀、李天才（烈士）、西刘庄的刘跃、赵庄的赵德礼同志、西王庄的王德美、王永春、王补源等同志，都在朝鲜战场上用血肉之躯写下了保家卫国的不朽篇章。

在社会主义建设和改革开放时期，十三庄二十四户的蒙古族同胞也顺应时代发展的需求，融入社会主义的大家庭里。其中，西王庄村的王德明同志、王燕同志，大黑河新营子村的鸿玲同志，刘家营村的王银柱同志，西地村党支部书记、村委会主任丁守荣同志，潘庄村的潘永庆、潘步添同志，杜庄村的杜连成、杜春秀同志，玉泉区姜家营村原党支部书记姜二拉同志，东本滩村张满金同志，东王庄四间房村王德金同志，他们都在不同的工作岗位上，踏踏实实地做好自己的工作，分别获得了各种荣誉称号，有的甚至献出了宝贵的生命。

综上所述，从康熙三十四年（1695年）到现在，十三庄二十四户人们生活在土默川上已有三百余年。这些勤劳、淳朴、善良的圈地蒙古人走过艰难曲折的道路，历尽千辛万苦，从贫穷落后的生活环境中逐渐走向了繁荣富裕之路。因此，《十三庄二十四户史话》的出版，就是为了更好地缅怀先人，缅怀革命先烈，增进民族间的互相了解，铸牢中华民族共同体意识，为富民强旗作贡献。

大事记

约 9、10 世纪，兀良哈部落人走出贝加尔湖巴尔古真滩森林，群居于不儿罕山以及三河流域源头生存。

1190 年始，兀良哈部落首领速不台，由百夫长成长为铁木真麾下一名军事指挥官，统领军队的将军。

1206 年，成吉思汗封授速不台为第 51 位千户长。速不台千户以兀良哈部落人为主，吸纳了战争所得到所收集到的"百姓"组成。速不台千户中各大家族牧户在土拉河、克鲁伦河一带过着住毡包、吃肉食、喝奶酒的群体游牧生活。

1212 年始，速不台统领兀良哈蒙古军的将领们、军士们参加了蒙元战争。

1246 年，速不台在土拉河营地休养期间，执笔将本兀良哈各家族头领及本部家族护卫的两个代表头领的名讳和三位那可儿（伙伴）记载留名。

1296~1303 年，十三庄二十四户在这一时期的先人们，迁往额客朵颜温都儿（朵颜山）一带兀良哈封地驻牧。

1316 年，元廷将迁居在朵颜山兀良哈封地的几个千户，合组编成一个朵颜温都儿兀良哈千户，置千户所管辖。

1389 年，明廷在朵颜山、绰尔河地区置朵颜卫，脱鲁忽察儿为指挥同知，那木思楞所部兀良哈人编入朵颜卫。

明正统（1436~1450 年）至明嘉靖（1522~1567 年）年间，在长城近边游牧的十三庄二十四户这一时期的先人们参加了明蒙互市贸易。

明嘉靖年间（1540 年之后），十三庄二十四户这一时期的先人们归附喀喇沁部，游牧在喀喇沁大草原上生存。

1608 年，在喀喇沁大草原，王高棠（东王庄第十三世祖）住地，成立兀良哈安达部。推举王高棠为部主，潘发为护卫率兵主将，王山为护卫率兵副将。

1619年，王高棠与潘发、王山率领的兀良哈部安达部铁骑军，参加了明清战争。

1629年，苏布地、色楞与兀良哈安达部举部归附后金。皇太极诏封苏布地部、兀良哈安达部仍驻喀喇沁旧牧地。十三庄二十四户这一时期的先人们固定在热河八沟驻牧。

1635年，皇太极正式建编八旗蒙古军，兀良哈安达部被诏编为八旗蒙古军。1644年进驻北京城，驻守在正黄旗蒙古八旗所在地。

1690年，十三庄二十四户这一时期的先人们，依正黄旗蒙古八旗兵、正黄旗护军营披甲武士身份，随康熙帝西征噶尔丹。

康熙三十四年（1695年）三月十八，十三庄二十四户的先人们，携家眷、持御赐证书、虎头牌、九节钢鞭，赶着勒勒车，邀着马、牛、羊群，来到归化城南十三圈地，设浑津、黑河庄头十三家。

雍正年间，二十四户在南茶房关帝庙内设立自己的家庙，家庙内供有画着雍正皇帝赐给二十四户地产和房产的黄龙绞锻图。

乾隆年间，十三庄二十四户"搬迁进口案"。

乾隆十九年（1754年），在经理庄头潘文魁等组织下移修了龙王庙，立碑一统，碑刻"移修龙王庙始末缘由"。

乾隆四十七年（1782年），在赵通、刘德茂、潘岐、杜锦文的组织下，再次修缮了龙王庙。时任绥远城将军的嵩椿，特奉命在龙王庙授立碑一统，碑文书"特授归化城蒙古庄头□□□"等大字。

光绪年间，十三庄更换新庄主。

民国年间，绥远旗务生计处实行办理分授圈地于绥远城各旗丁，史称"安插地"。

民国年间，西十圈十三村庄头民众代表刘财、吴斌、宋金良呈文土默特特别旗总管，自愿将157顷72亩地归入土默特特别旗籍，并发土地执照。

抗日战争时期，在中国共产党的领导下，十三庄二十四户的蒙古族同胞，加入大青山抗日游击队队伍中，同日寇进行了艰苦卓绝的斗争。

解放战争时期，十三庄二十四户的蒙古族同胞，参加了解放战争。

抗美援朝时期，十三庄二十四户的蒙古族同胞，参加了抗美援朝战争。

社会主义建设和改革开放时期，十三庄二十四户蒙古族同胞们，积极投身于祖国的各行各业各项建设中做贡献。

1953年，经中央人民政府批准，正式认定十三庄二十四户是蒙古族。

1955年国家发批文，潘庄民族学校成立。1976年建潘庄民族中学。

2012年6月，王德明老先生出版著有"呼和浩特市地区十三家庄头简述"文章的《回忆与思辨》一书。

2013年9月6日，十三庄地方史研讨会在潘庄民族学校会议室举行。

2018年9月6日，十三庄二十四户族源史研讨会在白庙子镇西王庄村村委会举行，会上宣布成立族源史编写组。

2019年3月18日，在原安乐庄（今大黑河新营子）召开圈地十三庄二十四户蒙古族族源史研讨会。

2019年7月，圈地族源史编写组王德柱、潘永斌、王仲生起草制定了《历史沿革》提纲与标题目录。

2019年7月25日，田宓教授、邱源媛研究员来潘庄考察十三庄二十四户蒙古族家族谱、云谱以及碑刻、契约等历史资料，并与编写组成员座谈交流。

2019年7月27日，举行十三庄二十四户代表参加的《历史沿革》史料征集工作报告、研讨、交流会。

2019年8月16日，土默特历史文化研究会领导来圈地考查十三庄二十四户蒙古族族源史，并指导编写工作。

2019年8月18日，编写组成员前去姜家营、班定营子调研。

2019年10月24日，十三庄二十四户代表与田宓教授探讨、交流圈地蒙古族历史文化。

2019年11月2日，速不台后裔王德柱与者勒蔑后裔乌成荫，就乌梁海（兀良哈）部落史，进行广泛的探讨、交流。

2020年1月，田宓教授赴中国第一历史档案馆，查阅清内务府有关十三庄二十四户记载档案，带回档案记载原文复印件十几件。

2020年5月18日，白庙子镇赵庄等村赵氏家族代表举行赵氏家族修谱研讨会。

2020年7月，潘庄潘氏家族成员，去贾家营调查其祖先潘义隆在丁庄、贾家营的生活历史，并祭祀祖坟。

2020年7月6日，编写组成员去二道凹、小阿哥营调研。

2020年7月26日，白庙子镇潘庄村潘氏家族代表举行潘氏家族修谱研讨会。

2020年8月9日，白庙子镇东王庄、四间房村王氏家族代表举行王氏家族修谱研讨会。

2020年8月12日、14日，编写组负责人两次在土左旗与土默特历史文化研究会成员进行对接、研讨、交流。

2020年8月17日，召开了十三庄二十四户蒙古族史编写工作会议，田宓副教授就查回来的内务府档案内容和修撰家族谱方面有关事宜，和编委会委员们以及与会代表们进行交流。

2020年8月26日，潜心研究圈地蒙古族历史二十余年的王德明老先生，向与会人员讲述圈地蒙古族人的历史。

2021年1月12日，土默特左旗十三庄蒙古文化研究会批准成立。

2021年4月29日，土默特左旗十三庄蒙古文化研究会挂牌剪彩仪式在白庙子镇四间房子村、潘庄村举行。

2021年8月1日，编委会成员再次去姜家营村调研。

2021年9月7日，呼和浩特市的作家、学者来十三庄蒙古文化研究会进行历史文化考察调研。

2021年10月，名誉会长鸿玲带领宁氏家族主要代表，与十三庄蒙古文化研究会成员，就宁氏家族史进行研究、交流。

2021年12月1日，内蒙古红太阳食品有限公司党支部书记、常务副总裁、红太阳公益基金理事长于秀林及总裁助理苏国栋一行，来土默特十三庄蒙古文化研究会进行调研活动。

2022年1月6日，《十三庄二十四户史话》定稿报告会在土默特左旗召开。土默特十三庄蒙古文化研究会编委会成员与土默特历史文化研究会领导，经认真研讨、评估，书稿顺利通过。

2022年8月6日，在十三庄蒙古文化研究会办公室，田宓教授与十三庄蒙古研究会部分成员交流土默川区域社会史、十三庄二十四户史等。

2022年8月15日，土默特左旗十三庄蒙古文化研究会在白庙子镇十三庄蒙古文化研究会办公室，举行学术研讨交流会。

2023年2月23日、3月11日，十三庄蒙古文化研究会编委会部分成员，两次召开办公会议，集体审议《十三庄二十四户史话》书稿，一致同意书稿定稿付印。

参考资料

一、历史档案

《中国第一历史档案馆馆藏内务府档案》

《中国第一历史档案馆馆藏清内国史院档》

《钦定内务府现行则例》"归化城安设粮庄"

《康熙亲征噶尔丹期间给皇太子胤礽上谕选》

《土默特左旗档案馆档案》

《中国共产党中央蒙绥分局统一战线工作部文件》手抄本

《浑津十三圈初步调查报告》

二、典籍

《清实录》，中华书局，1986 年

《史集》，波斯史学家拉施特主编

《蒙古秘史》，特·官布扎布译，内蒙古人民出版社，2020 年

《大元光禄大夫同平章政事兀良氏先庙碑铭》，元翰林学士王恽撰，钦定四库全书《秋涧集》卷五十

《元史》，中华书局，1976 年

《明太祖实录》，中华书局，1985 年

《明史》，中华书局，2020 年

《内蒙古通史》，内蒙古大学出版社，2009 年

《阿勒坦汗传》，内蒙古大学出版社，2014年

《平泉县志》，方志出版社，2011年

《绥远志》，内蒙古地方志光绪十四年（1908年）刊印

《绥远通志稿》，内蒙古人民出版社，2007年

《呼和浩特地名志》，呼和浩特市人民政府，1985年

《土默特志》，内蒙古人民出版社，1997年

三、族谱、文物、碑记、契约

《五部陀罗密经》，1511年乔阿齐儿翻译的阿利伽文版本

《速不台后裔王家宗族谱》

《正黄旗福惠管领下杀虎口外浑津居住庄头潘义龙家谱》

《高庙子（二十四户）王氏家族云（容）谱》

满汉文写本，五彩绢质诰命一轴

朵颜卫左千户所百户印

清朝正黄旗护军统领印、令牌

《宣府志图说》

《移修龙王庙始末原由》碑记

《特授归化城蒙古庄头□□□》碑文，潘庄村委会存

大黑河新营子村委会收藏的地契约

胡庄胡氏家族契约

四、论著

《松亭行纪》，清高士奇编

《吴三桂大传》，李治亭先生编

《回忆与思辩》，"呼和浩特地区十三家庄头简述"王德明编

《喀喇沁万户研究》，乌云毕力格教授

《关于朵颜兀良哈人的若干问题》，乌云毕力格教授

《平泉由游牧到农耕的转变》

《归化城的庄头与庄头地》(发表于土默特左旗政协文史资料)

《归化城里的家庙巷》，责任编辑杨腾格尔

《承德地区喀喇沁蒙古族的变迁》，内蒙古师范大学邓静先生

《元太祖时期汗庭和蒙古本土地区除授》，暨南大学古籍研究所屈文军副教授

后 记

《十三庄二十四户史话》几经增删修改完善，即将成稿刊印出版。此次出版的史话，以史为话、追源溯史，把十三庄二十四户的传说历史与中国第一历史档案馆馆藏内务府档案、土默特档案馆历史档案、文献史料、碑文碑记结合起来，再现了八百年来十三庄二十四户的先祖们那段生产、生活的历史样貌。

参加《十三庄二十四户史话》编写工作的十三庄蒙古文化研究会编纂委员会的全体成员以及十三庄蒙古文化研究会的全体会员，由常务副会长兼秘书长潘永斌牵头，首先确定了全书的主题内容，列出了详细的题纲，拟就了大小标题，并开始全身心地投入到有关史话方面的先人传说、文献史料、文史资料、馆藏档案等的收集、查阅、研讨工作中。这一抢救性挖掘、整理的重任，历史地落在了我们这一代人身上，如果我们这一代人手上再不去叙写这段历史，若干年后这段历史大部分将会丢失或者消失，再也无法找回来。

2019年3月18日重返安乐庄——圈地族源史研讨会召开，拉开了本书编写工作的序幕。编写组（研究会成立之前叫编写组）的人员，先后深入到丁庄（贾家营）、姜家营、小阿哥营等地调研，邀请中国社会科学院历史研究所邱源媛研究员、研究十三庄蒙古文化的田宓教授来庄与十三庄二十四户代表坐谈；去中国第一历史档案馆查阅了馆藏的内务府档案，查到了大量的记载关于十三庄二十四户的档案；研读了《清实录》《蒙古秘史》等一大批文献史料；由赵庄开始，潘庄、东王庄等村庄都召开了本庄家族史研讨会。研究会成立后，编写组正式更名为编纂委员会。编委会全体成员由潘永斌率队，继续深入各庄各村实地调查、走访老人，全面地考查、了解十三庄二十四户的历史，以崇高的责任心、使命感和科学严谨地精神，起草了《十三庄二十四户史话》初稿、一稿、二稿、三稿。依照研究会会员以及各方人士提出的修改意见和建议，对史话初稿做了进一步多次全面修改。最后由十三庄蒙古文化研究会编纂委员会集体会审，并由学者、专家评审后定稿。本书还特约了部分名人名家写了专题论著。

特邀请了宝成先生（嘉兴大学浙江省中国共产党创建史研究中心特邀研究员、享受国务院政府特殊津贴专家、国家民委领军人才、"资深翻译家"荣誉称号获得者、蒙古国科学院荣誉博士。）和哈森其其格博士为本书撰写了序。

参加《十三庄二十四户史话》编写工作的还有已退休的老干部、老教师、老同志等，他（她）们对本书的编写给予了极大的关怀、鼓励、支持和资助，通过多种方式进行了认真地把关，尽最大的力量为编写此书献出自己的一份真情厚意。比如东王庄王氏家族第二十四世孙王德柱老人，整理出了埋藏地下多年，记录着十三庄二十四户先人们八百多年来大部分生活信息的《速不台后裔王家宗族谱》谱帐，和东王庄王玺恩保存的老祖宗遗物《五部陀罗密经》献给编委会。王德明老人，将潜心研究珍藏的60本《清实录》及摘抄的《清实录》《大清会典》等史料的1000余张卡片，无偿捐赠研究会。在此我们对关心、支持、参与《十三庄二十四户史话》撰写工作的王德柱、王德明、云纳林、潘清、赵贵生、丁守壁、赵登忠、赵连贵、王志、赵成林、吴巨魁、吴巨潮、杨双喜、胡兰根、王仲生等所有老干部、老教师、老同志表示由衷的敬意。

呼和浩特市社科联、市文体旅广电局、市民委、市民政局、市土默特中学、市土默特小学、土默特左旗政协、旗统战部、旗纪检委、旗文体旅广电局、旗民委、旗民政局、旗文管局、旗发改委、旗历史文化研究会、旗蒙语会话班等单位和领导以及社会各界，对编写《十三庄二十四户史话》都给予了极大的支持和热情的帮助。同时，编写过程中还参考了不少学者、专家的著作。在此，我们一并表示诚挚的谢意。

本书的出版得到了圈地上各方人士和社会贤达的鼎力出资相助。为彰此善举，故录其芳名如下，大德贤名永载史册。他（她）们是：于忠贤、于秀林、姜二拉、姜满锁、姜环锁、姜满义、潘虎忠、潘月忠、潘永庆、潘永斌、潘达、潘清、潘永强、潘计成、王德柱、王峰、王志、王永峰、王玺印、王仲生、王吉祥、王明秀、王铁小、王永军、王喜平、王月海、王军平、王耀东、王宽宽、王金柱、王聪明、王二明、王三明、王振宇、赵克瑞、赵金拴、赵满英、赵玺英、赵成林、赵贵生、赵登忠、赵德华、赵贵成、赵连忠、赵欣、赵连贵、赵勇、赵三虎、赵二亮、范巧鲜、张文亮、张拉弟、张永在、张银亮、张金旺、张兰云、张聪明、张明、丁守荣、丁守壁、胡兰根、胡胜军、胡文龙、杨双喜、杨月善、刘彩艳、刘存威、刘海平、刘维成、刘耀成、李润才、李慧军、李金换、李月青、李月和、李兰柱、石埃九、杜永威、杜利平、杜利荣、吴巨魁、吴志军、吴桂喜、武永军、居利平、聂粉秀、付永亮、田永在、宋满义、王兰柱、高鹰、周满元、韩玉强、徐家惠、姚永明、姚志刚、姜家营村、大刘庄村、三贤庄村、新营子村、潘海平、潘永富、杜文宇、杜玺生、刘文林、杜利忠、刘来彪、王林虎、王艳军、王永在、安丝雍、杜志刚、赵三和、王燕珍、娜日莎、潘兰凤、杜志强、赵继云等。对资助过《十三庄二十四户史话》编写、出版工作的人们表示诚挚的谢意。

《十三庄二十四户史话》凝聚了编纂委员会全体成员的心血，是集体智慧的结晶、共同劳动的成果。我们相信，这部书的出版，必将引起十三庄二十四户人们的强烈反响，必将增进各民族间的相互了解，也必将让越来越多的人了解真实的十三庄二十四户蒙古族人的历史，消除社会上一些人对十三庄二十四户蒙古人产生过的种种误解，进一步推动对蒙古文化的更深入的研究，促进庄头蒙古族人牢固树立中华民族共同体意识，激励后人努力学习、实践中国共产党的民族理论、民族政策，听党的话，跟党走，为全面建成社会主义现代化强国，全面实现中华民族的伟大复兴做出更大的贡献。

愿中华民族的优秀文化发扬光大，永续传承。

愿祖国强大繁荣昌盛，各族人民共同富裕幸福安康。

由于时间仓促，水平有限，疏漏在所难免，敬请各位批评指正。

土默特左旗十三庄蒙古文化研究会
2023 年 3 月 9 日

图书在版编目（CIP）数据

十三庄二十四户史话：汉文、蒙古文/王德柱，潘永斌，王仲生编著. -- 北京：民族出版社，2024.1
ISBN 978-7-105-17236-8

Ⅰ.①十… Ⅱ.①王…②潘…③王… Ⅲ.①故事—作品集—中国—当代—汉、蒙 Ⅳ.① I247.81

中国国家版本馆 CIP 数据核字 (2024) 第 076759 号

十三庄二十四户史话

策划编辑：哈森其其格
责任编辑：哈森其其格
责任校对：吴灵芝
出版发行：民族出版社
网　　址：http://www.mzpub.com
地　　址：北京市和平里北街 14 号
邮　　编：100013
印　　刷：北京盛通印刷股份有限公司
经　　销：各地新华书店
版　　次：2024 年 5 月第 1 版　2024 年 5 月北京第 1 次印刷
电　　话：010-58130051（蒙文室）
　　　　　010-58130904（蒙文室发行部）
开　　本：880 毫米 ×1230 毫米　1/16
印　　张：23.5
字　　数：320 千字
书　　号：ISBN 978-7-105-17236-8/I·3275（汉 2947）
定　　价：180.00 元

该书若有印装质量问题，请与本社发行部联系退换